Abteien und Klöster in Europa

S. BENEDICTUS
S. MAVRVS
S. PLACIDVS

Cesare Romanò

Abteien und Klöster in Europa

Pattloch

Mein besonderer Dank gilt Pater Jacques Coté OSB
für seine freundliche Bereitschaft, an der Erstellung
dieses Buches mitzuarbeiten.

Der Autor weiß sich allen Abteien und Klöstern, die
er besucht hat, zu großem Dank verpflichtet dafür,
daß sie entgegenkommenderweise wertvolles Bildmaterial und wichtige Informationen zur Verfügung
gestellt haben.

Die Deutsche Bibliothek – CIP Einheitsaufnahme

Romano, Cesare:
Abteien und Klöster in Europa / Cesare Romanò. – Augsburg :
Pattloch, 1997
Einheitssacht.: Abbazie e monasteri d'Europa <dt.>
ISBN 3-629-00118-1

Gedruckt im April 1996

Deutsche Ausgabe:
Pattloch Verlag, Augsburg

Übersetzung aus dem Italienischen: Karl Pichler, München
Redaktionelle Bearbeitung der Teile Deutschland, Schweiz, Österreich
und des Glossars für die deutsche Ausgabe: Karl Pichler, München
Grafische Gestaltung: Laura Marino
Kartographie: Studio Pagus Media, Vicenza
Satz: Fotosatz Völkl, Puchheim
Druck und Bindung: Artes Gráficas, Toledo S.A.
Printed in Spain
D.L. TO: 1028-1997
ISBN: 3-629-00118-1

Inhalt

Vorwort 7
Einführung 11
Auswahlkriterien 12
Die Kongregationen 15
Hinweise für die Lektüre 19

Italien 24
Frankreich 84
Spanien 134
Deutschland 174
Belgien 214
Luxemburg 232
Niederlande 233
Schweiz 238
Österreich 252
Polen 283
Tschechische Republik 283
Ungarn 285
Irland 290
Großbritannien 292

Glossar 306
Ortsregister 307

Vignetten im Einleitungsteil:

S. 1: Detail aus dem Kreuzgang der Abtei Casamari.
S. 2: Der hl. Benedikt befiehlt dem Raben, das vergiftete Brot, mit dem ein Neider ihn töten wollte, fortzutragen und wegzuwerfen (*Vita* 8,3). Fresko aus Subiaco, Sacro Speco.
S. 3: Gotische Statue *Muttergottes mit Kind*.
S. 7: Initial aus einem Kodex des Stiftes Kremsmünster in Österreich.
S. 10: Besinnlicher Augenblick im Kloster Egmond in den Niederlanden.
S. 11: Der hl. Benedikt beim Schreiben der Regel. Fresko in Palma de Mallorca.
S. 12: San Miniato al Monte, Florenz, Detail der Einlegearbeit der marmornen Chorschranke.
S. 15: Scheyerner Kreuz: Kreuzreliquiar in der Abteikirche Scheyern nördlich von München.
S. 19: Hauptaltarbild der Abteikirche Tholey im Saarland.

Auf den Landkarten verwendete Symbole:

Abteien und Klöster von Benediktinern

Abteien und Klöster von Benediktinerinnen

Abteien und Klöster von Zisterziensern und Trappisten

Abteien und Klöster von Zisterzienserinnen und Trappistinnen

Abteien und Klöster von Augustiner-Chorherren, Prämonstratensern und Hieronymiten

Vorwort

Das Mönchtum in Europa

Vior einiger Zeit arbeiteten in einer Schule in England einige Jungen an einem Projekt über das Mönchtum. Der Lehrer lud einen Mönch ein, der Fragen der Schüler beantworten sollte. Als der Mönch, in seinen Habit gekleidet, in die Klasse kam, entstand ein tiefverwundertes Schweigen. Schließlich hob ein Schüler die Hand und fragte: „Entschuldigen Sie, aber sind Sie wirklich lebendig?" Die Frage des Jungen verdeutlicht, wie wenig man heute noch über das Mönchtum weiß.
Mönche scheinen der Vergangenheit anzugehören, ihr Platz ist in baufälligen Ruinen und auf den Seiten alter Bücher. Mönche werden als Teil einer Museumskultur wahrgenommen, die ganz interessant sein mag, für die Gegenwart aber kaum noch Bedeutung hat.
Die Tatsache, daß der gregorianische Choral in letzter Zeit populär geworden ist, wirft eine interessante Frage auf. Ist die Faszination, die er hervorruft, Ausdruck einer nostalgischen Sehnsucht nach einer für immer vergangenen Epoche? Oder kann darin auch ein Hinweis darauf gesehen werden, daß das Mönchtum gerade der heutigen Gesellschaft, die von Lärm und Konfusion geprägt ist, eine besondere Botschaft anzubieten hätte?
Die Männer und Frauen, die heute in ein Kloster eintreten, gehen diesen Weg nicht, weil sie in einem „Museum" leben wollen, sie wählen ein Leben mit Gebet und Arbeit in einer Gemeinschaft, weil sie sich Gott hingeben und zugleich der Gesellschaft, der sie angehören, einen Dienst erweisen wollen. Die Gestalt der monastischen Lebensform wird zum einen vom Evangelium bestimmt, zum anderen aber auch vom religiösen Gefühl, das der Mensch im Herzen trägt.
Die ersten Christen „bildeten eine Gemeinschaft und hatten alles gemeinsam. Sie verkauften Hab und Gut und gaben davon allen, jedem so viel, wie er nötig hatte. Tag

für Tag verharrten sie einmütig im Tempel, brachen in ihren Häusern das Brot und hielten miteinander Mahl in Freude und Einfalt des Herzens" (Apg 2,44–46).
Die Klöster sind Orte, an denen diese Tradition und Lebensweise heute fortgesetzt wird.

Die Geschichte des Mönchtums in Europa

Es ist ganz natürlich und verständlich, daß im allgemeinen Bewußtsein Bedeutung und Einfluß des Mönchtums zunächst einmal mit der Vergangenheit verbunden werden. Immerhin wurde die Entwicklung Europas nicht nur in geistlicher Hinsicht, sondern in allen kulturellen Bereichen über die Jahrhunderte von den Mönchen geprägt. Daß Europa, das an die Stelle des zerfallenden Römischen Reiches trat, nicht in Barbarei verfiel, ist der monastischen Bewegung zu verdanken, die ihren Ursprung in der ägyptischen Wüste hat, aber schließlich zur Schöpferin der mittelalterlichen Stadtkultur wurde. Der hl. Benedikt von Nursia wählte die Lebensform des Eremiten, aber als er 547 in Montecassino starb, hinterließ er als Erbe nicht nur eine monastische Gemeinschaft des Gebetes, sondern auch einen Wirtschaftskomplex und eine Geisteskultur, die in den großen Klosterbibliotheken und Klosterschulen Gestalt fand. Im Laufe der Jahrhunderte verbreiteten die Mönche über den ganzen europäischen Kontinent die Botschaft des Evangeliums und legten den Grund für die Kultur des Abendlandes. Es ist dieses Zusammenspiel von religiöser Innerlichkeit und Zuwendung zur Welt, das Europa schuf und zugleich zum einigenden Band seiner Kultur wurde.
Als eine beispielhafte Verkörperung dieser Kultur kann der hl. Anselm gelten, ein Mönch des 11. Jahrhunderts. Er wurde in der Nähe von Aosta in Italien geboren, trat als Mönch in das Kloster Le Bec in der Normandie ein, dessen Abt er bald wurde, und wurde dann zum Erzbischof von Canterbury in England berufen. Daß ein solcher Lebensweg möglich und auch gar nicht außergewöhnlich war, liegt nicht zuletzt an der lateinischen Sprache; sie verband alte und neue Welt und ermöglichte die Verständigung von Völkern, die sich zutiefst voneinander unterschieden.
Wie anspruchsvoll und fruchtbar die so entstehende Kultur war, läßt sich heute noch ablesen an den großen Kathedralen und Abteien aus dieser Zeit, an den Universitäten, die damals entstanden, und ebenso an der blühenden wirtschaftlichen Entwicklung, die solche Bauten überhaupt erst möglich machte. Der monastische Einfluß wurde dann noch verstärkt durch die zisterziensische Reform ab dem 12. Jh., die der Bewegung nicht nur einen neuen Impuls kontemplativen Eifers gab, sondern viele Ödnisse in ertragreiches Land verwandelte.

Die Zeit des Niedergangs der Klöster

Unsere moderne Welt entstand aus der geistigen (und nachfolgenden technologischen) Revolution, die im 16. Jahrhundert begonnen hat und heute noch andauert. Die Auflösung zahlreicher Klöster in England war sichtbares Zeichen einer Situation, die sich wie ein Flächenbrand über Europa ausbreitete. Der große Einfluß der Klöster – nicht zuletzt durch ihre Besitzungen – stellte für die Stabilität der Monarchien eine Bedrohung dar, die Besitztümer waren aber auch ein interessantes Objekt für die ständig unter Geldnot leidenden Regierungen. In ganz Europa – vor allem in Großbritannien, Frankreich, Deutschland und Spanien – wurden die Klöster von den weltlichen Regierungen beraubt und die Mönche ins Exil gezwungen. Dies war eine dunkle Epoche, eine babylonische Gefangenschaft für das europäische Mönchtum; eine Epoche, in deren Verlauf der große Schatz der monastischen Vergangenheit in die Museen wanderte und die Mönche zu einer Art Relikt einer unrettbar vergangenen Zeit wurden.

Das Mönchtum heute

Und doch erwachte in ganz Europa das Mönchtum zu neuem Leben, kehrten die Mönche und Nonnen nach einer Periode des Exils und der Läuterung zurück. Sie ringen um eine neue Identität, und ihre Präsenz wird wieder zu einem einigenden Band für den Kontinent. Das ist aber nur ein Aspekt der Erneuerung des Mönchtums. Während der letzten beiden Jahrhunderte haben die europäischen Klöster auf allen Kontinenten Neugründungen gewagt, und was in Europa im Mittelalter geschah, wiederholt sich jetzt auf Weltebene.

In Europa stellen sich für das Mönchtum neue Fragen. Der Kontinent ist auf der Suche nach einem Weg zur Einheit, er ist aber zugleich ein zerrissener Kontinent, auf dem nach wie vor partikularistische Interessen verfolgt werden: Können, ja *wie* können da die Klöster helfen?

Der Versuch, die Einheit Europas zu schaffen, ist in den letzten Jahren durch den Fall des Eisernen Vorhangs, das Ende des kalten Krieges und das Sichöffnen von Gesellschaften, die früher zutiefst europäisch geprägt waren, nicht leichter geworden. Der Druck wirtschaftlicher Interessen, der grelle Lärm der Städte von heute, der Fortschritt der modernen Kommunikationsmittel, das Ausmaß der Verweltlichung – das alles sind Herausforderungen, denen sich das Mönchtum heute stellen muß, und es ist für diese Herausforderungen auch gewappnet. Das europäische Mönchtum hat tiefe spirituelle Wurzeln und eine lange Erfahrung im Aufbau einer Kultur. Diese Erfahrung ist für die Bedürfnisse der modernen Gesellschaft alles andere als bedeutungslos. Für Europa, das einst vereint war durch ein Netz von Institutionen, die in ihrem Innern von einer gemeinsamen Tradition des Gebetes, der Gastfreundschaft und des Friedens getragen wurden, stellt das Mönchtum ein unverzichtbares geistiges Erbe dar.

Das Mönchtum ist kein Museum. Es ist eine Schatzkammer, gefüllt mit alten und neuen Gütern.

Dominic Milroy OSB
Mönch von Ampleforth

Einführung

Das Geheimnis der Heiligen Grotte von Subiaco, die Stille der Klause von Camaldoli, der Psalmengesang von Silos oder Solesmes, die sonnenbeschienene Schönheit von Lérins, die Lavendelfelder von Sénanque. Eine offene Loggia über Segovia, die Kreuzgänge von Poblet, die an Melk vorbeifließende Donau, die Erbsensuppe von Mariawald, das Bier von Maredsous, die Zeremonien von Chevetogne ... Wie viele verschiedene Erinnerungen, wie viele verschiedene Bilder, die sich alle tief unserem Geist und unserem Herzen einprägen!

Strenge Gebäude ragen empor wie Schutzburgen für kleine Dörfer, Fürstabteien des Barock thronen auf Hügeln und Felsen, verschwiegene Priorate beherbergen zurückgezogene kleine Kommunitäten; in kleinen Kreuzgängen mit blühenden Gartenbeeten ertönt der Gesang der Vögel und erklingen die Melodien des gregorianischen Chorals; in großen Höfen stellt sich eher das Gefühl ein, sich in einem Schloß zu befinden, als die Vorstellung von einem Kloster. Alle Orte, die ich besucht habe, haben bei mir einen unauslöschlichen Eindruck hinterlassen; und Ihnen wird es ebenso ergehen: Wohin Sie auch kommen, wenn Sie zurückkehren, werden Sie – glücklich und überrascht, manchmal vielleicht auch ein wenig nachdenklich gestimmt – etwas mitnehmen, was Sie nie mehr vergessen werden. Eine Begegnung, einen Klang, Bilder, die nur schwer festzuhalten und doch unvergeßlich sind: ein Mönch hinter einer Tür, eine weiße Kutte unter Zypressen ... Die Gebete, das Schweigen, die Mönche und die Nonnen: für jemanden, der – wie ich – glaubt, ist das ein Angebot, neue Vorsätze zu fassen, für jeden eine wunderbare Gelegenheit, sich vom Trott des Alltags zu lösen und in eine andere Welt einzutreten. Die Zeit, die wir an klösterlichen Orten verbringen, ist eine Zeit, die uns ändert.

Es ist an der Zeit, die Klöster aufzusuchen; gehen wir hin, mit Ehrfurcht, mit dem Wunsch, zu verstehen und zu lernen; lassen wir uns ein auf den Geist, den die Klöster atmen!

Auswahlkriterien

Als dieser Führer konzipiert wurde, stellte sich sofort eine grundsätzliche Frage: Sollen möglichst viele Hinweise aufgenommen werden, soll man versuchen, alle wichtigen Klöster und Konvente Europas anzuführen, unabhängig von Konfession, Orden und Ordensfamilie, oder ist es angeraten, nach bestimmten Kriterien eine Auswahl zu treffen und dementsprechend eine beschränkte Anzahl von Abteien und Klöstern vorzustellen, die sich auf dieselbe Tradition beziehen und insofern vieles gemeinsam haben? Für die erste Vorgehensweise sprach die Umfassendheit, die so hätte geboten werden können, dagegen sprach jedoch, daß die Informationen in diesem Fall nur sehr oberflächlich hätten sein können. Für das zweite Verfahren sprach die damit gegebene Möglichkeit, bei jedem angeführten Kloster auf das Leben der Kommunität, auf landschaftliche, geschichtliche und spirituelle Eindrücke näher einzugehen; dagegen sprach, daß die Auswahl schwierig sein würde und willkürlich wirken könnte. Die Entscheidung fiel schließlich zugunsten der zweiten Vorgehensweise: Dieser Führer soll und will keine distanzierte Aufreihung bieten, keine Aneinanderreihung von Telefonnummern, Anschriften und praktischen Hinweisen; er will auch Gefühl und Stimmung vermitteln, auf Unterschiede im Lebensrhythmus aufmerksam machen und auf die geschichtliche Bedeutung einzelner Orte eingehen.

Der Homogenität des Inhalts sollte die Entscheidung dienen, hauptsächlich Abteien und Klöster der benediktinischen Tradition aufzunehmen. Es sind vor allem zwei Überlegungen, die zu dieser Auswahl geführt haben. Erstens: Die benediktinischen Klöster, die sich in vielem gleichen und über ganz Europa verbreitet sind, bilden in gewissem Sinn ein Ganzes. Und sie waren sozusagen die „Schöpfer" eines Europa, dessen eine Kultur sich vom Atlantik bis Polen und von Skandinavien bis Sizilien entfaltete. Es hat schon seinen guten Grund, daß Papst Paul VI. den hl. Benedikt zum Patron Europas erklärte. Zweitens: Das monasti-

sche Ideal eines Lebens der Meditation, des Gebets, des liturgischen Gesangs und des Schweigens hat seine vollkommenste Verwirklichung in den benediktinischen Klöstern gefunden. Das Leben in den Konventen der Bettelorden oder in den großen Institutionen der modernen Gemeinschaften und Kongregationen hat doch ein ganz anderes Gepräge.
Ein weiteres Auswahlkriterium bestand darin, daß nur „lebende" Abteien und Klöster aufgenommen wurden, in denen heute das benediktinische Ideal gelebt wird, in denen der Eifer des Gebetes spürbar ist, Gastfreundschaft geübt und Handarbeit ausgeführt wird, während Stätten, die früher berühmt waren, aber inzwischen zu Museen geworden sind oder an andere Orden übergeben wurden, übergangen wurden.
Dieser Führer will zu Begegnungen anregen, die dem Leser das Gefühl vermitteln, sich in eine Welt für sich zu begeben, eine klösterliche Welt, die einerseits durch große Vielfalt charakterisiert ist, andererseits aber doch durch die Regel des hl. Benedikt zusammengehalten wird und eine Einheit bildet.

Der hl. Benedikt: Patron Europas

Wie wenig über die Gestalt des hl. Benedikt, über sein Leben und seine Wunder schriftlich festgehalten ist, wird vollends deutlich, wenn man ihn mit dem hl. Franz von Assisi oder dem hl. Augustinus vergleicht. Der hl. Benedikt lebte in der Zeit des Untergangs des Römischen Reiches, einer Zeit größter Unsicherheit also, und manche bezweifelten überhaupt seine geschichtliche Existenz. In der Vorstellungswelt des christlichen Volkes wird sein Name eher mit dem Frühlingsbeginn (Fest am 21. März) verbunden als damit, daß er zu einem der größten religiösen und sozialen Phänomene der christlichen Geschichte den Grund gelegt hat. Nicht einmal die Entscheidung von Papst Paul VI., ihn zum Patron Europas zu erklären – des Kontinents, der im Laufe der Jahrhunderte aus seinem Geist entstand und den seine Abteien und Klöster von Sizilien bis Schottland wie ein Netz überziehen –, scheint seine Popularität gefördert zu haben; bekannt ist er im Grunde nur bei den wenigen, die ihn durch die Begegnung mit einer „seiner" Gemein-

Fresko von Spinello Aretino in San Miniato al Monte, Florenz: Der hl. Benedikt treibt aus einem Novizen einen Dämon aus.

schaften kennengelernt haben oder auf den wunderbaren Fresken eines Klosters oder eines Kreuzgangs legendäre Szenen aus seinem faszinierenden Leben betrachtet haben. Was wir über sein Leben wissen, ist dem Bericht entnommen, den Papst Gregor der Große um 593/94 in seinen *Dialogen über die Wunder der italischen Väter*, Buch II: *Leben und Wunder des ehrwürdigen Abtes Benedikt*, aufgezeichnet hat (Gregor der Große: Der hl. Benedikt. Buch II der Dialoge. Lateinisch/deutsch. Hrsg. im Auftrag der Salzburger Äbtekonferenz. St. Ottilien 1995).

Benedikt ist um das Jahr 480 in Nursia in Umbrien geboren, als junger Mann geht er nach Rom, um dort Rhetorik zu studieren. Angewidert vom verderbten Leben in der Stadt, zieht er sich in die römische Campagna zurück, anfangs noch in Begleitung seiner treuen Amme, dann aber sucht er die völlige Einsamkeit in der rauhen Gegend von Subiaco; schließlich gründet er dort zwölf Klöster mit je zwölf Mönchen. (Natürlich fällt sofort ins Auge, daß diese Zahl symbolische Bedeutung hat und von Gregor zur hagiographischen Erhöhung eingesetzt wird!) Der Lebensweg Benedikts ist jetzt bestimmt von seiner unermüdlichen Suche nach Vollkommenheit und geprägt von Entbehrungen, Verzichtleistungen, Wundern und Fluchten, wobei die Gemeinschaft der Schüler stetig wächst und sich immer mehr festigt, trotz des beständigen Kampfes mit dem Dämon, dem großen Versucher, der den Heiligen immer wieder bedrängt und schlägt.

Benedikt gründet um das Jahr 528 das Kloster Montecassino, wo heute noch seine Gebeine ruhen, und schreibt dort seine Regel, in der Güte, römische Strenge und christliches Erbarmen einen wunderbaren Ausgleich finden.

Die Benediktregel gelangt von Montecassino in das Frankenreich, über die Alpen in die weiten Ebenen des heutigen Deutschland, das damals für das Christentum gewonnen wird, und wird zum am weitest verbreiteten Text in Europa; es entstehen die großen Abteien, die zu Zentren der sich herausbildenden Nationen werden.

Trotz der wiederholten Aufhebungen und Verfolgungen ist die Kraft des benediktinischen Ideals und des benediktinischen Lebens bis heute ungebrochen geblieben.

Die vom hl. Benedikt geförderte Gastfreundschaft hat Bauten der Gastlichkeit entstehen lassen, die offen sind für jeden, der seine Gestalt näher kennenlernen will.

Chorgebet im Benediktinerinnenkloster zur Hl. Maria in Fulda. In den meisten Abteien ist die Teilnahme am Chorgebet der Kommunität möglich.

Die Kongregationen

Die benediktinische Bewegung ist heute in Kongregationen gegliedert, das heißt, mehrere Abteien (die aufgrund geographischer oder sprachlicher Herkunft bestimmte Gemeinsamkeiten haben) bilden Gruppierungen, die in der Interpretation der Regel übereinkommen. Denn die allen – Benediktinern und Zisterziensern – gemeinsame Regel kann verschieden ausgelegt werden. So gibt es zwischen den verschiedenen Kongregationen tatsächlich erhebliche Unterschiede, die vor allem für die Mönche selbst von erheblicher Bedeutung sind, während sie den Außenstehenden eher marginal vorkommen mögen. Ausdruck finden diese Unterschiede in den sog. *Consuetudines*, das sind Regelsammlungen, die von Zeit zu Zeit den geänderten Umständen angepaßt werden und die das Verhalten des Mönches innerhalb der Kommunität bestimmen, seinen Kontakt zur „Welt", seine Tätigkeit, seine geistliche Bildung, und bis zur Festlegung der Kleidung reichen. Es gibt Kongregationen, die besonderen Wert auf die Liturgie legen, andere stellen die Lehre in den Vordergrund, wieder andere pflegen in besonderer Weise den ökumenischen Gedanken oder betonen die Werte der Tradition.

Die Regel des hl. Benedikt ist in der Tat in ihrer Vielfalt und immerwährenden Aktualität ein außerordentliches Werk, das bei aller Normativität dem Abt einen großen Entscheidungsspielraum einräumt. Die überwiegende Mehrheit der Klöster, die dem Geist und der Regel des hl. Benedikt folgen, sind heute Mitglieder einer Kongregation.

Die Benediktiner haben ferner einen Abtprimas, mit Sitz in Sant' Anselmo in Rom, der von den Oberen der Kongregationen gewählt wird und den Orden beim Heiligen Stuhl vertritt. Ähnlich verhält es sich bei den Zisterziensern und Trappisten. So läßt sich sagen, daß das benediktinische Mönchtum wesentlich nach kollegialen Prinzipien geführt wird und auf dem demokratischen Konzept der Repräsentation gründet; die unterste Einheit stellt demnach das Kapitel dar, die tägliche Versammlung der Mönche unter dem Abt, während die höchste Ebene die Wahlversammlung der Oberen der Kongregationen ist. Im folgenden werden die verschiedenen Kongregationen, die es in Europa gibt, aufgezählt und kurz charakterisiert.

Benediktiner

Italien

Cassinesische Kongregation
Zu ihr gehören über 13 Niederlassungen, das älteste Kloster wurde 1408 gegründet. Der Name bezieht sich auf Montecassino, das erste Kloster des Ordens.

Kongregation von Subiaco, Sublazenser Kongregation
Die Kongregation ist nach Subiaco benannt, dem Ort, an den der hl. Benedikt sich zunächst zurückgezogen hatte. Sie hat internationalen Charakter, das heißt, es gehören Klöster auf der ganzen Welt dazu, und sie ist heute die Kongregation mit der weitesten Verbreitung. Die Mönche der Sublazenser Kongregation sind Gästen gegenüber sehr aufgeschlossen und im Erfahrungsaustausch zwischen den Konfessionen aktiv.

Kamaldulenser,
gegründet vom hl. Romuald im 10. Jh. Charakteristisch für die Kamaldulenser ist das Nebeneinander von traditionellen Abteien und Einsiedeleien, in denen Mönche in einzelnen kleinen Häusern oder Zellen für sich allein leben und mit den anderen Einsiedlern nur einige Gebetszeiten gemeinsam halten. Erzabtei (Mutterkloster) ist Camaldoli bei Arezzo. Die Kamaldulenser tragen weiße Kleidung. Sie sind ebenfalls eine internationale Kongregation, die Mehrheit der Niederlassungen befindet sich allerdings in Italien.

Kongregation von Vallombrosa,
gegründet vom hl. Johannes Gualbertus im 11. Jh. Heute gehören nur wenige Klöster mit einer kleinen Zahl von Mönchen dazu. Sitz der Kongregation ist Vallombrosa bei Florenz.

Prozession im Kreuzgang, die zum täglichen Ritus in den Benediktinerklöstern gehört.

Silvestriner,
1231 von Silvester Guzzolini gegründet. Das Mutterkloster ist Montefano bei Fabriano. Die Silvestriner sind eine internationale Kongregation, die vor allem im sozialen Bereich, im Apostolat und in der Lehre tätig ist.

Olivetaner
Ebenfalls eine internationale Kongregation, mit Sitz in Monte Oliveto Maggiore bei Siena. 1313 von sienesischen Adeligen gegründet, zeichnet sie sich durch besondere Förderung der Künste und durch Tätigkeiten im kulturellen Bereich aus, ist aber auch im Apostolat und in der Lehre tätig. Auch die Olivetaner tragen, als Zeichen der Marienverehrung, statt des traditionellen schwarzen Habits der Benediktiner weiße Kleidung.

Frankreich

Kongregation von Solesmes,
1837 von Dom Prosper Guéranger gegründet. Sie ist die in Frankreich am stärksten verbreitete Kongregation. Charakteristisch ist die große Aufmerksamkeit, die die Kommunitäten auf das Studium richten, auf die Pflege der Liturgie und – dadurch sind sie weltweit bekannt geworden – auf den gregorianischen Choral. Mutterkloster ist Solesmes, eine große Abtei bei Le Mans. Zur Kongregation gehören auch Niederlassungen in Spanien, Luxemburg, Portugal und England.

Deutschland

Beuroner Kongregation,
mit dem Mutterkloster Beuron in Baden, gegründet 1868. Sie ist von den drei deutschen Kongregationen am stärksten „spirituell" ausgerichtet. Die Beuroner Mönche legen, wie die Mönche von Solesmes, großen Wert auf die Liturgie, das Studium und die Künste. (Berühmt wurde die Beuroner Malerschule zu Beginn des Jahrhunderts.)

Bayerische Kongregation
Zu ihr gehören die großen Klosteranlagen des Barock, denen oft ein Gymnasium und ein Internat angeschlossen sind. In diesem Bereich der Erziehung und Bildung liegt, neben der Pfarrseelsorge, der Schwerpunkt der Tätigkeit der Mönche. Die Kongregation hat kein eigentliches Mutterkloster. 1684 gegründet (neu errichtet 1858), ist sie die älteste Kongregation in Deutschland.

Kongregation von St. Ottilien,
benannt nach der großen Abtei in der Nähe von München, gegründet 1884. Missionskongregation mit Niederlassungen in Afrika, Asien und Südamerika. Die dazugehörigen Klöster, meist neuere Gründungen, liegen alle im deutschen Sprachraum.

Österreich

Österreichische Kongregation
1625 gegründet, zählt sie zu den ältesten Kongregationen. Im vorigen Jahrhundert hat sie eine starke Wandlung durchgemacht, als sich die Klöster, um der Aufhebung zu entgehen, dem Unterricht und der Pfarrseelsorge zuwandten; hier liegen auch heute die Schwerpunkte ihrer Tätigkeit. Die berühmtesten Abteien sind Melk und Kremsmünster.

Schweiz

Schweizer Kongregation
1702 gegründet, teilt sie Geschichte und Ausrichtung mit der Österreichischen Kongregation. Zur Schweizer Kongregation gehören wenige große Abteien mit angeschlossenen Internaten; außerdem sind die Mönche in der Pfarrseelsorge tätig. Zwei Klöster der Kongregation liegen in Südtirol. Das bedeutendste Kloster ist Einsiedeln, der große Marienwallfahrtsort südlich von Zürich. Im vorigen Jahrhundert hat sich als Ableger die große Schweizerisch-Amerikanische Kongregation gebildet.

Großbritannien

Englische Kongregation
Sie entstand im 19. Jh. nach der Rückkehr der Mönche aus dem jahrhundertelangen Exil in Frankreich und Belgien in ihre Heimat. Auch die Klöster in England betreiben Internatsschulen und sind in

der Pfarrseelsorge tätig. Die beiden Zentren sind Ampleforth in Yorkshire und Downside bei Bath.

Belgien

Belgische Kongregation oder Kongregation von der Verkündigung,
gegründet 1920, mit ausgesprochen theologischer und spiritueller Ausrichtung. Bedeutendste Abtei ist Maredsous bei Namur. Niederlassungen auch in Irland und Polen.

Niederlande

Holländische Kongregation,
gegründet 1969. Dazu gehören einige junge Klöster mit stark spiritueller Ausrichtung.

Ungarn und Tschechische Republik

Ungarische Kongregation
Eine der ältesten Kongregationen (gegründet 1514), heute praktisch beschränkt auf die Abtei Pannonhalma.

Slawische Kongregation
Nach Jahren der Unterdrückung hat sie ihr Zentrum heute im Kloster Brevnov bei Prag.

Die meisten der angeführten Kongregationen haben auch einen weiblichen Zweig, es gibt jedoch eine solche Fülle von Nonnen-Kongregationen, daß sie hier nicht einzeln aufgeführt werden können.

Zisterzienser

Auch die Zisterzienser bilden Kongregationen, in denen mehrere Abteien, meist nach Ländern, zusammengefaßt sind. Die Unterschiede in der Auslegung der Regel und der *Charta Caritatis*, des Regelwerks, das die Handschrift Stephan Hardings, des zweiten Abts des Ordens, trägt, sind eher geringfügig.

Österreichische Kongregation
Ihr gehören sieben große historische Abteien an. Fast alle führen ein Internat und Schulen.

Mehrerauer Kongregation
Eine internationale Kongregation mit Niederlassungen in Österreich (Mutterkloster ist Mehrerau bei Bregenz), in der Schweiz, in Deutschland, Slowenien und in den USA. Auch in dieser Kongregation sind Tätigkeiten im schulischen Bereich und im Apostolat an die Stelle der traditionellen Handarbeit getreten.

Kongregation vom hl. Bernhard
Ursprünglich eine italienische Kongregation (mit Sitz in Rom, Santa Croce in Gerusalemme), mit Niederlassungen auch in Amerika. Pflegt die zisterziensische Tradition von Gebet und Arbeit.

Kongregation Mariens, Mittlerin der Gnaden
Kleine, sehr strenge belgisch-holländische Kongregation.

Kongregation von der Unbefleckten Empfängnis (Kongregation von Lérins)
Eine Besonderheit dieser Kongregation ist die auf der östlichen Psalmodie aufbauende Liturgie.

Kongregation von Casamari
Kongregation mit der weitesten Verbreitung in Italien. Sie hat mehrere verlassene Kartausen und aufgehobene Klöster wiederbelebt.

Spanische Kongregation,
mit der Abtei Poblet als Zentrum.

Polnische Kongregation
Eine alte Kongregation, die der kommunistischen Verfolgung standgehalten hat. Hauptkloster ist Mogila bei Krakau.

In Tschechien und Ungarn sind derzeit kleine Kongregationen im Aufbau.

Trappisten

Die Trappisten sind aus der Reform des Zisterzienserordens hervorgegangen. Sie bilden keine Kongregationen, die Beziehungen zwischen den Klöstern sind durch die Filiation bestimmt: Filialklöster sind abhängig vom Mutterkloster. Die Trappisten führen ein sehr strenges Leben.

Hinweise für die Lektüre

Für jedes Land bzw. jede Ländergruppe werden die wichtigsten Klöster genannt und nach einem bestimmten Schema (mit Angaben von der Geschichte bis zu den Öffnungszeiten, über die Kunst bis zu Einkaufsmöglichkeiten) vorgestellt; anschließend daran sind weitere Abteien mit sehr viel knapperen Hinweisen angeführt. Die Auswahl erfolgte in Abstimmung mit dem Hauptsitz des Benediktinerordens in Rom, Kriterien waren die geschichtliche Bedeutung, die gegenwärtige Tätigkeit, die Möglichkeit zur Aufnahme von Gästen, die landschaftliche Schönheit der Lage. Ausgehend von Italien, der Heimat des hl. Benedikt und der Wiege der monastischen Bewegung, führt der Weg in die Länder, die vom Mönchtum entscheidend geprägt wurden: über Frankreich, Deutschland, Österreich bis nach Großbritannien, wo das monastische Leben in den letzten 100 Jahren zu neuem Leben erwacht ist. In einigen Ländern (Belgien, Österreich) sind auch Klöster der Augustiner-Chorherren und der Prämonstratenser angeführt, da sie in ihrer Lebensform den Benediktinern gleichen, vor allem aber wegen der Bedeutung, die diese Klöster in den jeweiligen Ländern haben.

Bei jeder Abtei wird hervorgehoben, was sie in besonderer Weise auszeichnet, sei es ihre kunsthistorische, geschichtliche oder spirituelle Bedeutung.

Ein letzter Hinweis: Wir bitten um Verständnis dafür, daß – auch wenn nach bestem Wissen und Gewissen recherchiert wurde – Autor und Verlag keine Gewähr für die Richtigkeit von einzelnen Angaben leisten können. Zum einen ändern sich beispielsweise Telefonnummern in unserer kurzlebigen Zeit schneller, als dies je in einem Buch berücksichtigt werden kann. Zum anderen ist die Welt der Klöster in Europa eine in ständiger Entwicklung begriffene Welt: Auch das mönchische Leben unterliegt dem Wandel! Die Angaben in diesem Band geben im allgemeinen den Stand vom Sommer 1995 wieder (für die Länder Deutschland, Schweiz und Österreich vom Frühjahr 1997).

Diese Münze der Abtei Fontgombault ist eine Prägung des 12. Jh.

Für Hinweise auf Veränderungen und mögliche Fehler ist der Verlag daher sehr dankbar.

Die Vorstellung der Abteien folgt im allgemeinen einem nach Punkten gegliederten Schema, das hier kurz erläutert werden soll.

Der Name der Abtei
Bei jeder Abtei wird an erster Stelle der Ort genannt, an dem sie liegt, dann folgt der Name der Abtei selbst. Dieser Name wird immer in der Originalsprache der Abtei wiedergegeben (Abbaye de Solesmes, Abtei Maria Laach, Ampleforth Abbey usw.).
Im Text werden die Begriffe „Abtei", „Kloster", „Stift", „Priorat" und „Einsiedelei" verwendet. Für die Erläuterung dieser Begriffe sei auf das Glossar verwiesen.

Kongregation
Die folgende Angabe nennt die Ordensfamilie, der die Abtei angehört. Die Zugehörigkeit zu einer Kongregation läßt auf Besonderheiten und auf den Lebensstil des Klosters schließen. Gehört zum Beispiel eine Abtei der Kongregation von Solesmes an, darf man erwarten, daß die Kommunität großen Wert auf die Liturgie und den gregorianischen Choral legt, während ein Kloster der Österreichischen Kongregation mehr Gewicht auf Erziehung und Pfarrseelsorge legt.

Anfahrt
Die Abteien sind oft wegen ihrer isolierten Lage nur schwer auf den üblichen Land- oder Straßenkarten zu finden. Die Angaben zur Anfahrt erscheinen dem einen vielleicht zu oberflächlich, einem anderen zu detailliert. Im allgemeinen sind die Abteien im umliegenden Gebiet gut ausgeschildert, es genügt also, das nächstgelegene Dorf oder Städtchen ausfindig zu machen und dann den örtlichen Hinweisschildern zu folgen.
Die Angaben gehen davon aus, daß der Reisende über ein eigenes Auto verfügt, da viele Klöster nur schwer mit öffentlichen Verkehrsmitteln zu erreichen sind.

Anschrift und Telefon
Die angegebene Telefonnummer beginnt mit der Ortskennzahl, der gegebenenfalls die internationale Landeskennzahl vorangesetzt werden muß. (Für die Abtei Solesmes lautet zum Beispiel die Nummer 43 95 03 08, vom Ausland aus ist die Kennzahl 00 33 für Frankreich voranzusetzen; steht am Beginn einer Ortskennzahl die Ziffer Null, so ist sie bei Telefonaten aus dem Ausland wegzulassen.)

Allgemeine Beschreibung
Dieser Abschnitt möchte ein möglichst lebendiges Bild von der Abtei vermitteln, er gibt atmosphärische Eindrücke wieder, bringt kurze historische Informationen, aktuelle Hinweise und Angaben zur Kommunität. Der Versuch, all diese recht unterschiedlichen Angaben in einer kurzen Beschreibung unterzubringen, dient der Absicht des Autors, die Abtei als einen lebendigen Ort darzustellen und nicht als bloßes Museum. Es wurden also vornehmlich Aspekte ausgewählt, die dem Besucher besonders ins Auge stechen oder eine Faszination ausüben, ohne daß damit der Anspruch erhoben werden soll, dies sei der einzig mögliche Blickwinkel zur Betrachtung; die Darstellung in diesem Abschnitt muß und will subjektiv sein.

Kunst und Sehenswürdigkeiten
Nicht alle Abteien sind im Besitz wertvoller Kunstwerke oder sind selbst ein Kunstwerk. Oft sind es Neugründungen, die einen hohen spirituellen oder religiösen

Wert besitzen, aber vom Standpunkt der Kunstgeschichte aus nicht von Interesse sind. Die Hinweise in diesem Abschnitt sind bewußt knapp; sie wollen nur anzeigen, was wirklich der Betrachtung wert ist, und verzichten auf eine Beschreibung von Werken geringeren künstlerischen Ranges.

Besichtigung

In vielen Klöstern sind die Öffnungszeiten und Besichtigungsmöglichkeiten eigens geregelt. Da es sich um lebendige Gemeinschaften und nicht um Museen handelt, können sich die angegebenen Zeiten auch ändern, abhängig etwa von der Jahreszeit oder aufgrund von Änderungen im Leben der Kommunität.

Der Leser möge diese Informationen also als Hinweise verstehen; das gilt auch für Angaben zu Eintrittspreisen oder Trinkgeldern für die Führung. Die Führungen (meist durch ein Ordensmitglied) sind in der Regel in der Landessprache. Eine Teilnahme lohnt sich oft auch dann, wenn man die historischen Erläuterungen und Anekdoten, mit denen die Führer gerne ihre Ausführungen würzen, nicht versteht: Immerhin erhält der Besucher so in vielen Fällen Zugang zu ihm sonst verschlossenen Räumen. Unter dem Stichwort „Besichtigung“ werden die Teile des Klosters angeführt, die auch für den Besucher, der nur auf Durchreise ist, zugänglich sind. Wer Gast im Gästehaus des Klosters ist, hat in der Regel freien Zutritt zu den allermeisten Räumen. Immer und überall gilt, daß bei Besichtigungen Schicklichkeit und Anstand zu wahren sind.

Es sollte keines eigenen Hinweises bedürfen, daß es sich durchweg um geheiligte Orte handelt, an denen Gottesdienst gehalten wird, und daß die Kommunität von Ordensleuten gebildet wird, die eine besondere Lebensform gewählt haben und mit Recht erwarten können, daß diese respektiert wird.

Leider muß man immer wieder feststellen, daß das nicht alle Besucher so klar sehen, immer wieder tauchen Leute mit unangemessener Kleidung an den Klosterpforten auf, verhalten sich lärmend und respektlos und mißachten das Verbot, zu fotografieren oder zu filmen.

Die Besichtigung einer Abtei ist kein einklagbares Recht, sondern setzt die Erlaubnis des „Hausherrn“ voraus; wer diese einfachen Regeln des Anstands und der Erziehung nicht befolgen will, sollte auf die Besichtigung verzichten und so unliebsame Mißverständnisse vermeiden helfen, die dazu führen können, daß die Orden ihre Häuser vor der Allgemeinheit verschließen.

Gebetszeiten

Sich in einer Abtei aufhalten und nicht am Gebet – entweder an einer Messe oder am Chorgebet – teilnehmen heißt darauf verzichten, das Wesen des monastischen Lebens zu verstehen. Das gemeinschaftliche Gebet, das seit Jahrhunderten den Tagesablauf von Mönchen und Nonnen gliedert, ist nicht nur eine eindrucksvolle „Veranstaltung“, vor allem, wenn es als gregorianischer Choral gesungen wird, es ist vor allem eine Möglichkeit spiritueller Begegnung, die Mönche und Nonnen ihren Gästen anbieten. Nicht jeder wird die Texte verstehen, auch deshalb, weil in den meisten Klöstern die Gebete nicht mehr in Latein, sondern in der Landessprache gehalten werden, aber jeder kann unmittelbar spüren, daß er in ein großes Ge-

Wappen der Abtei Farfa (1578) mit der Fassade der mittelalterlichen Kirche.

heimnis der Freude hineingenommen ist, das die Bedeutung der gesprochenen Worte übersteigt. Die Hauptgebete (Laudes und Vesper) dauern etwa eine halbe Stunde; die „kleinen Stunden"/Horen (Terz, Sext und Non) etwa 20 Minuten. An der Komplet, dem Gebet zum Abschluß des Tages, können in der Regel nur Gäste des Klosters teilnehmen, da die Kirche zu dieser Zeit für die Allgemeinheit meist schon geschlossen ist. In manchen Klöstern ist die Teilnahme an den Gebetszeiten leider nicht möglich. Die Zeiten sind im übrigen sehr unterschiedlich und verändern sich auch je nach Jahreszeit und nach Festen, von denen es weit mehr gibt, als man annehmen möchte. In manchen Fällen werden alle Gebetszeiten angeführt, manchmal sind nur die Hauptgebetszeiten genannt, manchmal auch nur die Zeiten, zu denen eine Heilige Messe stattfindet.

Angebote für Gäste

In der Regel des hl. Benedikt steht in Kapitel 53, das von der Aufnahme der Gäste handelt, folgendes:

„Alle Fremden, die kommen, sollen aufgenommen werden wie Christus; denn er wird sagen: ‚Ich war fremd, und ihr habt mich aufgenommen.' Allen erweise man die angemessene Ehre, besonders den Brüdern im Glauben und den Pilgern. Sobald ein Gast gemeldet wird, sollen ihm daher der Obere und die Brüder voll dienstbereiter Liebe entgegeneilen. Zuerst sollen sie miteinander beten und dann als Zeichen der Gemeinschaft den Friedenskuß austauschen. ... Hat man die Gäste aufgenommen, nehme man sie mit zum Gebet; dann setze sich der Obere zu ihnen oder ein Bruder, dem er es aufträgt. Man lese dem Gast die Weisung Gottes vor, um ihn im Glauben zu erbauen; dann nehme man sich mit aller Aufmerksamkeit gastfreundlich seiner an. ... Vor allem bei der Aufnahme von Armen und Fremden zeige man Eifer und Sorge, denn besonders in ihnen wird Christus aufgenommen. ... Die Unterkunft für die Gäste vertraue man einem Bruder an. ... Dort sollen genügend Betten bereitstehen." (Die Benediktusregel. Lateinisch/deutsch. Hrsg. im Auftrag der Salzburger Äbtekonferenz. Beuron 1992.)

Wie aus diesem Abschnitt der Regel hervorgeht, ist die Gastfreundschaft für die Benediktiner nicht ins Belieben gestellt, sie ist eine religiöse Pflicht. Wie die

In vielen Klöstern werden Bier, Käse und Liköre nach jahrhundertealten Rezepturen hergestellt. Auf dem Bild das Bräustüberl, die bekannte Brauereigaststätte von Andechs in Bayern.

Aufnahme erfolgt, ist jedoch recht verschieden.

Es gibt Abteien mit richtigen Gasthöfen oder Hotels, die für jede Art von Aufenthalt eingerichtet sind, während andere – und dies ist die Mehrzahl – eine bestimmte Auswahl treffen und zum Beispiel nur Männer oder nur Frauen aufnehmen oder auch nur Personen bestimmten Alters oder mit bestimmter Motivation.

Oft werden Einzelpersonen oder Gruppen nur zu Besinnungs- oder Einkehrtagen aufgenommen. Manchmal, allerdings sehr selten, findet man in einem Kloster auch Aufnahme, wenn man zufällig dorthin kommt und eine Unterkunft sucht.

Die Gästehäuser sind meist belegt, man sollte sich also rechtzeitig voranmelden. Im allgemeinen sehen es Mönche und Nonnen nicht gern, wenn jemand zur Pforte kommt und ein Zimmer nur für eine Übernachtung will.

In der Regel geht man aus organisatorischen Gründen davon aus, daß der Gast zwei oder drei Tage bleibt, manchmal wird erwartet, daß er ein Empfehlungsschreiben des Pfarrers oder einer dem Kloster bekannten Person vorweist.

Für Gruppen gibt es meist eigene Räume, in denen auch Speisen zubereitet werden können. Zu beachten ist auch, daß der Tagesablauf in den Gästehäusern und Kommunitäten auf Gäste aus dem eigenen Land zugeschnitten ist. Gäste aus dem Ausland sollten sich darauf einstellen.

Wenn es übrigens heißt: Aufnahme finden auch Familien, so sind nicht Familien mit Kleinkindern gemeint. Der Tagesablauf im Gästehaus eines Klosters, in dem Disziplin, Schweigen und Sammlung hohe Werte darstellen, ist nur schwer in Einklang zu bringen mit den Bedürfnissen der Kleinsten. In manchen Häusern speisen die Gäste mit der Kommunität, dann ist auch das Schweigegebot zu halten, in anderen Fällen gibt es einen eigenen Speisesaal für Gäste; die Regelungen sind von Abtei zu Abtei verschieden. Überall gilt, daß die Gebetszeiten bindend sind, daß das Schweigegebot zu halten ist und daß das Benehmen der Umgebung angemessen sein sollte.

Klosterladen

Süßwaren, Liköre, Ikonen, Bücher, CDs: das alles gibt es an Ständen oder in Läden der Klöster zu kaufen.

In fast allen Abteien sind – oft kleine – Läden eingerichtet, in denen im Kloster hergestellte Produkte gekauft werden können. Oft werden auch Produkte anderer Klöster der Kongregation angeboten. In Frankreich gibt es seit einigen Jahren ein interessantes Projekt mit dem Namen „Monastic“, bei dem die Benediktinerabteien des ganzen Landes sich zum Austausch ihrer Produkte zusammengeschlossen haben, so daß jedes Kloster dem Besucher die ganze Palette anbieten kann. Geschäfte, die diese Artikel führen, gibt es inzwischen auch in vielen Städten Frankreichs.

In Italien gibt es zahlreiche Benediktiner- und Zisterzienserklöster, wobei das Verhältnis zwischen den beiden Orden und zwischen Männer- und Frauenklöstern ausgeglichen ist. Die meisten Klöster gibt es in Mittelitalien; viele Kongregationen haben hier ihr Mutterkloster.

ITALIEN

Seit den Anfängen des Christentums gab es in Italien unterschiedliche Formen des Mönchtums: Eremiten nach dem Vorbild der ägyptischen Wüstenväter sowie kleine Gemeinschaften unter der Führung eines Abtes. Immer wieder traten charismatische Gestalten hervor, unter denen Benedikt von Nursia sicher die größte Bedeutung gewann. Die Abteien von Monte Cassino, Cava de' Tirreni, Novalesa, Farfa, San Vincenzo al Volturno, Pomposa waren die großen geistigen und kulturellen Zentren in der Epoche des Übergangs vom Reich der Langobarden zum Frankenreich. Während die Ordensreform in Frankreich und in den anderen europäischen Ländern mit der Abtei Cluny verbunden ist, gingen in Italien die zwei folgenreichsten Erneuerungsbewegungen zwischen dem 10. und dem 12. Jh. von Camaldoli und Vallombrosa aus. Dank der Tätigkeit der Mönche von Clairvaux verbreitete sich anschließend auch in Italien die zisterziensische Reform. In einer Zeit der Krise entstanden die Bettelorden, in denen man eine Antwort auf die Vernachlässigung des Ideals der monastischen Lebensweise sehen kann. Die einzigen monastischen Ausnahmen sind die Gründung von Monte Oliveto Maggiore im 14. Jh. und der Versuch von Ludwig Barbo, zu Beginn des 16. Jh. das monastische Leben durch die Errichtung von Kongregationen neu zu organisieren. Von den Klosteraufhebungen im Gefolge der Französischen Revolution blieben auch die Abteien in Italien nicht verschont, aber sie wurden nicht zerstört, sondern nur verlassen. Das Gesetz der italienischen Regierung zur Aufhebung der Orden von 1866 hat viele historische Abteien so schwer getroffen, daß sie sich davon nie mehr erholt haben. Heute gibt es wieder in ganz Italien Kommunitäten von Benediktinern und Zisterziensern.

Burgeis-Mals – Abtei Marienberg

Benediktiner der Schweizer Kongregation

Von Meran aus: SS 40 in den Vintschgau Richtung Reschenpaß. Kurz nach der Ortschaft Mals Abzweigung nach rechts zur Gemeinde Burgeis; von da auf kurvenreicher Straße hoch auf 1333 Meter zur Abtei Marienberg. Von Österreich aus: von Innsbruck nach Landeck, dann die Straße zum Reschenpaß, von der Paßhöhe sind es noch 20 km zur Abtei. Von der Schweiz aus: über den Ofenpaß in das Münstertal, dann, in Italien, Richtung Glurns und Mals.

Auf einer Höhe von 1333 Metern über dem Meer ist die Abtei Marienberg die höchstgelegene Klosteranlage Europas.

Gründung: *1146*
Anschrift: *I–39024 Burgeis-Mals*
Telefon: *04 73/813 06*

Marienberg liegt 1333 Meter hoch an einem waldreichen Berghang auf der Straße zum Reschenpaß und ist damit die höchstgelegene Benediktinerabtei Europas. Das Kloster wurde von zwei Schweizer Adeligen gegründet, es war immer auf die habsburgischen Länder hin orientiert und gehört heute – zusammen mit Muri-Gries in Bozen – zur Schweizer Kongregation. Die Kommunität, bestehend aus 17 Mönchen, ist zur Gänze deutschsprachig, auch die Gottesdienste werden auf Deutsch gehalten. Aufgrund seiner Lage war das Kloster immer auch Ziel für Wanderer und Pilger, die in seinen starken Mauern gastliche Aufnahme fanden. Die Gründer, Ulrich und Uta von Tarasp, Adelige aus dem Engadin, errichteten das Kloster an der Stelle, an der eine der Gottesmutter geweihte Kapelle stand. Für das immerwährende Gotteslob an dem geweihten Ort wurden Mönche aus Ottobeuren, der großen Abtei in Schwaben (s. S. 193), gerufen. Nach einem Brand zu Beginn des 15. Jh. wurde Marienberg in spätgotischem Stil wiederaufgebaut und später noch einmal in einem nüchternen Barock umgebaut. Von der ursprünglichen Anlage ist nur noch die mit Fresken ausgemalte prachtvolle Krypta erhalten. Das 1807 von der bayerischen Regierung aufgehobene Kloster wurde 1816 Benediktinern der Schweizer Kongregation übergeben. Die Mönche sind in der Seelsorge tätig und unterhalten einen kleinen landwirtschaftlichen Betrieb.

Kunst / Sehenswürdigkeiten: Die Krypta der Kirche wurde 1154 geweiht, der Bau der Kirche im Jahre 1201 fertiggestellt. Außer der Krypta ist aus dieser Zeit das große romanische Portal in der Vorhalle erhalten; im Tympanon die Gußsteinplastik einer Madonna, die dem Jesusknaben einen Apfel reicht, ein Beispiel der „Schönen Madonnen" der Hochgotik. Im Innern der Kirche stehen die hellen Stukkaturen aus der Zeit der Barockisierung im 17. Jh. in reizvollem Kontrast zur Ausstattung in Holz. In künstlerischer Hinsicht ist vor allem die Krypta von Interesse, ein rechteckiger Raum mit Kreuzgewölbe; erhalten ist ein Freskenzyklus von 1180, der den Raum zu einer Schatzkammer romanischer Freskokunst macht.

Besichtigung: An Werktagen kann unter der Führung eines Mönches die Kirche mit der Krypta besichtigt werden; freier Zugang am Wochenende.

Gebetszeiten: 6.30 Uhr (Sonn- und Feiertage auch 11.30 Uhr) Messe; 15.00 Uhr Vesper.

Angebote für Gäste: Für Männer gibt es die Möglichkeit, während eines Aufenthalts am Leben der Kommunität teilzunehmen.

Camaldoli – Archicenobio di Camaldoli

Kamaldulenser

Von Arezzo: SS 71 nach Norden bis Poppi, dort rechts abbiegen und auf leicht ansteigender Straße nach Camaldoli und zum Kloster; vom Kloster aus führt eine kurvenreiche Straße zur Einsiedelei.
Von Florenz: SS 67 nach Pontassieve, dann über den Passo della Consuma (hier geht es rechts ab zur Abtei Vallombrosa, s. S. 71) bis Poppi.

Gründung: *1012*
Anschrift: *Monastero di Camaldoli, località Camaldoli, 52010 Poppi (AR)*
Telefon: *05 75/55 60 12*

Das Kloster von Camaldoli, gelegen auf einer Höhe von 800 Metern und umgeben von Tannenwäldern, ist eines der berühmtesten und meistbesuchten Klöster Italiens. Wie die Bezeichnung Archicenobio (Erzabtei) andeutet, ist Camaldoli das Mutterkloster einer kleinen, aber altehrwürdigen Benediktinerkongregation, der „Weißen Benediktiner", wie die Kamaldulenser auch genannt werden; es ist zugleich ein Ort der Begegnung und des Austauschs zwischen den Religionen und ein Ort der Prüfung und der Meditation. Auf den Waldwegen unter den Tannen, die zur darüber liegenden Einsiedelei führen, kann man Gelehrte und Studenten treffen, Pfadfinder und Angestellte, Pensionäre und Paare, die alle angezogen werden von der Atmosphäre dieses Ortes, der – auch dank des großen und betriebsamen Gästehauses – zu den meistbesuchten Zielen monastischen Lebens in Europa zählt.
Regelmäßig werden Einkehrtage zu bestimmten Themen, Seminarwochen und Tagungen zur Bibel angeboten, zu denen Studenten und Gelehrte aus aller Welt hierher kommen. Ein dicker Veranstaltungskalender kann vom Gästehaus angefordert werden. Aber auch wer an diesen Angeboten nicht interessiert ist und nur einen Ort der Besinnung sucht, an dem spirituelle Erfahrung möglich ist, findet hier die Möglichkeit zu ernsthafter Sammlung.
Das Gästehaus von Camaldoli ist eine Institution für sich, die aber von Anfang an mit der Geschichte und dem Leben des bedeutenden Klosters eng verbunden war.
Erbaut wurde Camaldoli von 1012 bis 1024 bei einer Quelle (der Ort trug den Namen Fontebuona) durch den hl. Romuald von Ravenna, die große Gestalt des eremitischen Mönchtums; das Kloster wurde sofort mit einem Hospiz ausgestattet, in dem die Pilger, die der Straße über die Berge folgten, Aufnahme und Betreuung fanden.
1113 wurde Camaldoli Mutterkloster aller Kamaldulenser-Niederlassungen in der ganzen Welt, im 15. Jh. wurde es Sitz einer humanistischen Akademie. Abgesehen von einer kurzen Unterbrechung während der Napoleonischen Zeit wurde das Ordensleben immer aufrechterhalten. Camaldoli wurde im Laufe der Jahrhunderte mehrmals umge-

Das Kloster Camaldoli. Es liegt in den Wäldern des Casentino und ist eines der ältesten und bedeutendsten Klöster in Italien.

baut, das heutige strenge Aussehen erhielt der Gebäudekomplex im 16. Jh. Heute gehören der Kommunität mehr als 50 Mönche an, die allerdings nicht immer alle am Ort sind; geistlich verbunden mit der Gemeinschaft sind die zehn Brüder, die in der über dem Kloster liegenden Einsiedelei leben. Es ist diese Verbindung von gemeinschaftlichem und eremitischem Lebensstil, der die Besonderheit der Kamaldulenser innerhalb des benediktinischen Mönchtums ausmacht und sie mehr als die anderen Kongregationen mit dem Mönchtum des Ostens verbindet.

Kunst / Sehenswürdigkeiten: In der im 18. Jh. neu errichteten Kirche sind mehrere Gemälde von Giorgio Vasari zu sehen, das Chorgestühl im Mönchschor hinter dem Hochaltar stammt ebenfalls aus dem 18. Jh. Sehenswert ist auch die Einrichtung der Apotheke aus dem 17. Jh. Erhalten sind bemalte Keramikgefäße aus verschiedenen Epochen und eine Werkstatt, die eine kleine Sammlung von Werkzeugen zur Verarbeitung von Heilpflanzen enthält. Bis 1810 existierte auch ein Krankenhaus, in dem die Bedürftigsten Aufnahme und Pflege fanden.

Besichtigung: Die große Klosteranlage ist zu einem guten Teil frei zugänglich.
Sehenswert ist der Kreuzgang des Maldolo (des Grafen, der das Gelände gestiftet hat; von ihm leitet sich auch der Name her: *Ca' Maldoli,* Haus des Maldolo), an den sich die Gebäude des Gästehauses angliedern, dann der Kreuzgang *dei Fanciulli,* die Kirche und die Sakristei. Die Bibliothek ist nur nach Anfrage zugänglich und nur für Personen, die dort arbeiten wollen. Links von der Kirche führt eine Tür zu einer der schönsten Klosterapotheken Italiens: Die alte Apotheke von Camaldoli ist einen Besuch wert.

Gebetszeiten: Die Gäste und Besucher können an allen liturgischen Gebeten teilnehmen.

Klosterladen: Die Liköre von Camaldoli, die in der Apotheke verkauft werden, sind seit Jahrhunderten eine Spezialität des Klosters (besonders das Magenelixier Lacrima d'Abeto); heute werden sie allerdings nicht mehr innerhalb der Klostermauern hergestellt.
Verkauft werden ferner Marmelade, Honig, Arzneitränke, Tee und kosmetische Produkte aus Kräutern.

Angebote für Gäste: Das alte Hospiz des Klosters wurde zu einem modernen Gästehaus mit 200 Betten ausgebaut; es gibt Ein- und Zweibettzimmer mit Bad und Toilette. Trotz des modernen und

Die alte Apotheke des Klosters Camaldoli. Das Gebäude diente in der Vergangenheit als Hospiz für die Pilger, die den Apennin überquerten.

funktionalen Charakters ist und bleibt das Gästehaus von Camaldoli jedoch ein klösterliches Gästehaus; das heißt, daß Gäste, die einen Aufenthalt spiritueller Natur anstreben, gegenüber bloßen Feriengästen bevorzugt werden. Empfohlen wird telefonische Voranmeldung, von 8.00 bis 12.00 und von 15.30 bis 18.30 Uhr unter der Nummer 05 75/55 60 13. Auch weitere Informationen können telefonisch angefordert werden.

Camaldoli – Sacro Eremo di Camaldoli

Kamaldulenser

Vom Kloster aus ist der Fußweg zur Einsiedelei zu empfehlen. Es ist ein 5 km langer, angenehmer Aufstieg auf dem historischen Pfad.

Gründung: *1012*
Anschrift: *Sacro Eremo di Camaldoli, Poppi (AR)*
Telefon: *05 75/55 20 21*

Die Einsiedelei (Eremo) von Camaldoli, 1111 Meter hoch gelegen, ist ein einzigartiger Ort des benediktinischen Europa. Sie ist mit dem darunterliegenden Kloster eng verbunden, hat aber eine völlig andere Atmosphäre und architektonische Prägung. Ähnlich wie eine Kartause besteht sie aus kleinen selbständigen Häusern mit eigenem Garten, die auf eine Kirche und andere Gemeinschaftsbauten ausgerichtet sind; heute leben hier etwa zehn Einsiedler. Die Besonderheit dieser eigenen Form mönchischen Lebens wird bestimmt durch die Verbindung eines Lebens in Einsamkeit mit dem Leben in ungezwungener Gemeinschaft. Entstanden ist diese Form, als das benediktinische Ideal im Laufe des 11. Jh. in die Krise geriet und man Wege zu deren Überwindung suchte.
Für den Besuch der Einsiedelei empfiehlt es sich, eine Zeit außerhalb der Hauptsaison zu wählen und so der Masse der Touristen und Ausflügler auszuweichen; man wird dann größeren Anteil an der jahrhundertealten spirituellen Erfahrung dieses außergewöhnlichen Ortes gewinnen.

Jedes der kleinen Häuser, die zusammen die Einsiedelei von Camaldoli bilden, wird von einem Eremitenmönch bewohnt.

Kunst / Sehenswürdigkeiten: Die Kirche bewahrt Gemälde des 18. Jh.; in der Kapelle des hl. Antonius eine Terrakotta von Andrea della Robbia, im Mönchschor Chorgestühl aus dem 15. Jh. In der sehenswerten Bibliothek ist eine bemerkenswerte Kassettendecke aus dem 17. Jh. mit Bildnissen der Kirchenväter und von Heiligen aus dem Benediktinerorden zu bewundern.

Besichtigung: Zugänglich ist nur der untere Teil der Einsiedelei mit der Salvatorkirche und der

Antoniuskapelle, dem Kapitelsaal, der Sakramentskapelle und einer Zelle, in der der hl. Romuald gelebt haben soll. Die Bibliothek, die nur noch einen Teil ihrer früheren Schätze besitzt (der größte Teil wurde nach der Aufhebung im Jahr 1860 nach Florenz überführt), und das Refektorium sind nur nach Anfrage zu besichtigen.

Angebote für Gäste: Die Einsiedelei hat ein Gästehaus mit 15 Betten; aufgenommen werden nur Männer, Einzelpersonen oder kleine Gruppen, und zwar längstens eine Woche. Die Teilnahme am gemeinschaftlichen Gebet wird erwartet. Im Winter ist das Gästehaus geschlossen.

Casamari – Abbazia di Casamari

Zisterzienser der Kongregation von Casamari

100 km südlich von Rom, zur Gemeinde Veroli gehörend; von der Ausfahrt Fronsinone der Autobahn A 1 führt die SS 214 Richtung Sora zur Abtei.

Gründung: *1030*
Anschrift: *Abbazia di Casamari, località Casamari, 03020 Veroli (FR)*
Telefon: *07 75/33 23 71*

Das Kloster Casamari liegt in einem einstmals sumpfigen Tal, das erst durch geduldige, jahrhundertelange Arbeit der Monche urbar gemacht wurde. Im Altertum soll der Konsul Gaius Marius, der große Gegenspieler des Sulla in den römischen Bürgerkriegen, hier ein Haus gehabt haben (daher der Name: *Casa Marii,* Haus des Marius). In einem ersten, zwischen 1030 und 1036 errichteten Kloster lebten Benediktiner; als das Kloster 1140 an die Zisterzienser überging, wurde die gesamte Anlage neu gebaut, wie sie heute noch erhalten ist. Trotz Krieg, Raubzügen und Plünderungen wurde das Kloster nie zerstört und in den Hauptteilen auch nicht mehr umgebaut; zusammen mit der nahegelegenen Abtei Fossanova di Priverno, heute ein Franziskanerkloster, ist Casamari ein erstrangiges Beispiel für die zisterziensische Gotik in Italien, ohne daß sich seine Bedeutung auf die Architektur beschränkt.
Seine Blütezeit erlebte Casamari am Ende des 13. Jh. Bedingt vor allem durch das Kommendenwesen, kam es zwischen dem 15. und dem 17. Jh. zum Niedergang. 1717 zogen Trappisten ein, die versuchten, dem Kloster seinen früheren Glanz wiederzugeben. 1799 wurde die Abtei von den Franzosen geplündert, auf Anordnung Napoleons wurde sie 1810 aufgehoben, und für vier Jahre erlosch das monastische Leben. 1892 löste sich die Abtei von den Trappisten und schloß sich der Observanz der Zisterzienser an. Das Klosterleben nahm einen enormen Aufschwung, so daß 1930 mehrere Abteien neu belebt werden konnten: Cotrino (Lecce), SS. Vincenzo e Anastasio in

Der Kreuzgang des Klosters Casamari ist ein Prachtstück der zisterziensischen Gotik in Mittelitalien.

Das Refektorium von Casamari, das heute noch von den Mönchen genutzt wird. Sechs schwere Pfeiler teilen den Raum in zwei Schiffe.

Rom, Chiaravalle della Colomba (s. S. 76), Piona (s. S. 57) und die verlassenen Kartausen von Trisulti, Florenz und Pavia. Missionare eröffneten außerdem in Afrika und Amerika neue Häuser. Casamari ist auch der Sitz einer der beiden Kongregationen der Zisterzienser in Italien. Hier befindet sich das Noviziat, und hier werden auch die Regeln ausgearbeitet, die für die angeschlossenen Klöster gelten. Einen großen Teil der Anlage nimmt heute ein Kolleg ein; die Kommunität ist im Vergleich zu ihrer Vergangenheit von bescheidener Größe (etwa 40 Mönche), aber immer noch reich an Leben. Das Kloster unterhält einen landwirtschaftlichen Betrieb, eine Druckerei, eine Destillerie und ein Observatorium.

Kunst / Sehenswürdigkeiten: Die größte Sehenswürdigkeit der Abtei ist sicher die Kirche mit vorgelagertem Portikus. Durch ein schönes Hauptportal betritt man den eindrucksvollen dreischiffigen Raum mit Spitzbögen; eine Rose über dem Chor bewirkt interessante Lichteffekte. Der kleine und ruhige Kreuzgang umfaßt einen Garten mit Brunnen, er hat elegante zweibogige Fensteröffnungen (sog. Biforien) und auf drei Seiten einen oberen Laubengang. Der Kapitelsaal, ebenfalls mit schönem Portal, ist ein gotischer Raum, der von vier Bündelsäulen getragen wird, die sich effektvoll in Gewölberippen verzweigen. Sehenswert ist auch das Refektorium, das durch sechs schwere Pfeiler in zwei Schiffe geteilt wird. Bei Restaurierungsarbeiten wurden in diesem Raum Reste von Fresken und Mosaikfußböden aus romanischer Zeit gefunden. Es gibt im Kloster auch ein Museum und eine Bildersammlung mit Arbeiten aus der Romanik und Gemälden des 16. Jh.

Besichtigung: Man betritt das Kloster durch ein Torhaus, das in einen mit Bäumen gesäumten Hof führt, der leicht abschüssig ist. Zur Kirche (links) führt eine Treppe hinauf. Am mächtigen Klostergebäude beginnt die Führung mit Besichtigung der Kirche, des Kreuzgangs, des Kapitelsaals und des Refektoriums.

Gebetszeiten: 7.00 Uhr Messe (täglich); 10.30 Uhr feierliche Sonntagsmesse.

Klosterladen: Im früheren Abtshaus, einem großen Gebäude neben dem Eingang, werden Bücher verkauft, die zum Teil in der eigenen Druckerei hergestellt werden, ferner Schokolade und vor allem die von den Mönchen hergestellten Liköre.

Angebote für Gäste: In der Abtei gibt es ein Gästehaus zur Aufnahme von Einzelpersonen und Gruppen. Männer können auf Wunsch auch am Tageslauf der Mönche teilnehmen. Voranmeldung ist erforderlich.

Die ersten Klöster

Das Fresko von Spinello Aretino im Kreuzgang des Klosters San Miniato al Monte in Florenz stellt ein Wunder des hl. Benedikt dar.
Der hl. Gregor der Große hat im zweiten Buch seiner Dialoge über die Wunder der italischen Väter das Leben des hl. Benedikt von Nursia beschrieben. Es handelt sich um eine Sammlung von Legenden und Beispielerzählungen, die in der Gründung von Montecassino und der Ausarbeitung der Benediktregel ihren Höhepunkt hat. Diese Regel, die alle bis dahin geltenden Mönchsregeln zusammengefaßt hat, ist bis heute der grundlegende Text für alle Benediktiner auf der ganzen Welt.

Cassino – Abbazia di Montecassino

Benediktiner der Cassinesischen Kongregation

Autobahn A 1 Rom – Neapel, Ausfahrt Cassino.

Gründung: *529*
Anschrift: *Abbazia di Montecassino, Cassino (FR)*
Telefon: *07 76/31 15 29*

In seinem *Leben des hl. Benedikt* schreibt der hl. Gregor der Große: „Dort (auf dem Gipfel des Berges über Cassino) stand ein uraltes Heiligtum, wo nach dem Brauch der heidnischen Vorfahren die einfältige Landbevölkerung den Gott Apollo verehrte … An diesen Ort kam nun der Mann Gottes. Er zerstörte das Götterbild, stürzte den Altar um … Im Tempel des Apollo errichtete er ein Oratorium zu Ehren des hl. Martin, und an der Stelle des Apolloaltares erbaute er ein Oratorium zu Ehren des hl. Johannes."
Auf so dramatische Weise beginnt – um das Jahr 529 – die lange christliche Geschichte von Montecassino, die seither mit dem benediktinischen Mönchtum verbunden ist. Auf Montecassino hat Benedikt von Nursia seine Idee einer Ordensgemeinschaft entwickelt, eine Mönchsorganisation geschaffen und für sie die Regel geschrieben, die im Laufe der Zeit universale Geltung erlangen sollte. Belagert und zerstört von den Langobarden, den Sarazenen, den französischen Revolutionstruppen, 1944 bombardiert und dem Erdboden gleichgemacht von den Alliierten des Zweiten Weltkriegs, ist diese Abtei auf dem Berg mit ihrem mächtigen und robusten Bauwerk zum Symbol einer Lebensweise geworden, die in ihren verschiedenen Formen die Welt erobert hat.
Blickt man von unten zum Kloster hinauf, beeindruckt die Wucht dieses spirituellen Zentrums der Geschichte; wenn man dann die kurvenreiche Straße hochfährt, wird auch die bauliche Struktur des Komplexes erkennbar. Das Äußere ist ein gewaltiger rechteckiger Bau im Ausmaß von 200 mal 100 Metern, im Inneren ist der Bau gegliedert durch Loggien, Säulen, Räume auf verschiedenen Ebenen, die dem Ganzen eine gewisse Anmut verleihen. Die großen bewachten Parkplätze vor dem Eingang sind ein

Ein eindrucksvoller Blick auf den mittleren Kreuzgang der Abtei Montecassino, der Wiege des benediktinischen Mönchtums.

Blick auf die unverkennbare gewaltige Anlage von Montecassino (200 mal 100 Meter). Hier ruhen die Gebeine des hl. Benedikt und seiner Schwester, der hl. Scholastika.

Hinweis darauf, welche Menge an Touristen, Pilgern und Neugierigen hierher kommt, angezogen von der Spiritualität des Ortes, von seiner Geschichte oder auch nur von der großartigen Aussicht, die man hier über die Ebene bis zum Meer genießen kann.
Der Klosterkomplex wurde nach dem Krieg neu aufgebaut und wiederhergestellt; es fehlt daher ein Teil der Faszination, die nur wirklich alte Bauten ausstrahlen. Auch das künstlerische Erbe ist nahezu vollständig untergegangen – erhalten geblieben ist bis heute das spirituelle Erbe. Ein großer Teil der Gebäude wird von einem Kolleg genutzt und gibt der Anlage die Ausstrahlung einer für derartige Institutionen typischen kühlen Distanz.
Dennoch kommt beim Betreten der Anlage das Gefühl auf, an einem besonderen Ort zu stehen, an einem Ort, an dem Geschichte, Mystik, Tradition und Kunst sich vereinen zu einem beständigen Faszinosum, einem Heiligtum im alten und tiefen Sinn des Wortes.

Kunst / Sehenswürdigkeiten: Im ersten Kreuzgang steht die Bronzeskulptur *Tod des hl. Benedikt* von Attilio Selva (1953); im mittleren Kreuzgang ist eine elegante Zisterne auf korinthischen Säulchen zu bewundern, eine Rekonstruktion des Originals aus dem 17. Jh.
Die Kirche, ein prunkvoller dreischiffiger Barockbau mit reicher Marmorausstattung, bewahrt einige Gemälde des 17. Jh. In der Kapelle rechts vom Chor eine *Aufnahme Mariens in den Himmel* von Paolo de Mattheis, das einzige Gemälde, das von der Originalausstattung erhalten geblieben ist. Die Ausmalung der Kuppel stammt von Pietro Annigoni (1980), im Chor wurde das ursprüngliche Chorgestühl wiederhergestellt, während die Denkmäler für Piero de' Medici (Original wahrscheinlich von Sangallo) und Guido Fieramosca Rekonstruktionen sind. Sehenswert sind die Malereien in der Krypta, die 1913 von Malermönchen der Beuroner Schule (s. S. 179) ausgeführt und nach der Zerstörung restauriert wurden. Im Museum der Abtei sind zahlreiche Zeugnisse der langen Geschichte des Klosters aufbewahrt, darunter schöne Stundenbücher.

Besichtigung: Besichtigung bei freiem Eintritt täglich von 8.30 bis 12.30 Uhr und von 15.00 Uhr bis zum Einbruch der Dunkelheit. Hat man das Hauptgitter durchschritten, wird man von der Aufschrift PAX willkommen geheißen. Von einem Flur aus betritt man drei Kreuzgänge, die auf unterschiedlichen Ebenen liegen und durch Säulen verbunden sind. Von der offenen Loggia des mittleren Kreuzganges hat man einen weiten Blick in die Ebene, auf der Rückseite befindet sich ein majestätisches Gitter, das zu einem weiteren Kreuzgang, dem Kreuzgang der Wohltäter, und zur Kirche führt. Es ist dies der interessanteste und eindrucksvollste Ort der ganzen Anlage, der nach dem Krieg im Weiß des 18. Jh. wiederhergestellt worden ist.
In der Krypta befinden sich die Gräber des hl. Benedikt und seiner Schwester, der hl. Scholastika.
Die Bibliothek und das Archiv sind auf wunderbare Weise erhalten geblie-

ben, sie enthalten Dokumente von unschätzbarem Wert und sind auf Anfrage auch zu besichtigen.

Gebetszeiten: 15.30 Uhr Vesper und Messe; an Festtagen Messe um 10.30 Uhr. Weitere Messen an Sonn- und Feiertagen um 9.00 und 12.00 Uhr, an Werktagen um 7.00 Uhr.

Klosterladen: Am Eingang mehrere Ladenräume, in denen Bücher, Klosterführer in allen Sprachen und religiöse Andenken verkauft werden.

Angebote für Gäste: Gäste finden nur in seltenen Ausnahmen Aufnahme; unter Umständen haben männliche Teilnehmer von Einkehrtagen die Möglichkeit zur Übernachtung. In unregelmäßigen Abständen finden für Laien organisierte Kurse zu Themen der Geschichte und Spiritualität des Mönchtums statt, anläßlich deren die Möglichkeit besteht, für ein Wochenende am Leben der Kommunität teilzunehmen.

Cava de' Tirreni – Abbazia della Trinità

Benediktiner der Cassinesischen Kongregation

Von der Autobahn A 3 Ausfahrt Vietri sul Mare; die Straße nach Nocera Inferiore bis zur Abzweigung nach Corpo di Carva, von hier führt ein enges, kurvenreiches Sträßchen zur Abtei.

Gründung: *1020*
Anschrift: *Via Badia di Cava, 84010 Cava de' Tirreni (SA)*
Telefon: *089/46 39 22*

Die Abtei zur Heiligsten Dreifaltigkeit ist eine der bedeutendsten mittelalterlichen Gründungen in Süditalien; sie liegt am Ende eines waldreichen Tales, das von den Klostergebäuden beherrscht wird, die zum großen Teil als Internat benutzt werden.
Das „italienische Cluny", wie die Abtei oft genannt wird, weil sie im 12. und 13. Jh. ein Zentrum der Reform war, wirkt heute eher etwas verschlafen; das große Ansehen gehört der Vergangenheit an, die majestätischen und eher kühl wirkenden Bauten beherbergen eine kleine Kommunität von 15 Mönchen. Das Kloster wurde im 11. Jh. errichtet an dem Ort, an den sich der hl. Alferius, ein Adeliger aus der Gegend, in die Einöde zurückgezogen hatte; wie es im Mittelalter häufig vorkam, folgten ihm zahlreiche junge Männer nach, die sein strenges Leben zum Vorbild nahmen. Unter dem Abt Pietro (1079–1123) schloß sich Cava den Benediktinern an. Pietro, ein fähiger und unternehmungsfreudiger Abt mit Organisationstalent, hatte Cluny besucht und ging anschließend daran, in den von seiner Abtei abhängigen Ländern ein ähn-

Der Ambo mit Kosmatenarbeit aus dem 13. Jh. ist das bedeutendste Kunstwerk in der Kirche der Abtei zur Dreifaltigkeit in Cava.

Der Kreuzgang des Klosters von Cava de' Tirreni geht auf das 12. Jh. zurück.

liches System einzuführen. In wenigen Jahren erfolgten von Cava aus neue Gründungen bis nach Sizilien, und so wurde die Basis gelegt für die spätere Kongregation von Cava. Der Abt von Cava war ein richtiger Feudalherr, seit 1394 war er auch Bischof einer unabhängigen Diözese.
Mit dem Kommendenwesen setzte der Niedergang ein. 1497 schloß sich die Abtei der Reform von Santa Giustina (s. S. 51) an, und es gelang immerhin, das Ordensleben bis in die Gegenwart aufrechtzuerhalten. Im 18. Jh. wurde die gesamte Anlage umgebaut, so daß von der großen und mächtigen mittelalterlichen Abtei nur wenig erhalten geblieben ist. Von der antiklerikalen Gesetzgebung Italiens ihrer materiellen Ressourcen beraubt, richtete die Kommunität 1866 ein Internat und ein Lyzeum ein, die bis heute das Überleben des Klosters sichern.

Kunst / Sehenswürdigkeiten: Im Kapitelsaal befinden sich ein Chorgestühl von 1540 und ein wunderbarer Majolika-Fußboden aus dem Kloster Sant' Andrea delle Donne in Neapel; in einem Raum vor der Sakristei sind Skulpturen von Tino da Camaino aufgestellt.
In der Kirche mit reicher Marmorausstattung und Malereien des 18. Jh. ist ein Ambo mit Kosmatenarbeit aus dem 12. Jh. sehenswert.
Im Museum sind Kodizes mit Buchmalerei und Gemälde verschiedener Epochen zu besichtigen.

Besichtigung: Nur vormittags von 9.00 bis 12.00 Uhr unter Begleitung eines Mönches. Sehenswert ist vor allem der kleine Kreuzgang des 12. Jh. in seiner Kontrastwirkung zu den mächtigen Klostergebäuden, die von Felsen überragt werden. Besichtigt werden können auch der Kapitelsaal, die Sakristei, die Kirche und das Museum.
Die Bibliothek mit 40.000 wertvollen Bänden ist nur für Studienzwecke zugänglich, und zwar am Dienstag, Donnerstag und Samstag.

Gebetszeiten: 8.00 und 12.00 Uhr Sonntagsmesse; Werktagsmesse um 7.00 Uhr.

Angebote für Gäste: Es stehen nur wenige Zellen, wie sie auch die Mönche bewohnen, zur Verfügung; aufgenommen werden nur Männer, die am Klosterleben teilnehmen wollen.

Chiaravalle – Abbazia di Chiaravalle Milanese

Zisterzienser der Kongregation vom hl. Bernhard

Die Abtei Santa Maria von Chiaravalle Milanese mit ihrem markanten Vierungsturm liegt am Stadtrand von Mailand.

Am Stadtrand von Mailand, nahe dem Autobahnring Ost; vom Piazzale Corvetto zum Bahnhof von Rogoredo, dann die Eisenbahnlinie Mailand – Genua entlang; von hier Hinweisschilder nach Chiaravalle.

Gründung: *1135*
Anschrift: *Via Sant'Arialdo 102, 20139 Milano*
Telefon: *02/57 40 34 04*

Die altehrwürdige Abtei von Chiaravalle, die erste dieses Namens (hergeleitet von Clairvaux) in Italien, wurde von Mailänder Bürgern, nach der Überlieferung im Beisein des hl. Bernhard von Clairvaux, vor den Toren der Stadt gegründet; sie liegt heute an der Peripherie der Metropole der Lombardei und wird durch das Vorrücken der Stadt immer mehr bedroht. In der alles andere als idyllischen Landschaft zeichnet sich der schlanke und unverwechselbare Vierungsturm des Klosters ab, der errichtet wurde, weil es den Zisterziensern verboten war, in ihren Niederlassungen Glockentürme zu bauen. Die Abtei hat für den Fortschritt schon einmal einen hohen Preis entrichten müssen. Um Raum für die Bahnlinie zu schaffen, hat man im vorigen Jahrhundert den kostbaren Kreuzgang von Bramante zerstört. Chiaravalle ist aber auch heute noch ein Ort von großem Reiz, vor allem dank der schönen Kirche, in der sich die einfache zisterziensische Eleganz mit der lombardischen Malerei der Renaissance glücklich verbindet.
Von Bernhard von Clairvaux der Tradition der Zisterzienser gemäß in einem sumpfigen und ungesunden Gelände gegründet, gelangte Chiaravalle durch Entwässerung und Urbarmachung des Landes schnell zur Blüte. Mit der Kultivierung wuchs der Reichtum, so daß die Abtei in der Renaissance zu den vermögendsten Klöstern der Lombardei gehörte. Chiaravalle fiel dann der Willkür von Kommendatar-Äbten anheim, die es ausbeuteten, aber doch nicht gänzlich ruinierten. Das gelang dann der französischen Revolutionsregierung, die das Kloster aufhob und dem Verfall preisgab. Erst 1952 kehrte wieder Leben ein, als Mönche von der Abtei Santa Croce in Gerusalemme in Rom sich hier niederließen und zunächst ein Prioriat einrichteten. Die kleine Kommunität wuchs rasch und zählt heute aufgrund zahlreicher Berufungen 30 Mönche, darunter viele junge Männer. Die Zisterzienser von Chiaravalle haben aus dem Kloster ein Zentrum spiritueller und kultureller Aktivi-

täten auch für Mailand gemacht. So gibt es ein Institut, das die Begegnung mit der Spiritualität des Ostens fördert. Dem Pulsschlag der großen Metropole nah und fern zugleich, ist Chiaravalle auch die erste Station eines auf Kunst und auf Spiritualität gleichermaßen ausgerichteten Reiseweges, der über Chiaravalle della Colomba in der Po-Ebene und Chiaravalle di Ancona nach Chiaravalle di Fiastra bei Macerata in den Marken führt, einer prachtvollen zisterziensischen Anlage, die die Mönche aus Mailand zur Erinnerung an das Wirken der Familie des hl. Bernhard in Italien wiedereröffnet haben.

Kunst / Sehenswürdigkeiten: In der dreischiffigen Kirche, einem harmonischen Bau, der Elemente der nüchternen Gotik der Zisterzienser und der lombardischen Architektur miteinander verbindet, befindet sich ein großer Chor mit geschnitztem Chorgestühl von 1645, einer der schönsten, die aus dieser Epoche erhalten sind; im Presbyterium eindrucksvolle Fresken der Brüder Fiammenghini aus dem 17. Jh. Der eindrucksvollste Ort in der Kirche ist dort, wo eine Treppe die Kirche mit den Zellen der Mönche verbindet, mit dem Fresko *Madonna mit Kind und Engeln* von Bernardino Luini. Der Kreuzgang ist ein nüchterner Raum in gotischem Stil.

Besichtigung: Durch einen Bogengang betritt man den Hof, wo rechts ein Laden liegt, in dem Andenken und Produkte des Klosters verkauft werden. Vor dem Besucher die Fassade der Kirche, wie erdrückt von der Wucht und der Großartigkeit des markanten Vierungsturmes.

Kreuzgang, Sakristei und Kapitelsaal können nur mit Führung besichtigt werden, und zwar von 9.00 bis 12.00 und von 14.00 bis 17.00 Uhr.

Gebetszeiten: 17.30 Uhr Vesper; Sonntagsmessen um 8.00, 10.00, 11.30 und 17.00 Uhr; Messe an Wochentagen um 8.00 Uhr.

Klosterladen: Produkte des landwirtschaftlichen Betriebs des Klosters: Eier, Honig, Gelée royale, Gemüse, Geflügel; außerdem Liköre aus anderen Zisterzienserklöstern. Es gibt eine Buchbinderei und eine Werkstatt zur Restaurierung von Büchern.

Angebote für Gäste: Einzelpersonen oder kleine Gruppen – nur Männer – können (längstens eine Woche) am Leben der Kommunität teilnehmen.

Fabriano – Eremo di San Silvestro di Montefano

Silvestriner

Die Einsiedelei liegt auf dem Montefano bei Fabriano in den Marken; von der Stadtmitte aus folgt man den Hinweisschildern und biegt in eine Panoramastraße ein, die nach 8 km zum Kloster auf dem Gipfel des Berges führt.

Gründung: *1177*
Anschrift: *Via San Silvestro Abate 66, 60044 Fabriano (AN)*
Telefon: *07 32/216 31*

Das Refektorium der Einsiedelei San Silvestro, des großen über dem Städtchen Fabriano liegenden Klosters.

Das Kloster auf dem Aussichtsberg Montefano ist eine weiträumige und moderne Anlage von Gebäuden. Die Kommunität besteht aus etwa 50 Mönchen der Kongregation der Silvestriner, die hier ihr Mutterkloster haben. Der Eremit Silvester Guzzolini da Osimo, der sich 1177 hierher zurückgezogen hatte, gründete 1231 das Kloster, das in der kleinen Kongregation, die sich als letzte der großen Reformkongregationen des

Benediktinerordens im 11. und 12. Jh. gebildet hatte, immer eine führende Stellung eingenommen hat.
Die Silvestriner, denen heute in Italien sieben und in der ganzen Welt etwa 20 Abteien angehören, heben sich von den anderen Kongregationen dadurch ab, daß sie immer besonderen Nachdruck auf die Evangelisierung und das Apostolat gelegt haben, so daß sie sich in mancher Hinsicht an die Bettelorden annäherten. In diesem Geist der Erneuerung sind die Silvestriner heute Pioniere des Dialogs der Religionen; einen Höhepunkt bilden denn auch die Wochen der Begegnung von Mönchen der verschiedenen Religionen, die auf dem Montefano stattfinden. Der Abt von Montefano ist auch der Obere der Kongregation.
Das Kloster ist sehr schön gelegen, umgeben von Wäldern, vom kunstgeschichtlichen Standpunkt aus jedoch nicht von besonderem Interesse. Der ursprüngliche Bau, an der Stelle der Einsiedelei des hl. Silvester errichtet, wurde 1390 durch einen von Plünderern gelegten Brand vollständig vernichtet. Die Mönche zogen sich daraufhin in das ruhigere und besser geschützte städtische Kloster zum hl. Benedikt in Fabriano zurück. Sie blieben dort bis zur Mitte des 17. Jh., dann wurden die Bauten auf dem Montefano wiederhergestellt und erweitert, bis sie schließlich die heutige Gestalt gewannen.
Die Mönche vom Montefano führen ein geistliches Leben in der Nachfolge des hl. Benedikt und betreiben noch einen kleinen Verlag und eine Tischlerwerkstatt.

Kunst / Sehenswürdigkeiten: Im Kreuzgang Lünettenmalerei von A. Ungarini aus dem Jahr 1742; in der Kirche Fresken von G. Lucci (*Leben des hl. Benedikt,* 1737).
Am Altar, der den Körper des heiligen Gründers bewahrt, ein Tafelbild von Claudio Ridolfi: *Die Muttergottes erscheint dem hl. Silvester.*
Sehenswerter ist die Kirche des Klosters zum hl. Benedikt in der Stadt; in der Apsis sind Fresken von Simone de Magistris zu sehen, das Chorgestühl ist aus dem 15. Jh.

Besichtigung: Besichtigt werden können der Kreuzgang aus dem 18. Jh., die Kirche und einige Räume, in denen interessante und lehrreiche Darstellungen des Mönchtums zu sehen sind; der Eintritt ist frei.

Gebetszeiten: 7.20 Uhr Messe; an Fest- und Feiertagen: 8.30, 10.30 und 17.30 Uhr.

Klosterladen: Bücher zur Geschichte der Kongregation und zu Fragen des monastischen Lebens; von den Mönchen hergestellte Produkte aus Lavendel.

Angebote für Gäste: Es gibt ein großes und modernes Gästehaus, in dem Einzelpersonen und Gruppen Aufnahme finden, die an Einkehrtagen oder Meditationswochen teilnehmen wollen.

Ostseite von Montefano, dem Mutterkloster der Silvestriner. Die Abtei wurde im Laufe der Zeit mehrmals neu errichtet.

Farfa – Abbazia di Santa Maria di Farfa

Benediktiner der Cassinesischen Kongregation

Der Große Kreuzgang von Farfa. Die in Latium liegende Abtei gehörte zu den mächtigsten Klöstern des Hohen Mittelalters.

Von Rom aus auf der SS 4 (Via Salaria) zum Passo Corese und dann nach Fara Sabina. Ab hier ist der Weg zur Abtei ausgeschildert. Von der Autobahn A 1 Ausfahrt Fiano Romano, von dort auf der Via Salaria zum Passo Cornese.

Gründung: *5. Jh.*
Anschrift: *Abbazia di Farfa, frazione Farfa, 02030 Fara Sabina (RI)*
Telefon: *07 65/270 65*

Die Klosteranlage von Farfa in beneidenswerter Lage in den Olivenhainen der Sabiner Berge gehört zu den ältesten und eindrucksvollsten Abteien in Italien. Neben den eigentlichen Klostergebäuden liegen Reihen von kleinen mittelalterlichen Häusern, die ein richtiges Dorf bilden. Früher wurden die kleinen Häuser während der Märkte, die an den Hauptfesten abgehalten wurden, vermietet; heute sind sie von Handwerkern bewohnt, die den Touristen Keramiken, Stoffe und Blumenarrangements anbieten.
Inmitten dieses kleinen und anmutigen Klosterdorfes liegt die altehrwürdige und berühmte Abtei Santa Maria mit ihren Türmen und mächtigen Bauten, die Schritt für Schritt restauriert werden.
Farfa war jahrhundertelang eine der mächtigsten und reichsten Abteien in Italien, und es war Hauptstadt eines eng mit den herrschenden Geschlechtern zunächst des Langobarden-, dann des Karolingerreiches verbundenen feudalen Klosterstaates. Farfa war auch ein Gegengewicht zur päpstlichen Macht im nahen Rom, die Äbte stammten deshalb immer aus den mächtigen Adelsgeschlechtern. Zusammen mit San Vincenzo al Volturno und Montecassino bildete Farfa eine Trias der großen benediktinischen Klosteranlagen des Hochmittelalters in Mittelitalien. Um die Jahrtausendwende setzte ein langsamer Niedergang ein, bedingt vor allem durch den Aufstieg des Kirchenstaates und durch Einfälle der Sarazenen, die die Besitztümer verwüsteten. Neu belebt wurde die Abtei unter Abt Hugo, der sich im 11. Jh. der Reform von Cluny anschloß; im Investiturstreit stellte sie sich dann noch einmal auf die Seite der kaiserlichen Macht, leitete damit aber selbst ihr Ende als erstrangiger politischer und geistiger Machtfaktor ein.

Portal der Abteikirche von Farfa, zum größten Teil im 16. Jh. neu errichtet.

Nach dem Wormser Konkordat 1122 zwischen Kaiser und Papst verlor Farfa den kaiserlichen Schutz, und die Päpste, die die Abtei in den Kirchenstaat integrieren wollten, verstärkten den Druck. Die Abtei wurde Kommende, und da nun alle Einnahmen abgeführt wurden, verarmte das Kloster und verfiel. 1798 wurde Farfa von den Franzosen aufgehoben und verwüstet, 1861 zog der Staat die Güter ein. Erst 1921 kamen wieder Mönche hierher, Farfa ist seither jedoch nur eine einfache Außenstelle der Abtei St. Paul vor den Mauern in Rom, die eine kleine Kommunität hingeschickt hat. Heute leben nur vier Mönche in Farfa, sie halten sozusagen symbolisch Wache an diesem bedeutenden nationalen Denkmal, das seinen früheren Glanz für immer verloren hat.

Kunst / Sehenswürdigkeiten: In der Kirche, die in der Renaissance neu gebaut wurde, ist sehenswert die in Gold und Blau bemalte Kassettendecke von 1495 sowie ein großes Fresko des flämischen Malers Hendrik van den Broeck von 1561, eine Darstellung des *Jüngsten Gerichts.*
Erhalten sind Reste des karolingischen Mosaikfußbodens und eines Altars. Sehenswert ist auch die Bibliothek, ein Symbol dafür, daß die Abtei lange Zeit das kulturelle Zentrum in den Sabiner Bergen war; sie enthält mehr als 20.000 Bände, Inkunabeln und Frühdrucke.
Im Museum werden archäologische Funde, Gemälde und Mosaiken verschiedener Epochen aufbewahrt.

Besichtigung: Besichtigung unter der Führung eines Mönches zu jeder Stunde von 9.00 bis 12.00 und von 15.30 bis 18.00 Uhr. Zu besichtigen sind die Kirche, die karolingische Krypta, der Große Kreuzgang, der Langobarden-Kreuzgang, die Bibliothek und ein kleines Museum.

Klosterladen: In einem Raum des Klosters ist ein kleiner Laden eingerichtet, in dem Honig und Produkte aus Heilpflanzen verkauft werden. Interessante Einkaufsmöglichkeiten bieten auch die Handwerkerläden des Dorfes.

Angebote für Gäste: Das Gästehaus wird von Schwestern des schwedischen Birgitten-Ordens geführt, es liegt außerhalb der Abtei, auf der rechten Seite des Dorfplatzes. Angeboten werden Unterkunft und Verpflegung für Einzelpersonen, Familien und für Gruppen (telefonische Anmeldung möglich: 07 65/270 72).

Florenz – Abbazia di San Miniato al Monte

Olivetaner

Die Abtei liegt am linken Arno-Ufer auf einer Anhöhe über dem Zentrum von Florenz. Von der Piazzale Michelangelo zu Fuß an der Kirche von San Salvatore al Monte vorbei und durch Gärten bis zur Treppe, die zur Kirche hinaufführt.

Gründung: *11. Jh.*
Anschrift: *Via Monte alle Croci 37, 50125 Firenze*
Telefon: *055/234 27 68*

Die grün-weiße Marmorfassade von San Miniato setzt im Panorama von Florenz einen markanten Akzent, und vom Hügel, auf dem die Abtei liegt, bietet sich mit dem Blick auf die darunterliegende Stadt eine der berühmtesten Ansichten der Welt. Im 11. Jh. wurde San Miniato, das selbst älteren Ursprungs ist, eine Dependance von Cluny. Hier in San Miniato wollte Johannes Gualbertus, der spätere Gründer von Vallombrosa (s. S. 71), seiner Berufung folgen; er floh dann allerdings vor der Korruption, die in der Abtei herrschte, zog sich in die Einsamkeit der Berge zurück und gründete dort seine neue Kongregation. Nach verschiedenen Wechselfällen und einem unaufhaltsamen Niedergang übernahmen 1373 die Olivetaner die Abtei. Damit setzte ein neuer Aufschwung ein, von dem heute noch wertvolle Kunstwerke zeugen. 1529 befestigte Michelangelo die Gebäude zum Schutz gegen die kaiserlichen Truppen. Unter Cosimo de' Medici wurde die Abtei zur Garnison ausgebaut, von 1697 bis 1775 waren hier die Jesuiten ansässig. Die Olivetaner, die in der Zwischenzeit in die naheliegende Kirche San Bartolomeo al Monte verlegt worden waren, kehrten 1783 zurück, wurden

Eine eindrucksvolle Treppe führt zur Kirche von San Miniato al Monte über Florenz hinauf.

aber 1824 von Großherzog Ferdinand III. wiederum vertrieben, der 1854 hier neben dem Kloster den Friedhof *delle Porte Sante* anlegen ließ. 1924 kehrten die Mönche endgültig zurück, sie betreuen heute die Anlage und den Friedhof.

Unter den Kunstwerken, die das Kloster San Miniato al Monte beherbergt, nimmt die Kanzel aus dem 13. Jh. einen erstrangigen Platz ein.

Kunst / Sehenswürdigkeiten: Die Fülle der Kunstwerke, die San Miniato beherbergt, kann hier nur in Auswahl vorgestellt werden.
Die Kirche ist eine dreischiffige Säulenbasilika mit offenem Dachstuhl. Im Mittelschiff Reste eines kostbaren Fußbodens mit Marmoreinlegearbeiten von 1207. Ebenfalls im Mittelschiff, vor der Krypta, die *Cappella del Crocifisso* von Michelozzo, deren Tonnengewölbe mit Majolika-Kassetten von Luca della Robbia verziert ist. Die siebenschiffige Krypta aus dem 11. Jh. ist ein eindrucksvoller Raum, die Gewölbefresken sind von Taddeo Gaddi. Im Altar ruhen die Gebeine des hl. Minias, eines Märtyrers der Christenverfolgung unter Decius im 3. Jh.
Vom rechten, ebenfalls mit Fresken geschmückten Seitenschiff betritt man über eine Treppe die Sakristei, die wohl der eindrucksvollste Raum der ganzen Abtei ist. Sie enthält einen Freskenzyklus mit Szenen aus dem *Leben des hl. Benedikt* von Spinello Aretino vom Ende des 14. Jh.
Von der Sakristei gelangt man in den Kreuzgang, in dem Überreste von Fresken von Andrea del Castagno und Paolo Uccello wiederentdeckt worden sind. Im Presbyterium eine kostbare Kanzel aus dem 13. Jh.; in der Apsis ein Mosaik aus dem 13. Jh., von Alessio Baldovinetti 1491 restauriert. Vom linken Schiff geht es zur sog. Kapelle des Kardinals von Portugal, die von Luca und Andrea della Robbia ausgeschmückt und von Baldovinetti und Pollaiolo ausgemalt wurde. Das Grabmal des Kardinals Jakob von Lissabon ist ein Hauptwerk von Antonio Rosselino.

Besichtigung: Besichtigt werden können – bei freiem Eintritt – die herrliche Kirche, die Sakristei, der Kreuzgang und das Museum der Abtei.

Gebetszeiten: Messe und Vesper mit gregorianischem Choral täglich am frühen Abend (Zeit mit der Jahreszeit wechselnd) in der Krypta.

Klosterladen: In einem kleinen Laden vor der Kirche werden Produkte der Brennerei von Monte Oliveto verkauft.
Außerdem erhältlich sind Andenken, Broschüren und Kunstbücher über die Abtei.

Angebote für Gäste: Aufenthalt nur für Männer, die die Spiritualität der Olivetaner kennenlernen oder sich über ihre Berufung klarwerden wollen.

Fonte Avellana – Sacro Eremo di Fonte Avellana

Kamaldulenser

Von der Küste der Marken aus: kurz vor Senigallia auf die SS 424 nach Pergola (von der Autobahn A 14 Ausfahrt Senigallia), nach etwa 40 km Fahrt durch die Hügel der Marken von Pergola nach Serra Sant'Abbondio (13 km), von dort weitere 7 km nach Fonte Avellana. Vom Süden: in Cagli von der SS 3 (Via Flaminia) ab nach Frontone, Serra Sant'Abbondio und Fonte Avellana.

Gründung: *10. Jh.*
Anschrift: *Sacro Eremo di Fonte Avellana, 61040 Serra Sant'Abbondio (PS)*
Telefon: *0721/730118*

Fonte Avellana, das sich an den kahlen Monte Catria klammert und 680 Meter hoch gelegen ist, ist eine alte Gründung, die wahrscheinlich auf das Jahr 979 zurückgeht. Es gehörte zu den ersten Klöstern, die sich der Reform des hl. Romuald anschlossen, seine eigentliche „Geburt" verdankt es jedoch dem Prior Petrus Damiani. Der streitbare Kamaldulensermönch Petrus Damiani, der zu den meistgehörten Theologen des Mittelalters zählt, wurde zu Beginn des 11. Jh. in Ravenna geboren. Er war bereits ein geachteter Rechtsgelehrter, als er im Alter von 30 Jahren als Mönch nach Fonte Avellana kam, wo er schon kurz darauf Prior wurde. Unter seiner Leitung wurde die strenge Einsiedelei im Apennin ein Zentrum lebendiger Religiosität, ein Modell für zahlreiche weitere Kommunitäten der Kamaldulenser, ja sie wurde sogar zur Herausforderung für Camaldoli selbst. Petrus Damiani wurde zum Kardinal ernannt und engagierte sich mit ganzer Kraft für die Reform der Kirche seiner Zeit. Fonte Avellana behielt auch nach seinem Tod eine Führungsrolle, es bildete eine kleine Kongregation, die bis zur Eingliederung in die Kongregation der Kamaldulenser 1569 Bestand hatte. Damit ging eine Epoche voller Glanz in der Geschichte der Einsiedelei zu Ende. Auch Fonte Avellana wurde damals in das Kommendenwesen einbezogen, es begann ein langsamer Niedergang, dem schließlich unter Napoleon die Aufhebung folgte.

Die Einsiedelei von Fonte Avellana in abgeschiedener Lage an den Hängen des Monte Catria ist ein Ort der Sammlung und des Gebetes.

Das Skriptorium der Einsiedelei von Fonte Avellana gehört zu den besterhaltenen in Italien. Die großen Fenster spendeten den Kopisten das nötige Licht.

Erst 1935 nahm das monastische Leben an den Hängen des Monte Catria einen neuen Anfang. Mönche aus Camaldoli zogen in Fonte Avellana ein, um den Gründungsakt, der am Beginn des Klosters gestanden hatte, zu wiederholen.

Kunst / Sehenswürdigkeiten: Durch eine kürzlich erfolgte Restaurierung wurde die gesamte Anlage in ihrem ursprünglichen Zustand wiederhergestellt, und die Bauten wirken heute durchaus mittelalterlich.
Die Kirche, in romanischem Übergangsstil erbaut, hat eine Krypta, die in die Zeit vor 1000 zu datieren sein dürfte. Sehenswert das Skriptorium, einer der ältesten und am besten erhaltenen Räume dieser Art in Italien, mit einem Gewölbe mit Spitzbögen und großen Fenstern, die den Kopisten das für ihre Arbeit nötige Licht spendeten.
Das Refektorium ist mit Schnitzwerken des 18. Jh. ausgestattet; in der Dante Alighieri gewidmeten Bibliothek (er verweilte hier 1310) sind Manuskripte und Inkunabeln ausgestellt.

Besichtigung: Besichtigung unter Führung eines Mönchs von 9.00 bis 11.00 und von 14.00 bis 17.00 Uhr (an Sonn- und Feiertagen nur nachmittags). Gruppen nur nach Voranmeldung. Besichtigt werden können die Kirche, die Krypta, das Skriptorium, der Kleine Kreuzgang, die Bibliothek, der Kapitelsaal, der Saal der Akademie und einige alte, enge Zellen mit der Einrichtung aus Holz, ähnlich der, die Dante bei seinem Aufenthalt bewohnt hat.

Gebetszeiten: 7.30 Uhr Messe (an Werktagen); 10.00, 11.00 und 17.30 Uhr Messe (an Sonn- und Feiertagen); 7.30 Uhr Laudes; 12.00 Uhr Mittagsgebet; 18.00 Uhr Vesper; 20.30 Uhr Komplet.

Klosterladen: Im Kiosk neben dem Kloster werden neben Snacks und Getränken Produkte aus Camaldoli (s. S. 27) verkauft.

Angebote für Gäste: Für sich selbst versorgende Gruppen, die Einkehrtage halten wollen, stehen 50 Betten, eine eingerichtete Küche und ein Speisesaal zur Verfügung. Männer, die am religiösen Leben der Kommunität teilnehmen wollen, können einige Tage zusammen mit den Mönchen verbringen. Rechtzeitige Voranmeldung ist erforderlich.

Monteoliveto – Abbazia di Monte Oliveto Maggiore

Olivetaner

Von Siena aus: über die Via Cassia nach Süden bis Buonconvento; von dort auf einer kurvenreichen, aber gut ausgebauten Straße zur Abtei. Von der Autobahn A 1 von Florenz nach Rom: Ausfahrt Val di Chiana, dann die SS 438 über Bertolle bis Asciano, von hier über Chiusure nach Monteoliveto.

Gründung: *1319*
Anschrift: *Abbazia di Monte Oliveto Maggiore, 53020 Chiusure-Asciano (SI)*
Telefon: *05 77/70 17 70*

Monte Oliveto ist eine Vision, eine grüne Insel, die einem grauen Canyon von kahlen Felsen vorgelagert ist.
Die Gebäude aus rotem Backstein heben sich in beeindruckendem Farbenspiel von dem Grün des umliegenden Niederwaldes ab. Nähert man sich dem Kloster von Chiusure, einem kleinen, über einer Schlucht gelegenen Dorf, wird man der Abtei in ihrer einsamen Wildnis ansichtig: hineingesetzt in die Leere einer trostlosen Landschaft.
Es war gerade diese Trostlosigkeit, die den vornehmen Rechtsgelehrten Bernardo Tolomei aus Siena anzog. Er zog sich 1313, auf dem Höhepunkt seines politischen Erfolgs, zusammen mit Patrizio Patrizi und Ambrogio Piccolomini hierher in die Einsamkeit zurück. Aus diesem kleinen Kern von drei Eremiten wurde eine Kommunität, die bald die Benediktregel übernahm.
Monte Oliveto wurde so zu einem Kloster mit zunehmender Bedeutung, das sich durch eine betonte Marienverehrung auszeichnete, die auch in der Wahl des weißen Ordenskleides anstelle der üblichen schwarzen Kutte zum Ausdruck kam. Monte Oliveto hatte seine Glanzzeit in der Renaissance, damals entstanden die Gebäude, die heute noch Hunderte von Touristen anziehen.
Monte Oliveto ist das Mutterkloster der Kongregation der Olivetaner. Die Abtei beherbergt auch das Noviziat der Kongregation, so daß man oft ein Kommen und Gehen von jungen Leuten beobachtet, die einen Teil ihrer Einführung in das monastische Leben hier erhalten.
Die Olivetaner waren seit jeher aufgeschlossen und gastfreundlich, und sie sind Liebhaber und Förderer der Künste.
Wie wenige andere Klöster der Welt ist Monte Oliveto auch eine Schatzkammer der Kunst und sicher auch deshalb eines der meistbesuchten Klöster in Italien.

Monte Oliveto Maggiore ist das Mutterkloster der Olivetaner. Es gehört zu den meistbesuchten Klöstern in Italien.

Will man den oft verborgenen Zauber wahrnehmen, muß man an einem Wochentag hinfahren oder, besser noch, mehrere Tage im Gästehaus verbringen.
Die Kommunität besteht aus etwa 30 Personen. Sie betreibt eine Landwirtschaft, eine Schnapsbrennerei, eine berühmte und hochgeschätzte Werkstatt für die Restauration von Büchern, und sie ist in der Pfarrseelsorge und in der Schulbildung tätig. Früher gehörten die gesamten umliegenden Ländereien dem Kloster. Heute sind sowohl die Besitztümer wie auch der landwirtschaftliche Betrieb eher eingeschränkt; Haupteinnahmequelle der Kommunität ist inzwischen der Tourismus.

Der Freskenzyklus im Großen Kreuzgang von Monte Oliveto Maggiore von Luca Signorelli und Antonio Bazzi, gen. Sodoma, ist ein Hauptwerk der Renaissancekunst; dargestellt sind Szenen aus dem Leben des hl. Benedikt.

Kunst / Sehenswürdigkeiten: Der Große Kreuzgang enthält einen der sehenswertesten Freskenzyklen der Renaissance in Italien. Die Szenen aus dem *Leben des hl. Benedikt* wurden zwischen 1497 und 1506 von Luca Signorelli und Antonio Bazzi, gen. Sodoma, gemalt; sie machen den Großen Kreuzgang von Monte Oliveto zu einer der hervorragendsten Schöpfungen der monastischen Kunst in der ganzen Welt. Der Kreuzgang hat mit Glasfenstern geschlossene Rundbogenarkaden; das milde Licht, das durch die Fenster dringt, beleuchtet die 36 lebendigen Darstellungen, die sich wie eine Geschichte lesen lassen und aufschlußreiche Einzelheiten des klösterlichen Lebens im 15. Jh. wiedergeben. Berühmt ist auch das große Refektorium, das heute noch von den Mönchen benützt wird, so daß man nur von der Tür aus einen Blick hineinwerfen kann: Es ist die ursprüngliche Einrichtung erhalten, Tische, Bänke und Lesepult aus Holz, die Fresken stammen aus dem 17. Jh. Die Kirche wurde im Jahr 1772 nahezu vollständig neu gebaut. Glücklicherweise blieb das großartige Chorgestühl erhalten, das der Mönch Guido von Verona zwischen 1502 und 1505 geschnitzt hat. Aufgrund der Feinheit der Ausführung, der Fülle der wiedergegebenen Themen und des Spiels mit der Perspektive gehört es zu den schönsten der Welt. Im Durchgang von der Kirche zum Großen Kreuzgang ist das Fresko *Kreuztragung* von Sodoma zu sehen sowie weitere bemerkenswerte Fresken aus dem 15. Jh. Im ehemaligen Kapitelsaal ist eine sehenswerte Ausstellung untergebracht, darunter Bilder aus dem 15. Jh. aus der Toskana.

Besichtigung: Nach einem zum Parkplatz umgewandelten kleinen Platz betritt man durch einen mächtigen alleinstehenden Turm (jetzt ein Restaurant) das Klostergelände. Von hier aus geht man im Wald eine leicht abschüssige Straße hinunter. Auf halbem Weg liegt ein großer Fischteich, der im 16. Jh. angelegt wurde. Im Wald befinden sich zahlreiche Kapellen und Gebetsräume. Am Ende des Weges

steht man vor dem eigentlichen Klosterbau. Links liegt das Gästehaus, leicht abgesetzt von der Abtei, rechts sieht man die Apsis der Kirche aus der Renaissancezeit, und noch weiter rechts befindet sich der Eingang zur Abtei.
Ab hier ist eine Besichtigung nur mit Führung durch einen Mönch möglich (von 9.00 bis 12.30 und von 15.00 bis 18.30 Uhr). Besichtigt werden können – außer der Kirche – der Große Kreuzgang, der Kleine Kreuzgang, das Refektorium, der Kapitelsaal und die Apotheke.
Die prachtvolle Bibliothek, ein Raum im Stil der Renaissance, ist meist geschlossen, da der wertvolle Bücherbestand in den letzten Jahrzehnten durch zahlreiche Diebstähle großen Schaden erlitten hat.

Gebetszeiten: 5.00 Uhr Lesung; 7.00 Uhr Messe; 8.00 Uhr Laudes; 12.30 Uhr Sext; 15.30 Uhr Non; 20.15 Uhr Vesper und Konventmesse; 20.45 Uhr Komplet. Sonntagsmessen um 8.00, 11.00 und 17.00 Uhr.

Klosterladen: In einem Laden rechts vom Eingang werden außer Büchern und Devotionalien die berühmten Liköre verkauft, die die Mönche nach jahrhundertealten Rezepturen herstellen.

Angebote für Gäste: Das Gästehaus von Monte Oliveto gehörte zu den ersten in Italien, die sich darauf eingerichtet haben, Gäste in großer Zahl aufzunehmen. Das hat einerseits dazu geführt, daß das Haus gut organisiert ist, andererseits ist man zurückhaltend geworden gegenüber Gästen, die ein Kloster mit einem „alternativen Hotel" verwechseln. Ersuchen um Unterkunft werden deshalb nach dem Zweck des Aufenthalts beurteilt. Vorhanden sind Einbett-, Zweibett- und Dreibettzimmer, alle ohne Bad und Toilette.
Für Männer gibt es die Möglichkeit – nach Empfehlung durch den Pfarrer oder aufgrund eines begründeten schriftlichen Antrags –, einige Tage in der Kommunität zu verbringen und Leben und Gebet mit den Mönchen zu teilen.
Im Turm mit dem Eingang zur Abtei ist ein ausgezeichnetes Restaurant mit traditioneller toskanischer Küche untergebracht.

Wie der hl. Benedikt den Bau von zwölf Klöstern bewerkstelligte, *von Sodoma. Eine der 36 Fresken, die der Maler aus dem Piemont zusammen mit Luca Signorelli von 1497 bis 1506 in Monte Oliveto ausgeführt hat.*

Orta – Monastero Mater Ecclesiae

Benediktinerinnen

Die Insel San Giulio im See von Orta. Auf der Insel liegt das Frauenkloster Mater Ecclesiae.

Das Kloster liegt auf einer Insel des Sees Orta; von der Autobahn A 8 aus Mailand Richtung Lago Maggiore, Ausfahrt Arona; von hier über Borgomanera nach Gozzano und auf der Uferstraße des Lago d'Orta nach Orta; von Orta aus mit dem Motorboot zum Kloster auf der Insel San Giulio; im Sommer fahren auch Linienboote.

Gründung: *1973*
Anschrift: *Monastero Mater Ecclesiae, Isola di San Giulio, Orta (NO)*
Telefon: *03 22/903 24*

Obwohl es sich um eine der neuesten Gründungen in Italien handelt, verdient diese Niederlassung aufgrund ihrer Lage dennoch besondere Beachtung. Wie das altehrwürdige Kloster Frauenwörth im Chiemsee (s. S. 184) ist auch das Kloster Mater Ecclesiae das geschichtliche und architektonische Zentrum der Insel, auf der es liegt. Nonnen aus Vibaldone haben, gerufen vom Bischof von Novara, das Ordensleben an einen Ort zurückgebracht, an dem es seit dem 6. Jh. lebendig war.
Das bedeutendste Zeugnis dieser alten geistlichen Tradition ist die sich im Wasser des Sees spiegelnde Basilika San Giulio. Bis 1947 war in der Anlage ein Seminar untergebracht, dann standen die Gebäude leer. Die Ankunft der Nonnen hat der ganzen Insel neues Leben gebracht. Die anfangs recht kleine Gemeinschaft ist inzwischen auf über 20 Frauen angewachsen.
San Giulio ist eine Insel mit geheimnisvollen Winkeln, alle Gebäude (außer dem Kloster gibt es nur einige Villen in Privathand) liegen zum See hin, und die wenigen Gassen schlängeln sich zwischen Mauern, die blumenreiche Gärten einfassen.
Da Motorfahrzeuge auf der Insel nicht zugelassen sind, herrscht absolute Ruhe, sieht man einmal von dem Lärm ab, den, vor allem an Feiertagen, die Touristen machen. An Wochentagen wird die spirituelle Dimension spürbar, die die Anziehungskraft dieses Ortes ausmacht, seit der griechische Priester Giulio im 6. Jh. hier die erste Kirche errichtet hat.

Kunst / Sehenswürdigkeiten: Die Basilika San Giulio ist ein reizvoller romanischer Bau, der in den folgenden Jahrhunderten öfter umgebaut wurde; sie besitzt eine schöne Kanzel und Fresken aus dem 15. und 16. Jh.

Besichtigung: Zu besichtigen ist – bei freiem Eintritt – nur die Kirche.

Gebetszeiten: 4.50 Uhr Matutin; 6.15 Uhr Laudes; 7.30 Uhr Messe und Terz; 12.40 Uhr Sext; 17.00 Uhr Vesper; 20.40 Uhr Komplet. Besondere Gebetszeiten im Advent und während der Fastenzeit.

Klosterladen: Im Kloster werden alte Stoffe restauriert, Meßgewänder hergestellt und Hostien gebacken. Eine Besonderheit sind die sog. Panini di San Giulio.
Im kleinen Verlag des Klosters erscheinen Texte, die sich mit den Themenbereichen Spiritualität und Mönchtum befassen.

Angebote für Gäste: Einzelpersonen und Paare besitzen die Möglichkeit, an Einkehrtagen teilzunehmen; ein eigenes Gästehaus ist auf der Insel vorhanden. Interessierte Frauen können auch am Tageslauf der Nonnen mit Gebet und Arbeit teilnehmen.

Padua – Abbazia di Santa Giustina

Benediktiner der Kongregation von Subiaco

Die Abtei liegt im Stadtzentrum, am weiträumigen Prato della Valle, nicht weit von der Basilika S. Antonio.

Gründung: *730*
Anschrift: *Via Ferrari 2/a, 35123 Padova*
Telefon: *049/875 64 35*

Der mächtige Bau der Basilika der hl. Justina erhebt sich am riesigen Prato della Valle, der in dieser Form allerdings erst 1755 angelegt worden ist; in römischer Zeit lag hier eines der Zentren der Stadt, im Mittelalter fanden Turniere und Pferderennen statt. Mit der orientalisch anmutenden Kuppelgruppe erinnert der Bau an die in der Nähe gelegene Basilika des hl. Antonius. Die Kirche hat gewaltige Ausmaße, sie ist 133 Meter lang, das Querhaus ist 82 Meter breit. Die Abtei, gegründet in der Frühzeit des Christentums über dem Grab der Jungfrau und Märtyrerin Justina, hat wohl im 8. Jh. die Benediktregel angenommen und erlangte im 15. Jh. große Bedeutung, als der Abt Ludwig Barbo,

Der berühmte Kreuzgang der Abtei Santa Giustina in Padua. Von diesem Kloster ging im 16. Jh. eine bedeutende Reformbewegung aus.

Die Kirche der Abtei Santa Giustina ist mit einer Länge von 133 Metern eine der größten der Christenheit. Sie liegt am weiträumigen Prato della Valle.

dem sie als Kommende übertragen worden war, sie zum Zentrum einer Reform mit Auswirkungen in ganz Europa machte. Bis zu diesem Zeitpunkt waren die einzelnen Benediktinerabteien voneinander völlig unabhängig, verbunden allein durch die Einhaltung derselben Regel und die Verehrung des hl. Benedikt. Angeregt von den Bettelorden, die in den vorangehenden beiden Jahrhunderten ein Netz von Konventen geschaffen hatten, die durch Zusammenarbeit und gemeinsame Regel eng miteinander verbunden waren, reformierte Abt Barbo zunächst sein Kloster; ab 1417 weitete er die Reform, die über die strenge Beachtung der Regel hinaus auch eine der Zeit angepaßte Lebensordnung umfaßte, auch auf weitere Abteien in Italien aus. Es entstand so die Kongregation von Santa Giustina, die dem benediktinischen Mönchtum in einer Zeit großer Schwierigkeiten neue Impulse gab.
Santa Giustina, nunmehr das bedeutendste Zentrum des Mönchtums in Italien, wurde im 16. Jh. vom Architekten Andrea Morini in einem kühlen Renaissancestil völlig neu erbaut. Das Kloster wurde 1810 unter Napoleon aufgehoben, und erst 1919 kehrte wieder monastisches Leben ein. Die Abtei schloß sich nunmehr der Kongregation von Subiaco an, die aufgrund ihres Geistes der Erneuerung und ihrer lebendigen Spiritualität als die wahre Nachfolgerin der früheren Kongregation von Santa Giustina betrachtet werden kann.
Heute hat die Abtei zwar nicht mehr die Bedeutung wie früher, sie ist aber wieder Sitz der Kongregation. Die Kommunität besteht aus 30 Mönchen, die sich vor allem der Liturgie widmen. Zur Abtei gehört ein pastoralliturgisches Institut, das einschlägige Seminare abhält.

Kunst / Sehenswürdigkeiten: Die Kirche, erbaut im Renaissancestil, ist ein beeindruckender dreischiffiger Raum mit einem breiten Querbau; sie beherbergt zahlreiche Kunstwerke. Erwähnt seien das *Martyrium der hl. Justina* von Paolo Veronese (1575) in der Hauptapsis und im linken Querarm die *Arca di S. Luca* (Sarkophag des hl. Lukas), ein Werk der Pisaner Schule von 1316 mit Alabasterskulpturen.
Vom rechten Querarm aus führt ein Korridor zum *Sacello di San Prosdocimo,* den Überresten einer frühchristlichen Kirche. Über die sog. Antisacrestia erreicht man

den *Coro Vecchio,* den alten Mönchschor, mit wertvollem Chorgestühl aus dem 15. Jh., geschmückt mit Intarsien, die Stadtansichten und Bauwerke von Padua zeigen. Das Chorgestühl im Presbyterium stammt von 1586. Im *Chiostro Dipinto* Reste von Fresken mit Szenen aus dem *Leben des hl. Benedikt* aus dem 15. Jh.

Besichtigung: Die Kirche ist als Pfarrkirche immer zugänglich; die übrigen Räume können unter Führung eines Mönches besichtigt werden, man wende sich an den Pförtner. Die Besichtigung führt in die drei Kreuzgänge Chiostro del Capitolo, Chiostro del Noviziato und Chiostro Dipinto sowie in die an wertvollen Büchern reiche Klosterbibliothek.

Angebote für Gäste: Die Abtei hat ein Gästehaus, in dem Männer Aufnahme finden, die am Leben der Mönche teilnehmen wollen; Teilnahme am (für die Öffentlichkeit nicht zugänglichen) Chorgebet und Essen mit der Kommunität ist möglich, wenn rechtzeitige Voranmeldung erfolgt, wobei das spirituelle Anliegen des Besuchs zu erläutern ist.

Parma – Abbazia di San Giovanni Evangelista e Badia di Torrechiara

Benediktiner der Cassinesischen Kongregation

Die Abtei liegt ganz im Zentrum von Parma, direkt hinter dem Dom, in der Fußgängerzone. Die zur Abtei gehörende Badia di Torrechiara liegt südlich von Parma an der Straße nach Langhirano.

Gründung: *ca. 980*
Anschrift: *Piazza San Giovanni Evangelista 1, 43100 Parma*
Telefon: *05 21/23 55 92*
Badia di Torrechiara: 05 21/85 51 78

Die Fassade der Kirche der Abtei San Giovanni Evangelista, der ältesten monastischen Niederlassung im Herzen von Parma.

Die Abtei des hl. Johannes des Evangelisten zählt zu den ältesten und bedeutendsten monastischen Gründungen in der Po-Ebene. Gegründet gegen Ende des 10. Jh. von Bischof Siegfried II., erwarb sie im Laufe der Jahrhunderte reiche Ländereien. Großes Ansehen gewann das Skriptorium des Klosters. 1477 schloß sich die Abtei der Kongregation von Santa Giustina an, wodurch Spiritualität und Kunst neuen Aufschwung erhielten. Einige der wichtigsten Künstler der parmesischen Renaissance wie Correggio, Parmigiano und Francia leisteten dazu ihren Beitrag. Die Badia di Torrechiara schloß sich 1491 der Abtei an.
1810 erfolgte unter Napoleon die erste von drei aufeinanderfolgenden Aufhebungen, die die wirtschaftliche Macht der großen Abtei endgültig zerstörten. 1889 wurde auf Initiative der Mönche von Torrechiara das monastische Leben in San Giovanni Evangelista erneuert, 1920 kehrte die Kommunität in die Abtei zurück. Allerdings mußten sich die Mönche mit einem Teil der Anlage zufriedengeben, da ein beträchtlicher Teil des Gebäudes von der Stadtverwaltung verwendet wird.
Seit dieser Zeit ist die Abtei auf liturgischem Gebiet sehr aktiv, sie hat

eine Druckerei eingerichtet und einen eigenen Verlag gegründet, in dem Zeitschriften und Bücher zur Spiritualität publiziert werden.
Zur Badia di Torrechiara gibt es eine enge Verbindung; sie ist im Lauf der Zeit zum Erholungsort für die Mönche geworden und ist zudem bestens geeignet für die Beherbergung von Laien, die einen Ort des Friedens und der Ruhe suchen. Die Kommunität, die sich auf die beiden Häuser verteilt, umfaßt gegenwärtig 25 Mönche.

Kunst / Sehenswürdigkeiten: Die Barockfassade der Kirche aus dem Beginn des 17. Jh. ist ein Werk des Simone Moschino. Das Innere ist ein dreischiffiger Renaissancebau mit Querhaus und fünf Apsiden. In der Kirche finden sich mehrere bedeutende Werke der Renaissancekunst Parmas. Hervorgehoben seien vor allem zwei Hauptwerke von Correggio: die *Vision des Evangelisten Johannes* in der Kuppel und *Johannes, die Apokalypse schreibend,* im linken Querarm sowie die Statuen von Antonio Begarelli im Querschiff. Die drei Kreuzgänge sind in einem nüchternen Renaissancestil gebaut; im ersten sind bemerkenswert die kleinen ionischen Säulen; im zweiten ist das Portal des Kapitelsaals, der ein weiteres Fresko von Correggio enthält, zu bewundern. Das Refektorium wurde von Mazzola Beldoli, einem weiteren Exponenten der parmesischen Renaissance, ausgemalt. Die elegante, dreischiffige Bibliothek ist ebenfalls mit Fresken der Renaissancezeit ausgeschmückt.
Zur Abtei gehört die im 9. Jh. gegründete historische Klosterapotheke, die noch in Betrieb ist. Sie verfügt über Räume, die mit Fresken ausgemalt und mit kostbaren Regalen und Schränken eingerichtet sind, und bewahrt eine wertvolle Sammlung von Keramiken des 16. Jh. In der Badia di Torrechiara sind der Kreuzgang aus dem 15. Jh., das Refektorium mit Malereien des 18. Jh. und die barockisierte romanische Kirche sehenswert.

Besichtigung: Die Kirche ist allgemein zugänglich; auf Anfrage können die drei Kreuzgänge, der Kapitelsaal und die Bibliothek besichtigt werden.

Klosterladen: Zum Kauf angeboten werden in der Klosterapotheke Arzneitränke und Salben, die von den Mönchen nach alten Rezepturen hergestellt werden. In Torrechiara gibt es Imkerprodukte (Honig und Kosmetikartikel) zu kaufen.

Angebote für Gäste: Im Kloster in Parma können Männer für einige Tage am Leben der Mönche teilnehmen. In Torrechiara gibt es ein richtiges Gästehaus mit Einzelzimmern mit Bad und Toilette und Schlafsälen für Gruppen.

Der mittlere Kreuzgang von San Giovanni Evangelista im eleganten Renaissancestil. In der Kirche sind wertvolle Fresken von Correggio zu sehen.

Pavia – Certosa di Pavia

Zisterzienser der Kongregation von Casamari

Die Kartause von Pavia ist eines der größten Werke der lombardischen Renaissance. Heute leben hier Zisterzienser.

Die Kartause liegt an der SS 35 Mailand – Pavia, etwa 10 km nördlich von Pavia.

Gründung: *1396*
Anschrift: *Monastero dei Cistercensi, 27012 Certosa di Pavia (PV)*
Telefon: *038/92 56 13*

Die Kartause von Pavia gehört in kunstgeschichtlicher Hinsicht zu den wertvollsten Gebäudekomplexen der Lombardei, ja von ganz Norditalien. Entstanden ist das Kloster aus einer Kartäusersiedlung, die der Herzog von Mailand Gian Galeazzo Visconti gegründet hat, um hier das Mausoleum für seine Familie zu errichten. Unter Schwierigkeiten zog sich der Bau über mehr als 100 Jahre hin, wobei die wichtigsten Architekten der Lombardei herangezogen wurden; dennoch zeigt die gesamte Anlage eine erstaunliche Homogenität.
Zum Kloster wurde die Anlage erst, als 1968 Zisterzienser aus Casamari sich hier niederließen, um das religiöse Leben, das am Ende des 19. Jh. durch die Gesetze des italienischen Staates zur Aufhebung der Orden unterbrochen wurde, wiederzubeleben.
Die riesige Anlage war gedacht für eine Weise des Zusammenlebens, die auf kleinen, voneinander unabhängigen Einheiten basierte und insofern der benediktinischen Bauform geradezu entgegengesetzt war; heute lebt hier nur eine kleine Kommunität.

Kunst / Sehenswürdigkeiten: Die Kirche, der eine imposante Renaissancefassade mit reicher bildhauerischer Dekoration vorgesetzt ist, ist eines der architektonischen Hauptwerke der Lombardei; sie ist ein eindrucksvoller, ursprünglich gotischer Bau, der außen mit Galerien geschmückt wurde, deren weiße Säulchen mit dem Backstein reizvoll kontrastieren. Über der Vierung der schöne Turm, ebenfalls mit mehrstöckigen kleinen Galerien, die an den Turm der nicht weit von hier gelegenen Abtei von Chiaravalle bei Mailand erinnern.
Der dreischiffige Innenraum mit einem von mächtigen Pfeilern getragenen Kreuzgewölbe ist in seiner originalen gotischen Form erhalten und enthält zahlreiche bedeutende Kunstwerke.

Die prachtvolle Fassade der Kirche der Kartause, ein Hauptwerk der Renaissancekunst, begonnen 1473 von Guiniforte Solari und vollendet von Giovanni Amadeo.

Hauptwerke der Bildhauerei der Renaissance sind die beiden Grabmäler des Ludovico il Moro und der Beatrice d'Este von Cristoforo Solari im linken Querarm.
Der Große Kreuzgang mit einer Wiese in der Mitte ist von den Zellen umgeben, in denen die Kartäuser wohnten, wovon eine besichtigt werden kann. Der ruhigere Kleine Kreuzgang wird überragt von der eleganten Seitenwand der Kirche. Das Refektorium mit Malereien von Ambrogio da Fassano, gen. Bergognone, beherbergt das Museum der Kartause, in dem Gemälde und Skulpturen aus verschiedenen Epochen zu sehen sind, während in der früheren Klosterbibliothek wertvolle mittelalterliche Kodizes ausgestellt sind.

Besichtigung: Kartausen, die noch bewohnt sind (es gibt in ganz Italien nur wenige), unterliegen in der Regel einer strengen Klausur und können deshalb nicht besichtigt werden. Wenn man einen Eindruck gewinnen will, welche Faszination von diesen Orten gelebter Religiosität ausging, muß man also Kartausen aufsuchen, die sich einer zugänglicheren monastischen Tradition als der zisterziensischen angeschlossen haben.
Man betritt die Anlage über eine kleine Kanalbrücke und kommt dann in einen weiten Hof, der von der Schaufassade der Kirche abgeschlossen wird. Rechts der barocke Bau des alten Gästehauses, links landwirtschaftliche Gebäude. Die Besichtigung der Kreuzgänge, des Refektoriums und der Bibliothek ist täglich – außer Montag – von 9.00 bis 12.00 und von 14.30 bis 17.00 Uhr unter Führung eines Mönches möglich.

Gebetszeiten: 7.30 und 8.00 Uhr Messe (an Wochentagen); an Sonn- und Feiertagen Messen um 9.00, 10.00, 12.00 und 17.00 Uhr.

Klosterladen: In der früheren Apotheke, links vom Eingang, können die von den Mönchen hergestellten Liköre gekauft werden, ferner Honigprodukte, Arzneitränke und Heilkräuterprodukte. Bekannt sind auch die Werkstatt zur Restaurierung von Büchern und die Buchbinderei.

Angebote für Gäste: Begrenzte Aufnahmemöglichkeiten; nur für männliche Personen zu Einkehrtagen oder zur Prüfung der Berufung.

Piona – Abbazia di Santa Maria e San Nicolò

Zisterzienser der Kongregation von Casamari

Von der neuen SS 36 am Ostufer des Lago di Como bis Dervio, von dort auf der alten Straße bis Olgiasca und dann auf einer engen, kurvenreichen Sraße zur Abtei. Von Como aus Schiffsverbindung mit Anlegestelle in Piona.

Gründung: *ca. 1100*
Anschrift: *Abbazia di Santa Maria e San Nicolò, frazione Olgiasca, 22050 Colico (LC)*
Telefon: *03 41/94 03 31*

Versteckt im Grün, das ein kleines Vorgebirge entlang des Comer Sees bedeckt, ist die Abtei von Piona eines der eindrucksvollsten Klöster in Norditalien. Der kleine und ruhige Bau ist auf den See hin ausgerichtet, der hier eine ruhige Bucht hat, die im Sommer von den Liebhabern des Wassersports viel besucht wird.
Piona war ein zu Cluny gehörendes kleines Priorat, das im 15. Jh. eine Kommende wurde, in dem die Mönche aber bis zur Aufhebung 1798 ein zurückgezogenes und ruhiges Leben führen konnten. Wegen seiner geringen Bedeutung wurde es nach der Revolutionszeit nicht wiederbelebt, sondern fiel der Vergessenheit anheim. Als in den 1930er Jahren die Familie Rocca Eigentümerin des Anwesens wurde, wurde dieses restauriert, und 1937 nahmen Mönche von Casamari die Gebäude in Besitz. Seither lebt hier eine kleine Kommunität von zehn Mönchen, die die Abtei zu einem spirituellen Zentrum für die Gläubigen der umliegenden Gebiete gemacht haben. Die Schönheit der hervorragend restaurierten mittelalterlichen Gebäude, die wirklich einmalige Lage und nicht zuletzt der gute Ruf, den die hier hergestellten Liköre haben, haben Piona zu einem beliebten Ziel für Sonntagsausflüge vieler Familien aus der Lombardei gemacht.
Es ist zu empfehlen, die Abtei an einem Wochentag im Frühling oder Herbst zu besuchen; die Verbundenheit von Natur und Spiritualität ist in diesen Zeiten stärker zu spüren, und vielleicht kann man dann auch mit einem der Mönche, die immer für ein gutes Gespräch aufgeschlossen sind, einige Worte wechseln. Für Studenten, aber auch für jeden anderen Besucher, der

Der Kreuzgang der Abtei Piona ist eines der besterhaltenen Beispiele des cluniazensisch-französischen Stils der Romanik (13. Jh.). Besichtigenswert ist auch die Kirche.

sich ernsthaft für die Geschichte und Spiritualität des Mönchtums oder auch nur der Abtei interessiert, ist auch die kleine, aber gutbestückte Klosterbibliothek zugänglich.

Kunst / Sehenswürdigkeiten: Die Gebäude der Abtei Piona, erbaut im romanisch-lombardischen Stil, haben die Zeiten überdauert und können heute noch in ihrer ganzen Schönheit bewundert werden. Der Kreuzgang von Piona aus dem 13. Jh. gehört zu den schönsten Beispielen der monastischen romanischen Kunst in Italien.
Die Kirche ist ein einfacher, einschiffiger Bau in romanischem Stil mit einer Kassettendecke aus Holz. In der Apsis sind Reste von Fresken aus dem 13. Jh. zu sehen. Am Eingang befindet sich ein von zwei Löwen aus Marmor getragenes Weihwasserbecken. Das Chorgestühl stammt jedoch aus neuerer Zeit.

Die Abtei Santa Maria e San Nicolò in malerischer Lage über dem Comer See.

Besichtigung: Besichtigt werden können die Kirche und der Kreuzgang.

Gebetszeiten: 5.45 Uhr Matutin; 18.00 Uhr Vesper; Messe täglich um 7.00 Uhr, dienstags und donnerstags mit gregorianischem Choral. An der Matutin können nur Gäste des Klosters teilnehmen, die Teilnahme an den übrigen Gebeten ist für alle Besucher möglich.

In der Abteikirche von Piona findet sich dieses romanische Weihwasserbecken, das alle Plünderungen im Laufe der Jahrhunderte überdauert hat.

Klosterladen: Berühmt sind die hochprozentigen Liköre von Piona, die sich mit klangvollen Namen wie Elisir S. Bernardo, Ferrochina Piona, Cistercense oder Alpestre schmücken. Sehr gefragt sind auch die Gocce Imperiali (Kaisertropfen).

Angebote für Gäste: In einem Gebäude außerhalb der Abtei ist ein kleines, gemütliches Gästehaus untergebracht, das Einzelpersonen und Gruppen für Einkehrtage Unterkunft bietet. Das Gästehaus hat auch eine Küche.

Praglia – Abbazia di Santa Maria

Benediktiner der Kongregation von Subiaco

Praglia liegt unweit von Padua in einem abgeschiedenen Tal der Eugeneischen Hügel. Von der Autobahn A 4 Mailand – Venedig: Ausfahrt Padova-Ovest, dann auf der Umgehungsstraße bis Abano Terme und von dort nach Praglia. Aus dem Süden: auf der Autobahn A 13 Bologna – Padua Ausfahrt Padova-Sud, ab dort Hinweisschilder nach Abano Terme.

Gründung: *1117*
Anschrift: *Abbazia di Santa Maria Assunta di Praglia, 35033 Bresseo (PD)*
Telefon: *049/990 00 10*

Wenn man in die Straße einbiegt, die gerade zum Kloster Praglia führt, hat man den Eindruck, eine kleine und ruhige Landpfarrei vor sich zu haben. Der zinnenbekrönte Turm der Kirche ragt über die Gebäude empor, die in ihrer Weite kaum mit einem Blick zu erfassen sind. Je näher man kommt, um so wuchtiger erscheint das Kloster, dessen mächtige Bauten sich im schmalen Tal zwischen den Hügeln hinstrecken. Das Klostergelände umfaßt 12.000 Quadratmeter, die einzelnen Gebäude aus verschiedenen Epochen werden von monastischen, kulturellen und schulischen Einrichtungen genutzt. Praglia zählt heute zu den lebendigsten und aktivsten Benediktinerabteien Italiens; hier finden Begegnungen zwischen den Religionen statt, es werden vielbeachtete kulturelle Kongresse und akademische Wochen abgehalten, und es gibt hier eine berühmte Werkstatt für die Restaurierung von Büchern. Praglia ist auch ein äußerst beliebtes Touristenziel; daß in den letzten Jahren die Zahl der Besucher steil angestiegen ist, mag auch damit zusammenhängen, daß es in der Nähe des vielbesuchten Thermalbades von Albano liegt.
Praglia ist außerdem eine der wenigen Abteien Italiens, die sich der Gruppe von Chevetogne (s. S. 216) angeschlossen haben, einem lockeren Zusammenschluß von Benediktinerabteien, die den Dialog zwischen den Religionen fördern; auch in der ökumenischen Bewegung und beson-

Der schlichte Chiostro Rustico, einer der drei Renaissance-Kreuzgänge der Abtei von Praglia.

ders im Dialog mit dem Mönchtum des Ostens spielt Praglia eine wichtige Rolle; der Verlag des Klosters hat dazu zahlreiche wichtige Texte publiziert. Man sollte sich deshalb nicht wundern, wenn man bei Betreten der eindrucksvollen Kirche feststellt, daß die Formen des Gottesdienstes, der hier abgehalten wird, recht verschieden sind von den üblichen Gottesdienstformen des abendländischen Mönchtums.

Praglia ist eine der größeren Abteien auf dem Gebiet der früheren Republik Venetien, hatte aber bis zum 16. Jh., als sie Mitglied der Cassinesischen Kongregation wurde, nur eine begrenzte Bedeutung. Bis dahin war sie abhängig von der (inzwischen aufgehobenen) großen Abtei St. Benedikt von Po di Polirone. In der Renaissancezeit, als die Abtei ihre Unabhängigkeit erhielt, wurde die gesamte Klosteranlage umgebaut, und bis zur Aufhebung 1810 erfolgten noch weitere Anbauten und Restaurierungen. Nach einer nur kurzen Rückkehr wurden die Mönche 1867 ein weiteres Mal vertrieben, bis sie im Jahr 1900 erneut zurückkehrten. Seither nahm Praglia einen langsamen, aber stetigen Aufstieg, der heute noch andauert.

Kunst / Sehenswürdigkeiten: Die große Anlage umfaßt neben der Basilika und vier Kreuzgängen noch zahlreiche weitere historische Gebäude aus mehreren Stilepochen von der venezianischen Gotik bis zur Renaissance. Die Kirche wurde in ihrer gegenwärtigen Form von 1490 bis 1548 von Tullio Lombardo errichtet. Das Innere ist ein heller Renaissanceraum mit Gemälden der venezianischen Schule. Im Refektorium sind sehenswert das Holzschnitzwerk aus dem 17. Jh., Gemälde von Giambattista Zelotti und vor allem das Fresko mit der *Kreuzigung* von Bartolomeo Montagna, das wohl das kostbarste Kunstwerk der Abtei ist.

Besichtigung: Wenn man vor der Abtei steht, sieht man links die Kirche mit der schönen Renaissancefassade, zu der eine Freitreppe mit 33 Stufen hinaufführt. Gegenüber liegen die nüchternen

Praglia ist eines der bedeutendsten Benediktinerklöster in Italien. Die Anlage, wie sie heute zu sehen ist, wurde zum größten Teil in der Renaissance neu erbaut.

Im Refektorium, einem großen Raum mit Holzschnitzwerk aus dem 17. Jh., ist das Fresko der Kreuzigung *von Bartolomeo Montagna sehenswert, das bedeutendste Kunstwerk des Klosters.*

Klostergebäude mit dem Zugang zur Abtei. Besichtigungen sind nur nachmittags von 14.30 bis 17.30 Uhr möglich; der Rundgang umfaßt die verschiedenen Kreuzgänge, um die

herum die Gebäude gruppiert sind: den Chiostro Botanico, den Chiostro Rustico, den höher gelegenen Chiostro Pensile mit einem schönen Renaissancebrunnen, sowie das Refektorium, die Bibliothek und einige Repräsentationsräume.
Die Kirche zur Himmelfahrt Mariens ist durchgängig geöffnet und frei zugänglich.

Gebetszeiten: Das Offizium wird als gregorianischer Choral gehalten und ist für die Öffentlichkeit zugänglich. Sommerhalbjahr: 7.30 Uhr Laudes; 12.15 Uhr Konventmesse und Terz; 15.45 Uhr Sext; 18.30 Uhr Non, 21.00 Uhr Vesper und Lectio Divina. Im Winterhalbjahr sind die Zeiten demgegenüber leicht verschoben. Das ganze Jahr über um 11.00 Uhr Sonntagsmesse.

Klosterladen: Rechts vom Eingang befindet sich ein recht gut ausgestatteter Laden. Verkauft werden die berühmten Arzneitränke, Produkte der Imkerei, medizinische und kosmetische Salben und Cremes, Liköre und die Bücher des Verlags Scritti Monastici zu Themen der westlichen und östlichen Spiritualität. Die Abtei betreibt auch eine Werkstatt zur Restaurierung von Büchern und eine Buchbinderei.

Angebote für Gäste: Innerhalb der Klausur ist ein kleines Gästehaus eingerichtet mit 20 Zellen, die den Zellen der Mönche entsprechen; aufgenommen werden Männer, die eine Zeitlang am Gemeinschaftsleben der Mönche teilnehmen wollen. Die Gäste nehmen dann auch am Chorgebet teil und essen mit den Mönchen im Refektorium.
Das Bildungshaus des Klosters bietet Seminare und Begegnungsabende zu Themen der christlichen Spiritualität an.

Unser Weg führt zu fünf der wichtigsten Abteien Roms, zu benediktinischen Klöstern, die eine besondere geschichtliche oder große gegenwärtige Bedeutung besitzen.

Abbazia delle Tre Fontane

Trappisten

Anschrift: *Via di Acque Salvie 1, 00142 Roma*
Telefon: *06/540 16 55*

Die Abtei – eine der wenigen Niederlassungen der Trappisten in Italien – ist an der Stelle errichtet, an der der hl. Paulus enthauptet wurde. Wie die Legende berichtet, waren an den Stellen, an denen das abgeschlagene Haupt des Apostels noch dreimal aufgesprungen war, drei Quellen entsprungen. Die Kommunität besteht aus 20 Mönchen. Das Kloster ist bekannt für den dort hergestellten Eukalyptuslikör. Es gibt ein Gästehaus; Aufnahme finden aber nur Männer, die bereit sind, die Lebensweise der Trappisten einschließlich des strengen Schweigens zu teilen.

Die Kirche des hl. Paulus, eine von dreien, die an dem Ort, an dem der Apostel Paulus das Martyrium erlitt, erbaut wurden.

Abbazia di San Gregorio al Celio

Kamaldulenser

Anschrift: *Piazza San Gregorio 1, 00184 Roma*
Telefon: *06/700 82 27*

Die Gründung geht zurück auf das 6. Jh., als Gregor der Große an der Stelle seines Elternhauses das erste Kloster errichtete.
Das Kloster ging 1573 auf die Kamaldulenser über und wurde im Laufe des 18. Jh. umgebaut und erweitert.
Nach der Aufhebung im vorigen Jahrhundert belegen die Kamaldulenser (die Kommunität zählt zehn Mönche) heute nur noch einen kleinen Teil der Anlage als Kloster.
Die Kirche wurde im Barock neu gebaut und erhielt damals die charakteristische Säulenfassade. Auf einem kleinen Platz neben der Kirche mehrere Kapellen in malerischer Anordnung.

Angebote für Gäste: Es gibt nur wenige Zimmer; Aufnahme finden Männer zu Besinnungstagen.

Abbazia di San Paolo Fuori le Mura

Benediktiner der Cassinesischen Kongregation

Anschrift: *Via Ostiense 186, 00146 Roma*
Telefon: *06/541 03 41*

Die Basilika über dem Grab des hl. Paulus gehört zu den ältesten und bedeutendsten Kirchen Roms. Seit sie im 10. Jh. von Benediktinern übernommen wurde, stellt sie eines der wichtigsten Zentren monastischer Spiritualität der ganzen Welt dar.
Die Abtei wurde 1823 durch einen verheerenden Brand völlig zerstört – nur einige Teile des Kreuzgangs blieben erhalten – und dann so originalgetreu wie möglich wiederaufgebaut.
Die 25 Mönche der Kommunität sind in Studium und Lehre und als Seelsorger tätig.
Nicht versäumen sollte man die Besichtigung des schönen Kreuzgangs aus dem 13. Jh. mit prachtvollen Säulchen in verschiedenen Formen (Zwillingssäulen, glatte und gedrehte Formen), die mit Mosaiken verziert sind.

Gebetszeiten: 6.45 Uhr Laudes und Messe; 17.00 Uhr Vesper.
An Sonn- und Feiertagen wird um 7.00, 8.00, 9.00, 10.30, 12.00, 16.00 und 18.00 Uhr Messe gelesen.

Angebote für Gäste: Aufnahme finden nur einzelne männliche Personen, die den Tagesablauf der Kommunität mitleben möchten.

Inneres der Basilika St. Paul vor den Mauern, einer der Hauptkirchen Roms.

Abbazia di Santa Croce in Gerusalemme

Zisterzienser der Kongregation vom hl. Bernhard

Anschrift: *Piazza Santa Croce di Gerusalemme*
Telefon: *06/701 47 69*

Die altehrwürdige „Basilika Sessoriana", neben der das Kloster liegt, gehört zu den sieben Kirchen, die während der Wallfahrt im Heiligen Jahr von den Pilgern aufgesucht werden.
Nach der Überlieferung wurde die Kirche von der hl. Helena, der Mutter von Kaiser Konstantin, gegründet zur Aufbewahrung der Reliquien des Heiligen Kreuzes, die sie von Jerusalem hierher bringen ließ. Die im Barock erneuerte Kirche enthält kostbare Mosaiken. Die Mönche haben sich hier im 10. Jh. niedergelassen, seit 1561 gehört das Kloster den Zisterziensern. Zum größten Teil im 17. Jh. neu erbaut, beherbergt es heute das Generalkapitel der Kongregation vom hl. Bernhard. Aufnahme finden nur Männer zu Besinnungstagen.

Santa Croce in Gerusalemme (auf dem Bild die Fassade der Kirche) ist Sitz des Generalkapitels der Zisterzienser.

Sant'Anselmo – Collegio Pontificio

Sitz des Abtprimas der Benediktiner

Adresse: *Piazza Cavalieri di Malta 5*
Telefon: *06/579 11*

In ruhiger Lage auf dem Aventin steht, umgeben von einem großen Garten, die am Ende des vorigen Jahrhunderts in romanisch-lombardischem Stil erbaute große Abtei und Hochschule der Benediktiner. Es handelt sich insofern um ein Kloster besonderer Art, als es keine feste Kommunität gibt. Die Abtei ist Sitz des Abtprimas, des höchsten Repräsentanten der Benediktiner der ganzen Welt.
In den stillen Kreuzgängen von Sant' Anselmo studieren junge Mönche aus allen Abteien der Welt, aber auch Laien, darunter auch Frauen. Die Liturgie, an der auch die Allgemeinheit teilnehmen kann, hat dadurch einen besonderen, kosmopolitischen Charakter.
Sant' Anselmo ist auch das organisatorische Zentrum aller Benediktiner auf der ganzen Welt; hier finden die Wahlkapitel statt und die wichtigsten Versammlungen, die die Richtlinien für die monastische Bewegung festlegen und damit die Weichen für die Zukunft stellen.

Angebote für Gäste:
Die Hochschule hat ein Gästehaus für Studenten und Dozenten. Die Kirche ist allgemein zugänglich, Teilnahme am Chorgebet ist möglich.

Rosano – Abbazia di Santa Maria

Benediktinerinnen

Rosano ist ein kleines Dorf in der Nähe von Florenz: SS 67 von Florenz Richtung Pontassieve; kurz vor Pontassieve nach rechts über den Arno; von da sind es nur noch wenige Kilometer zum Kloster.

Gründung: *780*
Anschrift: *Monastero di Santa Maria, Borgo Monastero 13, 50065 Rosano, Rignano sull'Arno (FI)*
Telefon: *055/830 30 06*

Der Eingang der Abtei von Rosano bei Florenz. Rosano ist eines der ältesten Klöster der Toskana, es wurde 780 gegründet und hat alle Kriege und Aufhebungen überdauert.

Die Abtei Santa Maria, die in den Hügeln der Toskana in der Nähe des Arno gelegen ist und sich mit ihren anmutigen weißen Renaissancebauten vom Grün der Umgebung abhebt, ist eines der ältesten Frauenklöster in Italien. In seiner langen Geschichte hat das Kloster wiederholt schwierige Zeiten erlebt.
Im Jahre 780 von Urso, einem florentinischen Adeligen, gegründet, wurde das Kloster um das Jahr 1000 Eigentum des Geschlechts der Guidi, der mächtigen Grafen des Casentino, und wurde damit in die politischen Kämpfe verwickelt, die diese über ein Jahrhundert lang mit dem nahen Florenz austrugen. 1147 wurde in Rosano zwischen den beiden Parteien Friede geschlossen, aber erst 1204 erreichte die Abtei ihre volle Unabhängigkeit, die für die rasche Entwicklung notwendig war. Das 14. Jh. brachte eine lange Zeit der Ruhe, in der das Kloster an Bedeutung gewann und Reichtum erwarb. In der Renaissancezeit wurden große Teile der Anlage neu gebaut. Auch im 17. und 18. Jh. blühte das klösterliche Leben, ohne von äußeren Ereignissen gestört zu werden.
1810 wurden die Nonnen aufgrund der Napoleonischen Gesetzgebung gegen die Orden vertrieben, doch blieb eine kleine Gruppe heimlich im Gästehaus zurück und feierte Gottesdienst in der anliegenden Kirche.
Es war auch dieser kleinen Gruppe zu verdanken, daß sich die Kommunität nach der Rückkehr im Jahr 1814 rasch konsolidierte und den benediktinischen Frauenklöstern in Italien insgesamt, die unter den Wirren der vorangegangenen Jahre schwer gelitten hatten, neue Orientierung geben konnte. Als das Kloster 1866 erneut aufgehoben wurde, blieb die Kommunität, gestärkt durch die früher gemachten Erfahrungen, wieder am Ort und überwand auch diesen neuerlichen Schlag.
Die Klostergebäude mit dem charakteristischen schlanken Glockenturm aus dem Mittelalter gruppieren sich um zwei Kreuzgänge, von denen einer in gotischem, der andere in reinem Renaissancestil gebaut ist.

Kunst / Sehenswürdigkeiten: Die dreischiffige Kirche wurde in den 1960er Jahren in den ursprünglichen romanischen Formen wiederhergestellt. Sehenswert sind der Taufbrunnen aus dem 15. Jh., ein Tafelbild aus dem 13. Jh. mit einer Darstellung Christi mit Szenen der Passionsgeschichte und ein Triptychon der *Verkündigung* von 1430. Äußerst eindrucksvoll ist die stille romanische Krypta.

Die harmonischen Formen des Kreuzgangs aus dem 16. Jh. erinnern den Betrachter an die Kreuzgänge, die Michelozzo in Florenz gebaut hat.

Besichtigung: Durch einen Einlaß betritt man einen kleinen Hof mit der Kirche zur Verkündigung, die von dem schlanken Glockenturm überragt wird. Die beiden Kreuzgänge liegen innerhalb der Klausur. Sie sind deshalb nur auf besondere Anfrage zu besichtigen.

Klosterladen: Die Nonnen betreiben eine Werkstatt zur Restaurierung von Büchern und von Paramenten sowie für Miniaturmalerei und Lederhandwerk.

Angebote für Gäste: Im Gästehaus finden Einzelpersonen und kleine Gruppen für Zeiten der Sammlung und des Gebets Aufnahme. Voranmeldung ist erforderlich.

San Martino delle Scale – Abbazia di San Martino

Benediktiner der Cassinesischen Kongregation

Von Palermo die SS 186 nach Monreale; von dort aus Hinweisschilder zum Kloster.

Gründung: *1347*
Anschrift: *Piazza Platani 5, 90040 San Martino dclle Scale (PA)*
Telefon: *091/41 81 04*

Die einzige Benediktinerabtei Siziliens ist in den Bergen des Hinterlandes von Palermo gelegen, nur wenige Kilometer entfernt von einem wahren Juwel der Kunst, dem Dom von Monreale. Von Monreale führt eine Serpentinenstraße zu dem auf 550 Metern Höhe gelegenen Dorf San Martino, das als Sommerfrische der Palermitaner gelten kann. Großartig ist von hier die weite Aussicht auf die *Conca d'Oro* (die Goldene Muschel), wie die Bucht von Palermo auch genannt wird. Die ebenso mächtige wie nüchterne Anlage besteht aus einer Reihe von Gebäuden des 18. Jh., die um sechs Kreuzgänge angeordnet sind und zum größten Teil als Institut genutzt werden.

Detail des großen Brunnens von Oreto von Ignazio Marabitti am Eingang der Abtei San Martino delle Scale.

Zu besichtigen ist nur einer der Kreuzgänge. Die Kommunität, bestehend aus 25 Mönchen, widmet sich mit Begeisterung und einer wirklich bewunderungswürdigen Energie der Aufgabe, die Botschaft des hl. Benedikt an die zahlreichen Jugendlichen weiterzugeben, die jedes Jahr hierherkommen.
Das Kloster entstand 1347 auf Initiative des hl. Angelo Sinisio am Ort eines Vorgängerbaus, den der hl. Gregor der Große 590 gegründet haben soll. Die gegenwärtige Gestalt geht auf einen tiefgreifenden Umbau im 18. Jh. zurück, als das Kloster eine Glanzzeit mit großer Ausstrahlung hatte.
Einige Jahre nach der Aufhebung im Jahre 1866 durch den italienischen Staat wurde das Kloster verlassen; seit Beginn dieses Jahrhunderts, als Mönche der Cassinesischen Kongregation hierherkamen, leben wieder Benediktiner in der Abtei, wenn auch auf sehr viel engerem Raum als in der Vergangenheit.

Nur ein Teil der großen Anlage von San Martino delle Scale bei Palermo, der einzigen Benediktinerabtei auf Sizilien, wird heute noch von der Kommunität des Klosters genutzt.

Kunst / Sehenswürdigkeiten: In der Kirche, von 1561 bis 1595 als einschiffiger Raum erbaut, eine kostbare Orgel, die in ihrem ältesten Teil auf das Jahr 1594 zurückgeht. Sehenswert das von neapolitanischen Künstlern gearbeitete Chorgestühl.
Im rechten Querarm ein altes Portal von 1396 mit 14 Kassetten, mit Darstellungen des Ostergeheimnisses; in der Sakristei wertvolle Schränke und Paramente aus dem 17. und 18. Jh. In der Mitte des Kreuzgangs des hl. Benedikt ein schöner Brunnen.

Besichtigung: Man betritt die Abtei durch ein Gitter und steht dann direkt vor der Kirche; rechts geht es zum Eingang des eigentlichen Klosters. Besichtigt werden können der Kreuzgang des hl. Benedikt, das Refektorium, der moderne Kapitelsaal und auf Wunsch die reich ausgestattete Bibliothek mit 32.000 wertvollen alten Bänden.

Gebetszeiten: 6.00 Uhr Laudes, anschließend Konventmesse; 12.00 Uhr Mittagsgebet; 15.00 Uhr Terz; 17.30 Uhr Vesper und Messe (wechselnd mit der Jahreszeit); Sonntagsmessen um 8.00, 9.30, 12.00 und 16.30 Uhr.

Klosterladen: Die Mönche betreiben eine geschätzte Restaurierungswerkstatt und verkaufen Produkte sizilianischer Frauenklöster (Süßwaren, Zwieback, Honig).

Angebote für Gäste: Männer können auf Anfrage einige Tage mit der Kommunität mitleben; vorhanden sind zwölf Zimmer. Im Sommer ist ein externes Gästehaus für Familien und Gruppen in Betrieb; rechtzeitige Anmeldung ist erforderlich.

Subiaco – Monasteri di Santa Scolastica e del Sacro Speco

Benediktiner der Kongregation von Subiaco

Von der Ausfahrt Mandela der Autobahn A 24 Rom – L'Aquila führt die SS 411 nach Subiaco; nach dem Ort die Straße links zum Kloster der hl. Scholastika und dann zur Heiligen Grotte.

Gründung: *529 (Santa Scolastica), 5. Jh. (Sacro Speco)*
Anschrift: *Monastero di Santa Scolastica e Monastero del Sacro Speco, 00028 Subiaco (Roma)*
Telefon: *07 74/855 25 (Santa Scolastica) 07 74/850 29 (Sacro Speco)*

„Benedikt ... wollte lieber die Drangsale der Welt erfahren als ihr Lob, sich lieber in harter Arbeit für Gott abmühen, als durch Gunst und Erfolg im Leben berühmt werden. Deshalb ... zog er sich an einen einsamen Ort zurück, der Sublacus heißt, ungefähr vierzig Meilen von Rom entfernt. Dort entspringt eine starke Quelle mit frischem, klarem Wasser. Es sammelt sich in einem weiten See und wird dann zu einem Fluß." (Gregor der Große, *Leben des hl. Benedikt,* Kap. 1)
Wenn man sich diesem „geheiligten Ort" des benediktinischen Mönchtums nähert, fällt einem unwillkürlich die Beschreibung ein, die der hl. Gregor in seinen Dialogen festgehalten hat; am Ort selbst allerdings, an dem die auch heute noch von der Vegetation umwucherten beiden Klöster liegen, ist von der Rauheit nur noch wenig zu spüren, die den Heiligen angezogen hat; den See gibt es nicht mehr, und der Fluß ist ausgetrocknet. Als erstes stößt man auf die große Anlage des Klosters der hl. Scholastika, das zu den zwölfen gehört, die Benedikt „mit der Hilfe unseres Herrn Jesus Christus" errichten wollte und in denen jeweils zwölf Mönche leben sollten. Das Kloster (seit dem 15. Jh. der hl. Scholastika, der Schwester Benedikts, davor dem hl. Silvester geweiht) ist, bedingt durch die bewegte Geschichte, ein vielgestaltiger Bau aus verschiedenen Stilepochen. Nach einer tiefen Krise, in der es praktisch verlassen war, wurde es am Ende des 14. Jh. von Mönchen

Das Kloster der hl. Scholastika bei Subiaco ist eines der benediktinischen Hauptklöster; es geht auf das 6. Jh. zurück.

Im Kloster zur Heiligen Grotte über Subiaco, das sich an den Felsen klammert, gibt es zahlreiche eindrucksvolle Räume mit Fresken, die teilweise noch aus dem 13. Jh. stammen.

aus Frankreich, Flandern und Polen zu neuem Leben erweckt. So ist gerade dieses Kloster ein gutes Beispiel für die Universalität der benediktinischen Sendung. Erwähnenswert ist auch, daß zwei deutsche Kleriker, Schüler von Johannes Gutenberg, hier 1464 die erste Druckerei in Italien einrichteten. Das Kloster zur hl. Scholastika mit seinen eleganten Kreuzgängen ist ein Ort monastischen Ernstes, der vorbereitet auf den Besuch der noch eindrucksvolleren Einsiedelei der Heiligen Grotte darüber.
Eine breite kurvige Straße in einer immer unwirtlicheren Landschaft führt nach drei Kilometern zur Einsiedelei. Die „enge und rauhe Höhle“, in die der hl. Benedikt sich drei Jahre lang zurückzog, ohne einem Menschen zu begegnen, ist heute ein wirklich einzigartiges und faszinierendes Kloster. Aus der nahezu unzugänglichen Grotte ist im Laufe der Jahrhunderte ein imposantes Heiligtum geworden, das sich gleichsam an den Felsen klammert.
In ihrem Innern ist die Heilige Grotte ein Ort, der starke Emotionen wachruft. Sie ist ganz und gar mit Fresken aus dem 14. Jh. in hervorstechendem Blau ausgemalt, in den Felsen sind steile Treppen geschlagen, es öffnen sich Kapellen, Übergänge, überraschende Ausblicke auf das darunterliegende tiefe Tal, wo die Brombeeren wie zu Zeiten des hl. Benedikt wuchern. Die Heilige Grotte ist Symbol für den Rückzug des Mönches von der Welt, für seine absolute Einsamkeit und völlige Hingabe an Gott. Demgegenüber ist das Kloster der hl. Scholastika ein Bild für die andere Seite des Wegs zur Vollkommenheit, den alle Mystiker der Welt gehen: Gemeinsames Gebet und die Bildung einer Gemeinschaft von Betern unter der Führung des Abtes sind hier von zentraler Bedeutung. Die beiden Heiligtümer von Subiaco können so als Symbol für die Entwicklung der benediktinischen Spiritualität stehen.
Wie für andere Orte spiritueller Art ist auch in diesem Fall zu empfehlen, nicht während der Touristensaison oder an Feiertagen die Grotte aufzusuchen, denn an diesen Tagen ist der Besucherstrom groß.
Die beiden Klöster unterstehen einem gemeinsamen Abt und bilden eine auf die beiden Häuser verteilte Kommunität von 25 Mönchen.

Kunst / Sehenswürdigkeiten: Im Kloster der hl. Scholastika verdient der Kreuzgang aus dem

12. Jh. mit Säulchen mit unterschiedlichen Schäften, Kosmaten-Schmuckformen und Fresken aus dem 14. Jh. Beachtung, sodann die gotische Kirche, ebenfalls mit Fresken aus dem 14. Jh., sowie der romanische, elegant geschmückte Glockenturm von 1052. Reich an Kunstwerken ist auch die Bibliothek. Im Kloster der Heiligen Grotte wertvolle Malereien verschiedener Epochen vom 8. bis zum 16. Jh.

Besichtigung: Im Kloster der hl. Scholastika finden täglich von 9.00 bis 12.30 und von 16.00 bis 19.00 Uhr Führungen statt. Besichtigt werden können die drei Kreuzgänge, die einfache gotische Kirche, der Glockenturm und der Kapitelsaal. Auch in der Heiligen Grotte erfolgt die Besichtigung unter der Führung eines Mönches (von 9.00 bis 12.30 und von 15.00 bis 18.30 Uhr, sonntags bis 17.30 Uhr).
Ein gotisches Portal führt in einen engen, aus dem Felsen geschlagenen Korridor, der sich mit einer Loggia zum Tal hin öffnet. Ein mit Fresken bemaltes Gewölbe führt zum Kapitelsaal und zur Oberkirche. Über eine steile Treppe kommt man zur Unterkirche; sie besteht aus der kleinen Kapelle San Romano und der tieferliegenden eigentlichen Heiligen Grotte, in die sich Benedikt zurückgezogen hatte.

Gebetszeiten: Kloster der hl. Scholastika: 5.30 Uhr Laudes; 7.30 Uhr Terz und Konventmesse; 12.45 Uhr Sext; 15.30 Uhr Vesper; 16.00 Uhr Lectio Divina; 20.30 Uhr Komplet. Sonntagsmesse: 10.30 und 16.00 Uhr.
Heilige Grotte: Messe an Wochentagen um 8.00, an Sonn- und Feiertagen um 9.00, 10.00 und 11.00 Uhr.

Klosterladen: Im Laden neben dem Eingang zum Kloster der hl. Scholastika können – außer Büchern und religiösen Andenken – Honigprodukte und von den Mönchen hergestellte Liköre gekauft werden.

Angebote für Gäste: Das Gästehaus des Klosters der hl. Scholastika verfügt über 15 Einzelzimmer mit Bad und Toilette, aufgenommen werden nur Männer zu Einkehrtagen, wenn sie am Tageslauf der Mönche teilnehmen. Auch in Sacro Speco ist ein Aufenthalt nur aus spirituellen Beweggründen möglich.

Der Kosmaten-Kreuzgang des Klosters der hl. Scholastika. Zusammen mit dem Kloster Sacro Speco gehört Santa Scolastica zu den zwölf Klöstern, die der hl. Benedikt der Überlieferung nach gegründet haben soll.

Vallombrosa – Abbazia di Vallombrosa

Benediktiner der Kongregation von Vallombrosa

Die Fassade der großen Abtei von Vallombrosa, die das Mutterkloster der gleichnamigen Kongregation ist.

Von Florenz: SS 67 nach Pontassieve, dort nach rechts auf die SS 70 zum Passo della Consuma; nach etwa 3 km rechts ab nach Pelagi, Tosi und Vallombrosa. Von der Autobahn A 1 von Florenz nach Rom: Ausfahrt Incisa, Hinweisschilder nach Reggello und Vallombrosa.

Gründung: *1028*
Anschrift: *Abbazia di Vallombrosa, località Vallombrosa, Reggello (FI)*
Telefon: *055/86 20 29*

Die Erzabtei Vallombrosa, wie es genaugenommen heißen müßte, da sie das Mutterkloster einer Kongregation ist, liegt inmitten von Tannenwäldern, die die Berge südlich von Florenz bedecken. Das von dem kämpferischen hl. Johannes Gualbertus, einem der eifrigsten Reformer der mittelalterlichen Kirche, im 11. Jh. gegründete Vallombrosa wirkt heute, nach einem Umbau im 17. Jh., wie ein strenges und unzugängliches Kastell.

Ganz anders muß dieser Ort ausgesehen haben, als vor Jahrhunderten Johannes Gualbertus hier ankam; seine unruhige Seele suchte einen Ort, geeignet für die Sühne einer Schuld; er war aus dem Kloster San Miniato von Florenz, das seinem Bußbedürfnis zu lax erschien, hierher geflüchtet.
Wie sein Biograph Andreas von Strumi berichtet, hieß der Ort damals Valle Piovosa, und es lebten dort schon Eremiten, die, wie Gualbertus selbst, in der rauhen Einöde ein mönchisches Leben führen wollten. Der Heilige zog jedoch zahlreiche Schüler an; aus dem Eremiten wurde, wie so oft in der Geschichte des Mönchtums, ein geistlicher Lehrer und Führer, und die Eremitenkolonie schloß sich unter seiner Führung zu einer Klostergemeinschaft zusammen. Vallombrosa gewann so zentrale Bedeutung für die Geschicke des religiösen Lebens in jener Epoche, da Gualbertus und seine Mitstreiter im Kampf gegen die Korruption des Klerus an vorderster Front standen. Vallombrosa war auch Mittelpunkt einer für die damalige Zeit recht modernen Organisationsform, nach der alle Abteien einem Mutterkloster untergeordnet werden sollten; es war dies eine Vorwegnahme des Konzepts der Kongregationen, wie sie sich seit dem 15. Jh. entwickelt haben. Zweifellos war das Mittelalter die Glanzzeit Vallombrosas. Nach schwierigen Zeiten, die auf die Gründerzeit folgten, erlebte die Abtei im 16. Jh. einen kurzen spirituellen Aufschwung. Auf diese Zeit geht auch die Hinwendung zur Forstwirtschaft zurück, die seither mit dem Schicksal der Abtei verbunden ist (der hl. Johannes Gualbertus ist der Patron der Waldhüter Italiens). Nach der Aufhebung des Klosters 1808 kehrten die

Mönche 1818 zurück. Ein zweiter und härterer Schlag traf das Kloster mit der Aufhebung von 1866, bei der die Kommunität endgültig vertrieben wurde. In den sehenswerten Klostergebäuden wurde die Staatliche Forstschule Italiens untergebracht – womit immerhin eine Traditionslinie erhalten blieb. Erst im Jahre 1949 kamen die Benediktinermönche wieder in den Besitz der Abtei.
Vallombrosa ist heute eine recht kleine Kommunität (zwölf Mönche), die sich ganz der Wahrung der eigenen spirituellen Werte widmet.

Kunst / Sehenswürdigkeiten: In der Kirche, einem einschiffigen Bau, finden sich zahlreiche Kunstwerke des florentinischen Barock. Hingewiesen sei auf das Chorgestühl, eine Darstellung der *Trinität* von Lorenzo Lippi auf dem linken Altar des Kreuzarmes, ein Bild von Rafaellino del Garbo in der Sakristei und auf eine Terrakotta Robbias.

Besichtigung: Mit Ausnahme der Kirche ist eine Besichtigung nur mit Führer möglich. Führungen finden nur spärlich statt (an Sonn- und Feiertagen von 9.00 bis 12.00 und 15.00 bis 18.00 Uhr), regelmäßig nur im Sommer und für Gruppen. Es besteht jedoch die Möglichkeit, um eine Führung zu ersuchen. Vor der Abtei, die von weiten Wäldern umgeben ist, liegt ein Fischteich. Von diesem Teich gelangt man durch ein Portal in einen ersten Hof, von da in einen zweiten kleinen Hof. Dort ist dann der Eingang zur Abtei, bei dem auch die Führungen beginnen. Sehenswert sind in der Abtei der südliche Kreuzgang, der Kapitelsaal, das Refektorium, die Küche mit einem großen Kamin, ein eleganter Brunnen, die Gemächer des Abtes und der Kreuzgang. Einen schönen Blick auf die Gesamtanlage hat man von dem über der Abtei gelegenen Oratorium des Paradisino (15 Minuten Fußweg, aber auch mit dem Auto erreichbar).

Gebetszeiten: 7.00 Uhr Messe an Wochentagen; an Sonn- und Feiertagen um 11.00 und 17.00 Uhr.

Klosterladen: In einem Laden werden Produkte des Klosters verkauft, vor allem der berühmte Gin von Vallombrosa, Gemme d'Abete, Honig, Produkte aus Heilpflanzen und Schokolade.

Angebote für Gäste: Das große und gutorganisierte Gästehaus ist im Sommer geöffnet; Aufnahme finden vor allem Gruppen, die Einkehrtage halten wollen. In den Wintermonaten können einzelne männliche Jugendliche am Leben der Kommunität teilnehmen.

Der Südliche Kreuzgang der Abtei von Vallombrosa im eleganten Renaissancestil.

Vahrn-Brixen / Varna di Bressanone – Kloster Neustift

Augustiner-Chorherren der Österreichischen Kongregation

Von der Autobahn A 22, vom Brenner kommend: Ausfahrt Brixen/Pustertal, die SS 12 nach Norden bis zum Kloster, das rechts von der Straße liegt.

Gründung: *1142*
Anschrift: *Abbazia di Novacella, via Novacella 1, I-Varna di Bressanone (BZ)/Vahrn bei Brixen*
Telefon: *04 72/83 61 89*

Neustift ist das größte Augustiner-Chorherrenstift in Italien. Es gehört zur Österreichischen Kongregation, mit der es geschichtlich und organisatorisch eng verbunden ist. Die große Kommunität (bestehend aus 72 Chorherren) ist in der schulischen Erziehung tätig, sie betreut zahlreiche Pfarreien und führt ein großes Konvikt; weit über den engeren Umkreis hinaus ist sie aufgrund der exzellenten Weine aus eigenem Anbau bekannt.

Neustift – ein Kloster in strategisch wichtiger Lage zwischen den deutschsprachigen Ländern und Italien. Augustiner-Chorherrenstift.

Während die großen Chorherrenstifte in Österreich fast alle im Barock neu gebaut wurden, blieben in Neustift die Originalbauten aus dem Mittelalter zum größten Teil erhalten. Gegründet 1142 von Bischof Hartmann von Brixen, gewann Neustift große Bedeutung für die Betreuung der Pilger, die auf dem Weg nach Rom über den Brenner zum Pustertal herabstiegen. Die Betreuung der Hospize, die wichtige Institutionen für das Pilgerwesen darstellten, wurde zu einer wichtigen Aufgabe der Augustiner-Chorherren: Die berühmtesten Hospize in Europa, Roncesvalles in den Pyrenäen und das Hospiz am Großen St. Bernhard in der Schweiz, wurden von ihnen geführt. Die von den Pilgern aus gesehen günstige Lage setzte den Ort aber auch dem Durchzug der Heere und den Streifzügen von Räubern aus, wodurch es, obwohl das Kloster von einem Befestigungsring umgeben war, zu Plünderungen und Zerstörungen kam, die einen Wiederaufbau nötig machten. Entsprechend stellt sich Neustift als ein Ensemble mehrerer Baustile dar. Mit dem Ausbau der modernen Verkehrswege ist die Rolle des Klosters als Pilgerstation allmählich in den Hintergrund getreten, das Gästehaus ist jedoch bestehengeblieben und wird weiterhin gut besucht.

Kunst / Sehenswürdigkeiten: Die Kirche und die Bibliothek sind im Spätbarock reich ausge-

Der Stiftshof von Neustift mit dem Wunderbrunnen. Das Kloster ist berühmt für seine oftmals prämiierten Prädikatsweine.

stattet worden, sie sind mit Stuckwerk und Malereien geschmückt; im Kreuzgang sind wertvolle gotische Fresken aus dem 14. und 15. Jh. erhalten.

Besichtigung: Man betritt die Abtei durch einen Torturm der mit Zinnen versehenen Umfassungsmauer aus dem 13. Jh. Die Stiftsgebäude werden von einem mächtigen romanischen Turm überragt. Im Haupthof steht der oktogonale *Wunderbrunnen* im Renaissancestil (am oberen Fries Bilder der sieben Weltwunder und eine Ansicht von Neustift). Eine Besichtigung der übrigen Stiftsgebäude ist – mit Ausnahme der Kirche – nur im Rahmen einer Führung möglich. Führungen gibt es nur an Sonn- und Feiertagen, im Sommer um 10.00, 11.00, 14.00 und 15.00 Uhr, im Winter um 10.00 und 11.00 Uhr. Besichtigt werden der gotische Kreuzgang, die Bibliothek und das Refektorium. Sehenswert sind auch der romanische Rundbau der Michaelskapelle, das gotische Ritterhaus und die Mühle.

Gebetszeiten: Die Besucher können nur an der Messe (7.30 Uhr an Werktagen, 10.30 Uhr an Sonn- und Feiertagen) teilnehmen. Das Chorgebet findet innerhalb der Kommunität statt.

Klosterladen: In der alten Weinschenke werden die vielfach prämiierten Weine verkauft: Gewürztraminer, Müller Thurgau, Silvaner, Blauburgunder.

Angebote für Gäste: Das große Gästehaus kann etwa 100 Personen beherbergen und bietet sich an für Seminare und Einkehrtage. Voranmeldung ist erforderlich.

Abano Terme – Monastero di San Daniele
Benediktinerinnen
Gründung: 1461/1947
Anschrift: Via San Daniele 50, Abano Terme (PD)
Telefon: 049/866 91 49
Unterkunft: Gästehaus für Gruppen, die sich selbst versorgen, mit eigenem Speisesaal; Kloster auf Zeit für einzelne Frauen.
Altes Kloster, das im 18. Jh. in eine Patriziervilla umgebaut wurde. Rückkehr von Nonnen nach dem Zweiten Weltkrieg. Schöner Park.

Abbadia San Salvatore – Abbazia di San Salvatore
Zisterzienser der Kongregation vom hl. Bernhard
Gründung: 740
Anschrift: Via del Monastero, Abbadia San Salvatore (SI)
Telefon: 05 77/77 80 83
Unterkunft: nur in Ausnahmefällen (nur zwei Zimmer).
Gründung aus der Langobardenzeit, im Zentrum eines Städtchens am Fuße des Monte Amiata; schöne romanische Kirche.

Amandola – Monastero di San Lorenzo
Benediktinerinnen
Gründung: 13. Jh.
Anschrift: Via Nazario Sauro 14, Amandola (AP)
Telefon: 07 36/84 75 32
Unterkunft: Aufnahme von Gruppen und Einzelpersonen für Besinnungstage.
Das Kloster wurde mehrmals zerstört und wiederaufgebaut. Die Nonnen stellen anerkannt gute Süßwaren her.

Assisi – Monastero di San Giuseppe
Benediktinerinnen
Gründung: 13. Jh.
Anschrift: Via Sant'Apollinare 1, Assisi (PG)
Telefon: 075/81 23 32
Unterkunft: Einzelzimmer mit Vollpension während des Sommerhalbjahrs.
Eindrucksvoller mittelalterlicher Gebäudekomplex im Zentrum von Assisi mit zwei Kirchen mit alten Fresken.

Assisi – Monastero di San Pietro
Benediktiner der Cassinesischen Kongregation
Gründung: 10. Jh.
Anschrift: Piazza San Pietro 1, Assisi (PG)
Telefon: 075/81 23 11
Unterkunft: Kleines Gästehaus für Einzelpersonen und Gruppen.
Altes Benediktinerkloster im Herzen der „Stadt des hl. Franziskus“ mit einer schönen romanischen Kirche.

Bardolino – Eremo della Rocca
Kamaldulenser
Gründung: 1665
Anschrift: Monte San Giorgio, Bardolino (VR)
Telefon: 045/721 13 90
Unterkunft: Nur für einzelne männliche Personen.
Wunderschöne Lage am Gardasee. Die Einsiedelei besteht aus acht kleinen Zellen mit je einem eigenen Garten.

Bassano Romano – Monastero di San Vincenzo Martire
Silvestriner
Gründung: 1941
Anschrift: Via San Vincenzo 88, Bassano Romano (Roma)
Telefon: 0761/63 40 04
Unterkunft: Großes Gästehaus für männliche Jugendliche, Einzelpersonen und Gruppen, die Einkehrtage halten.
Das Kloster betreut die Wallfahrt zum Heiligen Antlitz; Barockkirche.

Bastia Umbra – Monastero di Sant' Anna
Benediktinerinnen
Gründung: 11. Jh.
Anschrift: Piazza Umberto 1, Bastia Umbra (PG)
Telefon: 075/800 11 51
Unterkunft: Für Mädchen und kleine Gruppen zu Einkehrtagen; mit Küchenbenutzung.
Altes Kloster; schöner Kreuzgang aus dem 17. Jh., mit Bäumen gesäumt.

Bevagna – Monastero di Santa Maria del Monte
Benediktinerinnen
Gründung: 1108
Anschrift: Monastero di Santa Maria del Monte, corso Matteotti 15, Bevagna (PG)
Telefon: 07 42/36 01 33
Unterkunft: 75 Betten in Einzel- und Doppelzimmern mit Bad und Toilette. Im ganzjährig geöffneten Gästehaus finden Einzelpersonen, Paare und auch Familien bis zu einer Woche Aufnahme, Vollpension ist möglich. Wer die Karwoche im Kloster verbringen will, muß sich rechtzeitig vor-

anmelden; am Karfreitag findet in den Straßen von Bevagna eine der eindrucksvollsten historischen Prozessionen von Umbrien statt.
Strenges Gebäude aus dem 16. Jh., angeordnet um den Garten in der Mitte; die Benediktinerinnen sind hier seit 1555. Das Kloster ist bekannt für die Leckereien, die hier hergestellt und vertrieben werden: Marmeladen, Honigprodukte, Kekse, Schnäpse, alles mit rein natürlichen Zutaten produziert.

Bitonto – Monastero di Santa Maria delle Vergini
Benediktinerinnen
Gründung: 1525
Anschrift: Via Porta Robustina 33, Bitonto (BA)
Telefon: 080/951 12 45
Unterkunft: Nur für Frauen für Besinnungstage.
Spitzen, Stickereien und Süßwaren werden hier hergestellt; es existiert eine Werkstatt zur Restaurierung von Büchern.

Bologna – Monastero di Santo Stefano
Olivetaner
Gründung: 9. Jh./1941
Anschrift: Via Santo Stefano 24, Bologna
Telefon: 051/22 32 56
Unterkunft: Nicht vorgesehen.
Eindrucksvolles Ensemble von alten Kirchen im Zentrum von Bologna, das die heiligen Stätten von Jerusalem nachbildet. Nach dem Krieg von Olivetanern übernommen.

Borutta – Abbazia di San Pietro a Sorres
Benediktiner der Kongregation von Subiaco
Gründung: 12. Jh.
Anschrift: Località San Pietro a Sorres, Borutta (SS)
Telefon: 079/82 40 01
Unterkunft: Nur für Einzelpersonen, die am klösterlichen Leben teilnehmen wollen.
Einzige alte Abtei auf Sardinien, mit schöner romanisch-gotischer Kirche.

Bozen – Abtei Muri-Gries
Benediktiner der Schweizer Kongregation
Gründung: 1841
Anschrift: Piazza Gries 21, Bolzano
Telefon: 04 71/28 11 16
Unterkunft: Nur für einzelne Männer, die am Leben der Mönche teilnehmen wollen.
Altes Augustinerstift, das im 19. Jh. von Mönchen aus Muri in der Schweiz übernommen wurde; bekannt für seine Prädikatsweine, die im Weinkeller oder auch auf schriftliche Bestellung verkauft werden.

Cagli – Monastero di San Pietro
Benediktinerinnen
Gründung: 12. Jh.
Anschrift: Via Pian del Vescovo 5, Cagli (PS)
Telefon: 07 21/783 31
Unterkunft: Nur wenige Gästezimmer, die für einzelne Frauen bestimmt sind.
Nüchterner Bau, bewohnt von einer kleinen Kommunität.

Camogli – Monastero di San Prospero
Olivetaner
Gründung: 1883
Anschrift: Via Romana 86, Camogli (GE)
Telefon: 01 85/77 01 31
Unterkunft: Im Sommer finden Gruppen, die sich selbst versorgen, Aufnahme. Einzelne männliche Personen können das ganze Jahr über am Klosterleben teilnehmen.
Modernes Gebäude in Aussichtslage; unterhält eine berühmte Schola Cantorum; Möglichkeit, am Gottesdienst teilzunehmen (Messe an Sonn- und Feiertagen um 10.30 Uhr).

Casalbordino – Monastero-Santuario di Santa Maria dei Miracoli
Benediktiner der Kongregation von Subiaco
Gründung: 1925
Anschrift: Località Miracoli-Casalbordino (CH)
Telefon: 08 73/91 61 00
Unterkunft: Nur für Männer, die am Klosterleben teilnehmen wollen.
Das Kloster ist an ein vielbesuchtes Marienheiligtum angeschlossen. Moderner Bau.

Castel Ritaldi – Monastero di Santa Caterina (Celestine)
Benediktinerinnen
Gründung: 13. Jh.
Anschrift: Castel Ritaldi (PG)
Telefon: 07 43/511 25
Unterkunft: Für Einzelpersonen und kleine Gruppen.
Sehr schöne Lage mit weiter Aussicht.

Cesena – Abbazia di Santa Maria del Monte
Benediktiner der Cassinesischen Kongregation
Gründung: 12. Jh.
Anschrift: Via del Monte, Cesena (FO)
Telefon: 05 47/30 20 61
Unterkunft: Sieben Zimmer nur für Männer zu Besinnungstagen.
Bedeutende Niederlassung, über der Stadt Cesena gelegen. In der Kirche und in den zur Besichtigung freigegebenen Räumen (Kreuzgang, Refektorium) zahlreiche Kunstwerke. Verkauf von Weinen und Likören. Werkstatt zur Restaurierung von Büchern.

Chiaravalle della Colomba – Abbazia di Santa Maria
Zisterzienser der Kongregation von Casamari
Gründung: 1136
Anschrift: Abbazia di Chiaravalle della Colomba, località Chiaravalle, Alseno (PC)
Telefon: 0523/94 01 32
Unterkunft: Nur in Ausnahmefällen.
Wie der Name Chiaravalle anzeigt, eine Gründung französischer Mönche aus Clairvaux, wahrscheinlich sogar des hl. Bernhard persönlich. Die Abtei, heute von dörflichen Gebäuden umgeben, liegt in der Po-Ebene. Sehr sehenswert die Kirche, ein dreischiffiger Bau in zisterziensischer Strenge, vor allem aber der Kreuzgang mit 130 unterschiedlich geformten Säulchen in rotem Marmor.

Cingoli – Monastero di Santa Sperandia
Benediktinerinnen
Gründung: 13. Jh.
Anschrift: Via Santa Sperandia 11, Cingoli (MC)
Telefon: 07 33/60 25 32
Unterkunft: Für einzelne Frauen und kleine Gruppen zu Einkehrtagen.
Bau aus dem 17. Jh. neben der Kirche über dem Grab der hl. Sperandia. Bekannt und geschätzt sind die von den Nonnen hergestellten Süßwaren.

Citerna – Monastero del SS Crocifisso e di Santa Maria
Benediktinerinnen
Gründung: 1951
Anschrift: Via del Monastero 1, Citerna (PG)
Telefon: 075/859 21 26
Unterkunft: Für Einzelpersonen Zimmer mit Vollpension, für Gruppen ist Selbstversorgung möglich.
Das Kloster ist in einem über dem Tiber-Tal liegenden Franziskanerkonvent aus dem 14. Jh. untergebracht.

Cortona – Monastero della Santissima Trinità
Zisterzienserinnen
Gründung: 1540
Anschrift: Monastero della SS Trinità, via San Nicolò 2, Cortona (AR)
Telefon: 05 75/60 33 45
Unterkunft: Das Gästehaus des Klosters ist offen für alle.
Die aus 20 Nonnen bestehende Kommunität führt ein kontemplatives, dem Studium und dem Gebet gewidmetes Leben, öffnet sich aber auch den Fragen der Gegenwart. Das Kloster hat eine eigene Imkerei, in der Honig und Gelée royale hergestellt werden. Die Nonnen betreiben ferner eine Werkstatt zur Restaurierung von Stoffen und Paramenten und eine Stopferei.

Fabriano – Monastero dei SS Biagio e Romualdo
Kamaldulenser
Gründung: 1218
Anschrift: Piazza Manin 12, Fabriano (AN)
Telefon: 07 32/219 35
Unterkunft: Ein großer Teil des Klosters dient als Altenwohnheim der Gemeinde; die Mönche bewohnen nur wenige Zimmer der ursprünglichen Klosteranlage.
In der Barockkirche werden die sterblichen Überreste des hl. Romuald aufbewahrt, die nach der Aufhebung der Abtei Valdicastro hierher überführt wurden.

Fabriano – Monastero di San Luca
Benediktinerinnen
Gründung: 15. Jh.
Anschrift: Via Saffi 34, Fabriano (AN)
Telefon: 07 32/217 62
Unterkunft: Großes, vor kurzem erweitertes Gästehaus, Einzel- und Doppelzimmer mit Bad und Toilette, offen für alle, die am Klosterleben teilnehmen wollen.
Schöne Kreuzgänge aus der Renaissance; Druckerei und Buchbinderei.

Fabriano – Monastero di Santa Margherita
Benediktinerinnen
Gründung: 1282
Anschrift: Via del Poio 3, Fabriano (AN)
Telefon: 07 32/219 36
Unterkunft: Für einzelne Frauen und Gruppen zu Besinnungstagen.
Nüchterner Bau mit schönem Kreuzgang aus dem 16. Jh. und Kirche aus dem 18. Jh.

Faenza – Monastero di San Maglorio
Kamaldulenserinnen
Gründung: 1960
Anschrift: Via Ospitalacci 43, località Celle, Faenza (RA)
Telefon: 05 46/215 86
Unterkunft: Für einzelne Frauen und Gruppen zu Einkehrtagen.
Modernste Anlage mit ganz eigener Ausstrahlung, auf einem Landgut mit Weinanbau gelegen. Weinverkauf im Kloster.

Fano – Eremo di Monte Giove
Kamaldulenser
Gründung: 1608
Anschrift: Via Rosciano 90, Fano (AN)
Telefon: 07 21/86 40 90
Unterkunft: Großes Gästehaus für Einzelpersonen und Gruppen, geöffnet das ganze Jahr, für Einkehrtage; kleines Gästehaus mit zehn Zimmern.

Typische Kamaldulenser-Einsiedelei mit Kirche und einzelnen Zellen in schöner Lage über dem Meer.

Fermo – Monastero di San Giuliano
Benediktinerinnen
Gründung: 13. Jh.
Anschrift: Via Trento 21, Fermo (AP)
Telefon: 07 34/22 87 20
Unterkunft: Für einzelne Frauen, die am Gebet teilnehmen wollen, im Sommer auch für kleine Gruppen.

Ferrara – Monastero di San Giorgio
Olivetaner
Gründung: 1417
Anschrift: Piazza San Giorgio 29, Ferrara
Telefon: 05 32/622 31
Unterkunft: Nur für Männer, die am Klosterleben teilnehmen wollen.
Schöne Barockkirche, Kreuzweg aus dem 16. Jh., sehenswerte Sakristei.

Ferrara – Monastero di Sant'Antonio Abate
Benediktinerinnen
Gründung: 13. Jh.
Anschrift: Via Gambone 15, Ferrara
Telefon: 05 32/322 58
Unterkunft: Kleines Gästehaus für Einzelpersonen und Gruppen.
Stadtkloster, im Nonnenchor kostbare Fresken aus dem Umkreis Giottos, zu besichtigen an Wochentagen von 9.00 bis 11.30 und von 15.00 bis 17.00 Uhr.

Finale Ligure – Abbazia di Santa Maria di Finalpia
Benediktiner der Kongregation von Subiaco
Gründung: 1477
Anschrift: Via Santuario 59, Finalpia, Finale Ligure (SV)
Telefon: 019/60 17 00
Unterkunft: Männer, die eine intensive spirituelle Erfahrung suchen, haben die Möglichkeit einige Tage in der Kommunität der Mönche zu verbringen. Vor dem Kloster liegt eine Villa aus dem 19. Jh., die den Mönchen gehört, die Villa Enrichetta. Hier finden Einzelpersonen, Paare und Familien Aufnahme (mit Vollpension).
In der Mitte des 19. Jahrhunderts hatte in diesem Kloster die sog. sublacensische Reform des monastischen Lebens, die sich in wenigen Jahren über ganz Europa verbreitete, ihren Ausgangspunkt.
Im Jahr 1914 wurde von den Mönchen die „Rivista Liturgica" begründet, die heute noch besteht; durch sie wurde Finalpia zu einem der bedeutendsten Zentren der monastischen Kultur in Italien.
Der Honig von Finalpia ist hoch geschätzt. Man kann ihn, zusammen mit weiteren Produkten der Imkerei, in einem kleinen Laden (geöffnet von 9 bis 12 und von 15 bis 17 Uhr) am Eingang des Klosters kaufen. Außer Honigprodukten gibt es auch noch Erzeugnisse der Heilpflanzenverarbeitung und Andenken des Klosters.

Florenz – Abbazia di Santa Trinità
Benediktiner der Kongregation von Vallombrosa
Gründung: 11. Jh.
Anschrift: Via del Parione 3, Firenze
Telefon: 055/21 69 12
Unterkunft: Nur wenige Zimmer, nur für Männer nach Voranmeldung.
Alte, ehrwürdige Kirche im Zentrum von Florenz mit wertvollen Kunstwerken (Sassetti-Kapelle mit Fresken von Ghirlandaio; Szenen aus dem *Leben Mariens* von Lorenzo Monaco).
Die Mönche bewohnen heute nur noch einen Teil der Abtei. Nebenan eine alte Apotheke, in der Liköre und Heilpflanzenprodukte verkauft werden.

Florenz – Monastero di Regina Pacis
Benediktinerinnen
Gründung: 1963
Anschrift: Via Poggio Gherardo 5, Firenze
Telefon: 055/60 39 13
Unterkunft: Wohnliche Ein- und Zweibettzimmer mit Bad und Toilette für Einzelpersonen, Paare und Familien; offen auch für Nichtgläubige.

Florenz – Monastero di Santa Marta
Benediktinerinnen
Gründung: 1340
Anschrift: Via Santa Marta 17, Firenze
Telefon: 055/48 90 89
Unterkunft: Offen für alle.
Schöne Kreuzgänge aus dem 16. Jh.; in der Kirche kostbare Fresken.

Fossano – Monastero della SS Annunziata
Zisterzienserinnen
Gründung: 13. Jh.
Anschrift: Via dell'Annunziata 13, Fossano (CN)
Telefon: 01 72/608 79
Unterkunft: Für Einzelpersonen und Gruppen zu Besinnungstagen; Küche für Selbstversorger.

Frascati – Sacro Eremo Tuscolano
Kamaldulenser von Monte Corona
Gründung: 1608
Anschrift: Frascati (Roma)
Telefon: 06/944 90 06
Unterkunft: Nur für Männer, die das eremitische Leben kennenlernen wollen.
Mutterkloster der Kongregation von Monte

Corona, die vor allem die eremitische Spiritualität betont. 14 Zellen und eine barocke Kirche.

Galluzzo – Certosa del Galluzzo
Zisterzienser der Kongregation von Casamari
Gründung: 1341
Anschrift: Località Galluzzo, Firenze
Telefon: 055/204 92 26
Unterkunft: Nur in Ausnahmefällen für Einzelpersonen.
Eindrucksvoller Bau in reinem Renaissancestil. Sehenswerte Kunstwerke, Besichtigung mit Führung von 9.00 bis 12.00 und von 15.00 bis 18.00 Uhr. In der Apotheke werden Honig, Liköre, Parfüme und ätherische Öle verkauft.

Genua – Abbazia di Santa Maria della Castagna
Benediktiner der Kongregation von Subiaco
Gründung: 1964
Anschrift: Via Romana della Castagna 11/a, Quarto dei Mille, Genova
Telefon: 010/33 62 92
Unterkunft: Nur für Männer und kleine Gruppen zu Einkehrtagen.
Landhaus am Meeresufer, umgeben von Zedern, bewohnt von 15 Mönchen.

Geraci Siculo – Monastero di Santa Caterina
Benediktinerinnen
Gründung: 1500
Anschrift: Piazza Scuole, Geraci Siculo (FA)
Telefon: 09 21/430 00
Unterkunft: Für einzelne Frauen, die sich über ihre Berufung klarwerden wollen.
Bau aus dem 16. Jh. in der Dorfmitte, mit Barockkirche.

Giulianova – Monastero del Santo Volto
Silvestriner
Gründung: 1953
Anschrift: Via Gramsci 87, Giulianova (TE)
Telefon: 085/800 16 60
Unterkunft: Für Einzelpersonen, Familien und Gruppen.
Villa vom Beginn dieses Jahrhunderts, inmitten eines großen Parks, in schöner Lage über dem Meer.

Grandate – Monastero del SS Salvatore
Benediktinerinnen
Gründung: 1954
Anschrift: Via Stazione 1, Grandate (CO)
Telefon: 031/56 48 32
Unterkunft: Nur für Frauen.
Modernes Kloster in einem Park mit schöner Aussicht.

Guardistallo – Monastero di Valserena
Trappistinnen
Gründung: 1968
Anschrift: Via Provinciale del Progetto 3, Guardistallo (PI)
Telefon: 05 86/65 50 72
Unterkunft: Offen für alle, die am Leben der Nonnen teilnehmen wollen.
Moderner Bau in einem Olivenhain am Meer; Herstellung von Naturkosmetikprodukten.

Latiano – Monastero di Santa Maria di Cotrino
Zisterzienser der Kongregation von Casamari
Gründung: 1922
Anschrift: Via Oria, Latiano (BR)
Telefon: 08 31/72 53 98
Unterkunft: Aufgrund beschränkten Raumangebots nur in Ausnahmefällen möglich.
Kloster zur Betreuung eines Marienwallfahrtsortes. Beherbergt auch ein Seminar.

Laveno Mombello – Monastero di Nostra Signora dell'Annunciazione
Benediktinerinnen
Gründung: 1957
Anschrift: Via Mombello 52, Laveno-Mombello (VA)
Telefon: 03 32/66 73 72
Unterkunft: Nur für Frauen.
Das Kloster ist einer kleinen, in einem Park gelegenen Villa vom Anfang des 20. Jh. untergebracht.

Lendinara – Abbazia di Santa Maria del Pilastrello
Olivetaner
Gründung: 1577
Anschrift: Via Santuario 36, Lendinara (RO)
Telefon: 04 25/610 23
Unterkunft: Nur für Gruppen zu Einkehrtagen.
Das Kloster wurde zur Betreuung eines großen Marienheiligtums gegründet.

Livorno – Abbazia di Montenero
Benediktiner der Kongregation von Vallombrosa
Gründung: 1792
Anschrift: Località Montenero, Livorno
Telefon: 05 86/57 90 33
Unterkunft: Großes Pilgerhaus neben dem Heiligtum, im früheren Seminar eingerichtet für Selbstversorgergruppen.
Marienwallfahrtsort in schöner Lage über dem Tyrrhenischen Meer, Barockbau. Zunächst von Jesuiten und Theatinern bewohnt, ging die Abtei 1792 in den Besitz der Kongregation von Vallombrosa über.

Martano – Monastero di Santa Maria della Consolazione
Zisterzienser der Kongregation von Casamari
Gründung: 1686
Anschrift: Contrada Liori, Martano (LE)
Telefon: 08 36/57 52 14
Unterkunft: Nur für Männer zu Besinnungstagen.
Klostergebäude aus dem Barock, in neuerer Zeit erweitert. Angeschlossen eine Brennerei, die hervorragende Kräuterliköre herstellt.

Matelica – Monastero di Santa Teresa
Silvestriner
Gründung: 1842
Anschrift: Via Sant'Adriano 9, Matelica (MC)
Telefon: 07 37/804 50
Unterkunft: Nur in Ausnahmefällen für einzelne männliche Personen.
Ehemaliger Karmel, jetzt eine kleine Klosterpfarrei im Zentrum des Städtchens in den Marken; Kreuzgang aus dem 17. Jh.

Matera – Monastero della Madonna di Picciano
Olivetaner
Gründung: 1966
Anschrift: Borgata Picciano La Mantella (MT)
Telefon: 0835/30 28 90
Unterkunft: Gästehaus für einzelne Besucher und für Gruppen für Einkehrtage.
Modernes Kloster zur Betreuung eines Marienwallfahrtsortes.

Mercogliano – Abbazia di Montevergine
Benediktiner der Kongregation von Subiaco
Gründung: 1119
Anschrift: Località Montevergine, Mercogliano (AV)
Telefon: 08 25/729 24
Unterkunft: Gästehaus – für einzelne und Gruppen – mit eigenem Restaurant; das Zwei-Sterne-Hotel Romito außerhalb des Klosters gehört den Mönchen, wird aber privat geführt.
Auf einer Höhe von 1270 Metern gelegen, ist die Abtei eines der meistbesuchten Heiligtümer im Süden. Sie ist auch mit einer Seilbahn zu erreichen. Museum von Votivtafeln, Krippenmuseum, Kunstsammlung. Früher Sitz einer eigenen Kongregation, wurde die Abtei 1879 der Kongregation von Subiaco angegliedert, die Mönche behielten aber ihren weißen Habit bei.

Modena – Abbazia di San Pietro
Benediktiner der Cassinesischen Kongregation
Gründung: 987
Anschrift: Via San Pietro 7, Modena
Telefon: 059/21 40 16-22 31 36
Unterkunft: Für Männer und nur für kurze Zeit.
Sehr altes Stadtkloster, das in der Renaissance neu gebaut wurde; sehenswerte Kunstwerke aus dieser Epoche.

Monte Sant'Angelo – Monastero-Santuario di San Michele
Benediktiner der Kongregation von Subiaco
Gründung: 6. Jh.
Anschrift: Via Real Basilica, Monte Sant' Angelo (FG)
Telefon: 08 84/56 11 50
Unterkunft: Pilgerheim, für jedermann offen, aber nur im Sommer geöffnet.
Im Mittelalter eines der meistbesuchten Heiligtümer, Station auf dem Pilgerweg ins Heilige Land, errichtet über einer Grotte, in der der hl. Erzengel Michael erschienen ist. Die Grotte liegt inmitten eines Dorfes, dessen kleine weiße Häuser sich an den Berg klammern.

Montecatini – Monastero di Santa Maria a Ripa
Benediktinerinnen
Gründung: 1533
Anschrift: Via Porta di Borgo 36, Montecatini (PT)
Telefon: 05 72/91 15 88
Unterkunft: Offen für alle. Voranmeldung erforderlich.
Ländliches Kloster im ruhigen Teil der Kurstadt.

Neapel – Eremo dei Camaldoli
Kamaldulenser
Gründung: 1585
Anschrift: Via dell'Eremo 87, Napoli
Telefon: 081/587 21 59
Unterkunft: Behagliche Zimmer, zum Teil mit Bad, für Einzelpersonen und Gruppen.
Typische Kamaldulenser-Einsiedelei mit kleinen Zellen, die um die Kirche angeordnet sind, in unvergleichlicher Lage über dem Golf von Neapel. In der Kirche Werke des neapolitanischen Barock.

Noci – Abbazia di Santa Maria della Scala
Benediktiner der Kongregation von Subiaco
Gründung: 1930
Anschrift: Noci (BA)
Telefon: 080/897 58 38
Unterkunft: Gästehaus innerhalb des Klosters nur für Männer; Frauen finden in einer in der Nähe gelegenen komfortablen Villa Unterkunft.
Ein neues Kloster in abgeschiedener Lage; die große Kommunität betreibt einen Verlag und pflegt den gregorianischen Gesang (Sommerkurse auch für Laien).

Norcia – Monastero di Sant'Antonio Abate
Benediktinerinnen
Gründung: 1400
Anschrift: Via delle Vergini 13, Norcia (PG)
Telefon: 07 43/81 66 57
Unterkunft: Gästehaus mit 70 Betten, mit Bad und Toilette; Aufnahme finden Einzelpersonen, Familien und Gruppen, angeboten wird auch Vollpension. Gute Küche mit Geflügel vom Hühnerhof und Produkten aus dem Gemüsegarten des Klosters.
Einfaches Gebäude aus der Spätrenaissance, das immer wieder unter Erdbebenschäden gelitten hat (das schwerste Beben hat 1703 das Gebäude bis auf die Grundmauern zerstört, und auch das letzte Beben 1980 hat schwere Schäden angerichtet); das Kloster hat Zeiten der Armut und Enteignungen überstanden und die beiden aufgehobenen Klöster S. Nicolò und S. Caterina inkorporiert.

Novalesa – Abbazia di Novalesa
Benediktiner der Kongregation von Subiaco
Gründung: 726
Anschrift: Località Abbazia Novalesa (TO)
Telefon: 01 22/65 32 10
Unterkunft: Nur für einzelne männliche Personen.
Altehrwürdiges Kloster in den Bergen, das im Vergleich zu seiner glanzvollen Vergangenheit, als es eine Hauptstation auf dem Pilgerweg von Frankreich nach Rom war, nur noch eine kleine Kommunität beherbergt.

Offida – Monastero di San Marco
Benediktinerinnen
Gründung: 17. Jh.
Anschrift: Via Roma 72, Offida (AP)
Telefon: 07 36/88 08 05
Unterkunft: Nur für einzelne Frauen.
In der für die Spitzenweberei bekannten Stadt sind auch die Nonnen in der Herstellung von Klöppelspitzen tätig.

Orte – Monastero di Santa Maria delle Grazie
Benediktinerinnen
Gründung: 1573
Anschrift: Via delle Grazie 9, Orte (VT)
Telefon: 07 61/40 32 67
Unterkunft: Nur für Frauen zu Einkehrtagen.
Kloster aus dem 16. Jh., gegründet von Hieronymiten an einem alten Wallfahrtsort; Heilpflanzenhandlung.

Perugia – Monastero di San Pietro
Benediktiner der Cassinesischen Kongregation
Gründung: 10. Jh.
Anschrift: Borgo XX Giugno, Perugia
Telefon: 075/347 70
Unterkunft: Nicht vorgesehen.
Ein großer Teil des Klosters, in schöner Lage vor den Stadtmauern, ist heute Teil der Universität. Sehenswerte Kirche mit Chorgestühl aus dem 16. Jh. und Werken von Perugino.

Piacenza – Monastero di San Raimondo
Benediktinerinnen
Gründung: 1414
Anschrift: Corso V. Emanuele 154, Piacenza
Telefon: 05 23/32 66 25
Unterkunft: Nur für einzelne Frauen und kleine Gruppen.
In der Stadtmitte gelegen, schöner Kreuzgang mit doppelter Galerie aus der Renaissancezeit.

Piedemonte Matese – Monastero di San Benedetto
Benediktinerinnen
Gründung: 1646
Anschrift: Via Coppola, Piedemonte Matese (CE)
Telefon: 08 23/91 11 73
Unterkunft: Selbständiges Gästehaus mit Ein- und Mehrbettzimmern, offen für alle.
Großes Kloster im historischen Ortskern, zu Ghiffa gehörend.

Pontasserchio – Monastero di Santa Maria Madre della Chiesa e San Benedetto
Benediktinerinnen
Gründung: 1968
Anschrift: Via San Jacopo 104, Pontasserchio (PI)
Telefon: 050/81 10 04
Unterkunft: Für Einzelpersonen und Gruppen.
Durch den Zusammenschluß von zwei Kommunitäten entstandenes Kloster in einer schönen Villa mit weiträumigem Garten.

Pontida – Abbazia di San Giacomo Apostolo
Benediktiner der Cassinesischen Kongregation
Gründung: 1076
Anschrift: Piazza del Giuramento 4, Pontida (BG)
Telefon: 035/79 50 25
Unterkunft: Nur für Männer, die am Klosterleben teilnehmen wollen.
Sitz des historischen „Giuramento di Pontida" von 1167, der alten Abtei, die die Hauptgründung von Cluny in Norditalien darstellte; heute ist jedoch vom ursprünglichen Bau fast nichts mehr erhalten. Sehenswert ist das Abteimuseum.

Poppi – Monastero della SS Annunziata
Kamaldulenserinnen
Gründung: 1563
Anschrift: Via Morandini 44, Poppi (AR)
Telefon: 05 75/520 59
Unterkunft: Kleines Gästehaus, nur im Sommerhalbjahr geöffnet.
Im historischen Zentrum des mittelalterlichen Städtchens, nicht weit von Camaldoli (s. S. 27); in der Kirche sehenswerte Kunstwerke.

Ravenna – Monastero di Sant'Apollinare in Classe
Benediktiner der Kongregation von Vallombrosa
Gründung: 1962
Anschrift: Via Romea Sud, Classe, Ravenna (RA)
Telefon: 05 44/52 70 04
Unterkunft: Nicht vorgesehen.
Prachtvolle Basilika aus der byzantinischen Zeit, die wegen ihrer Mosaiken weltberühmt ist.

Rodengo Saiano – Abbazia di San Nicola
Olivetaner
Gründung: 1466
Anschrift: Via Brescia 83, Rodengo Saiano (BS)
Telefon: 030/61 01 82
Unterkunft: Gästehaus für kleine Gruppen, Paare und Familien, nur im Sommer geöffnet. Männliche Einzelpersonen können einige Tage am Leben der Kommunität teilnehmen.
Schönes Renaissancekloster in der Ebene des Lago d'Iseo zwischen Bergamo und Brescia. Sehenswerter Kreuzgang, Fresken des 16. Jh., zwei Museen.

Rom – Abbazia di Nostra Signora del SS Sacramento
Trappisten
Gründung: 1929
Anschrift: Via Appia Nuova, località Frattocchie, Roma
Telefon: 06/935 64 65-930 02 65
Unterkunft: Kloster auf Zeit für Einzelpersonen und Gruppen.
Neben einem Renaissancebau neu errichtetes Kloster; bekannt für den Eukalyptuslikör, der dort hergestellt wird, und für Qualitätsweine.

Ronco di Ghiffa – Monastero della SS Trinità
Benediktinerinnen
Gründung: 1906
Anschrift: Corso Risorgimento 274, Località Ronco, Ghiffa (NO)
Telefon: 03 23/591 64-431 85
Unterkunft: Wohnliches Gästehaus, nur für Frauen zu Exerzitien und Besinnungstagen.
Das Kloster ist in einer in einem weiten Park gelegenen Villa über dem Lago Maggiore untergebracht.

San Gimignano – Monastero di San Girolamo
Vallombrosanerinnen
Gründung: 1337
Anschrift: Via Folgore 26, San Gimignano (SI)
Telefon: 05 77/94 05 73
Unterkunft: Für einzelne und Gruppen, mit einer Küche für Selbstversorger.
Beherbergt einige Kunstwerke.

San Severino Marche – Monastero di Santa Caterina
Zisterzienserinnen
Gründung: 15. Jh.
Anschrift: Via Castello al Monte 4, San Severino Marche (MC)
Telefon: 07 33/63 81 71
Unterkunft: Nur für Frauen zu Einkehrtagen.
Das Kloster liegt in der Oberstadt; in der Kirche aus dem 17. Jh. ein sehenswerter Schnitzaltar.

San Severino Marche – Monastero di Santa Maria dei Lumi
Zisterzienser der Kongregation vom hl. Bernhard
Gründung: 16. Jh.
Anschrift: Via Madonna dei Lumi 50, San Severino Marche (MC)
Telefon: 07 33/63 81 00
Unterkunft: Gästehaus mit 25 Betten, auch für Gruppen, für Einkehrtage.
Marienwallfahrtsort, der 200 Jahre lang von Barnabiten betreut und 1901 an Zisterzienser übergeben wurde. In der dritten Seitenkapelle auf der rechten Seite der Kirche das Wallfahrtsbild der Madonna dei Lumi.

Seregno – Abbazia di San Benedetto
Olivetaner
Gründung: 1884
Anschrift: Via Stefano da Seregno 100, Seregno (MI)
Telefon: 03 62/23 17 72
Unterkunft: Nur für männliche Jugendliche für Einkehrtage.
Herstellung von ausgezeichneten Honigprodukten, Likören und Salben.

Sermoneta – Abbazia di Valvisciolo
Zisterzienser der Kongregation von Casamari
Gründung: 13. Jh.
Anschrift: Via Badia 14, Sermoneta (LT)
Telefon: 07 33/300 13
Unterkunft: Nur in Ausnahmefällen für Einzelpersonen.

Sehenswertes Beispiel einer Zisterzienserabtei in gotischem Stil nach dem Vorbild von Fontenay in Burgund, in schöner Hügellage.

Sforzacosta – Monastero di Chiaravalle di Fiastra
Zisterzienser der Kongregation vom hl. Bernhard
Gründung: 1142
Anschrift: Località Fiastra, Sforzacosta (MC)
Telefon: 07 33/202 12 90
Unterkunft: Nur für männliche Jugendliche, die am Klosterleben teilnehmen wollen.
Mönche von Chiaravalle Milanese haben nach 400 Jahren durch die Gründung einer Abtei wieder monastisches Leben in das verlassene Kloster gebracht; sehr schöne gotische Kirche. Besichtigung mit Führung nur im Sommerhalbjahr.

Tagliacozzo – Monastero dei SS Cosma e Damiano
Benediktinerinnen
Gründung: 11. Jh.
Anschrift: Via del Monaco, Tagliacozzo (AQ)
Telefon: 08 63/674 51
Unterkunft: Nur für Frauen.
Auf 800 Meter Höhe in abgeschiedener Lage. Herstellung von Honig und Honigprodukten.

Tavarnelle Val di Pesa – Badia di Passignano
Benediktiner der Kongregation von Vallombrosa
Gründung: 989
Anschrift: Località Passignano, Tavarnelle Val di Pesa (FI)
Eindrucksvolle Abtei, die den Leichnam des hl. Johannes Gualbertus (gest. 1073) aufbewahrt. Wunderschöne Lage in der Toskana.

Triest – Monastero di San Cipriano
Benediktinerinnen
Gründung: 1426
Anschrift: Via delle Monache 3, Trieste
Telefon: 040/63 49 08
Unterkunft: Zu Einkehrtagen.
Das Kloster mit einer Kommunität von mehr als 30 Nonnen liegt auf dem Hügel von San Giusto und betreibt eine Werkstatt zur Restaurierung von Büchern.

Trisulti – Certosa di Trisulti
Zisterzienser der Kongregation von Casamari
Gründung: 1204
Anschrift: Collepardo (FR)
Telefon: 07 75/470 24
Unterkunft: Die Kartause hat ein kleines Gästehaus; Restaurant vorhanden.
Sehenswerter Gebäudekomplex aus der Renaissance, 800 Meter hoch in den Bergen gelegen; er wurde 1947 von Zisterziensern übernommen. Eine Likörfabrik stellt Kräuterliköre nach alten Rezepturen der Kartäuser her.

Venedig – Abbazia di San Giorgio Maggiore
Benediktiner der Kongregation von Subiaco
Gründung: 980
Anschrift: Isola di San Giorgio, Venezia
Telefon: 041/522 78 27
Unterkunft: Nur in Ausnahmefällen für einzelne männliche Personen.
Die Mönche bewohnen nur einen Teil des großen Klosters auf der dem Markusplatz gegenüberliegenden Insel. Sehenswerte Kunstwerke in der Basilika von Andrea Palladio. Die Kreuzgänge gehören jetzt der Fondazione Cini, einer Stiftung des Grafen Vittorio Cini, die dort Konzerte und kulturelle Veranstaltungen abhält. Werkstatt für die Restaurierung von Büchern.

Vertemate – Abbazia di San Giovanni Battista
Benediktiner
Gründung: 1994
Anschrift: Via Abbazia, Vertemate (CO)
Telefon: 031/90 00 73
Unterkunft: Kleines Gästehaus für einzelne Männer.
Altes cluniazensisches Priorat, in herrlich abgeschiedener Lage in den Wäldern zwischen Como und Mailand; eine junge benediktinische Kommunität brachte wieder monastisches Leben in das über Jahrhunderte verlassene Kloster; romanische Kirche, Werkstatt zur Buchrestauration.

Verucchio – Monastero di Santa Chiara
Benediktinerinnen
Gründung: 16. Jh./1824
Anschrift: Via delle Monache 7, Verucchio (FO)
Telefon: 05 41/67 00 74
Unterkunft: Gästehaus für Einzelpersonen und Gruppen.
Altes, im 16. Jh. auf den Ruinen einer Burg errichtetes Kloster, das 1824 den Benediktinerinnen übergeben wurde.

Vitorchiano – Monastero di Nostra Signora di San Giuseppe
Trappistinnen
Gründung: 1957
Anschrift: Via della Stazione, Vitorchiano (VT)
Telefon: 07 61/37 00 17
Unterkunft: Begrenztes Raumangebot, aber grundsätzlich offen für alle.
Große Kommunität mit Klausur; Buchdrukkerei und Herstellung von Marmeladen.

Für die Abteien der Benediktiner und Zisterzienser bedeutete die Französische Revolution einen tiefgreifenden Einschnitt: Die meisten großen historischen Klöster wurden damals zerstört. Der größte Teil der heute bestehenden Abteien ist im Laufe des vorigen Jahrhunderts wiedererrichtet worden.

FRANKREICH

Das Mönchtum in Frankreich ist ältesten Ursprungs. Zur Zeit der Karolinger verbreitete es sich stark und erreichte mit der Ausbreitung der Reform von Cluny seinen Höhepunkt. Zu Beginn des 12. Jh. entstand als Reaktion auf die wirtschaftliche Blüte der immer zahlreicher werdenden Gründungen von Cluny unter der Führung der Abtei von Cîteaux eine neue Reformbewegung, die sich die „Läuterung" der monastischen Bewegung zum Ziel setzte. Das 15. und das 16. Jh. waren Jahrhunderte der Krise, aber im 17. Jh. gewannen die benediktinischen Klöster durch die Reformen von St-Vanne und St-Maur neue Lebenskraft, und es entstand die Reformbewegung der Trappisten. Die Französische Revolution und Gesetze des Ministers Emile Combes zu Beginn des 20. Jh. bedrohten den Fortbestand des monastischen Lebens insgesamt. Heute ist das spirituelle Erbe wieder zu kraftvollem Leben erweckt, aber viele Klöster sind endgültig untergegangen, Cluny zum Beispiel, Cîteaux und zahlreiche weitere historische Klöster; nur wenige konnten in jüngster Zeit wiederbelebt werden. Neben Abteien, die wenig älter als ein Jahrhundert sind (Solesmes und Pierre-qui-Vire), haben zum Glück auch einige der ältesten Gründungen überlebt, die sogar auf die vorbenediktinische Zeit zurückgehen (so etwa Ligugé und Lérins).

Acey – Abbaye de Notre-Dame-d'Acey

Trappisten

In abgeschiedener Lage im Grünen, 30 km nordwestlich von Besançon, nordöstlich von Dole. Von Besançon die Straße D 67, dann die D 459; von Dole die D 475, dann die D 459.

***Gründung:** 1136*
***Anschrift:** Ougney, 39350 Gendrey, Franche-Comté*
***Telefon:** 84 81 04 11*

Die Landstraßen, auf denen man zur Abtei von Acey gelangt, führen kurvenreich über die Hügel einer lieblichen Landschaft. Die kleine Fiale, die sich nach der Tradition der Zisterzienser – statt eines Glockenturms – über der Vierung erhebt, ist der einzige Hinweis auf das Kloster im Grünen, und plötzlich steht man überrascht vor der wenig bekannten Abtei. Die anmutige Landschaft, die herbe Schönheit der gotischen Kirche und die klare Luft machen ohne Zweifel den Besuch lohnenswert. Gegründet 1136 durch Mönche von Cherlieu – einer inzwischen aufgehobenen Abtei in der Nähe von Vesoul –, ist Acey die einzige der 13 Abteien der Franche-Comté, die noch von Mönchen bewohnt wird (La-Grâce-Dieu in der Nähe ist Sitz einer Frauengemeinschaft, s. S. 92). Die Geschichte des Klosters Acey gleicht in vielem der Geschichte der meisten Zisterzienserabteien in Frankreich: Nach einem ungestümen Wachstum wurde im 12. und 13. Jh. die Zeit der Blüte erreicht, es folgte ein langsamer Niedergang. Brände und Zerstörungen richteten großen Schaden an (1683 fiel ein großer Teil des mittelalterlichen Baus zusammen), das Kloster wurde in das Kommendenwesen einbezogen, während der Französischen Revolution erfolgte die Aufhebung, und erst mit der späteren Wiederbelebung begann schließlich ein neuerlicher langsamer Aufschwung. Nach einigen nicht sehr fruchtbaren Versuchen, Verbindungen mit den Kommunitäten der Abteien von Solesmes, Les-Neiges und Dombes herzustellen, ging das Kloster auf Trappisten von Aiguebelle (s. S. 88) über, die es mit neuem Leben erfüllten und zu einem geistlichen Zentrum für die ganze Region des Jura machten. Die Klosterkirche faßt gar nicht mehr alle Gläubigen, die, vor allem an Sonntagen im Sommer, hierherkommen, um am Chorgebet der Mönche teilzunehmen. Die einfache und strenge Kirche bietet dem aufmerksamen Besucher einige überraschende Anblicke: Schon auf dem kleinen Platz vor der Kirche steht man erstaunt vor einem kleinen Portal aus Holz auf der linken Seite einer Fassade, die sonst keinen Eingang hat. Das Erstaunen wird noch größer, wenn man eintritt und sich in einem gotischen Raum befindet, der keine genauere Bestimmung zu erlauben scheint. Wo befindet sich denn der Altar? Während man die mächtigen Säulen bewundert, sieht man am Ende des Seitenschiffs ein weiteres Portal, durch das man einen zweiten goti-

Blick von oben auf die Kirche von Notre-Dame-d'Acey, einem schönen Kloster in der Nähe von Besançon.

schen, aber helleren Raum betritt, die eigentliche Kirche. Man fragt sich, warum eine gotische Kirche durch eine graue, anscheinend überflüssige Wand in zwei Teile geteilt wird. Das „Geheimnis“ wird schnell enthüllt: Der Brand von 1683 hatte die Fassade und einen großen Teil des Daches einstürzen lassen, woraufhin die Mönche kurz vor dem Querschiff eine Wand einziehen ließen, die den liturgischen Raum in zwei Hälften teilt. Leider wurde das alte Schiff von Pflanzen überwuchert (wie es auf Fotos aus den 1960er Jahren noch zu sehen ist). Erst 1971, als die Anlage zu einem Denkmal von nationaler Bedeutung aufstieg, begann man mit der Ausbesserung des Daches und der eingestürzten Fassade und legte die Bögen der Seitenschiffe, die in die Klostergebäude einbezogen worden waren, wieder frei. Das Ergebnis ist die heutige zweigeteilte Kirche mit den unterschiedlichen Lichtverhältnissen und ihrer ganz eigenen Atmosphäre; man weiß nicht recht, ob man den gegenwärtigen Zustand aufrechterhalten soll oder ob nach Wiederherstellung der beschädigten Teile die Trennwand im Innern beseitigt werden soll. Die Kirche hat eine faszinierende Atmosphäre, vor allem wenn sie von den mächtigen Tönen der Orgel und den ergreifenden Gesängen der Mönche erfüllt wird.
Die nüchternen Konventgebäude bilden ein homogenes Ganzes, das kaum beeinträchtigt wird von den modernen Bauten der Galvanisieranstalt, mit der die dynamische Kommunität heute den größten Teil ihrer Einkünfte erwirtschaftet.

Der eindrucksvolle gotische Innenraum der Abteikirche von Acey. Das Mittelschiff ist in zwei Teile geteilt.

Kunst / Sehenswürdigkeiten: Die Kirche gehört zu den schönsten gotischen Kirchen der ganzen Region, gerade im Kontrast zur Gesamtanlage, die recht nüchtern wirkt. Die Apsis wird abgeschlossen durch einen Kranz von vier Kapellen. Die Fenster mit der für die Zisterzienser typischen Grisaille (aus graugetöntem Glas) sind das Ergebnis eines unter mehreren Ateliers ausgeschriebenen Wettbewerbs.

Besichtigung: Wenn man sich nicht für die Galvanisieranstalt interessiert, ist die Besichtigungsmöglichkeit auf die Kirche beschränkt.

Gebetszeiten: 4.15 Uhr Matutin; 7.00 Uhr Laudes und Messe (Sonntagsmesse: 11.00 Uhr); 9.00 Uhr Terz; 12.15 Uhr Sext; 14.15 Uhr (So-/F. 13.10 Uhr) Non; 18.45 Uhr (So-/F. 17.00 Uhr) Vesper; 20.15 Uhr (So-/F. 19.45 Uhr) Komplet.

Klosterladen: Innerhalb des Klosters gibt es einen kleinen Laden, in dem Besucher Bücher, Kassetten und Lavendelerzeugnisse kaufen können.

Angebote für Gäste: Es werden Besinnungstage für Männer und Frauen abgehalten. Das Gästehaus liegt direkt neben der Kirche. Jugendgruppen, die sich selbst versorgen, wenden sich an die Grange des Jeunes, ein Gebäude außerhalb des umzäunten Klosterareals; dort ist Platz für 60 Personen in Schlafsälen mit acht und 15 Betten.

Aiguebelle – Abbaye de Notre-Dame

Trappisten

Autobahn Lyon – Avignon, Ausfahrt Montélimar-Süd, dann die D 113 nach Roussas und die D 203 nach Montjoyer, von dort Stichstraße zur Abtei.

Gründung: *1137*
Anschrift: *26230 Grignan (Drôme)*
Telefon: *75 98 52 33*

Blick auf die Klostergebäude von Aiguebelle, einer alten Zisterzienserabtei mit wertvollen Kunstwerken.

Im Grünen gelegen, in einer wunderschönen Landschaft mit Hügeln und Wäldern, ist die Abtei Aiguebelle ein nur wenig bekanntes Juwel, das seinen mittelalterlichen Reiz über die Jahrhunderte hin bewahrt hat, trotz der Widrigkeiten, die fast alle Klöster Frankreichs zu erleiden hatten. Es sei aber gleich erwähnt, daß – mit Ausnahme der Kirche während der Gebetszeiten – Aiguebelle mit dem Kreuzgang und den originalgetreu wiederaufgebauten Klostergebäuden leider nur für die Mönche zugänglich ist sowie für Personen, die dort an Einkehrtagen teilnehmen.
Wer zufällig hinkommt oder nur einen Tagesausflug macht, kann sich jedoch zumindest an der Landschaft erfreuen und am Chorgebet teilnehmen. Das ist, als Kontrast zur Hektik unseres Alltags, sehr schätzenswert, wenn auch beim Gedanken an die im Kloster eifersüchtig gehüteten Schätze ein Bedauern bleibt; ein Teil dieser Schätze ist übrigens in einer Audiovisions-Vorführung in einem eigens eingerichteten Raum des Klosters zu sehen.
Aiguebelle wurde 1137 von Mönchen aus Morimond gegründet, das Kloster stand 300 Jahre lang in Blüte, bis es im 16. Jh. zu einer Kommende wurde. Das Kommendenwesen führte zum Niedergang, so daß das Kloster 1791 nur noch drei Mönche zählte. Die Aufhebung war somit unvermeidlich, während größere Zerstörungen abgewendet werden konnten.
1815 kehrten wieder Mönche zurück, jetzt Trappisten, das Kloster erlebte noch einmal eine Blüte und wurde seinerseits „Mutterkloster" von Neugründungen sowohl in Frankreich (Notre-Dame-des-Neiges, Notre-Dame-des-Dombes, Acey) wie auch in Afrika.
Heute ist Aiguebelle eines der bedeutendsten Trappistenklöster in Frankreich. Trotz der Nähe der vielbefahrenen Autobahn „du Soleil" hat sich Aiguebelle ein Klima der Stille und der Andacht bewahrt, wahrscheinlich weil man sich entschlossen hat, dem Massentourismus nicht zuviel Raum zu geben.

Kunst / Sehenswürdigkeiten: Die Kirche, von der nur ein Teil besichtigt werden kann, ist ein schönes Beispiel für den Übergangsstil von der Romanik zur Gotik; der Kreuzgang ist zum Teil erneuert, nur der Nordflügel ist in der ursprünglichen Form des 12. Jh. erhalten.
Prachtvoll ist das Refektorium (es gehört zu den schönsten, die überhaupt erhalten sind), sehenswert sind der Kapitelsaal und das Skriptorium, beides bemerkenswerte Beispiele der mittelalterlichen Klosterbaukunst, die aber normalerweise nicht zugänglich sind.

Besichtigung: Besichtigt werden kann nur die Kirche während der Gebetszeiten; eine Audiovisions-Vorführung zeigt das wertvolle künstlerische Erbe der Abtei.

Gebetszeiten: Die Gebetszeiten wechseln mit der Jahreszeit. Abgesehen von den nächtlichen Gebetszeiten beginnt das Chorgebet im Sommer um 7.00 Uhr mit Laudes und Messe (an Festtagen 7.30 Uhr Laudes; 10.45 Uhr Messe); 9.45 Uhr (Sonn- und Feiertage 9.00 Uhr) Terz; 12.15 Uhr Sext; 14.15 Uhr Non; 18.00 Uhr (So-/F. 17.45

Uhr) Vesper; 20.00 Uhr Komplet.

Klosterladen: Es gibt im Kloster eine religiöse Buchhandlung, bekannt ist es jedoch für seine Honig- und Lavendelprodukte und vor allem für den Likör von Aiguebelle; sehr geschmackvoll sind auch die Fruchtsäfte.

Angebote für Gäste: Einkehrtage, nur für Männer. Einzelheiten sind mit dem für Gäste zuständigen Pater zu vereinbaren. Es gibt nur wenig Plätze.

Bec-Hellouin – Abbaye de Notre-Dame

Olivetaner

Von der N 13 Evreux – Lisieux Abzweigung nach Brionne – Rouen, auf der N 138 – E 402; von hier Abzweigung nach links zur Abtei.

***Gründung:** 1034*
***Anschrift:** 27800 Le-Bec-Hellouin (Normandie)*
***Telefon:** 32 44 86 09*

Die Abtei von Bec, im Mittelalter ein bedeutendes und weitum bekanntes kulturelles Zentrum, liegt in einem kleinen, von Flüssen durchzogenen grünen Tal im Herzen der Normandie.
Aus dem Grün der Wiesen ragt der mächtige Turm von St-Nicolas empor, der zu den wenigen Überresten der mittelalterlichen Abtei gehört, die für das kulturelle und geistliche Leben so große Bedeutung hatte. Gegründet wurde das Kloster von einem Ritter Herlouin (oder Hellouin) in der Zeit der monastischen Erneuerung, die im 11. Jh. ganz Europa erfaßt hatte; Berühmtheit erlangte es vor allem durch zwei seiner Äbte: Lanfrank von Pavia, der später Erzbischof von Canterbury wurde, und Anselm von Aosta bzw. Canterbury, der zu den größten Denkern aller Zeiten zählt. Das Kloster hatte immer enge Verbindungen zu England, wovon die zahlreichen mit Le-Bec verbundenen Gründungen jenseits des Ärmelkanals Zeugnis ablegen.
Der Hundertjährige Krieg leitet den Niedergang der Abbaye de Notre-Dame ein, erst im 17. Jh., als die Abtei sich der Reform von St-Maur anschließt, findet sie wieder zu einem kraftvollen geistlichen Leben zurück. In

Die Bibliothek von Bec-Hellouin in der Normandie, seit dem Mittelalter ein bedeutendes kulturelles Zentrum. Lanfrank von Pavia und Anselm von Canterbury waren hier Äbte.

Die Gebäude der Abtei Bec-Hellouin aus dem 17. Jh. sind ein bemerkenswertes Beispiel für die von der Reform von St-Maur beeinflußte klösterliche Kunst.

dieser Zeit erfolgt auch ein kompletter Umbau der gesamten Anlage durch den Mönch und Architekten Guillaume de la Tremblaie.
1792 zwingt die Französische Revolution die Mönche zur Flucht, die Klostergebäude werden in eine Kavalleriekaserne umgewandelt.
Erst 1948 wird die Abtei wieder dem Gottesdienst geweiht: Unter der Leitung des Abtes Grammont nehmen Olivetaner aus Cormeilles-en-Parisis und Mesnil-St-Loup vom Kloster Besitz.
Die Mönche mit den weißen Kutten vom Monte Oliveto beten jetzt im alten Refektorium aus dem 17. Jh., das zu einem Oratorium umgebaut wurde, in dem auch die Gebeine des Gründers der Abtei, des Ritters Herlouin, aufbewahrt werden.
Ganz in der Nähe, im Kloster der hl. Francesca Romana, befindet sich eine Niederlassung der Olivetanerinnen, des weiblichen Zweigs des Ordens (Tel. 32 44 81 18).

Besichtigung: Besichtigung des Klosters (mit Führung) täglich außer dienstags.
Führungen: Juni – September an Wochentagen: 10.00 und 11.00, nachmittags um 15.00, 16.00 und 17.00 Uhr; an Sonn- und Feiertagen um 12.00, nachmittags um 15.00, 15.30, 16.00 und 18.00 Uhr.
Oktober – März an Wochentagen: 11.00, 15.15 und 16.30 Uhr; an Sonn- und Feiertagen: 12.00, 15.00 und 16.00 Uhr.
Gruppen sollten sich voranmelden.
Die Besichtigung umfaßt den Turm von St-Nicolas (15. Jh.), Reste des Kapitelsaals, die Klosterkirche, den Kreuzgang aus dem 17. Jh. zusammen mit den Bauten des 18. Jh.
Freiwillige Spenden sind erbeten.

Gebetszeiten: 7.00 Uhr Laudes; 12.00 Uhr (Sonn- und Feiertage 10.30 Uhr) Messe; 18.00 Uhr (sonn- und feiertags 17.00, samstags 17.30 Uhr) Vesper; 20.30 Uhr Komplet.
An Festtagen nimmt auch die Kommunität des Frauenklosters am Gottesdienst teil.

Klosterladen: In einem Nebenraum werden von den Mönchen hergestellte Keramiken und von den Nonnen kolorierte Kerzen verkauft.

Angebote für Gäste: In einem Gebäude innerhalb des Klosters finden Gäste Aufnahme, die am Leben der Kommunität teilnehmen wollen. In einem außerhalb liegenden Gebäude werden Jugendgruppen aufgenommen.
Le-Bec ist ein Ort der Begegnung zwischen den Religionen, man trifft unter den Gästen also auch auf Angehörige anderer Bekenntnisse. Erforderlich ist schriftliche Anmeldung, mindestens einen Monat im voraus.
Auf Ansuchen kann auch die Klosterbibliothek benutzt werden.
Auch das Frauenkloster zur hl. Francesca Romana hat ein Gästehaus für Einzelpersonen und Gruppen.

Bellefontaine – Abbaye de Bellefontaine

Trappisten

Die Abtei liegt 10 km nördlich von Cholet an der D 752. Von Bégrolles-en-Mauge aus Richtung Beaupréau, von dort führt eine kleine Landstraße links direkt zur Abtei.

Gründung: *11. Jh.*
Anschrift: *49122 Bégrolles-en-Mauge (Maine-et-Loire, Vendée)*
Telefon: *41 63 81 10*

Bellefontaine, gelegen im Herzen der Vendée, hat keine aufsehenerregende Geschichte. Die Ursprünge reichen in das Mittelalter zurück. Zunächst ein Benediktinerkloster, gehörte es von 1642 bis 1791 zu den Feuillanten, einer (nach Feuillant bei Toulouse benannten) Reformkongregation des Zisterzienserordens. Das Kloster wurde während der Französischen Revolution fast völlig zerstört, die heutige Gestalt geht zurück auf den allmählichen Wiederaufbau, mit dem die 1816 hierher gekommenen Trappisten begonnen haben. Die entspannte Atmosphäre, die den großen Gebäudekomplex prägt, läßt das Fehlen wirklich großer Kunstwerke vergessen. Ein kleiner Weiher vor der Kirche und von Mauern eingezäunte Weideflächen, auf denen die Mönche das Vieh versorgen, schaffen ein Bild ländlicher Heiterkeit und Ruhe.
Die von Kletterpflanzen überwucherten Konventsgebäude in gotischem Stil liegen links von der Kirche. Die blühende und rührige Kommunität (etwa 40 Mönche) hat sich schon im letzten Jahrhundert durch ihre Lebendigkeit ausgezeichnet; so waren es Mönche von Bellefontaine, die die (später von den Benediktinern übernommene) Abtei von Fontgombault (s. S. 99) wiederbelebten. Die Mönche von Bellefontaine führen ein Leben des Gebetes, sie bestellen die Felder und versorgen das Vieh, darüber hinaus betreiben sie einen Verlag, in dem vor allem Texte zur östlichen Spiritualität publiziert werden.

Kunst / Sehenswürdigkeiten: Erwähnenswert ist vor allem die Muttergottes von Bellefontaine in der Klosterkirche, eine Statue, die seit dem Mittelalter in der Region verehrt wird.

Besichtigung: Beschränkt auf Kirche und Park. Auch wenn keine großen Kunstwerke zu bestaunen sind, lohnt ein Aufenthalt wegen der Atmosphäre des Ortes insgesamt. Wie in den meisten Trappistenklöstern

Blick in den inneren Kreuzgang der Abtei Bellefontaine in der Vendée, einer Gründung aus dem Mittelalters.

wird in einem Raum neben dem Eingang eine Audiovisions-Vorführung von einer halben Stunde über das Leben der Mönche gezeigt.

Gebetszeiten: 7.00 Uhr Laudes; 12.15 Uhr Sext; 14.15 Uhr Non; 18.00 Uhr (im Sommer 18.30 Uhr) Vesper; 19.45 Uhr (im Sommer 20.15 Uhr) Komplet. Konventmesse an Werktagen um 7.25, sonntags um 10.30 Uhr.

Klosterladen: Früchte der Jahreszeit, Gemüse, Käse, Fruchtsäfte, Marmeladen. Gebäck aus den nahegelegenen Klöstern des weiblichen Zweigs des Ordens. Buchhandlung mit allgemeinem Sortiment, Texten der Kirchenväter und Titeln zur östlichen Spiritualität, die auch nach Katalog bestellt werden können (La Librairie de Bellefontaine, Abbaye de Bellefontaine, 49122 Bégrolles-en-Mauge).

Angebote für Gäste: In einem Gebäude neben dem Pförtnerhaus ist ein Gästehaus eingerichtet, das für Männer und gemischtgeschlechtliche Gruppen Wochen der Besinnung anbietet. Freiwillige Spenden erbeten.

Besonderes: Der Name Bellefontaine leitet sich her von einer klaren Quelle, die in einem kleinen Tal in der Nähe der Abtei entspringt. Heute steht dort die Kapelle der Muttergottes vom Guten Rat, die von der Bevölkerung hoch verehrt wurde und für die Aufständischen in der Vendée während der Revolution eine große Rolle spielte, so daß die Republikaner sie zerstörten. Sie wurde zusammen mit dem Kloster 1816 neu errichtet.

Chaux-les-Passavants – Abbaye de Notre-Dame de-la-Grâce-Dieu

Trappistinnen

Von Besançon zunächst auf der N 57 Richtung Pontarlier. Nach 5 km Abzweigung nach Nancray (D 464) und Bouclans. Nach weiteren 30 km führt eine Seitenstraße nach rechts in das Tal mit der Abtei.
Von der Autobahn A 36 (Beaune – Mulhouse Ausfahrt Baume-les-Dames und dann auf der D 492 nach Pont-les-Moulins, St-Jean, Aissey.

***Gründung:** 1139*
***Anschrift:** 25530 Chaux-les-Passavants (Doubs)*
***Telefon:** 81 60 44 45*

Es mag unwahrscheinlich klingen, aber wenn man einen Druck aus dem 19. Jh. mit einem aktuellen Bild der Abtei La-Grâce-Dieu vergleicht, nimmt man keinerlei Änderungen wahr: Die einfachen und bescheidenen Gebäude liegen in der gleichen Anordnung im ruhigen und einsamen, von

Der stille Garten des Kreuzgangs der 1139 gegründeten Zisterzienserabtei La-Grâce-Dieu.

In La-Grâce-Dieu scheint die Zeit stillzustehen. Vergleicht man diese Aufnahme mit einem Druck aus dem 18. Jh., so kann man so gut wie keine Änderungen feststellen.

der Audeux durchfurchten Tal. Geschützt von den steilen bewaldeten Geländestufen, die es umgeben, bewahrt La-Grâce-Dieu heute noch den Reiz der Stille, der die Mönche Mitte des 12. Jh. bewogen hat, sich hier anzusiedeln. (Die Ursprünge liegen alledings etwas im dunkeln.) Trotz seiner abgeschiedenen Lage wurde La-Grâce-Dieu mehrmals gebrandschatzt und verwüstet, bis es während der Revolution aufgehoben wurde. Kurze Zeit dienten die Gebäude als Ziegelbrennerei, bevor sie den Zisterziensern – und zwar den Trappisten – zurückgegeben wurden, die von 1845 bis 1909 das Kloster innehatten.
Nachdem die männliche Kommunität die Abtei zugunsten von Tamié (s. S. 129) aufgegeben hatte, wurde sie 1927 den Bernhardinerinnen von Besançon übergeben, die direkte Erben der berühmten Abtei von Port-Royal sind und damals eine abgeschiedenere Bleibe suchten. Heute ist die Abtei, deren Gebäude restauriert wurden, ein Ort der Sammlung und Besinnung in unberührter Natur.

Kunst / Sehenswürdigkeiten: In der einfachen Kirche, im letzten Jahrhundert neu erbaut, sind einige Teile des alten mittelalterlichen Baus erhalten, im besonderen zwei gotische Fenster.

Besichtigung: Wie bei Trappistenklöstern üblich, kann nur die Kirche, nicht aber das Kloster selbst besichtigt werden. In einem schönen Raum aus dem 17. Jh. ist ein kleiner Laden eingerichtet.
Auf Wunsch wird eine Audiovisions-Vorführung zu Leben und Geschichte des Klosters gezeigt.

Klosterladen: Bekannt ist das Kloster für die Herstellung von Kinderbekleidung, die im Klosterladen zu kaufen ist; weiter werden Honig, Landwirtschaftsprodukte sowie Bücher und Andenken verkauft.

Angebote für Gäste: Das Gästehaus wurde vor kurzem ausgebaut, Aufnahme finden kleine Gruppen, einzelne Frauen und auch Paare zu Besinnungstagen; zu beachten ist, daß in La-Grâce-Dieu Schweigen gehalten wird. Teilnahme am Chorgebet ist möglich. Erforderlich ist schriftliche Anmeldung.

Die Arbeit im Klosterleben

Ein großer Teil des täglichen klösterlichen Lebens ist der Arbeit gewidmet. Im benediktinischen Mönchtum ist die Handarbeit ebenso wichtig wie das Gebet und das Studium.
Welchen Beschäftigungen die Mönche und Nonnen nachgehen, ist in den Klöstern Europas recht unterschiedlich. Die Betätigungen reichen von der Feldarbeit über die Restaurierung von Büchern bis zum Brauen von Bier und der Herstellung von Schnäpsen, Likören und Parfüms; auf dem Foto ein Lavendelfeld der Zisterzienserabtei von Sénanque in der Provence.

Cîteaux – Abbaye de Notre-Dame

Trappisten

Von Dijon aus auf der D 996 22 km nach Süden; von Nuits-St-Georges (an der Autobahn A 37 Beaune – Dijon) aus 12 km nach Osten; von Seurre (an der Autobahn A 36 Beaune – Besançon) aus 20 km nach Norden.

Gründung: *1098*
Anschrift: *21700 Saint-Nicolas-les-Cîteaux, Dijon (Côte-d'Or)*
Telefon: *80 61 11 53*

Wenn man bedenkt, daß es sich um einen der bedeutendsten Orte des abendländischen Mönchtums handelt, ist die heutige Begegnung mit der Abtei von Cîteaux (auf lateinisch *Cistercium*, wovon sich der Name Zisterzienser herleitet) ohne Zweifel enttäuschend. Liest man im *Exordium Cisterciensis Cenobii (Exordium Parvum)* die Erzählung der Gründung durch Robert von Molesme und wenige Gefährten, ist man auf einen rauhen, unzugänglichen und von der Welt abgeschiedenen Ort eingestellt, an dem das Leben äußerst hart sein müßte. Statt dessen trifft man auf fruchtbares Land, mit Kühen und Pferden auf der Weide, und auf einen Gebäudekomplex, der – mit oberflächlichem Blick betrachtet – kaum als ein Kloster zu erkennen ist. Während die Tatsache, daß man sich in einem fruchtbaren Landstrich wiederfindet, auf die jahrhundertelange Kultivierungsarbeit der zisterziensischen Mönche zurückzuführen ist (auf die der Orden ziemlich stolz ist), ist der Grund für die Kälte der Gebäude im systematischen Zerstörungswerk der Französischen Revolution zu suchen, die nur zwei unbedeutendere Gebäude verschont ließ. Diese Gebäude, die jetzt im Süden der Abtei mitten auf einer großen Wiese liegen, sind die Reste der alten Bibliothek mit einem Flügel des *Kreuzgangs der Schreibschule* und dem sog. *Definitorium*. Als das Kloster zerstört wurde, plante der Abt Trouvè gerade einen völligen Neubau, womit nach einem Entwurf des Architekten Lenoir die Gebäude aus Mittelalter und Renaissance durch einen klassizistischen Bau ersetzt werden sollten. Auch wenn es nicht die Zerstörungswut der Revolutionäre gegeben hätte und die darauffolgende Umwandlung der wenigen Überreste in eine Zuckerfabrik, eine „utopische Kommune" und eine Besserungsanstalt für schwererziehbare Jugendliche unterblieben wäre, könnten wir also den historischen Ort nicht wiederfinden, an dem der hl. Bernhard und seine elf Gefährten ihre Berufung erfuhren, ihr Leben im Gehorsam gegenüber dem Abt von Cîteaux aufzuopfern.
Es ist nicht möglich, hier in wenigen Zeilen die Geschichte des Klosters wie-

Die Abtei von Cîteaux ist einer der bedeutendsten Orte des abendländischen Mönchtums. Das Gebäude ist Überrest der historischen Abtei, in die sich der hl. Bernhard mit elf Gefährten von Fontaine aus zurückzog.

Von der alten Abtei sind nur wenige Überreste erhalten (siehe vorhergehende Seite); die jetzigen Klostergebäude gehen auf einen Neubau des vorigen Jahrhunderts zurück.

derzugeben, von dem die bedeutendste Reform in der Geschichte der Benediktiner ihren Ausgang genommen hat. Es gab Zeiten, in denen Tausende von Abteien diesem Kloster zugeordnet waren: von Portugal bis Polen, von Norwegen bis Sizilien. Im 13. und 14. Jh. nahm der Abt von Cîteaux auf gleicher Ebene mit Päpsten, Königen und Kaisern an Konzilien und diplomatischen Verhandlungen teil. Seinen Höhepunkt erreichte Cîteaux im 12. und 13. Jh. mit der Gründung der vier ältesten Tochterklöster La-Ferté, Morimond, Clairvaux und Pontigny, der sog. Primarabteien, und es blieb trotz aller Zerstörungen ein Ort monastischen Eifers und geistlicher Macht.
Immer wieder standen große und mächtige Äbte an der Spitze der Kommunität, angezogen auch durch das immens reiche Erbe, das im Laufe der Zeit nicht zuletzt aufgrund der Managerqualitäten der Mönche zusammengekommen war; der große Kardinal Richelieu war sieben Jahre lang hier Abt, ohne allerdings je einen Fuß auf Abteiboden gesetzt zu haben. Wenn wir heute die schöne burgundische Landschaft mit ihren gepflegten Weingärten bewundern, so liegt das Verdienst bei den Generationen von Zisterziensern. Clos-de-Vougeot, einer der schönsten ländlichen Adelssitze in Frankreich, nicht weit entfernt vom Kloster, ist ein Zeugnis für die Begabung von Cîteaux, in rationaler Weise die umliegende Landschaft vortrefflich zu gestalten.
Robert von Molesme, sein Nachfolger Stephan Harding und vor allem der große Bernhard von Clairvaux haben festgelegt, in welcher Weise sich die Ordenshäuser der neuen Gemeinschaft abheben sollten von den Bauten, die sich am nicht weit entfernt liegenden Cluny orientierten: Die Kirchen, die immer Maria geweiht wurden, sollten einfach sein, ohne Bilder, ohne Glockentürme mit majestätischer Fernwirkung; zu Ehren der Reinheit Mariens sollte der Habit weiß sein, mit einem schwarzen Skapulier darüber (deshalb wurden die Zisterzienser auch die „weißen Mönche" genannt – im Unterschied zu den „schwarzen Mönchen" von Cluny); im Tagesablauf wurde weniger Nachdruck auf Liturgie und Studium, dafür mehr auf die Handarbeit gelegt. In Cîteaux herrschte so eine Nüchternheit des Lebens und der Sitten, die dem Geist glich, der in den ersten Benediktinerklöstern geherrscht hatte. Die wenigen Mönche, denen man heute in Cîteaux begegnet, tragen werktags eine kastanienbraune Kutte; das weiße Gewand ist dem Gottesdienst vorbehalten, der in der kleinen und nüchternen Kirche gehalten wird, die im vorigen Jahrhundert von Pater Rey erbaut wurde, der dort eine Besserungsanstalt für schwererziehbare

Jugendliche eingerichtet hatte. Nach der Vertreibung während der Revolution hatten die Mönche von Cîteaux zunächst im Kloster von Val-Sainte in der Schweiz Zuflucht gefunden und waren dann, nach verschiedenen Wechselfällen, in Rußland gelandet. 1898 kehrte eine kleine Kommunität, die sich in der Zwischenzeit der Reform des Abtes de Rancé von La Trappe (s. S. 121) angeschlossen hatte, nach Cîteaux zurück. Die Kommunität besteht heute aus etwa 50 Mönchen, sie ist immer noch das Zentrum der zisterziensischen Ordensfamilie, wenn auch der Sitz des Generalabtes in Rom ist. In direkter Abhängigkeit von Cîteaux stehen die Abteien von Melleray, Port-Salut, Sept-Fons (s. unten), Igny (s. S. 103) und Grand-Trappe.

Kunst / Sehenswürdigkeiten: Von der alten Abtei gibt es nur wenige Überreste. Hinter den heutigen Klostergebäuden liegen in offener Landschaft die verlassenen Bauten der Bibliothek (15. Jh.) und des Definitoriums (17. Jh.), die aber nicht zu besichtigen sind. Wo sich der Altar der großen Abteikirche erhob, steht heute ein Kreuz.

Besichtigung: Zugang wird nur zur Kirche und den Verkaufsräumen gewährt. Eine Audiovisions-Vorführung von 30 Minuten informiert über das Leben und die Geschichte von Cîteaux.

Gebetszeiten: Je nach Jahreszeit unterschiedliche Gebetszeiten. Als Orientierung hier die Zeiten im Sommer: 4.00 Uhr Matutin; 7.00 Uhr (Sonn- und Feiertage 10.30 Uhr) Laudes und Messe; 12.45 Uhr Sext; 14.30 Uhr Non; 18.00 Uhr Vesper; 20.00 Uhr Komplet.

Klosterladen: In einem kleinen Laden, der nach Jahreszeiten unterschiedlich geöffnet hat (im Sommer ganztags, ausgenommen die Gebetszeiten; im Winter nur nachmittags), kann man den hervorragenden Klosterkäse – weich, mit einer feinen rosa Kruste und anregendem Duft – kaufen, der auch in den Restaurants der Gegend angeboten wird.

Angebote für Gäste: Besinnungstage und Leben mit der Kommunität, längstens eine Woche. Aufgenommen werden Männer und Frauen ab 17 Jahren. Für Gruppen, die sich selbst versorgen, steht ein eigenes Haus zur Verfügung. Die Teilnahme am Chorgebet ist verpflichtend. Schriftliche Voranmeldung bei dem für die Gäste zuständigen Pater ist erforderlich.

Dompierre-sur-Besbre – Abbaye de Sept-Fons

Trappisten

Von Paray-le-Monial auf der D 79 bis Diou, von dort sind es noch 5 km zur Abtei; von Moulins aus auf der D 79 bis Dompierre-sur-Besbre.

Gründung: *1132*
Anschrift: *Abbaye de Sept-Fons, 03290 Dompierre-sur-Besbre (Allier)*
Telefon: *70 48 14 90*

In der von Mönchen aus Fontenay im Jahre 1132 gegründeten Abtei führte Eustache de Beaufort 1663 eine grundlegende Reform durch. Die neue Regel nahm mit ihrer strengen Disziplin die Reformbewegung von La Trappe voraus und führte Sept-Fons zu einer geistlichen Blüte; der Ruhm der Abtei verbreitete sich daraufhin in ganz Frankreich. Der bekannte heilige Pilger Benoît-Joseph Labre kam Ende des 18. Jh. zu Fuß aus der Normandie hierher und hoffte, hier den inneren Frieden zu finden, den er andernorts vergeblich gesucht hatte. Er blieb – unter dem Namen Frater Urban – allerdings nur wenige Monate: von November 1769 bis Juli 1770.
Aufgerieben von der Französischen Revolution (viele Mönche starben, weil sie sich weigerten, dem Glauben und dem Mönchskleid abzuschwören), konnte die Kommunität das klösterliche Leben erst 1845 wieder aufnehmen und gewann dann unter dem Abt Dom Chautard neue Kraft und Ausstrahlung. Von Sept-Fons aus wurden dann auch zahlreiche Zisterzienserklöster für den Reformzweig der Trappisten gewonnen, und es war Dom Chautard, dem es gelang, die nochmalige Aufhebung des Klosters, die dann wohl endgültig gewesen wäre, zu verhindern.
Trotz seiner bescheidenen Architektur – ockergelbe Gebäude, von einer niedrigen Mauer umgeben – ist Sept-Fons das Ziel zahlreicher Pilger und Touristen, die nicht

nur von der mystischen Stimmung des Ortes angezogen werden, sondern auch vom guten Ruf des von den Mönchen in einer alten Mühle beim Kloster hergestellten Diätetikums aus Germalyne.

Besichtigung: Keine Besichtigung des Klosters; in einem Saal ist die in Trappistenklöstern übliche Audiovisions-Vorführung zu sehen.

Gebetszeiten: 6.45 Uhr (Sonn- und Feiertage 10.30 Uhr) Messe.

Klosterladen: Das Diätetikum aus Germalyne-Pulver ist eine Spezialität des Klosters, die auch über Versand bezogen werden kann. Sehr gut sind auch die Marmeladen.

Angebote für Gäste: 27 Einbettzimmer für Männer und Frauen; zehn Doppelzimmer für Paare und kleine Gruppen, zu Besinnungstagen.

Fontgombault – Abbaye de Fontgombault

Benediktiner der Kongregation von Solesmes

8 km nördlich von Le Blanc an der D 950, einer Seitenstraße der D 151 Poitiers – Châteauroux.

***Gründung:** 1091*
***Anschrift:** 6220 Fontgombault*
***Telefon:** 54 37 12 03*

In eindrucksvoller Lage am Ufer der Creuse, beherrscht die Fassade der Kirche die große Klosteranlage von Fontgombault. Eingeschlossen vom Fluß auf der einen und von einer großen Mauer auf der anderen Seite, ist das Kloster ein Ort der Ruhe, der allerdings nur noch wenig von der Rauheit erkennen läßt, die ihn zum Ziel von Einsiedlern werden ließ, die sich in den zahlreichen Höhlen entlang des Flusses niederließen. Das monastische Leben in der Form einer Gemeinschaft von Einsiedlern hatte sich am gegenüberliegenden Ufer entfaltet, bis der verehrte Einsiedler Pierre de l'Etoile 1091 am jetzigen Ort das erste Kloster errichtete; Pierre stand übrigens in enger Verbindung mit dem Gründer von Fontevrauld, Robert d'Arbrissel. Das Kloster, aufgrund von Schenkungen immer größer und

Das Refektorium von Fontgombault, eine der bedeutendsten Benediktiner-Abteien in Frankreich, zeugt von monastischer Nüchternheit.

bedeutender geworden, hatte unter vielen Wechselfällen zu leiden: Der Hundertjährige Krieg, die Religionskriege, das Kommendenwesen fügten der Kommunität schwere Schäden zu, bis schließlich das benediktinische Leben dort zur Gänze aufgegeben wurde. Es ist das Verdienst von Dom Andrieu,

Der romanische Chor der Abteikirche von Fontgombault ist einer der schönsten Chöre in Frankreich.

einem engagierten Prior, der sich dem unsinnigen Vorgehen der räuberischen Kommendatar-Äbte entgegenstellte, die oft den vornehmsten Familien des Königreiches angehörten, daß Fontgombault dem Schicksal entging, das zahlreiche alte Klöster im 17. Jh. in Frankreich und in ganz Europa zum Niedergang verurteilte. Dennoch wohnten 1741 nur noch fünf Mönche im Kloster, es wurde in ein Kolleg der Lazaristen und dann der Sulpizianer umgewandelt und schließlich 1791 aufgelassen; die Gebäude dienten als Steinbruch für den Wiederaufbau der Häuser und Höfe in der Umgebung. Glücklicherweise hat dieses Zerstörungswerk die wundervolle Kirche verschont, die fast vollständig erhalten blieb. Das klösterliche Leben wurde erst 1849 wiederaufgenommen, als eine kleine Gruppe von Trappisten aus Bellefontaine (s. o. S. 91) hierher kam, denen nach wenigen Jahren Mitbrüder von Melleray folgten, die den Wiederaufbau der Abtei in Angriff nahmen. Aber erst mit der Rückkehr der Benediktiner – Mönche aus der Abtei Solesmes – im Jahre 1948 begann jenes zweite „goldene Zeitalter" von Fontgombault, das bis heute andauert. Dank der Bemühungen des Abtes Roux erhielt das Kloster 1953 wieder den Titel einer Abtei (bis dahin war es nur ein Priorat), es gewann an Bedeutung, und auch die Zahl der Mönche wuchs. Die Kommunität führt im Geist von Solesmes ein Leben des Gebetes, in dem die Pflege der Liturgie einen besonderen Rang einnimmt.

Kunst / Sehenswürdigkeiten: Die Klosterkirche Notre-Dame ist ein herausragendes Beispiel der romanischen Architektur. Vor allem der Chor, einer der schönsten in ganz Frankreich, ist fast unverändert erhalten geblieben. Sehr schön sind die Kapitelle der Säulen im Chorumgang (während des Chorgebets nicht zugänglich).

Besichtigung: Zu besichtigen sind die Kirche und das Oratorium des hl. Benedikt auf der gegenüberliegenden Seite des kleinen Platzes. Die Klostergebäude, im vorigen Jahrhundert in einem nüchternen Stil wiederaufgebaut, gehören zur Klausur.

Gebetszeiten: Chorgebet als gregorianischer Choral. 7.00 Uhr Laudes; 8.30 Uhr Terz; 11.30 Uhr Messe; 13.00 Uhr Non; 18.00 Uhr (sonn- und feiertags 17.00 Uhr) Vesper; 20.00 Uhr Komplet; 21.00 Uhr Vigil.

Klosterladen: In einem Gebäude links vom Eingang zur Kirche sind von den Mönchen hergestellte Töpferwaren ausgestellt. Im Klosterladen neben der Pforte werden Bücher und CDs verkauft, ferner Produkte aus der Landwirtschaft: Gemüse der Jahreszeit, Butter und Käse.

Angebote für Gäste: Das Gästehaus ist in einem eigenen, gegenüber der Fassade der Kirche im Wald liegenden Gebäude untergebracht. Aufenthalt nur zu Besinnungstagen nach vorheriger schriftlicher Anmeldung. Die Teilnahme am Klosterleben wird erwartet.

Besonderes: Die Kirche beherbergt die *Muttergottes vom Guten Tod*, eine Statue aus dem 12. Jh., an die sich die Gläubigen mit der Bitte um eine gute Sterbestunde wenden.

Ganagobie – Abbaye de Notre-Dame

Benediktiner der Kongregation von Solesmes

Von der N 96 Sisteron – Manosque 6 km auf einer Seitenstraße; von der Autobahn A 51 Ausfahrt Peyruis-La Brillane.

Gründung: *950*
Anschrift: *04310 Ganagobie (Provence)*
Telefon: *92 68 00 04*

Ganagobie, in wundervoller Lage hoch über dem Tal der Durance gelegen, war bis 1992 ein kleines, stilles Priorat. 950 gegründet, von den Sarazenen zerstört, wiederaufgebaut und einbezogen in die cluniazensische Klosterfamilie, hat es Zeiten des Glanzes und des Niedergangs durchlebt. 1391 verbargen die Mönche von Lérins (s. S. 105) hier die Gebeine ihres Gründers Honoratus, des Bischofs von Arles, um sie vor den Überfällen der Piraten zu schützen. Es war dies eine Blütezeit, der bald durch den Hundertjährigen Krieg, das Kirchenschisma und die Religionskriege Niedergang und Auflösung folgten. 1638 wurde das Kloster nach einem Jahrhundert Leerstand mit neuem Leben erfüllt, das 1788 mit einer weiteren

Ganagobie, ein kleines Priorat über dem Tal der Durance, beherbergt seit einigen Jahren die Kommunität von Hautcombe.

Aufhebung endete. Sporadische Versuche (zwischen 1883 und 1946), die Kommunität wiederherzustellen, vermochten dem kleinen Priorat nicht die unbefangene Ruhe zurückzugeben, die es früher auszeichnete.
1992 sind dann die Mönche von Hautecombe, der großen Abtei am Ufer des Sees von Bourget in Savoyen, auf der Suche nach einem abgeschiedeneren und ihrer Berufung gemäßeren Ort nach Ganagobie gezogen.
Es war dies der Beginn einer neuen Phase, die dem alten Priorat innerhalb der monastischen Welt Frankreichs neues Ansehen gebracht hat. Denn Hautecombe hat in der Geschichte des Mönchtums in der Tat einen großen Namen: Die Abtei, Pantheon des Hauses Savoyen und heute Niederlassung einer nichtmonastischen Kommunität, wurde als erste durch Dom Prosper Guéranger von Solesmes aus reformiert. Wie alle Klöster der Kongregation von Solesmes widmen auch die Mönche von Ganagobie ihr Leben der Pflege der Liturgie, dem gregorianischen Gesang und dem Studium der alten Texte. Begünstigt durch die geographische Lage, hat das Kloster auch einen blühenden landwirtschaftlichen Betrieb errichtet.
Originell und bemerkenswert ist die Einrichtung von Studien- und Besinnungswochen für Manager und Unternehmer.

Kunst / Sehenswürdigkeiten: Die kleine romanische Kirche von Ganagobie ist eines der sehenswertesten Beispiele der Architektur des 12. Jh. in der Provence. Vor kurzem sorgfältig restauriert, präsentiert sie sich in außergewöhnlicher stilistischer Geschlossenheit. In der Apsis ist ein einzigartiger Mosaikfußboden mit phantasiereichen Mustern orientalischen Stils erhalten.
Sehenswert ist auch das Portal. Aus einem Fenster des linken Seitenschiffes sieht man in den kleinen Kreuzgang, der leider nicht zu besichtigen ist.

Besichtigung: Zu besichtigen ist nur die Kirche (im Winter zwischen 15.00 und 17.00 Uhr, im Sommer zwischen 15.00 und 17.30 Uhr).
Das Kloster liegt in einer wunderschönen Landschaft: Man geht vom Parkplatz ca. 500 Meter zu Fuß hinauf, rechts liegt das Gebäude, in dem der Laden mit den Produkten des Klosters zu finden ist, weiter oben, direkt vor den Klostergebäuden, ein einzelnes ländliches

Der kleine, stille Kreuzgang von Ganagobie in der Provence ist ein wahres Juwel der romanischen Kunst.

Gebäude aus dem für die Gegend typischen Stein in neuerer Bauart.
Zu empfehlen ist ein Spaziergang durch den Wald, der die Abtei umgibt, mit herrlichen Ausblicken auf das unten liegende Tal.

Gebetszeiten: 5.00 Uhr Matutin; 7.00 Uhr Laudes; 9.00 Uhr (Sonn- und Feiertage 9.30 Uhr) Konventmesse; 12.00 Uhr Sext; 13.30 Uhr Non; 17.00 Uhr (im Sommer 18.00 Uhr) Vesper; 20.00 Uhr Komplet. Liturgie mit gregorianischem Gesang.

Klosterladen: Hier werden ausgezeichnete Fruchtsäfte aus eigener Produktion angeboten; besonders zu erwähnen ist der Erdbeersaft. Wie in Benediktinerklöstern üblich, werden auch Bücher, CDs mit geistlicher Musik und Ikonen angeboten.

Angebote für Gäste: Für Besinnungstage, längstens für eine Woche, stehen 15 Zimmer für Männer und Frauen zur Verfügung. Schriftliche Voranmeldung beim Leiter des Gästehauses. Für Jugendgruppen gibt es ein eigenes Haus.

Igny – Abbaye de Notre-Dame

Trappistinnen

Von Reims erst die D 27, dann die D 25 ca. 30 km nach Westen; von Paris die N 380 Richtung Reims bis Villers-Argon und von dort die D 25 Richtung Vezilly-Fismes.

Gründung: *1128*
Anschrift: *51170 Arcis-le-Ponsart (Marne)*
Telefon: *26 48 08 40*

Das Kloster Igny liegt in einem großen Park mit Bäumen und einem kleinen Weiher. Auch wenn es nicht zu den der Allgemeinheit bestens bekannten Klöstern gehört, ist es als Ort der Ruhe und des Friedens größerer Beachtung wert. Igny wurde 1128 von zwölf Mönchen aus Clairvaux gegründet, die vom hl. Bernhard geschickt worden waren, und erlangte Berühmtheit durch seinen zweiten Abt Guerricus von Igny (gest. 1157), dessen sterbliche Überreste in der Klosterkirche ruhen; er ist der Verfasser von 54 Abhandlungen spirituellen Inhalts und wird in der ganzen Diözese Reims verehrt. Die ursprünglichen Gebäude wurden mehrmals umgebaut bis zum gänzlichen Neubau der Basilika im 18. Jh., die allerdings nur bis zur Revolution stand. Aufgelassen und an Privatleute verkauft, gelangte die Anlage 1875 wieder in den Besitz von Mönchen, wurde aber im Ersten Weltkrieg 1918, als dort die Front zwischen den deutschen und den französischen Trup-

Die Abteikirche von Igny wurde nach den Zerstörungen des Ersten Weltkriegs in neugotischen Formen wiedererrichtet.

pen verlief, wieder aufgelassen und fast vollständig zerstört. 1929 wurde das Kloster einer Kommunität von Nonnen übergeben, die es wiederaufbauten und auch den alten geistlichen Eifer wiedererweckten. Die Vielzahl der Berufungen machte es möglich, 1955 ein Kloster in Zaire zu errichten. Die Kommunität umfaßt heute etwa 50 Nonnen, die ein harmonisches Ensemble von Gebäuden bewohnen, von denen sich die mächtige neugotische Kirche abhebt. Im Park sind noch Reste der früheren Gebäude zu sehen.

Kunst / Sehenswürdigkeiten: Von den alten Gebäuden ist fast nichts übriggeblieben, für Kunstliebhaber wird somit kaum etwas geboten. Aus der mittelalterlichen Anlage ist einzig eine steinerne Statue der Muttergottes aus dem 13. Jh. erhalten geblieben, die in der Kirche aufgestellt ist.

Besichtigung: Zugänglich sind die Kirche und der Garten vor dem Kloster sowie die Besuchszimmer.

Gebetszeiten: Im Sommer: 4.40 Uhr Vigil; 7.15 Uhr (Sonn- und Feiertage 10.45 Uhr) Laudes und Messe; 8.45 Uhr Terz; 12.15 Uhr Sext; 14.15 Uhr Non; 17.30 Uhr Vesper; 19.50 Uhr Komplet. Demgegenüber leicht veränderter Zeitplan im Winter.

Klosterladen: In einem Laden 60 Meter vor dem Eingang zur Abtei werden die bekannten Pralinen mit Champagnerfüllung verkauft, die die Nonnen herstellen; schon das Männerkloster der Trappisten vor dem Ersten Weltkrieg hatte eine Schokoladenfabrik betrieben.

Angebote für Gäste: Im Gästehaus finden Männer und Frauen, einzeln und in kleinen Gruppen, Aufnahme, ob sie nun am Klosterleben teilnehmen oder einfach nur ein paar Tage der Ruhe und Besinnung verbringen wollen.

Besonderes: Am 19. August wird das Fest des hl. Guerricus, des zweiten Abtes von Igny, gefeiert, der ein beliebter Prediger und Wundertäter war. Seine Reliquien, die in der Kirche aufbewahrt werden, sind Ziel für zahlreiche Pilger aus der ganzen Region.

Landévennec – Abbaye de Saint-Guénolè

Benediktiner der Kongregation von Subiaco

Landévennec liegt 35 km südlich von Brest. Von Brest die N 165 bis Le Faou, dann nach rechts die Aussichtsstraße D 791 und dann nochmals rechts auf die D 60.

Gründung: *6. Jh.*
Anschrift: *29560 Landévennec (Finistère)*
Telefon: *98 27 73 34*

Vom alten Bauwerk der Gründung des hl. Guénolè sind nur wenige Reste erhalten; das heutige Kloster wurde in den 50er Jahren von Mönchen der Kongregation von Solesmes völlig neu erbaut. Die Abtei hat eine Bibliothek mit dem thematischen Schwerpunkt keltische Kultur.

Besichtigung: Die Ruinen der alten Kirche des 11. Jh. und andere Klostergebäude wurden vor kurzem durch archäologische Grabungen und Restaurierungsmaßnahmen ans Licht gebracht. Zu besichtigen ist darüber hinaus auch ein kleines Museum zur Geschichte der Abtei.
Im modernen Klostergebäude erhält der Besucher durch eine Audiovisions-Vorführung Informationen über die wichtigsten Aspekte des Lebens der Kommunität.

Gebetszeiten: 7.30 Uhr Laudes; 11.15 (Sonn- und Feiertage 10.30 Uhr) Messe; 14.00 Uhr (Sonn- und Feiertage 14.30 Uhr) Mittagsgebet; 18.15 Uhr Vesper; 20.30 Uhr (Sonn- und Feiertage 20.15 Uhr) Komplet. Gesänge auf französisch.

Klosterladen: Zu erwerben sind hier Töpferwaren, Fruchtkompotte sowie CDs mit Aufnahmen der stimmungsvollen Mönchsgesänge.

Angebote für Gäste: Im kleinen Gästehaus finden Männer und Frauen für längstens eine Woche Aufnahme. Unbedingt erforderlich ist schriftliche Voranmeldung.

Lérins – Abbaye de Saint-Honorat

Zisterzienser

Die Insel St-Honorat vor Cannes ist mit dem Motorboot von der Strandpromenade von Cannes aus in einer halben Stunde erreichbar.

Gründung: *5. Jh.*
Anschrift: *Iles du Saint-Honorat, Cannes (Côte d'Azur)*
Telefon: *93 48 68 68*

Bevor der hl. Benedikt seine Regel verfaßte, gab es in Europa schon ein Mönchtum, das von der östlichen Tradition inspiriert war.
Zu denen, die die neuen Formen des religiösen Lebens im Abendland verbreiteten, gehörte Johannes Cassianus, der die großen Klöster in Ägypten und Syrien kannte. Er ließ sich in Marseille nieder und gründete dort zwei Klöster: ein Männer- und ein Frauenkloster. Hier traf er Honoratus, einen jungen Mann aus vornehmer Familie aus Toul, der sich mit dem Eremiten Caprasius auf die Insel Lérins zurückgezogen hatte, um dort zwischen 400 und 410 eine monastische Kommunität zu gründen.
Die Begegnung mit Johannes Cassianus wurde für Caprasius zum Anlaß, eine neue Regel und eine neue Lebensordnung auszuarbeiten. Als Honoratus 428 zum Bischof von Arles berufen wurde und Lérins verließ, stand die Gemeinschaft schon so sehr in Blüte, daß sie im Verlauf weniger Jahre eine Reihe von Heiligen hervorbrachte, darunter Caesarius von Arles, Hilarius von Arles, Eucherius von Lyon und Patricius (Patrick), der zum Apostel und Patron Irlands wurde.
Alle diese großen Geister waren einmal Mönche auf Lérins, das zur Wiege einer besonderen Form des Mönchtums wurde, in der sich Gemeinschaft und Einsiedlertum verbanden. Der hl. Caesarius von Arles, der selbst zwei Klosterregeln verfaßte, führte in allen gallischen Klöstern die Gebetszeiten von Lérins ein.
Lérins stand bis in das 7. Jh., als die Kommunität die Benediktsregel annahm, in Blüte und konnte seinen Einfluß bis auf die Britischen Inseln ausdehnen.

Die Abtei St-Honorat auf der Insel Lérins an der Côte d'Azur, seit dem 5. Jh. ein Ort monastischen Lebens.

Die Lage – landschaftlich reizvoll, aber auch ein beliebtes Ziel von Piratenüberfällen – zwang die Mönche, Befestigungsanlagen zu bauen, die heute noch das Erscheinungsbild des Klosters bestimmen.
Als Lérins zusammen mit anderen Abteien in das Kommendenwesen einbezogen wurde, lagen die goldenen Jahrhunderte weit zurück, und der Niedergang war unabwendbar; kurz vor der Revolution, im Jahr 1787, bewohnten nur noch vier Mönche die Abtei. Papst Pius VI. hob deshalb das Kloster auf. 1791 zur Versteigerung angeboten, wurde die Insel 80 Jahre lang anderweitig genutzt.
Erst 1860 kehrte wieder monastisches Leben ein, zunächst kamen Brüder von San Francesco, dann Augustiner-Chorherren von San Pietro in Vincoli in Rom und schließlich Zisterzienser der Kongregation von Sénanque, die bis heute im Besitz des Klosters sind. 1872 verlegte Dom Marie Bernard Barnouin auch den Sitz der Kongregation hierher, zu der heute auch die Abtei Sénanque, das Frauenkloster von Castagniers und weitere Gründungen in Afrika und Asien gehören.
Wer heute nach St-Honorat kommt, findet hier einen Ort des Friedens. Auf den Wegen durch die mediterrane Vegetation der Insel tun sich immer wieder eindrucksvolle Blicke auf das Meer auf. Sehenswert sind auch die romanischen Kapellen (darunter die Kapelle des hl. Caprasius), die den Eremiten als Gebetsstätten dienten.
Zwischen den Lavendelfeldern und Weinstöcken sieht man Mönche, die nach alter zisterziensischer Tradition die Felder bewirtschaften.
Die neuen Gebäude der Abtei aus dem letzten Jahrhundert fügen sich perfekt in die Natur ein, und der Eingang zum Kloster, umrahmt von Palmen und Sukkulenten, bietet einen einzigartigen malerischen Anblick.
Nicht versäumen sollte man die Gelegenheit, an der Liturgie teilzunehmen, die nicht vom üblichen gregorianischen Gesang geprägt ist, sondern in einem ungewohnten, byzantinisch beeinflußten Ritus gehalten wird.

Blick auf die Befestigungsanlagen des Klosters, die zum Schutz vor den ständigen Überfällen der Sarazenen errichtet wurden.

Kunst / Sehenswürdigkeiten: Das alte Kloster mit seinen Befestigungsanlagen, völlig von Wasser umgeben, beherbergt im Inneren einige kleine, übereinanderliegende Kreuzgänge. Weniger interessant ist der moderne Komplex des Klosters, der in einem gefälligen neuromanischen Stil gebaut wurde und sich optisch gut in die üppige Vegetation einfügt.
Sehenswert sind die kleinen romanischen Kapellen, deren älteste die Kapelle des hl. Caprasius ist; sie liegen im Wald und können auf Anfrage besichtigt werden.

Besichtigung: Außer dem Kloster kann nur noch die neuromanische Kirche der Abtei, mit vorgelagertem elegantem Portikus, besichtigt werden. Empfehlenswert ist der Aufstieg auf den höchsten Turm der Befestigungsanlagen mit großartiger Aussicht.

Gebetszeiten: Im Chorgebet klingt byzantinische Melodik an.
Die Gebetszeiten wechseln mit der Jahreszeit. Zur Orientierung seien die Zeiten im April angeführt:

4.00 Uhr Matutin; 7.30 Uhr Laudes; 8.15 Uhr (Sonn- und Feiertage 9.15 Uhr) Messe; 10.15 Uhr Terz; 12.20 Uhr Sext; 14.00 Uhr Non; 17.45 Uhr (Sonn- und Feiertage 17.30 Uhr) Vesper und Anbetung; 19.45 Uhr Komplet.

Klosterladen: Hier sind Liköre, Kassetten und CDs mit liturgischen Gesängen, Statuen aus Holz und Malerei auf Holz erhältlich.

Angebote für Gäste: Im Hauptgebäude der Anlage ist ein Gästehaus eingerichtet, in dem Männer und Frauen für Besinnungstage Aufnahme finden; Aufenthaltsdauer längstens eine Woche. Voranmeldung ist unbedingt erforderlich, denn Lérins gehört zu den meistbesuchten Klöstern in Frankreich. Gäste können an den Gebetszeiten teilnehmen, das Essen wird im Gästehaus eingenommen.

Ligugé – Abbaye de Saint-Martin

Benediktiner der Kongregation von Solesmes

Das Kloster liegt am Hauptplatz des Dorfes Ligugé, 10 km südlich von Poitiers im Clain-Tal.

Gründung: *361*
Anschrift: *86240 Ligugé*
Telefon: *49 55 21 12*

16 Jahrhunderte Geschichte und Angelpunkt für die Ausbreitung des Mönchtums in Gallien: damit nimmt Ligugé einen einzigartigen Rang unter den Klöstern der Welt ein. Der Ort dürfte allerdings damals, als er den hl. Martin, den späteren Bischof von Tours, der durch die Geschichte vom Teilen seines Mantels mit einem Bettler in der ganzen Welt bekannt ist, wegen seiner Abgeschiedenheit anzog, ganz anders ausgesehen haben. Die große Abtei St.-Martin ist heute ein eher anonymes Gebäude ohne äußeren Glanz, umgeben von einem kleinen Dorf. Archäologische Grabungen bei der alten Abteikirche, die heute Pfarrkirche ist, bringen die Fundamente der Vorgängerbauten an den Tag; hierher waren die Menschen gepilgert, um den Beistand des verehrungswürdigen Bischofs Martin zu erflehen, der eine ganz eigene Form des monastischen Lebens – Eremiten und Novizen, die in Gemeinschaft lebten – eingerichtet hatte und dann an die Ufer der Loire gezogen war, in das Kloster Marmoutier bei Tours, von dem heute nur noch Ruinen zu sehen sind.

Der Kreuzgang der alten Abtei von Ligugé, die im 4. Jh. vom hl. Martin gegründet wurde; das Kloster gehört heute zur Kongregation von Solesmes.

Das Kloster von Ligugé hatte – wie Lérins (s. o. S. 105), mit dem es zu den ältesten Gründungen in Frankreich zählt – seine Blütezeit zwischen dem 4. und dem 6. Jh., als es sogar eine eigene Münze prägte. Der dann einsetzende langsame Niedergang führte schließlich zum Einbezug in das Kommendenwesen. In dieser für das monastische Leben wenig glücklichen Zeit hielt sich François Rabelais in der Abtei auf, er war Sekretär des Kommendatar-Abtes Geoffroy d'Estissac. Ligugé beherbergte zahlreiche weitere Schriftsteller wie Joris Karl Huysmans, der seine letzten Jahre als Benediktiner-Oblate lebte. (Bei den Benediktiner-Oblaten hat übrigens Paul Claudel – vergeblich – um Aufnahme ersucht.)
Die Abtei war nach der Kommendatarzeit in ein Ferienhaus für das Jesuitenkolleg von Poitiers umgewandelt worden, nach der Aufhebung der Jesuiten 1761 wurde daraus ein Hotel. Seit 1852 kamen Schritt für Schritt die Benediktiner zurück. Der entscheidende Anstoß für die Wiederbelebung ging von der Kommunität von Solesmes (s. S. 118) aus, die zunächst einige Mönche hersandte. Ligugé wurde wieder zur Abtei erhoben und besiedelte 1880 die Klöster Santo Domingo de Silos (s. S. 118) in Kastilien und St-Wandrille (s. S. 115) bei Rouen. Von 1900 bis 1923 mußten die Mönche allerdings das Kloster wieder verlassen und zogen sich nach Belgien zurück. Die Rückkehr erfolgte 1926, damals wurde auch eine Emailschmelze eröffnet, die heute noch von den Fachleuten hochgeschätzte Werke namhafter Künstler herstellt. Der Abtei gehören etwa 50 Mönche an, sie ist auch kulturelles Zentrum mit einer bedeutenden Bibliothek; in der Tradition der Kongregation von Solesmes werden in besonderer Weise der gregorianische Gesang, die Liturgie und das Studium der Theologie und der Kirchenväter gepflegt.

Kunst / Sehenswürdigkeiten: Um die Abteikirche (heute Pfarrkirche) St.-Martin haben Grabungen die Reste zahlreicher vorromanischer Bauten ans Licht gebracht. Sehenswert ist auch die Krypta. Die Besichtigung des berühmten doppelten Kreuzgangs, des Kapitelsaals und der großen Bibliothek ist nur mit besonderer Genehmigung möglich.

Besichtigung: Der Zugang zur Abtei befindet sich, fast versteckt, auf der rechten Seite des Platzes vor der Kirche. Besichtigt werden können nur die moderne Klo-

Ligugé ist auch in der Gegenwart ein bedeutendes kulturelles Zentrum. Die Klostergebäude – auf dem Bild die Südfassade – sind zum größten Teil eine Rekonstruktion.

sterkirche, die im früheren Kapitelsaal eingerichtet wurde, und das Museum, in dem die Geschichte der Kommunität dokumentiert ist und Schmelzkeramiken aus der Werkstatt des Klosters ausgestellt sind, die teilweise nach Entwürfen von Braque, Chagall und Rouault gestaltet wurden und bei internationalen Ausstellungen wie auf der Triennale in Mailand mit Preisen ausgezeichnet wurden.

Gebetszeiten: Das Chorgebet in gregorianischem Gesang ist allgemein zugänglich, es findet in der Kirche innerhalb des Klosters zu folgenden Zeiten statt: 7.00 Uhr Laudes; 11.15 Uhr (Sonn- und Feiertage 10.30 Uhr) Konventmesse; 12.00 Uhr Sext; 18.00 Uhr (Sonn- und Feiertage 16.30 Uhr) Vesper; 20.00 Uhr Komplet; 21.00 Uhr Vigil.

Klosterladen: In der kleinen Buchhandlung neben der Pforte gibt es Bücher und CDs mit gregorianischem Gesang. Auch von den Mönchen hergestellte Emailschmelzarbeiten können erworben werden.

Angebote für Gäste: Im Gästehaus innerhalb des Klosters gibt es zehn Zimmer für Männer und neun Zimmer für Frauen; für Jugendgruppen sind 15 Betten vorhanden. In einem Gebäude in der Nähe finden gemischte Gruppen Aufnahme.

Mont-Saint-Michel – Communauté-de-l'Abbaye

Diözesane Benediktinerkommunität

„La Merveille", das Wunder, ist nicht zu verfehlen: von der N 175 Avranches – Pontorson – Dinan aus sieht man es in einer Entfernung von 10 km aus dem Meer emporragen. Vor und an den Seiten der schmalen Landzunge, die sich in das Meer streckt, befinden sich Parkplätze für die Besucher.

***Gründung:** 996*
***Anschrift:** Communauté-de-l'Abbaye, 50170 Le-Mont-Saint-Michel (Manche)*
***Telefon:** 33 60 11 43*

Unverwechselbarer Blick auf Mont-Saint-Michel; das Kloster beherbergt heute eine kleine Kommunität von Benediktinermönchen.

Daß Mont-Saint-Michel, dieses wahre architektonische Wunder auf dem Felsen über dem Meer, in diesem Führer genannt wird, ist eine Hommage an die kleine Kommunität von Benediktinern, die 1966 das monastische Leben in das Inselkloster zurückgebracht hat. Da es sich um einen Klosterführer handelt, verzichten wir auf touristische Beschreibungen und beschränken uns auf den Bereich des Ordenslebens, der dem Touristen während eines Besuchs sonst möglicherweise gar nicht auffällt. Die Kommunität legt im übrigen Wert darauf, daß sie keinerlei touristischen Service zu bieten bereit ist.
Das Kloster wurde von St-Wandrille (s. S. 115) aus gegründet und war sofort Ziel zahlreicher Pilger, war aber nie ein

Ort intensiven monastischen Lebens. Zunächst unter der Jurisdiktion der Herzöge der Normandie, ging es später auf die französischen Könige über und verarmte schließlich in der Zeit des Kommendenwesens. Während der Französischen Revolution wurde das Kloster verlassen, im vorigen Jahrhundert zog wieder religiöses Leben ein, und in den vergangenen Jahrzehnten wurde die Insel zu einem der meistbesuchten Touristenziele in ganz Europa.
Die Kommunität von Saint-Michel besteht aus drei Männern und einer Frau.

Besichtigung: Für die Besichtigung empfehlen wir, einen der zahlreichen Touristenführer einzusehen.

Gebetszeiten: Nur die Messe um 12.15 Uhr ist allgemein zugänglich, auch für Touristen. Laudes und Vesper werden in einem dem Klosterleben vorbehaltenen Raum gebetet.

Angebote für Gäste: Es sind zwölf Gästebetten vorhanden, für Männer, Frauen oder auch Paare, die – wenige Schritte vom Rummel des Massentourismus getrennt – Tage in christlicher Sammlung verbringen wollen.

Pierre-qui-Vire – Abbaye de Sainte-Marie

Benediktiner der Kongregation von Subiaco

Ausfahrt Avallon der Autobahn A 6 Paris–Lyon, dann etwa 10 km auf der N 6 bis zum Hinweis auf die Abzweigung nach St-Léger und Pierre-qui-Vire. Die Abtei liegt in einem Wald, 3 km von St-Léger-Vauban, einem kleinen Dorf im Naturpark von Morvan.

***Gründung:** 1850*
***Anschrift:** 89630 Saint-Léger-Vauban*
***Telefon:** 86 32 21 23*

Der Weg nach Pierre-qui-Vire, einer Gründung des vorigen Jahrhunderts, führt durch dichte Wälder. Am Ende eines langen Tunnels taucht plötzlich das Kloster auf, davor ein großer Platz, der vor allem an Feiertagen voll von Pilgern und Ausflüglern ist. Die Klostergebäude, fast vollständig von einer Mauer verdeckt, folgen der natürlichen Terrassierung des Geländes bis zu einem zweiten Platz, der von der Fassade der modernen Kirche abgeschlossen wird; diese Kirche, deren spitze schwarze Fiale in den Himmel ragt, wurde 1993 fertiggestellt.
Die Abtei Pierre-qui-Vire beherbergt eine kulturell und im Bereich des interreligiösen Dialogs, vor allem mit dem Buddhismus, sehr aktive Kommunität. Wahrscheinlich wissen auch nur wenige, daß die in mehreren Sprachen erscheinenden kostbaren Bildbände zur romanischen Kunst in Europa hier in diesem Kloster verlegt werden, in der Edition Zodiaque, die bei den Kennern der mittelalterlichen Kunst hohes Ansehen genießt.
Die Kommunität, die vor geraumer Zeit den 100. Gründungstag feiern konnte, besteht heute aus etwa 70 Mönchen, die den Geist von Pater Muard, der das Kloster 1850 mit seinen ersten Schülern gründete, lebendig erhalten.
Seinen Namen hat das Kloster übrigens von einem jahrhundertealten Dolmen, einem Steingrab aus zwei übereinanderliegenden Steinen. Die kleine Kommunität wuchs erstaunlich schnell, 30 Jahre nach der Gründung zählte sie schon 80 Mönche. Obwohl die antiklerikalen Gesetze im vorigen Jahrhundert ein kurzes Exil in Belgien und England erzwangen, konnten die Mönche wei-

tere Abteien errichten oder wiederbeleben. Mönche aus Pierre-qui-Vire gründeten St-Benoît-sur-Loire (s. S. 113), Landévennec (s. S. 104), Belloc, En-Calcat und Tournay (s. S. 132), dazu kommen noch Gründungen in Südamerika und Afrika. Wie die anderen Kommunitäten der Kongregation von Subiaco strebt auch Pierre-qui-Vire danach, „sich die Reichtümer des Zweiten Vatikanischen Konzils zu eigen zu machen in der Erneuerung der Liturgie und in einem gemeinschaftlichen Leben, in dem die zwischenmenschliche Beziehung die Basis ist für die Beziehung zu Gott und zur Welt". Angestrebt wird also nicht eine in sich geschlossene Kommunität, sondern ein geistlicher Raum, der offen ist für die Begegnung, den Dialog, das Studium und vor allem für die Gastfreundschaft.

Kunst / Sehenswürdigkeiten: Unter künstlerischem Gesichtspunkt kommt dem Kloster keine besondere Bedeutung zu. Die neoromanische Kirche hat zwei Fassaden, der Fassade des 19. Jh. wurde eine zweite, ganz moderne Fassade vorgesetzt.

Besichtigung: Beschränkt auf die Kirche und die Verkaufsräume. Eine Audiovisions-Vorführung informiert über das klösterliche Leben.

Gebetszeiten: Das Chorgebet, das für Gäste und die Gläubigen zugänglich ist, wird auf französisch gebetet. 2.00 Uhr Vigil; 6.00 Uhr (Sonn- und Feiertage 6.35 Uhr) Laudes; 9.15 (Sonn- und Feiertage 10.00 Uhr) Konventmesse; 12.45 Uhr (Sonn- und Feiertage 12.30 Uhr) Mittagsgebet; 18.00 Uhr Vesper; 20.30 Uhr Komplet.

Klosterladen: Hier sind die Bücher der Edition Zodiaque erhältlich. Verkauft wird auch der von den Mönchen hergestellte gereifte Käse, ferner kann religiöse Kunst aus Holz und Keramik erworben werden.

Angebote für Gäste: Das Gästehaus spielt für die Kommunität von Pierre-qui-Vire eine große Rolle. Aufnahme finden Männer und Frauen, Einzelpersonen, Paare und kleine Gruppen zu Besinnungstagen.

Der Eingang zu Pierre-qui-Vire; der Name leitet sich von einem Dolmen her, einem Steingrab aus zwei übereinanderliegenden Steinen.

Prades – Abbaye de Saint-Michel-de-Cuxa

Benediktiner der Kongregation von Subiaco in Spanien

In der alten Abtei St-Michel-de-Cuxa in den Pyrenäen leben heute katalanische Mönche vom Montserrat.

Von Perpignan auf der N 116 Richtung Fort-Romeu und Puigcerda, nach ca. 40 km, in Prades, Abzweigung nach links (1,5 km) zur Abtei.

Gründung: *878*
Anschrift: *Codalet, 66500 Prades (Pyrénées-Orientales)*
Telefon: *68 96 02 40*

In der berühmten alten Abtei in abgeschiedener Lage an den Hängen der Pyrenäen leben heute nur wenige Mönche, die vom großen Kloster Montserrat in Katalonien hierhergekommen sind.
Das Kloster hat eine vornehme Vergangenheit und einen altehrwürdigen Ruf, der schon Pietro Orseolo, den Dogen von Venedig, anzog. Er war in Begleitung des hl. Romuald, des Gründers von Camaldoli, zum Abt Garin gereist und hatte sich entschlossen, zu bleiben und sein Leben als Eremit zu beenden. Garin (Abt von 968 bis 988) und – 100 Jahre nach ihm – Oliba von Ripoll haben mehr als alle anderen dazu beigetragen, Cuxa groß zu machen.
Im 13. Jh. war Cuxa eine feudale Herrschaft, zwei Jahrhunderte später nur noch ein durch das Kommendenwesen verarmtes Kloster; zur Zeit der Revolution wurde Cuxa nur noch von wenigen Mönchen bewohnt. Nach Aufhebung und Zerstörung verfiel das verlassene Kloster. Nach einem ersten fehlgeschlagenen Versuch im Jahr 1919 kehrte 1965 mit der Ankunft von Benediktinern aus Montserrat wieder monastisches Leben ein, und es begann der mühsame Wiederaufbau der Gebäude.
Leider konnten nur einige der Schäden, die im Laufe der Jahre entstanden waren, behoben werden. So waren zum Beispiel Teile des Kreuzgangs unwiederbringbar, da sie abgebaut und in die USA verkauft worden waren.

Kunst / Sehenswürdigkeiten: Sehenswert sind die unterirdische Rundkirche der *Muttergottes von der Krippe* mit einer großen Mittelsäule, der Kreuzgang mit Säulen aus rotem Marmor (kostbare Kapitelle aus der Mitte des 12. Jh.), die dreischiffige Klosterkirche aus dem 10. Jh. mit westgotischen und mozarabischen Motiven und der Altar aus Stein. Bemerkenswert ist auch der mächtige viereckige und mit Zinnen bekrönte Turm aus dem 11. Jh.

Besichtigung: Aus kunsthistorischer Sicht gehört die Abtei zu den berühmtesten noch bestehenden Klöstern Südfrankreichs; Besichtigung mit Gruppenführung gegen Entgelt von 9.30 bis 12.00 und von 14.00 bis 18.00 Uhr (im Winter bis 17.00 Uhr). An Sonn- und Feiertagen vormittags keine Besichtigung.

Gebetszeiten: 7.00 Uhr Laudes; 12.00 Uhr (Sonn- und Feiertage 11.00 Uhr) Messe; 19.00 Uhr Vesper.

Klosterladen: Verkauft werden von den Mönchen hergestellte Töpferwaren und religiöse Andenken. Wer ein „süßes Andenken" vorzieht, sollte zu einer der schmackhaften Marmeladen greifen.

Angebote für Gäste: Unterkunft finden Männer und Frauen; es besteht die Möglichkeit, am Klosterleben teilzunehmen. Studienwochen und Tage der Besinnung werden in den Wintermonaten angeboten.

Besonderes: Die Unterkirche ist der *Muttergottes von der Krippe* geweiht. Der Name bezieht sich auf die legendäre Reliquie der Futterkrippe von Betlehem, die Abt Garin anläßlich einer Reise nach Jerusalem zum Geschenk erhalten hat.

Saint-Benoît-sur-Loire – Abbaye de Fleury

Benediktiner der Kongregation von Subiaco

Das Kloster liegt in der Dorfmitte von St-Benoît-sur-Loire, 30 km südöstlich von Orléans, zwischen Châteauneuf und Sully.

***Gründung:** 651*
***Anschrift:** 45730 Saint-Benoît-sur-Loire*
***Telefon:** 38 35 72 43*

Die Basilika, deren Portikus auf den mit Bäumen gesäumten Platz des Dorfes St-Benoît-sur-Loire ausgreift, gehört zu den berühmtesten Denkmälern von ganz Frankreich und ist zugleich einer der heiligsten Orte der benediktinischen Tradition. Hier ruht in der Krypta ein Teil der Reliquien des hl. Benedikt. Die Stelle, an der das Kloster steht (das auch den alten Ortsnamen Fleury, mit Blumen bedeckt, trägt), ist seit alters, bis in die Zeit der Druiden zurückgehend, ein Ort der Spiritualität. Die Anwesenheit von Mönchen ist schon seit 650 bezeugt, der Aufschwung der Abtei setzte mit dem Jahr 670 ein, als der Überlieferung nach die sterblichen Überreste des hl. Benedikt und seiner Schwester, der hl. Scholastika, von Montecassino hierher überführt wurden.
Die Entwicklung von Fleury verlief ähnlich wie in Ligugé, Lérins und Gorze, den anderen großen Klöstern der ersten Generation. Nach einem gewaltigen ökonomischen und spirituellen Aufschwung durch den Anschluß an die Reform von Cluny kam es im 10. und 11. Jahrhundert zu einer Blütezeit, dann folgte, bedingt durch den Hundertjährigen

Die Apsis der Basilika von St-Benoît, eines der berühmtesten Denkmäler des Benediktinerordens in Europa.

Krieg, der unabwendbare Niedergang und schließlich die Einbeziehung in das Kommendenwesen. Mit dem Anschluß an die benediktinischen Reformen des 17. Jh. begann ein neuerlicher mühsamer Aufstieg, der aber durch die Revolution abgebrochen wurde; es folgten die Aufhebung und die Zerstörung eines großen Teils der alten Klostergebäude. 1864 erfolgte durch Mönche von Pierre-qui-Vire (s. S. 110) ein erster Versuch der Wiederbelebung der alten Glaubenstradition.
Zu Beginn des Jahrhunderts wurde der Ort wieder verlassen und 1944 schließlich der Kongregation von Subiaco in Frankreich zurückgegeben, die mit ihrer Kommunität von 40 Mönchen die Abtei heute noch innehat.

Kunst / Sehenswürdigkeiten: Die Klosterbasilika, die seit 1145 über einem Vorgängerbau errichtet wurde, ist eines der Hauptwerke der Romanik in Frankreich. Vorgelagert ist ein mächtiger Portikus mit Turm, erbaut zwischen 1020 und 1040; das Innere ist ein dreischiffiger Raum – mit einem hohen, lichtdurchfluteten Mittelschiff und niedrigeren, maßvollen Seitenschiffen –, der von Säulen mit korinthischen Kapitellen getragen wird. Die mit kleinen Rundbogenarkaden geschmückte Apsis mit Chorumgang bietet dem Betrachter ein wundervolles Zusammenspiel von Licht und zurückhaltender Ornamentik. Die Krypta, in der zwischen mächtigen Pfeilern die Urne des hl. Benedikt aufbewahrt wird, gehört zu den besterhaltenen Beispielen in ganz Frankreich.

Das Innere der Abteikirche von St-Benoît-sur-Loire; das hohe lichtdurchflutete Hauptschiff hebt sich ab von den niedrigeren und maßvollen Seitenschiffen.

Besichtigung: Die Besichtigungsmöglichkeit ist auf die romanische Basilika, eine der schönsten in Frankreich, beschränkt. Das Kloster, rechts von der Basilika, besteht aus modernen Gebäuden und untersteht der Klausur.

Gebetszeiten: Das Chorgebet wird auf französisch gebetet (Konventmesse mit gregorianischem Gesang).
Die Zeiten: 6.30 Uhr (So-/F. 7.15 Uhr) Laudes; 12.00 Uhr (So-/F. 11.00 Uhr) Messe; 14.30 Uhr (So-/F. 15.00 Uhr) Non; 18.10 Uhr Vesper; 21.00 Uhr Komplet.

Klosterladen: Der Klosterladen besteht aus einer kleinen Buchhandlung (geschlossen von 12.00 bis 14.30 Uhr) mit reichhaltigem religiösem Sortiment, CDs und religiöser Kunst. Hier kann man auch die „Moinillons“ kaufen, die bekannten und exquisiten Karamellen aus Rohrzucker in der unverwechselbaren Form eines kleinen Mönchs, die in vielen Geschmacksrichtungen hergestellt werden.

Angebote für Gäste: Aufnahme finden Männer, einzeln oder in kleinen Gruppen, zu Besinnungstagen, während deren sie am klösterlichen Leben innerhalb der Abtei teilnehmen. Schriftliche Anfragen sind an den für Gäste zuständigen Pater zu richten. In einem Gebäude in der Nähe, dem Foyer Ste-Marie, finden auch Familien und Gruppen Unterkunft, die im Kloster Einkehrtage halten wollen. Rechtzeitige Voranmeldung erforderlich.

Saint-Wandrille – Abbaye de Saint-Wandrille

Benediktiner der Kongregation von Solesmes

Die Abtei liegt in der Nähe von Senna, ca. 30 km nordöstlich von Rouen. Von der Autobahn A 13 Ausfahrt Bourg Achard, dann die D 913 Richtung Yvetot, über die imposante Pont-de-Brotonne. Von Rouen aus führt die Panoramastraße D 982 entlang der Seine nach St-Wandrille.

Gründung: *649*
Anschrift: *76490 Saint-Wandrille-Rançon (Seine-Maritime)*
Telefon: *35 96 23 11*

Wer schon einmal in St-Wandrille gewesen ist, wird nie die strenge Einfachheit der neuen Abteikirche vergessen, die in einer alten „Grange" (einer großen Scheune aus Holz, einem wahren Schmuckstück des Zimmererhandwerks) eingerichtet wurde; diese Scheune ist 1968 hier Stück für Stück wiederaufgebaut worden. Das psalmodierende Gebet, das die Mönche in diesem Gebäude, das für die harte tägliche Arbeit errichtet wurde, jeden Tag anstimmen, verstärkt noch die mystische Stimmung, die von der Begegnung mit dieser Kommunität ausgeht und sich dem Pilger und Besucher unauslöschlich einprägt. Das Erlebnis in dieser Scheune ist so stark, daß dagegen jede Erinnerung an die Kunst, an die Geschichte und die Schicksalsfälle, die das Kloster im Laufe der Jahrhunderte trafen, blaß erscheint. Immerhin gibt es sehenswerte Überreste des alten Klosters, und vor allem ist der Kreuzgang in reinem gotischem Stil erhalten geblieben.
Die Abtei ist dem hl. Wandregiselus geweiht, einem fränkischen Edlen, der sich, in der Nachfolge des irischen Mönches Columban, im 7. Jh. hier an diesen Ort in der Nähe von Senna zurückzog. Das Kloster entwickelte sich rasch, wurde aber auch mehrmals zerstört, zuerst von den Normannen, dann, 1248 und noch einmal 1512, durch Brände. Im 17. Jh. schloß es sich der Reform der Mauriner an und wurde nahezu vollständig neu erbaut; während der Revolution wurde es aufgegeben und schließlich an Privatleute verkauft.
1894 brachten Mönche aus Ligugé den Geist des hl. Benedikt zurück, und Dom Porthier, der so viel für die Wiederbelebung des gregorianischen Gesangs getan hat, wurde zum Prior ernannt. Zu Beginn des Jahrhunderts mußten die Mönche ins Exil nach Belgien, von wo

Der gotische Kreuzgang des 649 gegründeten Klosters von St-Wandrille gehört zu den wenigen Teilen, die von der alten Abtei erhalten geblieben sind.

sie 1931 zurückkehrten. Das Kloster wurde 1944 bombardiert und nach dem Krieg in der heutigen Gestalt wieder aufgebaut. Die geschichtlichen Wechselfälle sind der Grund für die fehlende architektonische Homogenität des großen Komplexes, der in einem Talkessel liegt und von dem sich ausdehnenden kleinen Dorf immer mehr eingeengt wird. Dessenungeachtet ist St-Wandrille mit seiner Kommunität, der an die 50 Mönche angehören, zusammen mit dem in der Nähe liegenden Bec (s. S. 89), zu einem der bedeutendsten spirituellen Zentren am Atlantik geworden.

Kunst / Sehenswürdigkeiten: Sehenswert sind der Kreuzgang (teils aus dem 14., teils aus dem 16. Jh.), die Ruine der Abteikirche St-Pierre aus dem 14. Jh. und die kleine romanische Kapelle des hl. Saturninus, die etwa 15 Minuten vom Kloster entfernt im Wald liegt und wahrscheinlich auf das 10. Jh. zurückgeht.

Besichtigung: Besichtigung mit Führung (gegen Gebühr) in Gruppen, an Wochentagen um 15.00 und 16.00, an Sonn- und Feiertagen zusätzlich um 11.30 Uhr. Besichtigt werden können die Ruinen der Kirche St-Pierre, der Kreuzgang, die Gebäude des 17. Jh. und die neue Kirche. Führungen vormittags sind nach Vereinbarung möglich.

Gebetszeiten: Chorgebet als gregorianischer Gesang zu folgenden Zeiten: 5.20 Uhr Matutin; 7.00 Uhr (Sonn- und Feiertage 7.30 Uhr) Laudes; 9.25 Uhr (Sonn- und Feiertage 10.00 Uhr) Messe; 17.30 Uhr (Sonn- und Feiertage 17.00, Donnerstag 18.45 Uhr) Vesper; 20.30 Uhr Komplet.

Das Innere der neuen Abteikirche von St-Wandrille, die in einer Stück für Stück wiederaufgebauten Scheune des 16. Jh. eingerichtet wurde.

Klosterladen: In der Klosterbuchhandlung sind auch Kassetten und CDs mit gregorianischen Gesängen erhältlich. Im Kloster wird die mittelalterliche Kopistentätigkeit mit modernsten Mitteln fortgesetzt: Es werden Mikrofilme und Mikrokopien alter Kodizes hergestellt.

Angebote für Gäste: Im Kloster finden nur Männer, einzeln oder in kleinen Gruppen, zu Einkehrtagen Aufnahme. Für Frauen und Familien steht in der Nähe des Klosters ein Haus der Besinnung, L'Accueil-de-St-Joseph, zur Verfügung.

Besonderes: Am Tag Christi Himmelfahrt zieht eine Prozession vom Kloster zur Kapelle des hl. Saturninus, wo Reliquien der Märtyrer von Toulouse ruhen, die zur Zeit der Gründung hierher überführt wurden.

Sénanque – Abbaye de Notre-Dame

Zisterzienser der Kongregation von Lérins

Die Abtei liegt in der Nähe von Gordes (etwa 3 km) in der Provence. Von der Autobahn A 7 Richtung Avignon, Ausfahrt Cavaillon, von Cavaillon auf der N 100 Richtung Apt bis Gordes.

Gründung: *1148*
Anschrift: *84220 Gordes, Vaucluse (Provence)*
Telefon: *90 72 02 05*

Sénanque aufzusuchen, ist eine spannende Sache. Die enge Straße, die von Gordes zur Abtei führt, ist in den Hang eines abschüssigen Felsens gegraben, der das Kloster verbirgt, bis sich im letzten Augenblick das Tal weit auf ein Lavendelfeld öffnet, das sich wie ein Vorzimmer für den strengen Bau aus grauem Stein ausnimmt. Mit Fontenay, Thoronet und Fontfroide bildet Sénanque einen der bedeutendsten vollständigen Komplexe der Architektur der Zisterzienser in der ganzen Welt. Während die anderen Anlagen inzwischen jedoch in Museen umgewandelt wurden, konnte Sénanque seine monastische Berufung über die Jahrhunderte hin bewahren, in einer glücklichen Verbindung von religiösem und kulturellem Leben.
1136 gegründet, erfuhr das Kloster, bedingt auch durch die Nähe zu Avignon, das von 1309 bis 1378 Sitz der Päpste war, einen außerordentlichen Aufschwung, der bis ins 14. Jh. anhielt. Auch das für so viele andere Abteien unheilvolle Kommendenwesen beeinträchtigte das klösterliche Leben nicht gravierend. Der schwerste Schlag traf das Kloster in der Mitte des 16. Jh., als waldensische Bauern es überfielen und plünderten und die Mönche verjagten. Es hat sich davon nie mehr richtig erholt, zur Zeit der Französischen Revolution war das klösterliche Leben bereits erloschen. Glücklicherweise blieben die Bauten der Abtei, die an Privatleute verkauft worden war, dank der Sensibilität der Eigentümer erhalten, die sie 1854 an eine neu gegründete Kommunität unter Abt Barnouin übergaben. Dom Barnouin ließ für die rasch anwachsende Gemeinschaft neue Gebäude errichten, und das Kloster erhielt in Erinnerung an die zisterziensischen Ursprünge den Namen Zisterzienser-Kongregation der Unbefleckten Empfängnis von Sénanque. Als der Sitz der Kongregation nach St-Honorat auf der Insel Lérins (s. S. 105) verlegt wurde, drohte wiederum die Auflassung von Sénanque. Die Mönche übertrugen daraufhin die Sorge um die Restaurierung der Klostergebäude und die Organisation des Tourismus der Vereinigung der Freunde von Sénanque und beschränkten sich selbst auf einen kleinen Teil des Klosters; diese Vereinbarung blieb auch nach der endgültigen Rückkehr der Kommunität 1988 in Kraft. Sénanque ist damit insofern einzigartig in Frankreich, als diese Abtei von Mönchen bewohnt und gleichzeitig zu einem großen Teil für die Allgemeinheit zugänglich ist.

Blick in den wunderschönen und sehr eindrucksvollen Kreuzgang von Sénanque, in dem die zisterziensische Kunst in der Provence einen bemerkenswerten Ausdruck findet.

Kunst / Sehenswürdigkeiten: Der ganze Komplex ist ein seltenes, wunderbarerweise erhaltenes Beispiel monastischer Architektur des 12.–13. Jh. Das Dormitorium, ein 30 m langer Raum mit einem hohen Gewölbe, wurde 1170 erbaut. Von den kleinen gleichmäßigen Fenstern hat man einen schönen Blick auf den Kreuzgang. Eine Treppe führt zum Kapitelsaal und zum Skriptorium hinab. In der nüchternen Kirche sind die beiden Seitenschiffe noch typisch romanisch, während das hellere Mittelschiff schon gotische Elemente erkennen läßt. Der kleine und ruhige Kreuzgang hat weite Bögen mit schmäleren Triforien mit schlanken Säulchen und schönen Kapitellen. Sehenswert ist auch der Kapitelsaal, der tiefer liegt als der Kreuzgang. Das Skriptorium ist ein einschiffiger Raum, getragen von einer massiven Mittelsäule mit schönem Kapitell.

Besichtigung: Von März bis Oktober von 10.00 bis 12.00 und von 14.00 bis 18.00 Uhr, von November bis Februar von 14.00 bis 17.00 Uhr, gegen Gebühr. Mit dem Eintrittsbillets wird ein kleiner Führer ausgegeben. Besichtigt werden können das Dormitorium, wo jetzt ein kleines Museum zur zisterziensischen Architektur eingerichtet ist, die Abteikirche, der Kreuzgang, der Kapitelsaal und das Skriptorium. Das frühere Refektorium dient der Kommunität heute als Kapelle und ist daher für gewöhnlich nicht zugänglich. In einem Raum über der Buchhandlung am Eingang ist ein weiteres kleines Museum zur Geschichte des Mönchtums eingerichtet. Auf Wunsch übernimmt ein Mönch die Führung von Gruppen (tel. Anmeldung: 90 72 05 72).

Gebetszeiten: Wie in Lérins (s. S. 105) wird das Chorgebet in byzantinischer Melodik auf französisch gehalten, und zwar im alten Refektorium. Die Zeiten: 4.30 Uhr Matutin; 7.30 Uhr Laudes; 9.30 Uhr Terz; 11.45 Uhr Sext; 12.00 Uhr Messe; 14.30 Uhr Non; 18.00 Uhr Vesper; 20.15 Uhr Komplet. Die Zeiten verschieben sich je nach Jahreszeit geringfügig.

Klosterladen: Im großen Atrium ist eine reich bestückte Buchhandlung mit interessanten Bänden zur Geschichte des Mönchtums und der religiösen Kunst eingerichtet. Die Mönche stellen auch einen sehr guten Honig und Lavendelessenzen her. Verkauft werden auch Duftlampen aus Ton, die sich gut als Geschenk eignen. Originell ist der Modellbausatz der Abtei.

Angebote für Gäste: Aufnahme finden Männer und Frauen, einzeln und in kleinen Gruppen, längstens für eine Woche. Schriftliche Voranmeldung ist erforderlich.

Solesmes – Abbaye de Saint-Pierre

Benediktiner der Kongregation von Solesmes

Autobahn A 11 Paris–Nantes, Ausfahrt Sablé. Die Abtei liegt 3 km östlich von Sablé-sur-Sarthe am Ufer der Sarthe.

Gründung: *1010*
Anschrift: *72300 Solesmes, Sablé-sur-Sarthe*
Telefon: *43 95 03 08*

Solesmes ist eine der bedeutendsten Benediktiner-Abteien in Europa, sie trägt das Erbe von Cluny, St-Maur und St-Vanne weiter, von Kommunitäten also, die die monastische Tradition in Frankreich geprägt haben, heute aber leider alle aufgehoben sind. Seine Bedeutung zieht Solesmes jedoch nicht aus seiner Geschichte; zwar wurde das Kloster schon im 11. Jh. gegründet, es blieb aber über die Jahrhunderte ein einfaches Priorat in der Provinz wie viele andere in Frankreich. Bedeutung gewann Solesmes im 19. Jh. durch die kraftvolle Reform, die auf Initiative von Dom Guéranger, einem Weltpriester von großem Mut und organisatorischer Begabung, in Gang kam; durch ihn wurde die Abtei zum religiösen und spirituellen Orientierungspunkt für ganz Frankreich. Geboren in Sablé, war Dom Guéranger schon immer fasziniert von diesem heiligen Ort, der seit 1791 verlassen dalag und praktisch nur noch eine Ruine war. Unter großen Opfern gelang es ihm, die Abtei zu erwerben, und 1833 konnte er seinen Traum verwirklichen, mit wenigen Novizen wieder benediktinisches Leben einziehen zu lassen. Was sich in Solesmes in weniger als 50 Jahren entwickelt hat, läßt einen über die übernatürliche Kraft nachdenken, die das benediktinische monastische Ideal entfaltet. Als Dom

Die „Heiligen von Solesmes", die eine der beiden Kapellen aus der Renaissance in der neuromanischen Kirche schmücken; Solesmes ist Sitz einer bedeutenden Kongregation.

Guéranger 1875 starb, war die Abtei ein lebendiges Zentrum des liturgischen Lebens, von dem aus weitere Gründungen erfolgt waren, darunter ein Kloster in Marseille, das inzwischen in Ganagobie (s. S. 101) beheimatet ist. Zur gleichen Zeit wurde durch Dom Jansin und Dom Pothier eine Schule der alten Musik gegründet, die den Glanz des gregorianischen Gesangs der goldenen Jahrhunderte (7.–11. Jh.) erneuerte. Nachdem die Mönche von Solesmes 1901 in das Zisterzienserkloster von Quarr in England ins Exil gegangen waren, kehrten sie 1922 nach Frankreich zurück.

Solesmes ist heute Sitz der bedeutendsten Benediktiner-Kongregation Frankreichs, mit Niederlassungen in Spanien (Silos, Leyre, Valle de los Caídos), Luxemburg (Clervaux), England (Quarr), Holland (Vaals), Kanada und im Senegal. Gemeinsam ist den Häusern der Kongregation die große Bedeutung, die der Liturgie, der Lectio Divina und dem gregorianischen Gesang zugemessen wird. Im Unterschied zu den anderen Kongregationen der Benediktiner sind die Solesmesianer normalerweise nicht in der Pfarrseelsorge und im Schulwesen tätig, sondern konzentrieren sich auf ein intensives geistliches Leben und das Gebet. Solesmes ist in der ganzen Welt bekannt für das hohe Niveau seines musikalischen Lebens, es verdient aber auch deshalb einen Ehrenplatz in der Geschichte des Mönchtums, weil ihm in einer Zeit größter Desorientierung die Wiederbelebung des benediktinischen Mönchtums in Frankreich gelungen ist. Es ist wohl kein Zufall, daß sich die Solidität, ohne die nichts Bedeutendes entstehen kann, auch in der Architektur der dem hl. Petrus geweihten Abtei spiegelt. Solesmes beherbergt heute 80 Mönche; das Kloster ist nicht nur Ziel von gläubigen Pilgern (am Montag der Karwoche wird ein Dorn aus der Dornenkrone ausgesetzt, der seit dem 12. Jh. im Besitz des Klosters ist), sondern auch von Musikologen, die den gregorianischen Gesang zu schätzen wissen, der täglich in der Kirche der Abtei erklingt.

Kunst / Sehenswürdigkeiten: Die Klosteranlage ist zum größten Teil in neuerer Zeit erbaut, in der Kirche sind jedoch zwei sehenswerte Kapellen mit Statuen des 16. Jh. erhalten; die als die „Heiligen von Solesmes" bekannten Figuren stellen die Grablegung Christi in einer von einem Kalvarienberg überragten Grotte dar (Kapelle Notre-Seigneur, rechts) sowie Szenen aus dem Marienleben (Kapelle Notre-Dame, links). In der Kirche, die dem romanischen Grundriß folgt, ist bemerkenswert der 1864 errichtete Chor mit dem Chorgestühl aus dem 17. Jh.

Besichtigung: Nur der Eingangshof, die Buchhandlung, die Pforte (in einem angrenzenden Raum können an einem Modell die Ausmaße des ganzen Komplexes ersehen werden) sowie die Kirche können besichtigt werden. Es ist verboten, zu fotografieren und das Chorgebet auf Band aufzunehmen. Ein schöner Blick auf die riesige Anlage bietet sich vom Fluß aus, von der Brücke über die Sarthe und vom gegenüberliegenden Ufer. Führungen durch die Konventsgebäude sind nur in seltenen Ausnahmefällen möglich.

Gebetszeiten: 5.30 Uhr Matutin; 7.15 Uhr Laudes; 9.45 (wochentags 10.00) Uhr Konventmesse; 13.00 Uhr Sext; 15.30 Uhr Non; 17.00 Uhr Vesper; 20.30 Uhr Komplet. Alle Gebetszeiten mit gregorianischem Gesang auf höchstem musikalischem Niveau.
An Festtagen empfiehlt es sich, da die Kirche nicht sehr viele Menschen faßt, frühzeitig zu kommen.

Klosterladen: Außer Schallplatten und CDs mit Aufnahmen des gregorianischen Gesangs sind hier von den Mönchen herausgegebene Bücher zur Liturgie und zur Geschichte des Mönchtums erhältlich.

Angebote für Gäste: Im Gästehaus finden nur Männer Aufnahme, die Tage der Besinnung und des Gebetes verbringen wollen. Der Tagesablauf ist auch für Gäste streng geregelt. Schriftliche Voranmeldung beim Gästepater ist erforderlich. Für Jugendliche gibt es eine Unterkunftsmöglichkeit in einem Haus außerhalb des Klosters. Frauen finden im Gästehaus des nahegelegenen Frauenklosters der hl. Caecilia (s. S. 121) Aufnahme.

Blick auf den gewaltigen Bau der Abtei von Solesmes über der Sarthe. Der gregorianische Gesang des Klosters wird von den vielen Pilgern und Besuchern hoch geschätzt.

Solesmes – Monastère de Saint-Cécile

Benediktinerinnen der Kongregation von Solesmes

Das Kloster liegt 500 m vom Männerkloster entfernt.

Gründung: *1867*
Anschrift: *72300 Solesmes, Sablé-sur-Sarthe*
Telefon: *43 95 45 02*

Auch das Frauenkloster von Solesmes wurde, im Jahre 1867, von Dom Guéranger gegründet. Dank der Tatkraft der Äbtissin Cécile Bruyère nahm die Kommunität einen raschen Aufschwung, wobei das Kloster dem gleichen monastischen Ideal folgte wie das Männerkloster. Die Konstitutionen von Ste-Cécile wurden von vielen Frauenklöstern auch außerhalb Frankreichs übernommen. Heute ist das Kloster Sitz einer kleinen Kongregation von Frauenklöstern.

Angebote für Gäste:
Im Gästehaus, das von April bis November geöffnet ist, finden Männer und Frauen Aufnahme. Auf Wunsch mit Vollpension. Freiwillige Spenden erbeten. Tel.: 43 95 45 05.

Soligny-la-Trappe – Abbaye de Notre-Dame

Trappisten

Das Kloster liegt in einem waldreichen Tal 15 km nördlich von Mortagne-au-Perche. Anfahrt entweder auf der D 930, von l'Aigle 20 km nach Süden, oder auf der N 26 von Verneuil-sur-Avre nach Argentan.

Gründung: *1122*
Anschrift: *Soligny-la-Trappe, 61380 Moulins-la-Marche (Orne)*
Telefon: *33 34 50 44*

Das strenge und unzugängliche Kloster, das dem Touristen nicht mehr bietet als eine Audiovisions-Vorführung und ein modernes Souvenirgeschäft, wurde berühmt als die Wiege der Reform des Zisterzienserordens nördlich der Alpen, die der Abt von La Trappe, Jean-Armand de Rancé, ab der Mitte des 17. Jh. vorantrieb. Das Kloster Soligny-la-Trappe ist Namensgeberin des Reformzweigs der „Trappisten". De Rancé führte ein abenteuerliches und bewegtes Leben, das kontroverse Beurteilungen erfuhr. Wir erwähnen die wichtigsten Stationen dieses Lebens, weil es nicht nur auf dieses Kloster, sondern auf viele andere in der Welt Auswirkungen hatte. Bis zum Alter von etwa 30 Jahren hat de Rancé, wie Chateaubriand in seinem Buch *Leben des Rancé* schreibt, ein ausschweifendes Leben geführt, den Tafelfreuden und Gelagen, dem Spiel und der Jagd ergeben. Da erfolgte um 1665 die entscheidende Wende: Ein Todesfall veränderte sein Leben und brachte ihn dazu, die „kirchliche Würde", die er schon in jugendlichem Alter erhalten hatte, ernst zu nehmen. Er hatte das in hügelreicher, aber ungesunder Gegend liegende Kloster La Trappe an der Perche als Kommende inne. Bis dahin hatte er nur dessen Reichtümer genutzt; von dem Tag an jedoch sollte es zum Zentrum und Ausgangspunkt der bedeutendsten Reform des benediktinischen klösterlichen Lebens der Neuzeit werden. Die von La Trappe ausgehende Reform trat in ihrer Strenge, ihrer extremen Bußgesinnung und Kargheit von Anfang an in schärfsten Gegensatz zu den korrupten Mönchen, die zu diesem Zeitpunkt dort lebten.
Aber wie alle, die eine Bekehrung erleben, war de Rancé von einer außerordentlichen Hartnäckigkeit, und die heruntergekommene Abtei wurde in kürzester Zeit Anziehungspunkt für die besten Geister Frankreichs, so daß sie im Jahr 1700 (dem Todesjahr de Rancés) mehr als 300 Mönche zählte. Zusammen mit Cîteaux (s. S. 96) ist La Trappe, das auch heute noch von Wäldern und Weihern umgeben ist, für die Zisterzienser der bedeutendste Ort in Europa und einer der bedeutendsten Orte für die Geschichte des Mönchtums insgesamt. Auch wenn die Strenge de Rancés oft als übertrieben abgelehnt und bekämpft wurde, läßt sich nicht leugnen, daß sie in schweren Zeiten – so zum Beispiel während der Französischen Revolution – für den Weiterbestand des monastischen Lebens von entscheidender Bedeutung war. Dafür, daß der Spiritualität und den Re-

geln de Rancés eine große Kraft innewohnt, spricht die Tatsache, daß der Zweig der Trappisten in Frankreich, Belgien und Spanien die meisten Berufungen vorweisen kann. Die Bauten der heutigen Klosteranlage sind in einem nüchternen Stil gehalten, der zwischen Neugotik und Neuromanik anzusiedeln ist. Sie gehen zum größten Teil auf den völligen Neubau nach der Revolution zurück. Von der alten Abtei, die ab 1122 von Rotrou, Graf der Perche, in Erfüllung eines Gelübdes für die Errettung aus Seenot errichtet worden war, ist offensichtlich nichts mehr erhalten. Aber der Ort hat über die historische Bedeutung hinaus einen hohen spirituellen Wert. Allerdings sollte man in La Trappe keine großartige und prunkvolle Liturgie erwarten; auch der Gottesdienst ist an der nüchternen Strenge orientiert, die die Spiritualität des großen Reformers geprägt hat.

Besichtigung: Besichtigt werden kann nur die – gleichwohl stimmungsvolle – neugotische Kirche; in einem besonderen Raum ist eine Audiovisions-Vorführung über Leben, Arbeit und Gebet der Kommunität zu sehen.

Gebetszeiten: 7.00 Uhr (Sonn- und Feiertage 10.30 Uhr) Laudes und Messe; 9.30 Uhr Terz; 12.15 Uhr Sext; 14.15 Uhr Non; 18.15 Uhr (Sonn- und Feiertage 19.30 Uhr) Vesper. Gesänge auf französisch.

Klosterladen: Das Kloster betreibt eine Landwirtschaft und stellt Käse, Joghurt und andere Milchprodukte her. Sehr gut sind auch die Marmeladen. Im Laden gibt es auch Bücher, CDs und religiöse Kunst zu kaufen.

Angebote für Gäste: Unterkunft nur für Männer in einem an die Klausur angrenzenden Gebäude. Einzel- und Doppelzimmer. Schriftliche Voranmeldung beim Gästepater ist unbedingt erforderlich.

Tarascon – Abbaye de Saint-Michel-de-Frigolet

Prämonstratenser

Etwa 20 km von Avignon entfernt.

Gründung: *10. Jh.*
Anschrift: *13150 Tarascon (Rhône)*
Telefon: *90 95 70 07*

Das monastische Leben geht bis in das 10. Jh. zurück. Die Kommunität zählt heute 20 Mitglieder, die sich vor allem der Liturgie und dem Apostolat widmen.

Kunst / Sehenswürdigkeiten: Von der mittelalterlichen Anlage sind nur noch die einfache romanische Kirche St-Michel sowie der Kreuzgang erhalten (leider nicht zu besichtigen).

Angebote für Gäste: In einem angrenzenden Gebäude finden von April bis Oktober Einzelpersonen, Gruppen und Familien Unterkunft.

Die neugotische Kirche von St-Michel-de-Frigolet.

Die Benediktinerabtei Ste-Anne-de-Kergonnan in Plouharnel (s. S. 130) gehört zur Kongregation von Solesmes.

Angers – Prieuré de Notre-Dame-du-Calvaire
Benediktinerinnen
Gründung: 1619
Anschrift: 8, rue de Vauvert, 49100 Angers (Maine-et-Loire)
Telefon: 41 87 76 28
Unterkunft: Für Einzelpersonen und Gruppen. Kloster auf Zeit für weibliche Jugendliche.
Im Kloster befindet sich eine Keksfabrik.

Argentan – Abbaye de Notre-Dame
Benediktinerinnen
Gründung: 1736
Anschrift: 2, rue de l'Abbaye, 61201 Argentan (Orne) (in der Normandie)
Telefon: 33 67 12 01
Unterkunft: Für Männer und Frauen zu Besinnungstagen, es sind jedoch nur wenige Zimmer vorhanden; in einem Haus außerhalb des Klosters befinden sich Räume für Jugendgruppen, die sich selbst versorgen.
Die Abtei mit einer langen Geschichte ist jetzt in einem Neubau untergebracht. Die Nonnen stellen Spitzen her, die auch zum Verkauf angeboten werden.

Auros – Abbaye de Sainte-Marie-du-Rivet
Trappistinnen
Gründung: 7. Jh./1938
Anschrift: 33124 Auros (Gironde) (50 km südlich von Bordeaux)
Telefon: 56 65 40 10
Unterkunft: Für Einzelpersonen und Familien zu Einkehrtagen, Einzelheiten sind vorab zu vereinbaren.
Um das Kloster alte Befestigungsanlagen; Kirche aus dem 12. Jh.

Bayeux – Monastère de la Sainte-Trinité
Benediktinerinnen
Gründung: 1648
Anschrift: 48, rue Saint-Loup, 14402 Bayeux
Telefon: 31 92 02 99
Unterkunft: Aufnahme finden Einzelpersonen und Selbstversorgergruppen, auch länger als eine Woche. Die Jugendlichen können am Klosterleben teilnehmen.
Die Klostergebäude aus dem 19. Jh. liegen in einem großen Park.

Belmont-Travet – Abbaye de Saint-Joseph-de-la-Rochette
Benediktinerinnen
Gründung: 1824
Anschrift: 73330 Belmont-Travet (Savoyen)
Telefon: 76 37 05 10
Unterkunft: Nur für Einkehrtage.
Die modernen Klostergebäude schließen sich an einen Bau aus dem 17. Jh. an. Atelier für Keramik und Stoffmalerei.

Blauvac – Abbaye de Notre-Dame-de-Bon-Secours
Trappistinnen
Gründung: 1991

Anschrift: 84570 Blauvac (Vaucluse)
(bei Avignon)
Telefon: 90 61 81 17
Unterkunft: Bevorzugt für Einzelpersonen und kleine Gruppen zu Besinnungstagen. Das in Naturstein erbaute Kloster liegt in einer anmutigen Landschaft.

Boulaur – Monastère de Sainte-Marie
Zisterzienserinnen
Gründung: 12. Jh.
Anschrift: 32450 Boulaur (Gers)
(bei Auch)
Telefon: 62 65 49 37
Unterkunft: Gästehaus für Familien und einzelne Frauen, nur im Sommer geöffnet; während des restlichen Jahres finden Gruppen zu Einkehrtagen Aufnahme.

Boyer – Abbaye de Notre-Dame-de-Veniere
Benediktinerinnen
Gründung: 1963
Anschrift: 71700 Boyer (Saône-et-Loire)
(bei Tournus in Burgund)
Telefon: 85 51 05 85
Unterkunft: Unter der Bedingung der Teilnahme am Leben der Kommunität und der Mitarbeit finden Einzelpersonen und Gruppen Aufnahme.
Die Abbaye de Notre-Dame-de-Veniere besitzt ein Atelier für Tafelmalerei und Heiligenbilder.

Bréhan-Rohan – Abbaye de Notre-Dame-de-Timadeuc
Trappisten
Gründung: 1841
Anschrift: 56580 Bréhan-Rohan
(Morbihan)
(in der Bretagne, zwischen Vannes und Rennes)
Telefon: 97 51 50 29
Unterkunft: Großes Gästehaus für Männer und Frauen, Räume für Jugendgruppen, Möglichkeit zum Camping.
Bretonisches Kloster, mächtiger neugotischer Bau; bekannt wegen seiner Malschule für Ornamentmalerei.

Bricquebec – Abbaye de Notre-Dame-de-Grâce-Bricquebec
Trappisten
Gründung: 1824
Anschrift: 50260 Bricquebec (Manche)
(auf der Halbinsel Cotentin in der Normandie)
Telefon: 33 52 20 01
Unterkunft: Nur beschränkt möglich und außerdem nur in den Wintermonaten.
Die Käserei stellt hervorragende Produkte her.

Cabanoule-Andouze – Monastère de Notre-Dame-de-la-Paix-Dieu
Trappistinnen
Gründung: 1970
Anschrift: 30140 Cabanoule-Andouze
(Gard)
(bei Alès)
Telefon: 66 61 73 44
Unterkunft: Nach schriftlicher Anfrage für Einkehrtage; es stehen zehn Zimmer zur Verfügung.

Cambrai – Monastère de Notre-Dame-de-Grâce
Zisterzienserinnen
Gründung: 1846
Anschrift: 5, rue de Roubaix,
59400 Cambrai (Nord)
Telefon: 27 83 07 05
Unterkunft: Vornehmlich zu Besinnungstagen, aus Raummangel jedoch nur eingeschränkt möglich.

Campénéac – Abbaye de la Joie-de-Notre-Dame
Trappistinnen
Gründung: 1921
Anschrift: 56800 Campénéac-Ploërmel
(Morbihan)
(zwischen Rennes und Vannes in der Bretagne)
Telefon: 97 93 42 07
Unterkunft: Für Einkehrtage, einzeln oder in einer Gruppe.
In Campénéac werden Lebensmittel hergestellt; besonders gut schmecken die Butterkekse.

Castagniers – Abbaye de Notre-Dame-de-la-Paix
Zisterzienserinnen
Gründung: 1930
Anschrift: 06670 Castagniers (Alpes Maritimes)
(bei Nizza)
Telefon: 93 08 05 12
Unterkunft: Zu Einkehrtagen.
Das Kloster ist bekannt für seine Konditoreiwaren, besonders die Schokoladen.

Chantelle – Abbaye de Saint-Vincent
Benediktinerinnen
Gründung: 1853
Anschrift: 03140 Chantelle (Allier)
(südlich von Moulins)
Telefon: 70 56 62 55
Unterkunft: Übernachtungsmöglichkeiten für Männer und Frauen, einzeln oder in Gruppen, bevorzugt für Besinnungstage.
Das im vorigen Jahrhundert gegründete Kloster ist in Gebäuden untergebracht, die auf die Zeit vom 11. bis ins 14. Jh.

zurückgehen. Das Kloster ist bekannt für die Herstellung von Kosmetikartikeln.

Charmes – Abbaye de Notre-Dame-de-Saint-Joseph-d'Ubexy
Zisterzienserinnen
Gründung: 1841
Anschrift: 88130 Charmes (Vosges) (bei Epinal)
Telefon: 29 88 04 32
Unterkunft: Schlafsaal mit sechs Betten, außerdem noch Ein- und Zweibettzimmer. Das Kloster nimmt Männer und Frauen auf; Aufenthalt längstens zwei Wochen.
Das Kloster betreibt eine Werkstatt für Teppichherstellung.

Chatillon-S.-J.-Romans – Monastère de Notre-Dame-de-Triors
Benediktiner der Kongregation von Solesmes
Gründung: 1984
Anschrift: 26750 Chatillon-S.-J.-Romans (Drôme)
Telefon: 75 71 43 39
Unterkunft: Offen für alle, die am Klosterleben und am Chorgebet teilnehmen möchten.
Im Kloster werden Pullover, Wollwaren und Tonwaren hergestellt.

Cotignac – Monastère de la-Font-de-Saint-Joseph-du-Bessilon
Benediktinerinnen
Gründung: 1975
Anschrift: 83750 Cotignac (Var) (zwischen Toulon und Marseille)
Telefon: 94 04 63 44
Unterkunft: Nur für Frauen, einzeln oder in Gruppen, zu Einkehrtagen.
Die Kommunität wurde in Algerien gegründet; das Kloster ist ein Bau des 17. Jh., errichtet an der Stelle, wo einem jungen Hirten der hl. Josef erschienen ist.

Craon – Monastère de l'Immaculée Conception
Benediktinerinnen
Gründung: 1829
Anschrift: 15, rue de la Liberation, 53400 Craon (Mayenne) (bei Laval)
Telefon: 43 06 13 38
Unterkunft: Nur für Frauen und kleine Gruppen.
Die Klostergebäude gehörten früher zu einem alten Dominikaner-Konvent.

Dourgne – Abbaye de Saint-Benoît-en-Calcat
Benediktiner der Kongregation von Subiaco
Gründung: 1890
Anschrift: 81110 Dourgne (Tarn)
Telefon: 63 50 32 37
Unterkunft: Kloster auf Zeit für Männer (30 Zimmer).
Eigenes Gästehaus mit 17 Zimmern für Frauen, Paare und Gruppen.
In einem weiteren Gebäude, genannt „La Grange", mit 25 Betten und eigener Küche können organisierte Gruppen untergebracht werden.
Die Abtei wurde 1890 von Dom Romain Banquet, einem Mönch von Pierre-qui-Vire (s. S. 110), gegründet; die Kommunität zählt zu den lebendigsten in Frankreich. An die 75 Mönche widmen sich dem Gebet und der Arbeit, sind auf verschiedensten Gebieten tätig und immer aufgeschlossen für Gastfreundschaft und Begegnung.

Dourgne – Abbaye de Sainte-Scholastique-en-Calcat
Benediktinerinnen
Gründung: 1890
Anschrift: 81110 Dourgne
Telefon: 65 50 31 32
Unterkunft: In einem eigenen Gästehaus finden Männern und Frauen, einzeln oder in kleinen Gruppen, Aufnahme für Besinnungstage oder ein paar Tage der Stille. Den Gästen steht eine Bibliothek zur Verfügung.
Das Kloster wurde 1890 von Mater Marie Cronier – zu gleicher Zeit wie das in der Nähe liegende Männerkloster St-Benoît-en-Calcat – gegründet und beherbergt heute an die 90 Nonnen. Die große Zahl von Berufungen hat mehrere Tochtergründungen möglich gemacht. Auf Wunsch wird ein Video über das Leben im Kloster gezeigt.

Échourgnac – Abbaye de Notre-Dame-de-Bonne-Espérance
Trappistinnen
Gründung: 1868
Anschrift: 24410 Échourgnac (Dordogne) (etwa 100 km nördlich von Bordeaux)
Telefon: 53 80 36 43
Unterkunft: Aufnahme finden alle, die Frieden und Ruhe suchen.
Die Abtei ist auch aus gastronomischen Gründen Ziel vieler Besucher; eine Spezialität sind vor allem die verschiedenen Käsesorten, aber auch die Pasteten sind sehr schmackhaft.

Entrammes – Abbaye de Notre-Dame-du-Port-du-Salut
Trappisten
Gründung: 1815
Anschrift: 53260 Entrammes (Mayenne) (bei Laval)
Telefon: 43 98 30 15

Unterkunft: Modern eingerichtetes Gästehaus für Einkehrtage.
Das an einem Flußufer liegende Kloster stellt einen in ganz Nordfrankreich geschätzten Käse her.

Erbalunga – Abbaye de Notre-Dame-de-Erbalunga
Benediktinerinnen
Gründung: 1862
Anschrift: 20222 Erbalunga (Haute Corse)
(auf Korsika, bei Bastia)
Telefon: 95 33 22 81
Unterkunft: Für Einzelpersonen und Paare nur im Sommer; während des ganzen Jahres für Gruppen zu Einkehrtagen; Kloster auf Zeit für junge Frauen.
Das einzige Kloster auf Korsika. Umgeben von der Macchia des Mittelmeerraums, mit Blick auf das Meer.

Ergersheim-Molsheim – Abbaye de Notre-Dame-d'Altbronn
Trappistinnen
Gründung: 1895
Anschrift: 67120 Ergersheim-Molsheim (Bas-Rhin)
(bei Straßburg im Elsaß)
Unterkunft: Zu Einkehrtagen; Teilnahme am Klosterleben ist möglich.

Espalion – Abbaye de Notre-Dame-de-Bonneval
Trappistinnen
Gründung: 1147/1875
Anschrift: 12500 Espalion (Aveyron)
(bei Rodez)
Telefon: 65 44 01 22
Unterkunft: Zu Besinnungstagen, wegen beschränkter Möglichkeiten schriftliche Voranmeldung erforderlich.
Das Kloster ist bekannt für die dort hergestellte Schokolade.

Eyres-Moncube-Laféourère – Abbaye de Notre-Dame-et-Saint-Eustase
Benediktinerinnen
Gründung: 966/1985
Anschrift: 40500 Eyres-Moncube-Laféourère (Landes)
(bei Mont-de-Marsan)
Telefon: 58 76 24 25
Unterkunft: Kleines Gästehaus mit beschränkter Übernachtungsmöglichkeit.
Bevor die Kommunität sich hier bei Mont-de-Marsan niedergelassen hat, sind die Nonnen quer durch Europa gezogen. Die kostbaren Reliquien, die jetzt im Kloster beherbergt werden, haben sie dabei immer eifrig bewacht.

Faremoutiers – Abbaye de Notre-Dame-et-Saint-Pierre
Benediktinerinnen
Gründung: 620
Anschrift: 77515 Faremoutiers (Seine-et-Marne)
(bei Coulommiers)
Telefon: 64 04 20 37
Unterkunft: Nur zu Einkehrtagen.
Faremoutiers ist zwar eines der ältesten Klöster Frankreichs, aber der jetzige Bau wurde erst 1931 errichtet. Von der alten Abtei St-Fare sind nur noch wenige Reste

Blick auf die Abtei von Jouarre (s. S. 127); das 634 gegründete Kloster wird jetzt von Benediktinerinnen bewohnt.

Mönche von Ligugé halten Gottesdienst im benachbarten Frauenkloster in St-Benoît.

im großen Park, in dem das Kloster liegt, zu sehen.

Flavigny-sur-Ozerain – Monastère de Saint-Joseph-de-Clairval
Benediktiner
Gründung: 1976 (Mönche gab es in Flavigny schon seit 719)
Anschrift: 21150 Flavigny-sur-Ozerain (Côte-d'Or)
Telefon: 80 96 22 31
Unterkunft: Nur für Männer zu Besinnungstagen (längstens eine Woche). Es gibt auch fünftägige Meditationskurse unter der Anleitung eines Mönches. Voranmeldung ist erforderlich.
Flavigny ist eine der jüngsten und – mit mehr als 65 Mönchen – eine der größten Kommunitäten in Frankreich.
Das alte Kloster von Flavigny war berühmt wegen seiner Schreibschule und wegen der über einer Krypta errichteten Basilika, deren Reste noch zu besichtigen sind. Es wurde während der Revolution aufgehoben und in eine Karamellfabrik umgewandelt. Die Mönche sind deshalb in ein Gebäude aus dem 17. Jh. gezogen, das bis dahin der Diözese Dijon als Kleines Seminar gedient hatte.
Die Mönche malen kostbare Ikonen und sind Spezialisten in der Herstellung von Aluminiumfenstern.

Flee – Abbaye de la Paix-Notre-Dame
Benediktinerinnen
Gründung: 1946
Anschrift: 72500 Flee (Santhe)
(bei Le Mans)
Telefon: 43 44 14 18
Unterkunft: In einem zum Kloster gehörenden Haus stehen für Ruhesuchende zehn Zimmer für Tage der Einkehr zur Verfügung.
Unweit der Loire in einem Park gelegen, ist dieses recht junge Kloster ein angenehmer Ort der Ruhe und Erholung.

Godewaersvelde-Bailleul – Abbaye de Notre-Dame-du-Mont-des-Cats
Trappisten
Gründung: 1826
Anschrift: 59270 Godewaersvelde-Bailleul (Nord)
(bei Armentières)
Telefon: 28 42 52 50
Unterkunft: Kloster mit strenger Klausur. Einkehrtage für einzelne Männer.
Das Kloster stellt einen schmackhaften Käse her.

Joignac-Montmoreau – Abbaye de Sainte-Marie-de-Maumont
Benediktinerinnen
Gründung: 1959
Anschrift: 16190 Joignac-Montmoreau (Charente)
(bei Angoulême)
Telefon: 45 60 30 12
Unterkunft: Für Einzelpersonen und Gruppen zu Besinnungstagen.
Das Kloster ist in einer Burg am Ende eines engen grünen Tals untergebracht, die Kirche im früheren Landwirtschaftsgebäude.

Jouarre – Abbaye de Notre-Dame
Benediktinerinnen
Gründung: 634
Anschrift: 6, rue Montmorin,
77460 Jouarre (Seine-et-Marne)
Telefon: 60 22 06 11
Unterkunft: Drei modernisierte Gebäude mit 64 Betten in Ein- und Zweibettzimmern dienen für Einzelpersonen, auch Männer, und Gruppen als Gästehaus, für Tage der Ruhe und Besinnung und für Einkehrtage. Möglich ist auch die Teilnahme an der Arbeit und am Gebet der Kommunität.
Die Krypta von Jouarre aus der Merowingerzeit ist eines der bedeutendsten frühmittelalterlichen Bauwerke in Frankreich, gehört jetzt allerdings nicht mehr zum Kloster. Im Inneren schöne Kreuzgewölbe, getragen von eleganten korinthischen Säulen; in kostbaren Schreinen die sterblichen Überreste der Gründer. Bekannt ist das Kloster auch für seine Töpferwerkstatt. Im kleinen Klosterladen werden kleine Kreuze, Figurengruppen und Krippen verkauft, die die Nonnen in sehr persönlichem Stil selbst herstellen. Das Kloster hat auch eine Werkstatt zur Herstellung und Restaurierung von Strohstühlen.

Jouaye-Mondaye – Abbaye de Saint-Martin
Prämonstratenser
Gründung: 1212
Anschrift: 14250 Jouaye-Mondaye (Calvados)
Telefon: 31 92 58 11
Unterkunft: Das Kloster ist für jedermann offen, Aufenthalt jedoch längstens eine Woche. Schriftliche oder telefonische Voranmeldung ist zu empfehlen.
Große Anlage des 18. Jh., erbaut vom Mönch und Architekten Restout im Stil des Klassizismus.

Jousques – Abbaye de Notre-Dame-de-Fidélité
Benediktinerinnen
Gründung: 1968
Anschrift: 13490 Jousques (Bouche-du-Rhône)
(bei Aix-en-Provence)
Telefon: 42 57 80 17
Unterkunft: Nur zu Tagen der Erholung für Einzelpersonen und Gruppen.
Das Kloster betreibt einen kleinen Verlag. Es ist umgeben von Lavendelfeldern, die den Nonnen den Grundstoff für eine Reihe von Produkten liefern.

La Meilleraye-de-Bretagne – Abbaye de Notre-Dame
Trappisten
Gründung: 1142
Anschrift: 44520 La Meilleraye de Bretagne (Loire-Atlantique)
(bei Châteaubriant)
Telefon: 40 55 20 01
Unterkunft: Nur für Männer zu Einkehrtagen; strenges Schweigen ist zu beachten.
Das Kloster in schöner Lage am Wasser ist nicht zu besichtigen.

La-Seine-sur-Mer – Monastère du Clòs-Bethléem
Benediktinerinnen
Gründung: 1925
Anschrift: 378, rue Jean Baptiste Ivaldi, 83500 La-Seine-sur-Mer (Var)
(bei Toulon)
Telefon: 94 94 84 07
Unterkunft: Nicht vorgesehen.
Das Kloster ist ein Zentrum der Marienverehrung und gibt die Zeitschrift „L'Appel du Cœur douloureux et immaculé de Marie" heraus.

Laval – Abbaye de Notre-Dame-de-la-Coudre
Trappistinnen
Gründung: 1859
Anschrift: 0537 Laval (Mayenne)
Telefon: 43 02 85 85
Unterkunft: Keine Einschränkungen, auch längere Aufenthalte sind möglich.
Mutterkloster einer Reihe weiterer Niederlassungen in Frankreich und Belgien. Lebensmittelproduktion und Süßwarenherstellung.

Laval-Roquecezière-Saint-Sernin-sur-Rance – Monastère de Notre-Dame-d'Orient
Benediktinerinnen
Gründung: 1825
Anschrift: 12380 Laval-Roquecezière, Saint-Sernin-sur-Rance (Aveyron)
Telefon: 65 99 60 88
Unterkunft: Für Männer und Frauen zu Tagen des Gebetes. Schriftliche Voranmeldung erforderlich.
Das Kloster liegt an einem alten Wallfahrtsort; ihren Höhepunkt erreichen die barocken Feierlichkeiten, die an diesem Ort begangen werden, am Pfingstmontag.

Le Plantay – Abbaye de Notre-Dame-des-Dombes
Trappisten
Gründung: 1863
Anschrift: 01330 Le Plantay (Ain)
Telefon: 74 98 14 40
Unterkunft: Im Gästehaus finden Männer und Frauen zu Besinnungstagen Aufnahme. Für Jugendgruppen steht ein eigener Raum zur Verfügung.
Das Kloster ist seit 1937 Sitz einer der ersten Vereinigungen, die sich in Frankreich für die Ökumene einsetzten.
Verkauft werden im Klosterladen Marmeladen, Bücher und Devotionalien.

Limon-Vauhallan – Abbaye de Saint-Louis-de-Temple
Benediktinerinnen
Gründung: 1938
Anschrift: 91430 Limon-Vauhallan (Essonne)
(17 km von Paris entfernt)
Telefon: 69 85 21 20
Unterkunft: Sehr gut ausgestattetes Gästehaus (30 Zimmer, Bibliothek, Gemeinschaftsraum) für Besinnungstage. Aufnahme finden einzelne Personen und Gruppen.
Die historische Abtei, von Paris aus gegründet, ist ein Treffpunkt für katholische Intellektuelle und Schriftsteller. Zum Verkauf angeboten werden Produkte des landwirtschaftlichen Betriebes.

Martigné-Briand – Monastère de Notre-Dame-de-Compassion
Benediktinerinnen
Gründung: 1956

Anschrift: 49450 Martigné-Briand (Maine-et-Loire)
(bei Angers)
Telefon: 41 59 42 85
Unterkunft: Aufnahme finden alle, die mit den Nonnen die Zeiten des Gebets und der Andacht teilen wollen.
Atelier für Ikonenmalerei und Herstellung von Karten.

Mas Grenier – Abbaye de Saint-Pierre
Benediktinerinnen
Gründung: 1817
Anschrift: 82600 Mas Grenier (Tarn-et-Garonne)
(bei Toulouse)
Telefon: 63 02 51 22
Unterkunft: Gästehaus für Männer und Frauen mit 35 Zimmern; erforderlich ist schriftliche Voranmeldung.
Die Klostergebäude gehörten zu einem im 10. Jh. gegründeten Männerkloster.

Mesnil-Saint-Loup – Monastère de Notre-Dame-de-la-Sainte-Espérance
Olivetaner
Gründung: 1864
Anschrift: 10191 Mesnil-Saint-Loup (Aube)
(bei Troyes)
Telefon: 25 40 40 82
Unterkunft: Für Einzelpersonen und Gruppen zu Besinnungstagen.
Die kleine Kommunität, zu Bec-Hellouin gehörend, betreibt eine Töpferwerkstatt.

Moustier-en-Fagne – Prieuré de Saint-Odilon
Benediktinerinnen
Gründung: 1962
Anschrift: 18, Grand rue,
59132 Moustier-en-Fagne (Nord)
Telefon: 27 61 81 28
Unterkunft: Fünf Zweibettzimmer, ein Vierbettzimmer, sechs Einbettzimmer. Mit eigener Küche für Gruppen.
Das Chorgebet der Gemeinschaft findet im slawisch-byzantinischen Ritus statt. Die Nonnen malen Ikonen.

Mugron – Abbaye de Notre-Dame-de-Maylis
Olivetaner
Gründung: 1946
Anschrift: 40250 Mugron (Landes)
(bei Mont-de-Marsan)
Telefon: 58 97 72 81
Unterkunft: Für Gruppen zu Besinnungstagen.
Das Kloster gehört zu einem alten Wallfahrtsort. Die Mönche ziehen Heilpflanzen, die der Auflösung von Nierensteinen dienen sollen.

Oriocourt – Abbaye du Sacre-Cœur
Benediktinerinnen
Gründung: 1860
Anschrift: 57900 Oriocourt (Moselle)
(zwischen Metz und Nancy)
Telefon: 87 01 31 67
Unterkunft: Für Einzelpersonen und Gruppen, die einen Ort der Stille suchen. Es besteht die Möglichkeit, an der Liturgie des Klosters teilzunehmen.
Das einzige Benediktinerkloster in Lothringen. Hier werden Naturprodukte verkauft.

Ottmarsheim – Monastère de Sainte-Anne-de-Ottmarsheim
Benediktinerinnen
Gründung: 1030/1848
Anschrift: 68490 Ottmarsheim (Haut-Rhin)
(bei Mülhausen im Elsaß)
Telefon: 89 26 05 29
Unterkunft: Nur für Gruppen zu Besinnungstagen, längstens drei Tage.
Die Klosterkirche, ein oktogonaler Bau, wurde im 11. Jh. nach dem Vorbild der Pfalzkapelle von Aachen errichtet.

Ozon – Abbaye de l'Immaculée Conception
Benediktinerinnen
Gründung: 1934
Anschrift: 651900 Ozon (Hautes-Pyrénées)
(in der Nähe von Tarbes)
Telefon: 62 35 71 55
Unterkunft: Nur in Ausnahmefällen.
Das Kloster verkauft Töpferwaren und Produkte seines landwirtschaftlichen Betriebs.

Paris – Abbaye de Sainte-Marie
Benediktiner der Kongregation von Solesmes
Gründung: 1893
Anschrift: 3, rue de la Source,
75016 Paris
Telefon: 45 25 30 07
Unterkunft: Einzelne Männer oder Gruppen finden hier Aufnahme zu Besinnungstagen.
Das spirituelle Zentrum im Herzen von Paris besitzt eine nicht unbedeutende Bibliothek.

Plancherine – Abbaye de Notre-Dame-de-Tamié
Trappisten
Gründung: 1132
Anschrift: Plancherine, 73200 Albertville (Savoyen)
Telefon: 79 32 58 37
Unterkunft: Für Männer und Frauen, 30 Zimmer stehen zur Verfügung. Rechtzeitige Voranmeldung erforderlich.

Tamié wurde 1132 vom hl. Petrus von Tarentaise gegründet, 1861 völlig neu erbaut. Die weißen Klostergebäude sind in der weiten und unberührten Berglandschaft mit reicher Vegetation schon von weitem sichtbar. Sehr empfehlenswert ist der im Kloster hergestellte Käse.

Plouharnel – Abbaye de Saint-Michel-de-Kergonnan
Benediktinerinnen
Gründung: 1898
Anschrift: 56340 Plouharnel (Morbihan)
Telefon: 97 52 32 14
Unterkunft: Das Gästehaus verfügt nur über beschränkten Raum, in den Monaten Juli und August haben die Angehörigen der Nonnen Vorrang vor anderen Gästen. Nach schriftlicher Anfrage ist die Aufnahme von Frauen, einzeln oder in kleinen Gruppen, von April bis Oktober möglich.
Das große Frauenkloster St-Michel-de-Kergonnan wurde zugleich mit dem Männerkloster errichtet. Der Bau wurde im Neorenaissancestil mit malerischen Giebeln und Türmchen ausgeführt.

Plouharnel – Abbaye de Sainte-Anne-de-Kergonnan
Benediktiner der Kongregation von Solesmes
Gründung: 1897
Anschrift: 56340 Plouharnel (Morbihan)
Telefon: 97 52 30 75
Unterkunft: Nur für Männer und Gruppen von männlichen Jugendlichen. Erwartet wird die Teilnahme am Chorgebet und am Essen im Refektorium mit den Mönchen. Voranmeldung erforderlich.
Frauen finden im nahegelegenen Frauenkloster von St-Michel Unterkunft.
Die im Grünen liegende Abtei in der Nähe des Meeres besteht aus einem Ensemble von moderner und traditioneller Architektur. Die moderne Kirche mit außergewöhnlich guter Akustik bringt den wundervollen Klang des gregorianischen Gesangs voll zur Geltung.

Plouneventer – Monastère de Kerbeneat
Benediktinerinnen
Gründung: 1977
Anschrift: 29400 Plouneventer (Finistère) (nördliche Bretagne, zwischen Brest und Morlaix)
Telefon: 98 20 47 43
Unterkunft: Für kleine Gruppen (zwei Schlafsäle) und für Einzelpersonen (zwölf Zimmer).
Im Kloster befindet sich ein Schneideratelier.

Pradines – Abbaye de Saint-Joseph-et-de-Saint-Pierre
Benediktinerinnen
Gründung: 1818
Anschrift: 42630 Pradines (Loire) (bei Roanne)
Telefon: 77 64 80 06
Unterkunft: Für Einzelpersonen oder Gruppen zu Besinnungstagen.
Vom Kloster von Pradines ging die Erneuerung des Benediktinerordens in Frankreich aus, von hier aus hat sich die Kongregation vom Unbefleckten Herzen Mariens verbreitet.

Reiningue – Abbaye de Notre-Dame-de-Oelenberg
Trappisten
Gründung: 1046
Anschrift: 68950 Reiningue (Haut-Rhin) (bei Mülhausen im Elsaß)
Telefon: 89 81 91 23
Unterkunft: Gästehaus für Männer und Frauen zu Besinnungstagen.
Die Abtei wurde von Mönchen aus Darfeld in Westfalen übernommen. Verkauft werden Agrarprodukte aus der Landwirtschaft des Klosters.

Rosans – Monastère de Notre-Dame-de-Miséricord
Benediktinerinnen
Gründung: 1991
Anschrift: 05150 Rosans (Hautes-Alpes) (südlich von Gap)
Telefon: 92 66 63 98
Unterkunft: Nur für Gruppen zu Einkehrtagen.
Das Kloster und die Kirche sind in früheren landwirtschaftlichen Gebäuden untergebracht. Bekannt sind die Süßwaren und Marmeladen des Klosters.

Rosheim – Monastère de Notre-Dame-de-Rosheim
Benediktinerinnen
Gründung: 1862
Anschrift: 1, rue Saint-Benoît, 67560 Rosheim (Bas-Rhin) (bei Straßburg im Elsaß)
Telefon: 88 50 41 67
Unterkunft: Ganzjährig geöffnetes Gästehaus, für alle zugänglich, zu Tagen der Besinnung oder des Gebetes.
Am 11. Juli jeden Jahres finden besondere Feierlichkeiten zu Ehren des hl. Benedikt, des Patrons von Europa, statt.

Rouen – Monastère de l'Immaculée Conception
Benediktinerinnen
Gründung: 1677

Anschrift: 14, rue Bourg l'Abbé, 76000 Rouen (Seine-Maritime) (in der Normandie)
Telefon: 35 98 35 95
Unterkunft: Nur für junge Frauen.
Das Kloster zur Unbefleckten Empfängnis liegt zwar im Stadtzentrum, ist aber von einem großen Garten umgeben. Es ist bekannt für das Backwerk, das die Nonnen herstellen.

Roybon – Abbaye de Notre-Dame-de-Chambaran
Trappistinnen
Gründung: 1931
Anschrift: 38940 Roybon (Isère) (60 km von Grenoble entfernt)
Telefon: 76 36 22 68
Unterkunft: Das Gästehaus steht nur Teilnehmern von Einkehrtagen zur Verfügung.
Im Kloster werden Bücher religiösen und spirituellen Inhalts gedruckt; auch erstklassiger Käse wird hier hergestellt.

Saint-Amand-Tallende – Abbaye de Notre-Dame-de-Randol
Benediktiner der Kongregation von Solesmes
Gründung: 1971
Anschrift: 63450 Saint-Amand-Tallende (Puy-de-Dôme)
Telefon: 73 39 31 00
Unterkunft: Im Kloster nur für einzelne Männer und kleine Gruppen; in einem weiteren Gebäude finden auch Frauen, Familien und gemischte Gruppen Aufnahme.
Einzigartig ist der Kontrast zwischen den ultramodernen weißen Gebäuden und der unberührten Landschaft.

Saint-André – Monastère de Notre-Dame-de-la-Plaine
Zisterzienserinnen
Anschrift: 287, avenue de Lattre de Tassigny, 59876 Saint-André (Nord) (bei Lille)
Telefon: 20 51 76 20
Unterkunft: Für Einzelpersonen und kleine Gruppen zu Besinnungstagen; es stehen nur einige wenige Zimmer zur Verfügung.
Mutterhaus der Zisterzienserinnen vom hl. Bernhard.

Saint-Benoît – Abbaye de Sainte-Croix
Benediktinerinnen
Gründung: 552
Anschrift: 8620 Saint-Benoît (Vienne)
Telefon: 49 88 57 33
Unterkunft: Allen, die den Frieden und die Ruhe des klösterlichen Lebens teilen wollen, bietet das Gästehaus der Abtei mit 30 Zimmern, zwei Versammlungsräumen, einer Bibliothek und einem weiten Park für Spaziergänge die Gelegenheit dazu. Der Aufenthalt kann einen Tag, aber auch zwei Wochen dauern.
Für Frauen im Alter von 25 bis 30 Jahren gibt es auch die Möglichkeit, das Leben der Kommunität mit Gebet, Gespräch und Arbeit zu teilen. Auch Gebets- und Besinnungswochenenden werden angeboten.
Auskünfte bei der für die Gäste zuständigen Schwester (Tel. 49 88 57 33 von 10.00 bis 13.30 und 14.30 bis 17.30 Uhr).
Die modernen Gebäude in einem großen Park, nicht weit entfernt von der berühmten Abtei Ligugé, lassen nicht ohne weiteres daran denken, daß die Kommunität hier Erbin eines der ältesten und berühmtesten Frauenklöster in Frankreich ist. Das Kloster zum Heiligen Kreuz, im 6. Jh. von der hl. Radegundis, der Frau von König Chlothar I., gegründet, zählte zu den bedeutendsten klösterlichen Niederlassungen des gesamten Mittelalters. Diesen Rang hatte es vor allem wegen der kostbaren Reliquie des „Wahren Kreuzes" inne, die Kaiser Justin II. im Jahr 569 Königin Radegundis anvertraut hatte.
Die Französische Revolution vertrieb die Nonnen, die elf Jahrhunderte lang ununterbrochen in diesem Kloster gelebt hatten. Seit 1965 sind sie in den jetzigen modernen Gebäuden untergebracht.

Saint-Bernard-du-Touvet – Monastère de Notre-Dame-des-Petites-Roches
Zisterzienserinnen
Gründung: 1970
Anschrift: 38720 Saint-Bernard-du-Touvet (Isère) (zwischen Grenoble und Chambéry)
Telefon: 76 08 31 13
Unterkunft: 30 Betten für Einzelpersonen oder kleine Gruppen zu Besinnungstagen.
Moderner Gebäudekomplex in Berglandschaft.

Saint-Etienne-de-Lugdarès – Abbaye de Notre-Dame-des-Neiges
Trappisten
Gründung: 1850
Anschrift: 07590 Saint-Etienne-de-Lugdarès (Ardèche) (bei Mende)
Telefon: 66 46 00 68
Unterkunft: Für Männer und Frauen, Einzelpersonen und Gruppen; Voranmeldung ist erforderlich.
In diesem Trappistenkloster erfuhr Charles

de Foucauld seine Berufung zum mönchischen Leben; dem großen Asketen der Wüste ist ein kleines Museum gewidmet.

Saint-Georges-des-Gardes – Abbaye de Notre-Dame-des-Gardes
Trappistinnen
Gründung: 1818
Anschrift: 49120 Saint-Georges-des-Gardes (Maine-et-Loire)
(bei Cholet)
Telefon: 41 62 91 13
Unterkunft: Für Einzelpersonen, Paare und kleine Gruppen zu Besinnungstagen und Gebetswochenenden.
Das Kloster wird von vielen Menschen zum Gebet aufgesucht. Außerdem ist es bekannt für die Herstellung von Fruchteis sowie von Heiligenbildern und Ikonen.

Saint-Jean-de-Braye – Abbaye de Saint-Jean-et-Saint-Benoît
Benediktinerinnen
Gründung: 1960
Anschrift: 65, avenue de Verdun, 45801 Saint-Jean-de-Braye (Loiret)
(bei Orléans)
Telefon: 38 61 43 05
Unterkunft: 13 Zimmer für einzelne Frauen oder Familien. Kloster auf Zeit für Frauen.
Das im Kloster hergestellte bekannte Eau d'Emeraude (Smaragdwasser), eine Lotion auf pflanzlicher Basis, wird auch auf Bestellung versandt.

Saint-Julien-l'Ars – Monastère de l'Annonciation-de-Notre-Dame
Benediktinerinnen
Gründung: 1617/1962
Anschrift: 11, rue du Parc, 86800 Saint-Julien-l'Ars (Vienne)
(bei Poitiers)
Telefon: 49 56 66 45
Unterkunft: Neu erbautes Gästehaus für Männer und Frauen zu Besinnungstagen.
Das Gästehaus und die Kirche, neben einem Renaissanceschloß gelegen, wurden von zwei Schülern von Le Corbusier entworfen. Das Kloster liegt in einem großen Park.

Saint-Pol-sur-Ternoise-Troisvaux – Abbaye de Notre-Dame-de-Belval
Trappistinnen
Gründung: 1893
Anschrift: 62130 Saint-Pol-sur-Ternoise-Troisvaux
Telefon: 21 03 11 65
Unterkunft: Gästehaus innerhalb und außerhalb des Klosters, letzteres mit 30 Betten.
Das Kloster betreibt eine wirtschaftlich bedeutende Käserei.

Saint-Thierry – Monastère de Saint-Thierry
Benediktinerinnen
Gründung: 6. Jh.
Anschrift: place de l'Abbaye, 51220 Saint-Thierry (Marne)
Telefon: 26 03 10 72
Unterkunft: Die zur Kongregation der hl. Bathilde gehörenden Klöster legen viel Wert auf die Begegnung mit Menschen. Gastfreundschaft wird daher Einzelpersonen und Gruppen nicht nur zugestanden, sondern ist geradezu ein wesentliches Moment im Leben der Kommunität. Mit der für Gäste zuständigen Schwester können Zeiten des Aufenthalts im Kloster für Meditation und Gespräche mit den Nonnen vereinbart werden.
Das Frauenkloster St-Thierry steht an dem Ort, wo der hl. Thierry, ein Gefolgsmann des Bischofs Remigius von Reims, im 6. Jh. ein bedeutendes Männerkloster gegründet hat. 1968 zogen die Benediktinerinnen an diesen ehrwürdigen Ort und errichteten hier ihre Kommunität des Gebetes und der Arbeit. Die Gemeinschaft hat ihren Mittelpunkt im Kapitelsaal aus dem 12. Jh., der heute in ein Gebäude aus neuerer Zeit mit einbezogen ist und als Klosterkapelle dient.

Simiane-Collongue – Monastère de Sainte-Lioba
Benediktinerinnen
Gründung: 1966
Anschrift: 13109 Simiane-Collongue (Bouches-du-Rhône)
(zwischen Aix-en-Provence und Marseille)
Telefon: 42 22 60 60
Unterkunft: Nur für Einkehrtage unter Beachtung des Schweigens und der im Kloster herrschenden Ruhe.
Das Kloster ist zwar eine Gründung der neueren Zeit, hat aber eine Kapelle, die auf das 10. Jh. zurückgeht. In der Nähe befindet sich auch ein Männerkloster.

Tourcoign – Monastère du Cœur-Tres-Pur-de-Marie
Benediktinerinnen
Gründung: 1921
Anschrift: 18, rue Faidherbe, 59200 Tourcoign (Nord)
Telefon: 20 26 49 16
Unterkunft: Gästehaus im Klostergarten für Gruppen.
Das Kloster zum Reinen Herzen Mariens besitzt ein Goldschmiede-Atelier.

Tournay – Abbaye de Notre-Dame
Benediktiner der Kongregation von Subiaco
Gründung: 1952

Anschrift: 65190 Tournay (Hautes-Pyrénées)
(bei Tarbes)
Telefon: 62 35 70 21
Unterkunft: Großes Gästehaus mit Männertrakt (30 Zimmer) und kleinerem Frauentrakt (zwölf Zimmer).
Moderne Gebäude; Verlagstätigkeit.

Urt – Abbaye de Notre-Dame-de-Belloc
Benediktiner der Kongregation von Subiaco
Gründung: 1875
Anschrift: 64240 Urt (Pyrénées-Atlantiques)
(bei Bayonne)
Telefon: 59 29 65 55
Unterkunft: Für Männer und Frauen, Einzelpersonen und Gruppen.
Das Kloster betreibt eine Käserei.
Ganz in der Nähe liegt das Frauenkloster Ste-Scholastique.

Urt – Monastère de Sainte-Scholastique
Benediktinerinnen
Gründung: 1883
Anschrift: 64240 Urt (Pyrénées-Atlantiques)
(bei Bayonne)
Telefon: 59 29 65 88
Unterkunft: Für Männer und Frauen, aber nur zu Einkehrtagen.
Wachsfabrik und Herstellung von Kerzen.

Valognes – Abbaye de Notre-Dame-de-Protection
Benediktinerinnen
Gründung: 1623/19. Jh.
Anschrift: 8, rue des Capucines, 50700 Valognes (Manches)
(in der Normandie, bei Cherbourg)
Telefon: 33 95 01 41
Unterkunft: Für Einzelpersonen und Gruppen, vorherige schriftliche Anmeldung erforderlich. Kloster auf Zeit für junge Frauen.
Die Kommunität ist in einem früheren Kapuzinerkonvent untergebracht.

Vanves – Prieuré de Sainte-Bathilde
Benediktinerinnen
Gründung: 1921
Anschrift: Rue d'Issy, 92170 Vanves (Haute-de-Seine)
(in der Nähe von Paris)
Telefon: 46 42 46 20
Unterkunft: Für Einzelpersonen und kleine Gruppen zu Besinnungstagen.
Das Kloster im Zentrum des kleinen Städtchens ist das Mutterkloster der kleinen Kongregation der hl. Bathilde. Die modernen Klostergebäude sind von dem Mönch und Architekten Dom Bellot errichtet worden.

Verneuil-sur-Avre – Abbaye de Saint-Nicolas
Benediktinerinnen
Gründung: 1627
Anschrift: 124, rue de la Place-Notre-Dame, 27132 Verneuil-sur-Avre (Eure)
(in der Normandie, bei Evreux)
Telefon: 32 32 02 94
Unterkunft: Behagliches Gästehaus, bestehend aus zahlreichen kleinen Häuschen mit Ein- oder Zweibettzimmern. Aufnahme finden Männer und Frauen zu Besinnungstagen.
Das Kloster in der Unterstadt des schönen Städtchens in der Normandie ist bekannt für seine Keksfabrik.

Wisques – Abbaye de Notre-Dame-de-Wisques
Benediktinerinnen
Gründung: 1869
Anschrift: 62219 Wisques (Pas-de-Calais)
(bei Saint-Omer)
Telefon: 21 95 12 26
Unterkunft: Für Männer und Frauen, einzeln oder in kleinen Gruppen, zu Besinnungstagen.

Wisques – Abbaye de Saint-Paul
Benediktiner der Kongregation von Solesmes
Gründung: 1889
Anschrift: 62219 Wisques (Pas-de-Calais)
(bei Saint-Omer)
Telefon: 21 95 11 04
Unterkunft: 28 Zimmer für Männer, Paare und gemischte Gruppen. Möglichkeit zum Camping.
Beeindruckende Klosteranlage in eklektizistischem Stil, vom Architekten und Benediktiner Bellot erbaut.

Wie aus der Karte zu ersehen ist, ist das monastische Leben in Spanien vor allem im Norden konzentriert, wo die katholischen Könige regiert haben. Die rot punktierte Linie zeigt den Jakobsweg, den Pilgerweg nach Santiago de Compostela, der von zahlreichen Pilgern aus ganz Europa gegangen wird. In Portugal ist nach den Aufhebungen des vorigen Jahrhunderts das monastische Leben fast ganz verschwunden.

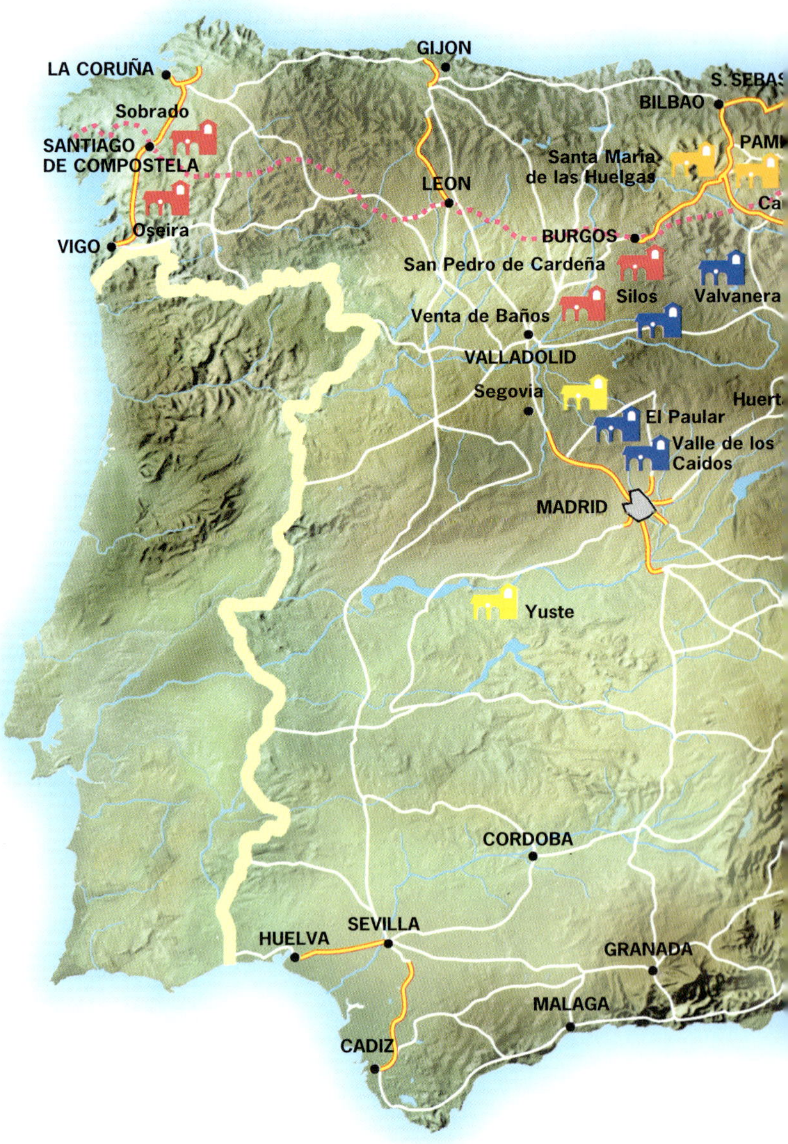

SPANIEN

Obwohl Spanien lange Zeit von muslimischen Herrschern regiert wurde, gibt es altehrwürdige monastische Niederlassungen, vor allem im Norden, der zunächst unter der Herrschaft der Westgoten und dann der Königreiche von Navarra, Asturien und Kastilien stand. Vor allem entlang des Pilgerwegs nach Santiago de Compostela, der durch das nördliche Spanien führt, wurden im Laufe des Mittelalters zahlreiche Klöster gegründet. Nach einer von Valladolid ausgehenden Reform setzte allerdings in den Benediktinerklöstern Spaniens der Niedergang ein. Nicht einmal in der Barockzeit, im „goldenen Jahrhundert“ der spanischen Geschichte, konnte das benediktinische Mönchtum eine bestimmende Rolle zurückgewinnen; der Aufschwung des Klosterwesens durch neu entstehende Klöster kam weniger den alten monastischen Bewegungen, sondern mehr den Bettelorden und Klerikerkongregationen zugute. Die Französische Revolution und dann, ab 1835, die antiklerikalen Gesetze des Ministers Mendizábal bedeuteten das Ende der monastischen Tradition in Spanien. Die langsame und mühevolle Wiederbelebung ist zum größten Teil den französischen Klöstern der Kongregation von Solesmes und den Trappisten zu verdanken, die die verlassenen Abteien von Leyre, Samos, Poblet, Valvanera und Oliva wieder mit monastischem Leben erfüllten und ihrerseits neue Klöster errichteten.

Burgos – Monasterio de Santa María la Real de las Huelgas

Zisterzienserinnen/Trappistinnen

Das Kloster liegt in einer ruhigen Vorstadt von Burgos, etwa 1 km von der Kathedrale entfernt. Vom Zentrum aus gute Hinweisbeschilderung; auffallend ist der quadratische Turm.

Gründung: *1187*
Anschrift: *09001 Burgos (Altkastilien)*
Telefon: *947/20 16 30*

Eingang zum Kloster Las Huelgas bei Burgos, das 1187 von Alfons VIII. von Kastilien gegründet wurde.

Der beeindruckende Gebäudekomplex von Las Huelgas zählt zu den gotischen Wunderwerken von Burgos, der alten Hauptstadt von Kastilien, die auch eine wichtige Station auf dem Pilgerweg nach Santiago de Compostela ist. Auch heute noch kann man immer wieder Pilger sehen, die sich unter dem äußeren Laubengang seitlich des Klosters ausruhen. Die Anlage, die zu einem nationalen Denkmal geworden ist, wahrt bis heute ihre religiöse Bestimmung dank der Kommunität der Zisterzienserinnen, die seit Jahrhunderten – trotz Enteignung und gesetzlicher Beschränkungen – die Geschicke des Klosters bestimmt. Dazu kommt, daß Las Huelgas heute eines der interessantesten noch bestehenden Beispiele für ein Kloster königlicher Gründung in Spanien ist – weshalb auch vor allem Mitglieder adeliger Familien hier zu Gast sind. Es war König Alfons VIII. von Kastilien, der das Kloster 1187 an dem Ort, wo seine Sommerresidenz stand (*huelgas* heißt „Erholung"), erbauen ließ. Da das Kloster auf dem Pilgerweg nach San Santiago lag, wurde auch ein großes Hospiz errichtet. Am Ende des 13. Jh. wurde das Kloster in der Gestalt, wie wir es heute noch sehen, vollendet. Seine Äbtissinnen hatten große Machtbefugnisse, sie trugen Mitra, Brustkreuz und den Hirtenstab wie die Bischöfe; zwar wurde diese Tradition im Laufe der Zeit aufgegeben, aber die Äbtissin von Las Huelgas hat heute noch die Jurisdiktion über alle spanischen Klöster inne.
Die Kommunität (etwa 40 Nonnen) steht in Blüte und ist geistlicher Mittelpunkt nicht nur für Burgos, sondern für ganz Spanien; so ist Las Huelgas eines der – von Pilgern wie Touristen – meistbesuchten Klöster, trotz der strengen Klausur, an die die Nonnen gebunden sind.

Kunst / Sehenswürdigkeiten: Die dreischiffige gotische Kirche wird geteilt von einer Wand, die den großen Chor der Nonnen von den der Öffentlichkeit zugänglichen Bereichen abtrennt. Eine drehbare Tribüne ermöglichte es dem Priester, für beide Teile der Kirche zu zelebrieren. In den Schiffen der Kirche finden sich die prachtvollen Grabmäler von Ferdinand de Cerda, Alfons VIII. und seiner Frau Eleonore von Aquitanien. Über dem Kreuzgang des hl. Ferdinand, ausgeführt im Mudejar-Stil (Mischstil aus maurischen und abendländischen Elementen, benannt nach den Mudejaren, arabischen Künstlern und Handwerkern im christlichen Spanien), öffnet sich der Kapitelsaal mit schönen Säulen, flämischen Gemälden und Porträts der Könige und der

Äbtissinnen; sie erlauben es, Entfaltung und Wechsel der klösterlichen Kleidung zu beobachten; im kleinen romanischen Kreuzgang, *Claustrillo* genannt, sind die Kapitelle bemerkenswert; im *Museo de Ricas Telas* (Museum der kostbaren Gewänder) sind die 1942 bei der Öffnung einiger Sarkophage aufgefundenen originalen Gewänder ausgestellt, mit denen bekleidet die Adeligen bestattet worden sind.

Besichtigung: Besichtigung mit Gruppenführung. Eintrittskarten sind in dem kleinen Laden gleich hinter dem großen Hof erhältlich. Öffnungszeiten: 10.30 bis 13.15 und 16.00 bis 17.45 Uhr. Besichtigt werden können die Kirche, die Grabmäler der Gründer und der Adeligen, der große Kreuzgang, der Kapitelsaal (Aufbewahrungsort der „Fahne", die den Mauren beim Sieg von Las Navas de Tolosa 1212 abgenommen wurde), ein kleiner Durchgangsraum mit Stuckdecke im Mudejar-Stil, der kleinere, mit Blumen geschmückte Kreuzgang – eine Kostbarkeit des 12. Jh., zum Teil der Klausur vorbehalten – und ein kleines Museum, in dem kostbare mittelalterliche Gewänder aufbewahrt werden, die in den wenigen Sarkophagen, die der Plünderung durch die Napoleonischen Truppen entgangen waren, gefunden wurden.

Gebetszeiten: 5.00 Uhr Matutin; 8.30 Uhr (Sonn- und Feiertage 8.15 Uhr) Laudes; 10.15 Uhr Terz; 13.00 Uhr Sext; 15.00 Uhr Non; 19.00 Uhr Vesper; 20.45 Uhr Komplet. Gäste des Klosters können am Chorgebet teilnehmen, für Besucher ist dies auf Anfrage möglich; man wende sich an die Pforte.

Klosterladen: Die Nonnen betreiben eine kleine Schneiderei; am Schalter für die Eintrittskarten können auch Bücher und Souvenirs gekauft werden.

Angebote für Gäste: In dem kürzlich restaurierten Gästehaus herrscht noch die gleiche Atmosphäre wie im Mittelalter, als hier die Pilger auf dem Jakobsweg Aufnahme fanden. Leider gibt es nur 15 Zimmer (nur für Frauen), und die Warteliste ist sehr lang.

Burgos – Monasterio de San Pedro de Cardeña

Trappisten

Das Kloster liegt 7 km außerhalb von Burgos. Aus dem Zentrum von Burgos kommend, folgt man zunächst den Hinweisschildern zur Cartuja (Kartause) de Miraflores, links vorbei am städtischen Campingplatz, dann links in das Tal bis zum gewaltigen Komplex des Klosters.

Gründung: *530*
Anschrift: *09193 Burgos (Altkastilien)*
Telefon: *947/29 00 33*

Für die Spanier ist San Pedro de Cardeña das Kloster von El Cid. Die Erinnerung an den Nationalhelden ist hier, in dem alten großen Kloster in abgeschiedener Lage wenige Kilometer von Burgos, tatsächlich allgegenwärtig.

Detail der Fassade der Kirche San Pedro de Cardeña mit der Statue von El Cid, auch Campeador genannt.

Die große Klosteranlage San Pedro de Cardeña, in abgeschiedener Lage in der Nähe von Burgos.

Die Anlage wirkt seltsam und inhomogen, sie ist gezeichnet von zahlreichen Zerstörungen, von den Profanierungen und Aufhebungen, die sie im Laufe der 15 Jahrhunderte ihrer Geschichte erlitten hat. Auffallend ist die Mischung der Architekturstile.
Schauplatz des tragischen Martyriums von 200 Mönchen zu Zeiten der muslimischen Herrschaft, wurde das Kloster für Jahrhunderte Ziel von Pilgern, die vom Wunder der „Madonnina del Chiostro" angezogen wurden, die seit dem tragischen Ereignis ohne Unterlaß Tränen aus Blut vergoß. Hauptanziehungspunkt von Cardeña ist jedoch das Pantheon der Familie des Cid (Rodrigo Días de Vivar, 1043–1099), obwohl die Sarkophage des Campeador (Kämpfer) und seiner Frau Jimena leer (die Gebeine ruhen in der Kathedrale von Burgos) und die Grabmale wegen ihrer Höhe nur schlecht zu sehen sind; an den Wänden finden sich zahlreiche Gedenkplatten, die an die edle Herkunft des Cid und seine Verbindungen zum Königshaus erinnern.
Als El Cid vom kastilischen Hof verbannt wurde, lebte er hier mit seiner Familie, und hier wurde der Held auch bestattet. Was wir heute an diesem Ort sehen, ist daher, vor allem für die Spanier, mehr als ein kaltes Mausoleum im Stil des 17. Jh., es ist ein Ort von großer historischer Bedeutung, wobei ausländische Besucher allerdings andere Teile des Klosters, wie zum Beispiel den kleinen romanischen Kreuzgang, mehr schätzen dürften.
Seit 1842 gehört das Kloster den Trappisten, die, von Frankreich übergesiedelt, an die Stelle der Benediktiner getreten sind (die ihrerseits 1835 aufgrund der antiklerikalen Gesetze des Ministers Mendizábal gezwungen worden waren, das Kloster zu verlassen) und die Schäden, die die verlassenen Gebäude erlitten hatten, wieder behoben.
Heute zählt die Kommunität etwa 20 Mönche; bekannt sind die Weine des Klosters.

Kunst / Sehenswürdigkeiten: Die Zeit der Aufhebung hat dem künstlerischen Erbe des Klosters schwere Schäden zugefügt. Beeindruckend ist das elegante Äußere des Baus aus dem 17. Jh. mit dem Basrelief des Portals und der originalen Fassade der Kirche, die den ursprünglich gotischen Grundriß bewahrt hat und sich jetzt an die Klostergebäude anlehnt. Im Innern sind, hoch über dem Boden, die Grabmale des Cid und seiner Frau aus dem 16. Jh. erhalten. Erwähnenswert ist eventuell noch das Lavabo des Diego de Siloé in der Sakristei, nach italienischen Vorbildern gestaltet. Bemerkenswert ist die Wendeltreppe (mit illusionistischem Effekt, wenn man von unten hochblickt), die zum (nicht zugänglichen) Glockenturm führt. Im Kapitelsaal, der im Bürgerkrieg der 1930er Jahre als Küche gedient und schwere Schäden erlitten hat, sind Gemälde von José de Ribera ausgestellt. Der Kreuzgang der Märtyrer hat auf drei Seiten schöne Säulchen mit zweifarbigen Bändern.

Besichtigung: Besichtigt werden kann die Kirche unter Führung eines Mönches (freiwillige Spenden sind erbeten) zu folgenden Zeiten: von 10.00 bis 13.30 Uhr (Sonn- und Feiertage von 12.15 bis 13.30 Uhr) und von 16.00 bis 18.00 Uhr. Ist niemand anzutreffen, wende man sich an den kleinen Andenkenladen links vom Eingang zur Kirche. In den Rundgang sind einbezogen das Pantheon des Cid, das Renaissance-Lavabo des Diego del Siloé, die Wendeltreppe, die zum Glockenturm führt, der Kapitelsaal, der Kreuzgang der Märtyrer, das Atrium mit einer Treppe aus dem 17. Jh., der Patio des Cid mit dem kleinen Palast, in dem seine Frau mit den Kindern lebte.

Gebetszeiten: 7.30 Uhr Laudes; 11.00 Uhr Messe; 17.15 Uhr Vesper; 21.15 Uhr Komplet.

Klosterladen: Im Klosterladen gibt es unter anderem wahrhafte Spezialitäten zu kaufen: verschiedene Weine, Liköre, Käse, Schokolade und Süßwaren, auch aus anderen Trappistenklöstern Spaniens.

Angebote für Gäste: Das Kloster liegt am Pilgerweg nach Santiago de Compostela und pflegte daher von alters her die Gastfreundschaft. Im Gästehaus findet jedermann Aufnahme; es verfügt über 12 moderne Zimmer mit Heizung, Bad und Toilette. Während des Aufenthalts sind die Regeln des Klosterlebens zu respektieren.

Cañas - Monasterio de Santa María la Real

Trappistinnen

Das Kloster liegt nicht weit vom Pilgerweg nach Santiago de Compostela, 5 km vom Städtchen Nájera in Richtung Santo Domingo de la Calzada. Schilder an der N 120 weisen den Weg zum Kloster und zum nahe gelegenen Augustiner-Konvent San Millán de la Cogolla.

Gründung: *1170*
Anschrift: *26225 Cañas, Nájera, Rioja (Altkastilien)*
Telefon: *941/37 90 83*

Das kleine Kloster am Rand eines Dorfes in der Region Rioja liegt auf dem Pilgerweg nach Santiago de Compostela. Von einer niedrigen Mauer mit merkwürdigen Pinienzapfen-Türmchen umgeben, fällt es nur aufgrund der massigen gotischen Kirche ins Auge, während es sich sonst kaum von den ländlichen Häusern unterscheidet, die es umgeben.

Das Grabmal der Äbtissin Urraca im Kapitelsaal des Zisterzienserinnenklosters von Cañas bei Nájera.

Der Ruhm des Klosters rührt von Doña Urraca López de Haro her, seiner vierten Äbtissin, die 1262 im Rufe der Heiligkeit gestorben ist.
Ihr Gebeine sind im Kapitelsaal aufbewahrt, in einem außergewöhnlichen Sarkophag mit einem Totengeleit von Nonnenfiguren aus Alabaster und einer imposanten und strengen Liegefigur der Äbtissin, die den Bischofsstab in Händen hält. Der Überlieferung nach wurde der Sarkophag mehrere Male geöffnet, um den Erhaltungszustand der Gebeine zu prüfen und sie vor der Profanierung zu schützen, und jedes Mal habe man ihn unversehrt vorgefunden und „einen angenehmen Duft verströmend".
Das Kloster, das im Laufe seiner langen Geschichte kaum Krisen durchmachte und nie verlassen wurde, beherbergt heute 18 Nonnen, die nach den strengen trappistischen Regeln leben.

Kunst / Sehenswürdigkeiten: Außer dem Grab der seligen Urraca ist auch noch die gotische Kirche sehenswert; hinter dem Hochaltar eine mächtige Statue von Wilhelm von Holland (16. Jh.); in der Apsis sechs große gotische Doppelfenster. Im Museum zahlreiche Kunstwerke aus Holz und Stein aus verschiedenen Epochen.

Besichtigung: Besichtigung (gegen Gebühr) von 9.45 bis 13.00 und von 15.30 bis 19.30 Uhr. Man wende sich an die Pforte. Einbezogen in die Besichtigung sind die gotische Kirche, die Sakristei, der Kapitelsaal und der Teil des neoklassizistischen Kreuzgangs, der nicht in der Klausur liegt. Im kleinen, aber sehenswerten Museum sind Fundstücke, Bilder und Modelle zur Geschichte des Klosters ausgestellt.

Gebetszeiten: 5.00 Uhr Lesung; 7.30 Uhr Laudes und Konventmesse; 9.45 Uhr Terz; 13.00 Uhr Sext; 14.45 Uhr Non; 18.30 Uhr Vesper; 20.45 Uhr Komplet; Messe an Sonn- und Feiertagen um 12.30 Uhr.

Klosterladen: Bekannt sind die von den Nonnen selbst hergestellten duftenden Rosenkränze aus Rosenblättern, eine wahrhafte Besonderheit, sowie die handbemalten Töpferwaren.

Angebote für Gäste: Cañas besitzt ein kleines Gästehaus mit acht Zimmern, beheizt und mit Bad und Toilette. Aufgenommen werden bevorzugt einzelne Frauen und Paare. Die Teilnahme am Chorgebet wird von den Gästen des Klosters erwartet.

Besonderes: Am 7. Juli jeden Jahres finden besondere Feierlichkeiten zum Gedenken an die selige Äbtissin Urraca statt.

Das Kloster Santa María la Real, im Jahr 1170 gegründet, liegt auf dem Pilgerweg nach Santiago de Compostela.

Carcastillo – Monasterio de la Oliva

Trappisten

Der Kapitelsaal des Zisterzienserklosters Oliva in Carcastillo aus dem 13. Jh. Das Kloster gehört zu den eindrucksvollsten monastischen Anlagen in Spanien.

Oliva liegt in abgeschiedener Lage in der Nähe des Städtchens Carcastillo in Navarra. Von der N 121 Tudela – Tafalla auf der Höhe von Caparosso Abzweigung nach rechts und dann ca. 20 km am Ufer des Flusses Aragón entlang; oder von Sangüesa aus, der Stadt auf dem Jakobsweg, auf einer allerdings recht holprigen Straße.

Gründung: *1140*
Anschrift: *31310 Carcastillo, Sangüesa (Navarra)*
Telefon: *948/72 50 06*

Im Kloster von Oliva, das zu den ältesten Zisterzienserklöstern in Spanien gehört, treffen unterschiedliche historische Wirklichkeiten aufeinander. Rechts vom Eingangsportal liegen die eigentlichen Klostergebäude, die von der 40 Mönche umfassenden Kommunität bewohnt werden, links sieht man die alten Gebäude, die das mittelalterliche Kloster gebildet haben, im Hintergrund liegen die großen modernen Stallungen des landwirtschaftlichen Betriebs des Klosters.
Die künstlerische Bedeutung des Klosters ist sehr beachtlich; durch eine kürzlich durchgeführte Renovierung haben die mittelalterlichen Gebäude, die als Folge der Aufhebung und Auflassung beträchtliche Schäden erlitten hatten, ihren alten Glanz zurückerhalten.
Das Kloster wurde 1140 gegründet; dank der Förderung durch die Herrscher von Navarra gewann es rasch an Bedeutung und wurde mit großartigen Bauten ausgestattet.
Der Besucher kann heute noch zahlreiche alte Räume, die fast unberührt erhalten geblieben sind, bewundern und sich an den Grünflächen freuen, auf denen früher ebenfalls Klostergebäude standen.

Kunst / Sehenswürdigkeiten: Sehenswert sind die vom ursprünglichen Bau noch erhaltene Kirche im Stil der zisterziensischen Gotik, der gotische Kreuzgang und der Kapitelsaal aus dem 13. Jh. Wie in vielen Zisterzienserkirchen sind Schmuckelemente und Ornament sehr schlicht.

Besichtigung: Man betritt das Kloster durch ein Portal, das auf einen weiten Platz führt (links ein Souvenirladen). Die Kirche hat eine (unvollendete) Barockfassade, während die eher dunkle, aber sehr eindrucksvolle Kirche selbst in gotischem Stil erbaut ist. Der Eingang liegt höher als der Altarraum, so daß der Besucher einige Stufen in das Innere der Kirche hinabsteigen muß. Vom linken Seitenschiff gelangt man in den Kreuzgang aus dem 13. Jh., über dem der schöne Kapitelsaal und ein weiterer, zum Teil baufälliger Raum liegen. Von diesem letzteren gelangt man in einen offenen Raum, über dem früher das Refektorium und die Küche lagen; von hier aus hat man einen schönen Blick auf die ganze Abtei.

Gebetszeiten: 7.00 Uhr Laudes und Messe; 13.30 Uhr Sext; 15.10 Uhr Non; 18.30 Uhr Vesper.

Klosterladen: Im Klosterladen kann man Bücher, religiöse Andenken und von den Mönchen hergestellte Töpferwaren kaufen.

Angebote für Gäste: Gemütliches, kürzlich renoviertes Gästehaus mit elf Einzel-, sieben Doppel- und drei Dreibettzimmern, mit Heizung und Bad. Es gibt keine grundsätzlichen Beschränkungen; Gäste, die Besinnungstage halten wollen, werden aber bevorzugt.

Huerta – Monasterio de Santa María

Trappisten

Das Kloster liegt an der N II, die Calatayud und Sigüenza verbindet, in der Region Soria.

Gründung: *1162*
Anschrift: *42260 Santa María de la Huerta, Sigüenza, Soria (Altkastilien)*
Telefon: *975/32 70 02*

Das Kloster von Huerta, im Herzen eines kleinen Städtchens in einer Flußschleife gelegen, ist eines der schönsten spirituellen Zentren von ganz Spanien. Dennoch ist es nur wenig bekannt und bleibt von den großen Touristen- und Pilgerströmen unberührt. Wie Oliva (s. S. 141), mit dem es die Zugehörigkeit zum Zisterzienserorden und die abgeschiedene Lage teilt, ist es also ein Kloster, das es noch zu entdecken gilt. Gegründet von Alfons VII. von Kastilien im Jahr 1162, hat es im Lauf der Zeit zum großen Teil sein ursprüngliches Aussehen und damit einige stilistische und architektonische Besonderheiten bewahrt. Die Kirche beherbergt die Grabmale der Herzöge von Medinaceli, einer der mächtigsten Familien Spaniens; das Kloster gehört damit zu den vielen kleinen Pantheons von Adelsfamilien, die über das ganze Land verbreitet sind.

Kunst / Sehenswürdigkeiten: Das Refektorium von Huerta, 1215 gebaut, gehört zu den Juwelen der monastischen Kunst in Spanien. Über eine großartige, mit neun Säulen geschmückte Treppe gelangt man in einen weiten Raum im gotischen Stil, der durch Fenster und eine Rosette Licht erhält. Sehr schön ist das von einer einfachen kleinen Säule getragene

Chorgebet im Kloster Santa María de la Huerta in der Region Soria. Das Chorgestühl mit Holzeinlegearbeit ist dem plateresken Stil zuzuordnen.

Lesepult. Bemerkenswert ist auch der große Kamin in der danebenliegenden Küche. Vom doppelstöckigen Kreuzgang ist im oberen Teil besonders die um 1531 gestaltete Dekoration in plattereskem Stil (plateresk: nach Art der Silberschmiede; spanischer Dekorationsstil des 16. Jh., aus Elementen der Spätgotik, der italienischen Renaissance und der Mudejaren zusammengesetzt) zu erwähnen, mit Medaillons, die verschiedene Porträts wiedergeben und historische Szenen darstellen.

In der Kirche – mit romanisch-gotischer Fassade, aber barocker Innenausstattung – sind bemerkenswert der Hochaltar, der Chor und die Grabmale der Herzöge von Medinaceli in der *Capilla Mayor*.

Besichtigung: Der Rundgang führt zunächst in einen ersten Kreuzgang im herrerianischen Stil des 16. Jh., von da in das Dormitorium der Konversen.
Es folgt ein zweiter, doppelstöckiger Kreuzgang, gotisch im unteren, plateresk im oberen Teil. Von hier aus geht der Rundgang weiter in die geräumige Küche und in das großartige Refektorium. Abgeschlossen wird der Rundgang mit der Besichtigung des Kapitelsaals und der Kirche mit der *Capilla Mayor*, in der die Herzöge von Medinaceli ruhen.

Angebote für Gäste: Im kleinen Gästehaus mit nur zehn Zimmern (sieben Einzel-, drei Doppelzimmer) finden bevorzugt Männer zu Besinnungstagen Unterkunft.

Leyre – Abadía de San Salvador

Benediktiner der Kongregation von Solesmes

Zum Kloster, in schöner Lage oberhalb des Stausees von Yesa, führt eine Straße mit starker Steigung, in die man von der N 240 Huesca – Pamplona kurz nach dem Städtchen Yesa einbiegt.

Gründung: *11. Jh.*
Anschrift: *31410 Yesa, Sangüesa (Navarra)*
Telefon: *948/88 40 11*

Das Kloster Leyre präsentiert sich dem heutigen Pilger und Besucher als vollständig neu erbauter Komplex, daneben steht ein Hotel mit allem Komfort. Es ist nicht ganz einfach, sich vorzustellen, wie sehr angesichts des Klosters und seiner klaren Quellen die Pilger auf dem Jakobsweg sich gefreut haben, die nach einem steilen Aufstieg hier angekommen sind.
Aber auch wenn man heute auf bequemere Weise mit dem Auto hierher kommt, nimmt man die Faszination und die mystische Aura des Ortes noch wahr, zu der der

Die vierschiffige Krypta der Abteikirche San Salvador von Leyre ist eines der sehenswertesten Denkmäler der Romanik in Spanien.

Kontrast der Anlage – mit der Strenge des abgeschieden gelegenen Baus in rosa Stein – zum Grün der Vegetation der Umgebung beiträgt.
Das Kloster Leyre, über dem seit alters Eremiten gewohnt haben, gehörte zunächst Benediktinern von Cluny, dann Zisterziensern. Dank der privilegierten Lage am Jakobsweg hat es im Laufe der Geschichte immer eine wichtige Rolle gespielt – bis 1836, als es aufgelassen wurde. Erst 1954 kehrte auf Initiative französischer Mönche aus Solesmes, die schon Santo Domingo de Silos wiederbelebt hatten, wieder monastisches Leben in die Gemäuer ein.
Die 35 Mönche der Kommunität bewohnen nur einen Teil der Anlage, der andere Teil ist zu einem Hotel ausgebaut worden.

Beeindruckend ist das Portal der Kirche von San Salvador von Leyre, der altehrwürdigen Abtei in Aragonien, die auf dem Jakobsweg liegt.

Kunst / Sehenswürdigkeiten: Die Krypta von Leyre, mit vier Schiffen und abgeschlossen durch drei kleine Apsiden, gehört zu den bedeutendsten Denkmälern der Romanik in Europa. Besonders auffallend sind die kurzen Säulen, die mächtige Figurenkapitelle tragen und dadurch etwas disproportioniert wirken. Die einschiffige Kirche mit schönem Kreuzgewölbe und reichgeschmücktem Hauptportal war ursprünglich in romanischem Stil erbaut, nahm aber durch Umbauten im 15. Jh. gotische Formen an. Das alte Kloster ist, wie bereits erwähnt, zu einem Hotel umgebaut worden; das heutige Kloster ist in einfachen Gebäuden aus dem 17. Jh. untergebracht, die künstlerisch nur von untergeordneter Bedeutung sind.

Besichtigung: Besichtigung nur mit Führung (Dauer etwa 45 Minuten) gegen Gebühr; an Werktagen von 10.30 bis 14.00 und von 16.00 bis 19.00 Uhr; an Sonn- und Feiertagen von 10.30 bis 11.15, von 13.00 bis 14.00 und von 16.00 bis 19.00 Uhr. Für die Allgemeinheit zugänglich sind die Krypta, die Kirche und der Hof des Gästehauses.

Gebetszeiten: 6.00 Uhr Matutin; 7.30 Uhr (Sonn- und Feiertage 8.00 Uhr) Laudes; 9.00 Uhr (So-/F. 12.00 Uhr) Messe; 19.30 Uhr Vesper; 21.10 Uhr Komplet. Das Gebet wird von gregorianischen Gesängen begleitet.

Klosterladen: Bekannt sind die schmackhaften Liköre des Klosters, die an der Pforte verkauft werden. Angeboten werden außerdem Bücher und CDs mit gregorianischen Gesängen.

Angebote für Gäste: Im kleinen Gästehaus (mit nur acht Zimmern) finden vor allem Jugendliche zu Einkehrtagen Aufnahme, sofern darüber hinaus Raum verfügbar ist, auch Pilger auf dem Weg nach Santiago. Unterkunftsmöglichkeit bietet auch das von Laien geführte Drei-Sterne-Hotel mit 32 Zimmern (zwölf Einbett-, 15 Zweibett-, zwei Dreibett- und drei Fünfbettzimmer).

Besonderes: Es gibt viele Geschichten über das Kloster – besonders

interessant ist die von Abt Virilio, nach dem eine Quelle in der Nähe der Abtei benannt ist. Der Überlieferung nach machte er sich einmal skeptische Gedanken über das Geheimnis der Ewigkeit und ließ sich dabei kurz vom Gesang eines Vogels, der über den Wald flog, ablenken, sammelte sich aber gleich wieder und kehrte zum Kloster zurück.
Statt des vertrauten Gebäudes fand er aber ein viel größeres vor, es war außerdem von ihm unbekannten Mönchen in weißen Kutten bewohnt, und es war ein anderer Abt da.
Als Virilio behauptete, er sei der Abt des Klosters, hielt man ihn für verrückt, die Mönche nahmen ihn aber entsprechend den Normen der monastischen Gastfreundschaft auf. Aufgrund seiner beharrlichen Behauptungen sahen die Mönche schließlich im Archiv die Liste der Äbte durch und entdeckten dabei, daß es tatsächlich 300 Jahre zuvor einen Abt Virilio gegeben hatte, der aber eines Tages in den Bergen verschwunden war. Da ertönte im Kapitelsaal eine Stimme, die Virilio für seine Skepsis tadelte: Jetzt, da er 300 Jahre verbracht habe, um auf eine Nachtigall zu hören, könne er sich eine Vorstellung vom Geheimnis der Ewigkeit machen!

Montserrat – Abadía de Nuestra Señora de Montserrat

Benediktiner der Kongregation von Subiaco

Von Barcelona aus über die Autobahn, die nach Manresa führt, oder über die N II nach Martorell; von Martorell Abzweigung nach rechts Richtung Manresa bis Monistrol, dort beginnt die kurvenreiche Straße, die nach 8 km zum Kloster führt. Das letzte Teilstück ist mautpflichtig, in der Maut ist die Parkplatzgebühr enthalten.
Zum Kloster fährt auch eine Seilbahn, die Talstation liegt über dem Fluß Llobregat, beim Dorf Monistrol.

Gründung: *1025*
Anschrift: *08199 Montserrat, Barcelona*
Telefon: *93/835 02 51*

Der „zersägte“ Fels mit seinem markanten und eindrucksvollen Profil, von dem die Abtei ihren Namen herleitet (*mont serrat* bedeutet „zersägter Berg“), hebt sich schon von weitem gegen den Himmel von Katalonien ab. Aber nur ein geübtes Auge sieht auch gleich den großen Komplex des Kloster-Heiligtums, das sich an den Felsen klam-

Die sich gleichsam an den Felsen klammernde Abtei Montserrat ist eines der bedeutendsten Zentren des benediktinischen Mönchtums in Europa.

mert und gleichsam mit ihm verschmilzt – der heilige Ort der Katalanen schlechthin.

Das Innere der Abteikirche von Montserrat, des Wallfahrtsheiligtums der Katalanen. Hier wird die Schwarze Muttergottes aufbewahrt und verehrt.

Wie an allen Wallfahrtsorten der Welt hat sich auch hier, am Ziel eines unablässigen Pilgerstroms, im Laufe der Zeit alles das breitgemacht, was wenig zu dem Geist paßt, der an einem solchen Ort der Mystik herrschen sollte: Man wird empfangen von großen Verkaufsständen, Selbstbedienungs-Restaurants, Souvenirläden und großen Gebäuden in grauem Stein, die den Aussichtsplatz vor der Kirche, der sich auf das Tal hin öffnet, eingrenzen. Von hier führen zwei Drahtseilbahnen zu den höher gelegenen Einsiedeleien, den Aussichtspunkten und den Stätten des hl. Ignatius, wo sich die unterschiedlichsten Besucher tummeln, von Pilgern über Ordensleute, die hier Ferien machen, Trekkern, die überallhin wollen, bis zu passionierten Mountain-Bikern.

Als der hl. Ignatius von Loyola sich im 16. Jh. in die rauhe Einsamkeit des Montserrat zurückzog und in der Einsiedelei *Santa Cova* die Ruhe fand, den Text seiner Exerzitien, der *Geistlichen Übungen,* zu verfassen, muß es hier noch friedlicher zugegangen sein; in der Grotte von Santa Cova fand man 1880 die Figur der Schwarzen Muttergottes wieder auf, die jetzt im Kloster-Heiligtum aufbewahrt wird. Gegründet wurde das Kloster im Jahr 1025 vom Abt Oliba von Ripoll, und es gewann im Laufe der Jahrhunderte immer größere Bedeutung. Heute ist davon nichts mehr erhalten. Das Kloster wurde 1812 von den Napoleonischen Soldaten vollständig zerstört und später in schlichten Formen hinter der Basilika wiederaufgebaut.

Vom historischen Kern des Klosters ist nur noch ein Teil des Kreuzgangs aus der Renaissancezeit erhalten, den der Abt Giulano della Rovere aus Italien (der spätere Papst Julius II.) hatte errichten lassen und der heute als Museum dient. Wie die Vielzahl der brennenden Kerzen anzeigt, ist es jedoch die Marienverehrung, die Liebe, die das Volk von Katalonien für die *Moreneta* (wörtlich: „die kleine Braune"), die hölzerne Statue der Schwarzen Muttergottes, hegt, die Jahr für Jahr Tausende von Pilgern hierherführt. Trotz des nicht abreißenden Touristenstroms ist der Montserrat mit seiner Höhe von 1250 Metern und der imposanten Landschaft, die ein Paradies für die Kletterer aus ganz Europa ist, ein wirklich außergewöhnlicher Ort.

Die mystische Atmosphäre der benediktinischen Einsiedeleien kann man heute nur noch in der barocken Basilika nachvollziehen, in der die Schwarze Muttergottes aufbewahrt wird, vor allem, wenn dort die Orgel und die Knabenstimmen der *Schola Cantorum* erklingen, jener *Escalonia* (Musikschule), die nicht zuletzt durch zahlreiche Schallplattenaufnahmen, die auch im Klosterladen zu kaufen sind, in der ganzen Welt berühmt ist. Wenn die schwarze Kutte eines Benediktinermönchs auf dem weiten Platz auftaucht, der sich vor der Basilika öffnet, könnte dies für den nur kurz weilenden Besucher des Wallfahrtsortes einer der wenigen Hinweise auf das monastische Leben an diesem Ort sein. Tatsächlich beherbergt das Kloster jedoch eine Kommunität von etwa 100 Mönchen, die eine bemerkenswerte spirituelle und kulturelle Leistung vollbringen. Unter den vielfältigen Tätigkeiten soll hier besonders die Pflege der katalanischen Kultur und Sprache erwähnt werden. Viel Sorgfalt und Aufwand gilt auch der Gottesdienstgestaltung am Wallfahrtsheiligtum und der Betreuung der Pilger.

Kunst / Sehenswürdigkeiten: Aus kunstgeschichtlicher Sicht ist sehenswert der Kreuzgang des Abtes Giuliano della Rovere, den der spätere Papst Julius II. 1467 errichten ließ. Von Bedeutung ist auch die Statue der Muttergottes, eine romanische Schnitzerei aus dem 12. Jh.

Besichtigung: Wir beschränken uns hier auf die Beschreibung des klösterlichen Bereichs des heiligen Berges Kataloniens. Über einen steilen Aufgang oder über eine weite Treppe unter einem Bogen neben dem Souvenirladen gelangt man auf einen weiten Platz, der auf der einen Seite sich zum Tal hin öffnet und auf der gegenüberliegenden Seite von der Felswand abgeschlossen wird; hier befinden sich ein Hotel und das Museum von Montserrat mit Resten des schönen Kreuzgangs aus dem 15. Jh.
An der Stirnseite der Eingang zur Basilika. Man betritt zunächst einen großen Hof im Stil der späten Renaissance mit dem Grab des Juan von Aragón, des Vizekönigs von Neapel. Eine Seite des Hofes wird von der modernen Fassade der Kirche eingenommen, die in platereskem Stil gestaltet ist. Von hier betritt man die mit reichem Goldschmuck ausgestattete Basilika, mit offenen Seitenkapellen. Über dem Altar die Muttergottes vom Montserrat.
Auf den Platz zurückgekehrt, hat man durch eine Tür neben dem Hauptportal Zugang zur Kapelle in der Apsis der Basilika mit der Statue der Muttergottes; man geht eine Marmortreppe hoch und schreitet an der Statue vorbei. Man gelangt dann in einen eindrucksvollen Korridor zwischen Kirche und Felsen mit Stationen zur Betrachtung (zum Ave Maria, zum Salve Regina, zur Lauretanischen Litanei), die von unzähligen brennenden Kerzen erhellt werden. Von hier geht es dann zurück zum Atrium.
Das Museum (geöffnet von 10.30 bis 14.00 und von 15.00 bis 18.00 Uhr) beherbergt eine sehenswerte Bildersammlung und archäologische Funde.
Mit einer Seilbahn und einer Schwebebahn kann man zur Grotte *Santa Cova* und zum Aussichtspunkt der Kapelle *Sant Joan* fahren. Auf einem bequemen Pfad geht es zum Aussichtspunkt Mirador. Um den Komplex des Klosters herum befinden sich zahlreiche Kapellen.

Gebetszeiten: 7.15 Uhr (Sonn- und Feiertage 7.30 Uhr) Laudes; 9.00 Uhr (So-/F. 8.00 Uhr) Messe; 11.00 und 12.15 Uhr (So-/F. 13.15 Uhr) Konventmesse; 13.00 Uhr (So-/F. 13.15 Uhr) Salve; 18.15 Uhr Rosenkranz; 18.45 Uhr Vesper; 19.30 Uhr Komplet.

Klosterladen: In Montserrat gibt es so gut wie alles zu kaufen. In den Gebäuden unterhalb des Heiligtums gibt es einen großen Souvenirladen mit schönen, von den Mönchen selbst hergestellten und bemalten Töpferwaren, eine gutbestückte Buchhandlung und – für Leckermäuler – eine Konditorei, ferner einen Bäckerladen; außerdem werden Klosterliköre unterschiedlicher Qualität verkauft.

Angebote für Gäste: Das große Gästehaus des Klosters kann bis zu 48 Personen beherbergen (Einzelzimmer, Bad und Toilette auf dem Stockwerk). Aufgenommen werden nur Männer zu Besinnungstagen. Die Gäste können auch die Räume des Klosters einschließlich der großen und bedeutenden Bibliothek nutzen.
Für jedermann zugänglich ist das Hostal Abat Cisneros (Tel. 835 02 01), ein Drei-Sterne-Hotel am äußeren Platz, das 54 Zimmer (Einzel- und Doppelzimmer mit Bad) hat.

Oseira – Abadía de Santa María la Real

Trappisten

Fährt man von Orense nach Santiago, so gelangt man nach etwa 20 km auf eine nach rechts führende Stichstraße nach Oseira.

Gründung: *1137*
Anschrift: *32135 Oseira, Orense (Galicien)*
Telefon: *988/28 20 04*

Das Kloster von Oseira gilt als der „Escorial von Galicien"; der gewaltige Komplex aus grauem Stein liegt, geschützt durch die Berge, am Ende eines öden Tales. Der bemerkenswerteste Gebäudeteil ist der Kapitelsaal, ein gotischer Raum, dessen Kreuzgewölbe von gewundenen Säulen getragen wird, die mit Blattwerkmotiven, die an Palmen erinnern, geschmückt sind.

Kunst / Sehenswürdigkeiten: Sehenswert sind das barocke Portal des Klosters, die dreischiffige Kirche mit Apsiskapellen (Reste des ursprünglichen romanischen Baus) und einer Kuppel über der Vierung; trotz der barocken Fassade ist das Innere von zisterziensischer Nüchternheit; der zentrale Kreuzgang ist mit Medaillons mit Porträts geschmückt; auch die Bibliothek ist sehenswert; besonderes Interesse verdient der Kapitelsaal, ein bemerkenswerter gotischer Raum mit sehr seltsam geformten Säulen.

Besichtigung: Mit Führung gegen Entgelt um 10.30, 14.00, 16.30 und 20.00 Uhr.

Angebote für Gäste: Das Gästehaus verfügt über 14 Zimmer mit Heizung, Bad und Toilette. Aufnahme finden Männer zu Besinnungstagen. Keine Unterkunft für Touristen.

Das Trappistenkloster in Oseira. Auf dem Bild die Apsis der Kirche. Das Kloster gehört zu den bedeutendsten monastischen Anlagen in Galicien.

Paular – Monasterio de Santa María

Benediktiner der Kongregation von Subiaco

Von Madrid aus zunächst Richtung El Escorial (Autobahn Richtung Majadahonda – Valladolid), dann über Guadarrama zum Paß von Navacerrada; auf der Paßhöhe die Straße rechts nach Rascafria und hinab nach El Paular; von Burgos kommend auf der N I kurz nach Lozoyodela über Lozoya und Rascafria nach El Paular.

Gründung: *1390*
Anschrift: *28741 El Paular, Rascafria (Region Madrid)*
Telefon: *91/869 14 25*

Das Eingangsportal zur Abteikirche von Paular. Das Kloster liegt in der Sierra de Guadarrama nördlich von Madrid auf einer Höhe von 1200 Metern.

Das Kloster von Paular, gegründet gegen Ende des 14. Jh. als Kartause (es war die erste Kartause in Kastilien), liegt 1200 Meter hoch in einer lieblichen Landschaft mit Wäldern und Bächen. Die Kartause gewann im Laufe des 15. und 16. Jh. große Bedeutung und wurde mit zahlreichen Kunstwerken ausgestattet. Ein Teil dieses Erbes wurde allerdings bedauerlicherweise durch ein Erdbeben im Jahr 1725 und dann durch die Säkularisation im Jahre 1802 zerstört. Erst 1954 kehrte wieder monastisches Leben ein, als Benediktiner von Valvanera herzogen. Trotz eines Luxushotels und eines vielbesuchten Restaurants in unmittelbarer Nähe hat Paular die Stille eines geistlichen Ortes wiedergewonnen, die man, wenigstens ansatzweise, während einer Besichtigung (mit Führung) wahrnehmen kann. An der Klosterkirche ist besonders bemerkenswert, daß der Apsis eine große Barockkapelle vorgelagert ist. Die Klostergebäude selbst sind hingegen eher bescheiden, sie lehnen sich gewissermaßen an die Kirche an, jedenfalls fehlt ihnen die für die Kartausen sonst übliche Monumentalität. Die kleine Kommunität von 14 Mönchen widmet sich dem Studium und stellt Käse und Liköre her. Im Sommer kann der Besucher schöne Spaziergänge in den umliegenden Wäldern machen, bis hinauf zum Puerto de Navacerrada, dem höchsten Paß in Zentralspanien über dem Tal von Lozoya.

Kunst / Sehenswürdigkeiten: Hervorzuheben sind die Gewölbe des gotischen Kreuzgangs im Mudejar-Stil, das Lesepult in arabisierendem Stil und die *Kreuzigung* im Refektorium. Sehenswert ist auch der Altaraufsatz des Hochaltars der Kirche aus Alabaster (dargestellt sind Szenen aus dem Leben Jesu und Mariens; links oben fällt ein Walfisch – Symbol des Fegefeuers – auf), ferner das von einem Kartäusermönch geschaffene schmiedeeiserne Gitter, das die Kirche in zwei Teile teilt. Der große Hof aus dem 17. Jh. gehört jetzt zum angrenzenden Hotel.

Besichtigung: Besichtigungen mit Führung um 13.00 und von 16.00 bis 18.00 Uhr. Mit einer Klingel im schönen Atrium vor der Kirche kann man sich bemerkbar machen.
Der Rundgang beginnt mit der Besichtigung des gotischen Kreuzgangs mit Gewölben im Mudejar-Stil, das heißt in einem spa-

Das 1390 als Kartause gegründete Kloster in El Paular wird heute von Benediktinermönchen der Kongregation von Subiaco bewohnt. Ein Teil der Anlage wurde zu einem Hotel umgebaut. Dennoch ist in Paular die Stille eines geistlichen Ortes erfahrbar.

nisch-islamisch geprägten Stil, der sich nach der Reconquista Spaniens entwickelte, als sich die im christlichen Spanien gebliebenen muslimischen Künstler den christlichen Auftraggebern anpaßten (mudayyan: „einer, der wohnen bleibt"). In der Mitte des sehenswerten Gartens ein Brunnenpavillon mit einer Sonnenuhr. Bemerkenswert die Fensterflügel aus Holz, die die Bögen des Kreuzgangs schließen (sie dienen dem Schutz vor der winterlichen Kälte, denn das Kloster liegt 1200 Meter über dem Meeresspiegel), sowie die Reihe von Kaminen aus Ziegelstein entlang der Flügel des Kreuzgangs, die daran erinnern, daß hier einmal zwölf von Kartäusern bewohnte Zellen bestanden. Es folgen ein zweiter, kleinerer und geschlossener Kreuzgang im barocken Stil, geschmückt mit blauen Fliesen (Azulejos), und das Refektorium, das von den Mönchen heute noch genutzt wird. Im Refektorium sind zu erwähnen die Bänke aus dunklem Holz und ein wunderbares Lesepult aus arabischer Schule; an der Wand links ein großes Basrelief mit der Darstellung der Kreuzigung. Der Rundgang führt dann in die ursprünglich gotische Kirche des 15. Jh. mit einer im Barock eingezogenen Decke. Die wunderbare Barockkapelle von 1719 *(Capilla del Tabernaculo)* hinter der Apsis wurde 1995 restauriert.

Gebetszeiten: 10.00, 12.00 und 18.30 Uhr Sonntagsmesse; 19.30 Uhr Vesper; 20.30 Uhr Komplet.

Klosterladen: Vom Atrium direkt vor dem Portal der Kirche gelangt der Besucher zu einem kleinen Laden; hier verkauft man den von den Mönchen hergestellten schmackhaften Bergkäse, weiter einen Benediktiner-Likör und Honig. Auch die vor allem bei den Spaniern überaus beliebten aus Holz geschnitzten Votivfiguren sind hier zu erwerben.

Angebote für Gäste: Das Kloster verfügt über elf Zimmer, mit Heizung, aber ohne sonstigen Komfort; Aufnahme finden Männer zu Besinnungstagen, wobei die Aufenthaltsdauer mindestens drei Tage betragen sollte. Allen Komfort bietet das angrenzende Hotel.

Poblet – Abadía de Santa María

Zisterzienser der Spanischen Kongregation

Von der N 240 (Tarragona – Lérida) auf die Höhe von Espluga de Francolí. Die Abtei ist gut ausgeschildert. Von der Autobahn A 2 Ausfahrt Montblanch den Hinweisschildern nach Espluga und Poblet folgen.

Gründung: *1151*
Anschrift: *43448 Poblet, Espluga de Francolí, Tarragona (Aragonien)*
Telefon: *977/87 00 89*

Poblet, die von einer dreifachen Mauer umgebene Mönchszitadelle, ist ein einmaliger Gebäudekomplex, der von der UNESCO mit Recht zum Weltkulturerbe erklärt worden ist.
In strategisch bedeutsamer Lage zwischen Barcelona und Zaragoza, stieg die Abtei im Laufe des 14. Jh. zu einer wahrhaft feudalen Herrschaft auf, mit großem Landbesitz und mehr als 100 Mönchen. Die Könige von Aragón, die auf ihren Reisen oft hier Station machten, wählten Poblet als ihre Grabstätte, das Presbyterium wurde mit kostbaren Grabmalen aus Alabaster ausgestattet. Anders als die übrigen Abteien, kannte Poblet keine Zeit des Niedergangs. Die antiklerikalen Gesetze des Jahres 1835 (s. S. 138) – die Kommunität zählte noch 60 Mönche – führten dann allerdings zur Schließung des Klosters. Innerhalb weniger Jahre kam es zu Plünderungen und Zerstörungen, schließlich wurden die Gebäude ein Raub der Flammen. Als man 1930 mit den Wiederherstellungsarbeiten begann, erlaubte der Zustand der Anlage keinerlei Hoffnung, sie in ihrem alten Glanz wiedererstehen lassen zu können. Nach dem Wiederaufbau der Hauptgebäude kehrten 1940 die Zisterzienser in die Abtei zurück. Es waren zunächst nur vier Mönche aus Italien, die eingezogen waren, aber sie waren gewillt, das Kloster wieder zum Blühen zu bringen, und leiteten voll Enthusiasmus die Erneuerung von Poblet ein. Die Kommunität ist kontinuierlich gewachsen und zählt inzwischen 30 Mönche. Der Wiederaufbau wird fortgeführt, so daß die Abtei langsam ihr früheres Aussehen zurückgewinnt.

Kunst / Sehenswürdigkeiten und Besichtigung: Durchschreitet man den ersten Mauerring, der den ganzen

Das Bild zeigt den gotischen Kreuzgang der Abtei Poblet in Katalonien. In der Kirche befinden sich kostbare Sarkophage der Könige von Aragón.

Die kostbare Altarrückwand aus Alabaster von Damián Forment in der Abteikirche von Poblet.

Komplex einschließt und einen Umfang von 1650 Metern hat, so gelangt man in einen Hof mit der gotischen Kapelle des hl. Georg (für gewöhnlich geschlossen).
Durch die *Porta Daurada*, die Goldene Pforte (links ein Informationsbüro und der Kartenverkauf), betritt man die schöne *Plaça Major*, den weiten, auffallend unregelmäßig geformten Hauptplatz, der den Blick auf die eigentlichen Klostergebäude eröffnet. Gegenüber die großartige *Porta Reial*, die Königspforte, rechts die Fassade der Abteikirche.
Durch die Königspforte betritt man das Kloster, und hier beginnt auch die Besichtigung mit Führung (von 10.00 bis 12.30 und von 15.00 bis 18.00, im Winter bis 17.30 Uhr; gegen Gebühr). Eintrittsbilletts gibt es, wie erwähnt, im Laden an der Goldenen Pforte.
Der Rundgang beginnt in der Vorhalle, rechts ein Empfangsraum, eingerichtet im alten *Cellerarium*, wo der Wein abgefüllt wurde.
Von der Vorhalle geht es in den Großen Kreuzgang des 13. Jh. (Der ältere Teil des Kreuzgangs entlang der Kirche stammt aus dem 12. Jh.)
In der Mitte, zwischen Hecken und Rosensträuchern, ein gotischer Brunnenpavillon, an den Wänden Grabmale von katalanischen Adeligen.
Über dem Kreuzgang die Küche aus dem 13. Jh. mit mächtigem Kamin und das Refektorium mit hohem Tonnengewölbe, zwölf Fenstern und einem oktogonalen Brunnen in der Mitte; letzteres ist, da es noch genutzt wird, nicht zugänglich. Bemerkenswerte Anblicke bieten auch das *Calefactorium*, die Wärmestube der Mönche im Winter, und die große Bibliothek, die ebenfalls noch benutzt wird und daher bedauerlicherweise nicht zugänglich ist.
Der quadratische Kapitelsaal hat schön kannelierte Säulen mit Palmenkapitellen, entlang den Seiten befinden sich Bänke aus Holz. Vom Kapitelsaal geht es in die dreischiffige Abteikirche. Im Presbyterium kann der Besucher die berühmten Grabmale der Könige von Aragón bewundern, die ab 1359 hier errichtet wurden.
Im ersten Grab links ruhen die Gebeine von Jakob I., im zweiten die Gebeine von Peter IV., dem Zeremoniösen, mit seinen drei Frauen: Maria von Navarra, Eleonore von Portugal und Eleonore von Sizilien; im dritten die Gebeine von Ferdinand von Antequera. Im ersten Grab rechts die Gebeine von Alfons II., dem Keuschen († 842), im zweiten die Gebeine von Violante de Bar und Mata von Armagnac, im dritten die Gebeine von Johann II. und Johanna Henriquez.
Am Altar eine große Renaissance-Rückwand aus Alabaster von Damián Forment aus dem Jahre 1529. Im Querschiff befinden sich die Grabmale von Alfons V., dem Großmütigen († 1458), von Martin I., dem Humanen († 1410), und von Johanna von Aragonien.
Eine Treppe führt den Besucher zum großen Dormitorium (mit einer Länge von 87 Metern) aus dem 13. Jh., in dem die Zellen der heute hier lebenden Mönche eingerichtet wurden. Man geht dann weiter zum

ehemaligen Dormitorium der älteren Mönche, das heute ein Museum mit Restaurierwerkstatt beherbergt. Von hier führt eine Treppe (man beachte den schönen Handlauf aus Schmiedeeisen) zum Weinkeller, dem früheren Refektorium der Konversen.

Gebetszeiten: 5.15 Uhr Matutin; 6.45 Uhr (Sonn- und Feiertage 7.15 Uhr) Laudes; 8.00 Uhr (So-/F. 10.00 Uhr) Messe; 19.00 Uhr Vesper; 20.40 Uhr Komplet.
Weitere Messen an Sonn- und Feiertagen um 8.30, 13.00, 18.00 und 19.00 Uhr. Das Chorgebet wird auf katalanisch gehalten. Die Zeiten ändern sich geringfügig je nach Jahreszeit.

Klosterladen: Religiöse Bücher, CDs und Andenken kann man in dem Laden an der Goldenen Pforte kaufen; dort gibt es auch die Eintrittsbilletts.

Angebote für Gäste: Das kleine Gästehaus von Poblet besitzt 19 Einzelzellen, mit Heizung; Aufnahme finden nur Männer, die am Klosterleben teilnehmen wollen.

Segovia – Monasterio de Santa María del Parral

Hieronymiten

Das Kloster liegt am Stadtrand von Segovia, auf einem Hügel gegenüber dem Alcázar. Am römischen Aquädukt zweigt rechts eine enge Straße ab, die über den Fluß Eresma und dann an verlassenen Häusern vorbei zum Kloster hinaufführt.

***Gründung:** 1454*
***Anschrift:** 40003 Segovia (Kastilien)*
***Telefon:** 0921/43 12 98*

Das königliche Kloster Santa María del Parral ist eines der beiden Klöster der Hieronymiten, die es überhaupt auf der ganzen Welt gibt (das zweite ist das Kloster San Jerónimo in Yuste: s. S. 164). Der große Komplex erhebt sich über einem kahlen Hügel, der dem historischen Zentrum Segovias gegenüberliegt und auf dem zahlreiche Konvente, Klöster und Heiligtümer angesiedelt sind, unter denen El Parral zweifellos die größte Bedeutung hat. Das Kloster wurde 1447 von Heinrich IV. von Kastilien gegründet, der damit ein von seinem Vater gegenüber den Mönchen von Guadelupe abgelegtes Gelübde erfüllte. Der Architekt Juan Gallego hatte beim Bau aufgrund des ungünstigen Geländes beträchtliche Hindernisse zu überwinden, nach der Vollendung der Arbeiten war jedoch ein wirklich beachtenswertes

Das Portal der Abteikirche Santa María del Parral bei Segovia. Das Kloster gehört zum Orden der Hieronymiten, den es nur in Spanien gibt.

Blick auf El Parral von Segovia aus. Das der Gottesmutter geweihte Kloster wurde 1447 von Heinrich IV. von Kastilien gegründet. Die Restaurierung der Gebäude, die im 19. Jh. dem Verfall preisgegeben wurden, ist noch im Gange.

Bauwerk entstanden. Als das Kloster 1835 infolge der Gesetze zur Aufhebung der Orden (s. S. 138) aufgelassen wurde, war von den Gebäuden bald nicht viel mehr als ein paar Ruinen übrig. Der Wiederaufbau, der noch nicht abgeschlossen ist, begann 1924 mit dem Einzug der Hieronymiten, die damit den Orden, der fast schon erloschen war, wieder zum Leben erweckten. 1940 wurden die Anstrengungen zur Renovierung verstärkt, es bildete sich eine Kommunität von elf Mönchen, die sich, entsprechend der streng kontemplativen Ausrichtung dieses Ordenszweigs, hauptsächlich dem Studium und dem Gottesdienst widmen.

Kunst / Sehenswürdigkeiten: Im Kreuzgang sind besonders die Bögen bemerkenswert, die ein ganz eigenes Gepräge aufweisen und nur schwer mit herkömmlichen Stilkategorien zu beschreiben sind. Die schönen Pforten verraten maurische, romanische und hochgotische Einflüsse.
In der Kirche ein großartiger mit Skulpturen verzierter Altaraufsatz von Diego de Urbina (1553). An den Seiten Grabmale aus Alabaster für die Markgrafen von Villena und für Doña Beatriz de Portocarrera. Weitere sehenswerte Grabmale befinden sich in den Kapellen.

Besichtigung: Besichtigung mit Führung (freiwillige Spenden erbeten) von 10.00 bis 12.30 und von 16.00 bis 18.30 Uhr. Der Rundgang beginnt im Atrium (im Wasser des schönen Beckens spiegelt sich der Alcázar von Segovia) und führt dann in den Kreuzgang mit Garten und Brunnen. Es geht durch ein zweites Atrium (mit der Statue der Gottesmutter, der Patronin des Ordens) zu einem Fenster, von dem aus man einen schönen Blick auf den großen Kreuzgang aus der Renaissance hat, der leider nicht zu besichtigen ist. Der Weg führt weiter in die einschiffige Kirche im Mudejar-Stil mit schönen Grabmalen und einem prachtvollen Altaraufsatz aus der Renaissance.

Gebetszeiten: 7.00 Uhr Laudes; 7.30 Uhr Terz; 14.00 Uhr Sext; 18.30 Uhr Vesper; 22.00 Uhr Komplet. Täglich um 13.00 Uhr (Sonn- und Feiertage 12.00 Uhr) Messe mit gregorianischem Gesang.

Angebote für Gäste: Gästehaus im Kloster mit 23 (beheizten) Zimmern. Von den Gästen wird erwartet, daß sie am Leben der Kommunität teilnehmen, das Schweigegebot einhalten und am Chorgebet teilnehmen. Der Lebensstil der Hieronymiten unterscheidet sich nicht allzusehr von dem der Benediktiner. Während der Mahlzeiten gibt es eine Tischlesung.

Silos – Abadía de Santo Domingo

Benediktiner der Kongregation von Solesmes

Kurz vor Lerma zweigt von der N I Madrid – Burgos eine kurvenreiche, holprige Straße nach Santo Domingo de Silos ab; von der N 234 Burgos – Soria Abzweigung bei Hacinas.

Gründung: *10. Jh.*
Anschrift: *09610 Santo Domingo de Silos, Lerma (Burgos)*
Telefon: *947/38 07 68*

Die Ruhe des jahrhundertealten Klosters von Silos, in einem Dorf eines stillen, von Bergen umgebenen Tales gelegen, wird seit neuestem aufgrund eines ungewöhnlichen Ereignisses gestört. Eine CD mit gregorianischen Gesängen, die in dieser Abtei aufgenommen wurde (es gibt Hunderte solcher Aufnahmen in Benediktinerabteien), ist an die Spitze der Hitlisten gerückt, hat Preise eingeheimst und die Prägung in Platin erreicht. Die undurchschaubaren Gesetze, die den Musikmarkt bestimmen, haben wohl die Mönche selbst überrascht, sie haben aber nichts geändert am Rhythmus, der das Leben in einer der ältesten und bedeutendsten monastischen Niederlassungen in Spanien bestimmt. Gegründet im 10. Jh., entfaltete sich die Abtei und erreichte ihre Blüte unter dem Abt Domingo, einem Charismatiker, Wundertäter und Reformer, der von 1041 bis 1073 dem Kloster vorstand.
Der prachtvolle doppelstöckige Kreuzgang, das romanische Herzstück der Benediktinerabtei, geht noch auf die Zeit Domingos zurück, wurde aber Schritt für Schritt eingebunden in mehrere Gebäude, die zum Teil aus dem 16. Jh. (der Zeit, als sich das Kloster der Reform von Valladolid anschloß) und zum Teil aus dem 18. Jh. stammen. Einen Blick auf den ganzen Komplex hat man von

Das Foto zeigt den prachtvollen zweigeschossigen Kreuzgang des Benediktinerklosters Santo Domingo de Silos in Kastilien, südöstlich von Burgos. Viele Besucher lassen sich von seiner Schönheit anziehen, andere kommen hierher, um den gregorianischen Gesang der Mönche zu hören.

dem Hügel aus, der sich hinter dem Kloster erhebt und auf den ein Kreuzweg mit seinen Stationen hinaufführt. Wie die meisten spanischen Klöster wurde auch Silos 1835 aufgehoben und blieb dann 45 Jahre lang verlassen, bis Mönche von der Abtei Ligugé aus Frankreich hierherkamen und begannen, die Gebäude instand zu setzen und von neuem ein geistliches Leben aufzubauen.
Santo Domingo war über die Jahrhunderte hin ein blühendes kulturelles Zentrum, es gab hier ein Skriptorium, in dem wahre Meisterwerke der Miniaturmalerei geschaffen wurden, die aufgrund ihrer Qualität weite Verbreitung fanden und heute in ganz Europa zu finden sind.
Der Einsatz der französischen Mönche der damals noch jungen Kongregation von Solesmes führte zu einem großartigen Neubeginn des monastischen Lebens und zur Gründung weiterer Zentren, von denen, aus diesem Jahrhundert, die Kommunitäten von Estíbaliz im Baskenland sowie Los Caídos und Leyre in Navarra genannt seien.
Die Mönche von Santo Domingo folgen in ihrem Lebensstil natürlich den Gepflogenheiten von Solesmes: Sie widmen sich in besonderer Weise der Liturgie, dem gregorianischen Gesang und dem Studium.
Silos mit seinen 44 Mönchen ist, wie Solesmes in Frankreich, heute auch ein beliebtes Reiseziel für die Liebhaber des gregorianischen Gesangs, dazu kommen viele Pilger und die Kunstliebhaber, die von der Schönheit des romanischen Kreuzgangs angezogen werden. Reiseautobusse, Gruppen und Touristen aus der ganzen Welt strömen, vor allem an Festtagen, zur Abtei und wollen am Chorgebet teilnehmen, und dies in immer größeren Zahlen, seit die Mönche mit ihren Gesängen in die internationalen Hitparaden aufgestiegen sind.

Kunst / Sehenswürdigkeiten: Es würde sich lohnen, bei jedem der Kapitelle des doppelstöckigen Kreuzgangs eigens stehenzubleiben und es zu betrachten; es sind meisterhafte Arbeiten aus dem 11./12. Jh., die maurische Einflüsse mit Motiven der französischen romanischen Kunst vereinen. Ein detaillierter Führer, der zusammen mit dem Eintrittsbillett ausgehändigt wird, beschreibt im einzelnen die Abfolge der Skulpturen des Kreuzgangs.
Eigens hingewiesen sei noch auf die kostbare Holzdecke mit farbenprächtigen Mudejar-Malereien, den Bodenschmuck und auf den gefälligen Garten, in dem eine einzeln stehende Zypresse emporragt. An den Ecken des Kreuzgangs befinden sich prächtige Skulpturengruppen, die die Hauptfeste des liturgischen Jahres darstellen; an einer Ecke die schöne Statue der *Viergen de Marzo* aus dem 13. Jh.
Im Museum werden bemerkenswerte Goldschmiedearbeiten, kostbare mittelalterliche Kodizes (allerdings stammen davon nur 14 aus dem Kloster selbst), Gemälde und Dokumente zur Geschichte des Klosters aufbewahrt.
Weniger bedeutend ist die im 18. Jh. errichtete Kirche, die im Innern etwas kühl wirkt; im weiträumigen Chor kommen die gregorianischen Gesänge der Mönche zur Aufführung.

Besichtigung: Der Eingang zum eigentlichen Kloster liegt gegenüber der Kirche, er ist aber reserviert für Gäste, die hier Tage der Besinnung verbringen. Der Rundgang zur Besichtigung, die Kreuzgang und Museum ein-

Grabmal in einem Flügel des romanischen Kreuzgangs der Abtei Santo Domingo.

schließt, beginnt beim Eingang im Hof, kurz vor der Kirche. Wer im Kreuzgang fotografieren will, sollte die geringe Gebühr für die Bildrechte entrichten.

Gebetszeiten: 6.00 Uhr Vigil; 7.30 Uhr (Sonn- und Feiertage 8.00 Uhr) Laudes; 9.00 Uhr (So-/F. 12.00 Uhr) Messe; 13.45 Uhr Sext; 19.00 Uhr Vesper; 21.40 Uhr Komplet. Leichte zeitliche Verschiebungen je nach Jahreszeit.

Klosterladen: Im Raum, in dem die Eintrittsbilletts verkauft werden, befindet sich auch ein kleiner Laden. Außer Büchern werden natürlich vor allem CDs mit den gregorianischen Gesängen der Mönche zu den Hauptfesten des Kirchenjahres (besonders zur Karwoche und zum Weihnachtsfest) verkauft. Man beachte die zahlreichen internationalen Auszeichnungen an den Wänden.

Angebote für Gäste: Zur Verfügung stehen 22 Einzelzimmer (mit Heizung, Bad und Toilette) für einen begrenzten Aufenthalt (mindestens ein Wochenende, längstens zehn Tage). Aufgenommen werden allerdings nur Männer. Schriftliche Voranmeldung ist erforderlich. Im Dorf gibt es drei Gasthöfe mit gemäßigten Preisen.

Sobrado – Monasterio de Santa María

Trappisten

Von Lugo eine Regionalstraße nach Westen Richtung Friol und Sobrado (ca. 45 km); von Santiago de Compostela den Jakobsweg nach Osten bis Arzua, dann auf einer Landstraße nach Norden, über Corredoiras nach Sobrado; von La Coruña die N VI Richtung Lugo, dann, kurz nach Montesalguero, nach rechts Richtung Barrio del Rincon und Sobrado.

Gründung: *952*
Anschrift: *15813 Sobrado de los Monjes, La Coruña (Galicien)*
Telefon: *981/78 75 09*

Der Blick auf Sobrado, mit den wenigen Häusern, die sich um die imposanten Klostergebäude gruppieren, erweckt heute bei modernen Pilgern eine gewisse Befangenheit, für die Pilger der Vergangenheit, die dem Jakobsweg folgten, muß er jedoch vertrauenerweckend gewesen sein. Wenn Sobrado auch nicht direkt am Pilgerweg liegt, haben doch viele an seine Tore geklopft und um Obdach gebeten, und heute kommen viele, die sich

Die beiden Zwillingstürme der Barockkirche des Trappistenklosters von Sobrado in Galicien.

mehr von den Schönheiten der Künste als von geistlichen Gütern anziehen lassen. Wer nach Sobrado fährt, nachdem er zuvor schon im nicht weit entfernt liegenden Oseira gewesen ist (s. S. 148), wird unwillkürlich Vergleiche anstellen: Auch hier ragt eine imposante Barockfassade, im rechten Winkel zur Fassade des Klosters, in den Himmel. In Oseira sind die beiden Bauten einander jedoch gewissermaßen „ebenbürtig“, während dies hier aufgrund der Schlichtheit und Schmucklosigkeit der Klostergebäude nicht der Fall ist. Die beiden Türme aus dem 18. Jh. und das mächtige Portal der Kirche wirken dadurch, im Vergleich mit Oseira, noch viel imposanter.
Aber der Vergleich mit Oseira beschränkt sich nicht auf die Architektur, er ist auch für die Gründungszeit aufschlußreich. Welches der beiden Klöster hat zuerst die zisterziensische Reform übernommen? Monastisches Leben gibt es in Sobrado seit dem 10. Jh.; ursprünglich war hier ein Doppelkloster mit einer Männer- und einer Frauenkommunität, die in aneinanderliegenden, aber voneinander getrennten Häusern wohnten. Das Kloster wurde dann verlassen und verfiel, bis 1142 Zisterziensermönche aus Frankreich einzogen. Offen ist die Frage: War dies kurz bevor oder nachdem Oseira die zisterziensische Reform übernahm? Die Frage ist nicht so belanglos, wie es scheinen könnte. Die beiden Klöster, die heute darum streiten, welches das erste Zisterzienserkloster in Galicien war, stritten sich schon in der Vergangenheit um den Einfluß auf ein Land, das, da es an den Pilgerweg angrenzte, wirtschaftlich von höchster Bedeutung war. Im 13. Jh. war Sobrado so reich, daß es mit dem Bau einer Reihe von großen Klostergebäuden beginnen konnte, die im Laufe der Jahrhunderte noch verschönert und vergrößert wurden, so daß der Komplex mehrere Stile umfaßte. Aber auch Sobrado wurde aufgehoben und verlassen, und als 1953 die Trappisten wieder einzogen, war es kaum mehr als eine große, triste Ruine. Die lange andauernden Wiederherstellungsarbeiten wurden so gut ausgeführt, daß ein architektonisches Ensemble erster Ordnung wiedererstanden ist. Die, verglichen mit anderen Klöstern, recht junge Kommunität zählt heute 20 Mönche.

Kunst / Sehenswürdigkeiten: Der Kapitelsaal wurde im 12. Jh am Übergang von der Romanik zur Gotik gebaut; der quadratische Raum hat den Blick des Besuchers auf sich ziehende Gewölbe, die von Mittelsäulen getragen werden, und ein schönes Portal, das ihn zum Kreuzgang der Prozessionen öffnet. Die Küche aus dem 12. Jh. ist einer der wenigen fast ganz erhaltenen Küchenräume dieser Art. Sehenswert ist auch die Sakristei, eine der ersten Renaissancebauten in Galicien, während die Kirche von 1642 bis 1710 völlig neu gebaut wurde, wobei der Grundriß des lateinischen Kreuzes beibehalten wurde. Bemerkenswert die Ausmalung der Kuppel und einiger Seitenkapellen.
Vom Äußeren verdient die Fassade Beachtung, ein Werk des Architekten Pedro Mondeagudo im eleganten und liebenswürdigen Stil des galicischen Barock aus dem Jahre 1676.

Besichtigung: Die Besichtigung ist möglich von 9.00 bis 12.30 und von 15.00 bis 19.00 Uhr; es wird Eintritt erhoben. Besichtigt werden können der Kapitelsaal und die Küche (aus gotischer Zeit), die Sakristei, das Gästehaus (aus der Renaissance), die Kirche, drei Kreuzgänge (Großer Kreuzgang, Prozessionskreuzgang, Pilgerkreuzgang) und die Stallungen aus der Barockzeit.

Gebetszeiten: 7.00 Uhr Laudes; 18.30 Uhr Vesper; 21.15 Uhr Komplet.

Angebote für Gäste: Im Gästehaus stehen 14 Zimmer zur Verfügung, mit Heizung, Bad und Toilette; Aufnahme finden Männer und Frauen zu Einkehrtagen.

Vallbona – Monasterio de Santa María

Zisterzienserinnen

Bei Borges Blanques Abfahrt von der N 240 Tarragona – Pamplona, ab dort den Hinweisschildern nach Arbeda und Maida folgen; der Weg zur Abtei ist gut ausgeschildert. Vom Süden kommend, biegt man bei Espluga de Francolí nach Solivella und dann nach Vallbona ab.

Gründung: *1153*
Anschrift: *25268 Vallbona de les Monges (Lérida)*
Telefon: *973/33 02 66*

Das Kloster in Vallbona ist das bedeutendste Frauenkloster in Katalonien.

Das kleinste und nicht so berühmte der drei Zisterzienserklöster in Katalonien (die beiden anderen sind Poblet, s. S. 151, und Santes Creuses, das heute ein Museum ist) liegt am Ende eines kleinen Tales inmitten eines Dorfes, dessen Häuser aus dem gleichen Stein erbaut sind, so daß es von weitem schwierig ist, die Klostergebäude von den Dorfbauten zu unterscheiden. Das Kloster, an einem Ort alter Einsiedeleien errichtet, war früher ein Doppelkloster (mit einer Männer- und einer Frauenkommunität) in einer einsamen und ungesunden Gegend, die, entsprechend den Vorschriften der Zisterzienserregel, erst urbar gemacht werden mußte.
Als die Zisterzienser sich dort niederließen, war vom Doppelkloster nur noch das Frauenkloster übrig; dieses gewann im Verlauf weniger Jahre Ansehen und Macht und erfreute sich des Schutzes des Königshauses; Königin Violante von Ungarn, Gattin von Jakob (Jaime) I., liegt hier begraben. Erst am Ende des 16. Jh., nachdem das Konzil von Trient Frauenklöster in abgeschiedener Lage verboten hatte, wurde mit dem Bau des Dorfes um das Kloster begonnen. Das Aussehen des romanischen Komplexes von Vallbona hat sich inzwischen schrittweise verändert, wovon heute der Kreuzgang in der ungewohnten Form eines Trapezes Zeugnis gibt, dessen Flügel in verschiedenen Jahrhunderten (vom 12. bis zum 15. Jh.) in unterschiedlichen Stilen gebaut wurden. Wohl hat die Zeit ihre Spuren hinterlassen, die Grabmale auf dem der Kirche gegenüberliegenden Platz sind vollständig mit Moos überwachsen, aber glücklicherweise ist das Kloster über all die Jahrhunderte immer davon verschont geblieben, geplündert, aufgehoben oder einfach nur verlassen zu werden.
Heute zählt die Kommunität von Vallbona 21 Nonnen, die sich der in der Bibliothek aufbewahrten alten Dokumente annehmen.

Die enge Verbindung der Zisterzienserinnenkommunität mit der Vergangenheit zeigt sich auch im Innern des Konventkreuzgangs, der seit jeher den Friedhof der Kommunität bildet. Vornehmere Gräber haben ihren Platz in der Kirche gefunden, die von zwei Kuppeln überragt wird und in der der Chor aus Holz einen großen Raum einnimmt; wie früher steigen aus ihm auch heute noch die Gesänge der Nonnen auf.

Kunst / Sehenswürdigkeiten: In der Kirche befinden sich kostbare Grabmale, das bedeutendste davon ist das Grabmal der Königin Violante von Ungarn (13. Jh.) an der rechten Wand der Apsis, gegenüber ist das Grabmal ihrer Tochter, der Prinzessin Sancha, zu sehen. Bemerkenswert sind eine Muttergottes aus dem 14. Jh., die Statue der *Vergine del Sacro Cuore* von Guillelm Seguer und die Kapelle *Corpus Christi*. In einem modernen Raum steht eine weitere vielverehrte Statue der Muttergottes aus dem 12. Jh.

Besichtigung: Besichtigung mit Führung (auf spanisch oder katalanisch), gegen Entgelt, an Wochentagen von 10.30 bis 13.00 und von 16.30 bis 18.45 Uhr, an Sonn- und Feiertagen von 12.00 bis 13.30 und von 16.30 bis 18.30 Uhr.
Besichtigt werden der Kreuzgang (12.–15. Jh.), der gotische Kapitelsaal (14. Jh.), die Abteikirche (erbaut im 12./13. Jh., mit spätgotischem Gewölbe) und der Turm aus dem 14. Jh.

Gebetszeiten: 6.00 Uhr Matutin; 8.00 Uhr Laudes; 8.30 Uhr Messe (Sonn- und Feiertage 8.30 Uhr Terz; 11.00 Uhr Messe); 13.00 Uhr Sext; 16.00 Uhr (So-/F. 15.30 Uhr) Non; 19.30 Uhr Vesper. Das Chorgebet wird auf katalanisch gehalten.

Klosterladen: Am Eingang können Bücher, CDs, Andenken und in der Werkstatt des Klosters hergestellte Töpferwaren gekauft werden.

Angebote für Gäste: Es stehen 20 Doppelzimmer (mit Heizung, die meisten auch mit Bad) zur Verfügung; Aufnahme finden Einzelpersonen und Gruppen, Männer und Frauen, bevorzugt zu Besinnungstagen.

Valle de los Caídos – Monasterio de Santa Cruz

Benediktiner der Kongregation von Solesmes

Valle de los Caídos (Tal der Gefallenen) liegt in der Sierra de Guadarrama, in der Nähe des Escorial.
Von Madrid aus: Autobahn Richtung Majadahonda – Valladolid. Eine gebührenpflichtige Straße (5 km) führt zunächst zur Basilika und dann weiter zum Benediktinerkloster.

Gründung: *1958*
Anschrift: *28209 Valle de los Caídos, Madrid*
Telefon: *91 / 89 05 54 11*

In einer einzigartigen Landschaft gelegen, umgeben von einem Wald, der das ganze Tal bedeckt und Naturschutzgebiet ist, verdankt das Kloster-Heiligtum Valle de los Caídos seine Anziehungskraft nicht nur seiner religiösen Bedeutung. Der Bau der Basilika, bei der das Kloster liegt, wurde, auf Veranlassung von General Franco, 1940 begonnen; die Kirche ist den Toten des Bürgerkriegs gewidmet, deren Blut in den 1930er Jahren den Boden Spaniens tränkte; José Antonio Primo de Rivera, Gründer der Falange Española, und General Franco sind hier begraben.
Das Innere der aus dem Fels gehauenen Basilika wird bestimmt von dem auffälligen Kontrast zwischen den Bronzeskulpturen, die den Besucher unwillkürlich schaudern lassen, und den flämischen Gobelins mit Darstellungen aus der Apokalypse des Johannes.
Die Klostergebäude bilden einen imposanten, allerdings ungewohnten Anblick; die Bauten liegen im Schutz eines Felsens, auf dem das große Gedenkkreuz aufgestellt ist, während Kolonnaden auf die Hochebene ausgreifen und weite Räume schaffen. Es sind aber nicht nur Geschichte und Kunst, die Tausende von Besuchern anziehen. Hier, auf einer Höhe von über 1000 Metern, ist die Luft reiner und frischer. So ist das Kloster, vor allem an Feiertagen, Ziel vieler Ausflügler aus der spanischen Hauptstadt Madrid und ihrer Umgebung.

Obwohl das Kloster eine neuere Gründung ist, nimmt es im religiösen Lebens Spaniens eine bedeutende Rolle ein; die Kommunität von 26 Mönchen, die aus Silos stammen, widmet sich in besonderer Weise dem Studium und dem Gebet und hält die Tradition des gregorianischen Gesangs lebendig.

Besichtigung: Wenn man vom Tal hochsteigt, stößt man zuerst auf die Basilika, einen großen Bau von mehr als 200 Metern Länge, der in den Felsen gehauen wurde; sie ist täglich durchgehend geöffnet.
Das Kloster liegt etwas höher am Berg, links vom Gedenkkreuz (aus Stahlbeton, 150 Meter hoch, auch mit einer Zahnradbahn zu erreichen); die Bauten erinnern an einen nüchternen Renaissancestil; die weiten Laubengänge greifen auf einen Platz aus, an dem auch das Gästehaus liegt.

Gebetszeiten: 7.45 Uhr Matutin; 8.15 Uhr Laudes; 12.00 Uhr Messe in der Basilika; 16.10 Uhr Horen; 19.30 Vesper; 21.30 Uhr Komplet.

Klosterladen: Innerhalb des Klosters findet kein Verkauf statt; in der Hospedería (s. u.) gibt es Broschüren und Liköre zu kaufen.

Angebote für Gäste: Im Gästehaus des Klosters (zehn Zimmer) finden nur Männer Aufnahme; Gäste sind gehalten, am Chorgebet teilzunehmen und das Schweigegebot einzuhalten.
Vor dem Kloster liegt die Hospedería benedectina (Tel. 91/890 55 11), ein für alle Besucher offenstehendes Gästehaus, das über 110 Zimmer (Einbett-, Zweibett- und Dreibettzimmer) verfügt; die Zimmer sind beheizt, die meisten haben auch eigenes Bad und Toilette.

Blick in den Kreuzgang des Klosters zum Hl. Kreuz in Valle de los Caídos. Die Basilika, mit deren Bau 1940 begonnen wurde, ist ebenso wie das gesamte „Tal der Gefallenen" den Toten des spanischen Bürgerkriegs in den 1930er Jahren geweiht.

Valvanera – Abadía de Valvanera

Benediktiner der Kongregation von Subiaco

Zu dem an den Abhängen der Sierra de la Demenda an der Grenze zwischen Rioja und Kastilien verschanzten Kloster führt eine unwegsame Straße, die von der Hauptstraße, die Nájera mit Salas de los Infantes verbindet, abzweigt; vom Süden, von Soria oder Burgos kommend, biegt man in Salas de los Infantes von der N 234 nach Barbadillo de Herreros ab und fährt dann Richtung Anguiano (ca. 35 km); aus dem Norden kommend: von Nájera nach Salas, Anguiano und dann nach rechts zur Abtei.

Gründung: *11. Jh.*
Anschrift: *26323 Anguiano (La Rioja)*
Telefon: *941/37 70 44*

Die Abtei von Valvanera ist der Marienwallfahrtsort der Region La Rioja.

Die Abtei Valvanera, 1500 Meter hoch gelegen, an den Felsen angelehnt, ist Pilgerziel für die Bewohner der Region, die dorthin hinaufsteigen, um die *Virgen de Valvanera*, die Patronin von La Rioja, zu verehren. Touristen sind hingegen nur selten zu sehen, da Valvanera, geschützt durch unzugängliche Täler, abseits der üblichen Verkehrswege liegt. Die einst mächtige Abtei – im Mittelalter gehörten ihr fast alle umliegenden Ländereien – hatte ihre Blütezeit im 15. Jh., als die Königin Isabella die Katholische als Pilgerin hierherkam. Von den Gebäuden, in denen Isabella beherbergt wurde, ist jedoch kaum etwas erhalten. Nachdem das Kloster durch einen Brand zerstört und anschließend verlassen wurde, wurde es im 19. Jh. in sehr einfacher Form wiederaufgebaut; aus touristischem Blickwinkel würde sich eine mühsamer Umweg hierher nicht lohnen; seine Anziehungskraft gewinnt der Ort durch die herrliche Aussicht und die Marienverehrung. Die Mönche haben die mit der Lage gebotene Gelegenheit genutzt und einen Teil des Klosters zu einem Gasthof „sui generis" ausgebaut.

Kunst / Sehenswürdigkeiten: Von Bedeutung ist die Statue der Muttergottes, eine bemalte Holzskulptur aus dem 12. Jh., deren Bemalung im Laufe der Zeit immer wieder aufgefrischt wurde.

Besichtigung: Besichtigt werden kann nur die gotische Kirche zusammen mit dem Raum über dem Altar (Treppe rechts neben dem Altar), wo die Muttergottes von Valvanera verehrt wird.

Gebetszeiten: 8.00 und 12.00 Uhr Messe, an Sonn- und Feiertagen um 9.00, 12.30 und 17.00 Uhr.

Klosterladen: Zu kaufen gibt es Honig und einen ausgezeichneten Likör.

Angebote für Gäste: Im Kloster selbst werden nur Männer aufgenommen, die am Klosterleben teilnehmen wollen, zur Verfügung stehen 13 kleine Zellen. Daneben betreiben die Mönche einen Gasthof mit Restaurant; die Zimmer sind einfach, aber behaglich.

Venta de Baños – Abadía de San Isidro de Dueñas

Trappisten

Das Kloster liegt an der Autobahn Valladolid – Burgos, Ausfahrt Venta de Baños.

Gründung: *10. Jh.*
Anschrift: *34120 Venta de Baños, Palencia (Kastilien)*
Telefon: *988/77 07 01*

Ein weiter Platz, verschönert mit Gartenbeeten und Gartenbänken, liegt vor dem Kloster und bildet einen reizvollen Kontrast zur strengen Fassade der großen und in gewisser Weise unergründlichen Trappistenabtei. Aber der Kontrast, den der Besucher erfährt, erschöpft sich nicht darin. Die Ruhe des Klosters wird oft unterbrochen vom Lärm der nahen Eisenbahn und der parallel dazu verlaufenden neuen Autobahn.
Früher lag das Kloster, das für seine Schokolade bekannt war, abgeschieden in der trockenen Ebene von Kastilien; die handwerkliche Herstellung hat inzwischen einer industriellen Produktion Platz gemacht: Auf der anderen Seite der Autobahn wurde eine Fabrik errichet, die das Markenzeichen „trappistisch" beibehalten hat. Am Leben der Trappistenmönche, die sich hier 1890 niedergelassen haben, hat dies alles nicht viel geändert. San Isidro, wo das monastische Leben bis in die westgotische Zeit zurückreicht, ist auch heute eine geistlich lebendige Kommunität mit vielen Berufungen. Sie besteht aus 40, größtenteils jungen Mönchen, und das Kloster ist entsprechend ein besonderer Anziehungspunkt für Jugendgruppen, die gerne zu Besinnungstagen kommen und die zisterziensisch-trappistische Spiritualität kennenlernen wollen.

Besichtigung: San Isidro gehört zu den wenigen Abteien in Spanien, die – mit Ausnahme der einfachen und schlichten Kirche, welche keine besonderen Kunstwerke bietet – nicht besichtigt werden können.

Gebetszeiten: 6.00 Uhr (Sonn- und Feiertage 7.00 Uhr) Laudes; 8.00 Uhr Terz; 12.00 Uhr Sext; 15.10 Uhr Non; 19.00 Uhr (So-/F. 18.45 Uhr) Vesper; 19.50 Uhr Messe; 20.45 Uhr Komplet. An Sonn- und Feiertagen ist die Messe um 11.00 Uhr.

Klosterladen: Allseits bekannt und beliebt ist die Schokolade aus Venta de Baños, die jetzt in einer Fabrik auf der anderen Seite der Autobahn hergestellt wird. Die Verkaufsstelle hat keine geregelten Öffnungszeiten. Im Kloster selbst werden nur Bücher und CDs religiösen Inhalts verkauft (man läute an der Pforte).

Angebote für Gäste: Zum Kloster gehört ein Gästehaus mit 18 Zimmern (Einzel- und Doppelzimmer, mit Heizung, Bad und Toilette); Aufenthalt ist nur möglich für Besinnungstage, auch für junge Paare.

Der Platz vor dem strengen, altehrwürdigen Trappistenkloster San Isidro in Venta de Baños bei Palencia.

Yuste – Monasterio de San Jerónimo

Hieronymiten

Der Renaissance-Kreuzgang des Hieronymitenklosters von San Yuste, in das Kaiser Karl V. sich in seinen letzten Lebensjahren zurückgezogen hat.

San Yuste liegt in der Region Cáceres; von Madrid aus auf der N V Richtung Talavera und Mérida; in Navalmoral de la Mata Abzweigung nach Jarandilla, Jaraiz und von da nach Yuste. Von Plasencia auf die N 110, nach 15 km Abzweigung nach rechts Richtung Yuste.

Gründung: *1409*
Anschrift: *10430 Cuacas de Yuste (Cáceres)*
Telefon: *927/17 21 30*

Opernliebhaber kennen dieses Kloster, denn Giuseppe Verdi läßt einen Teil des ersten Aktes seines *Don Carlos* hier spielen. Geschichtskundige hingegen wissen, daß es Ruhesitz des großen Kaisers Karl V. in den beiden letzten Jahren seines Lebens war. Das kleine Kloster gehörte damals den Hieronymiten, einem Orden, den es nur in Spanien gibt, und Bedeutung gewonnen hat es eben durch die Anwesenheit von Karl V. während seiner letzten Lebensjahre. Besonders sehenswert ist denn auch das Gebäude mit den weiten, zum Tal hin geöffneten Fenstern, das der Herrscher errichten ließ. Im Inneren waren die Räume so aufgeteilt, daß die drei Zimmer im oberen Stockwerk für die Wintermonate und die drei im unteren Stockwerk (die der Kaiser aber nie bewohnt hat) für die Sommermonate vorgesehen waren.
Auf der einen Seite blicken die Fenster auf den Fischweiher des Klosters, auf der anderen Seite geben die Schlafzimmerfenster den Blick direkt auf den Hauptaltar der Kirche frei; der von der Gicht geplagte Herrscher konnte so, ohne sich vom Bett erheben zu müssen, an den Gebetszeiten teilnehmen. Sein Sohn Philipp II. hat diese architektonische Lösung auch für den Escorial übernommen.
Der Überlieferung nach hat Karl in den letzten Jahren vor seinem Tod (am 21. September 1558) zum Lesen, Schreiben und Meditieren einen Stuhl benutzt, der einem modernen Liegestuhl sehr ähnlich ist. Und man ist erstaunt, daß dieser große Kaiser, der über die ganze Welt geherrscht hatte, sich entschlossen hat, die letzten Tage sei-

nes Lebens in so schlichter Umgebung zu verbringen, ohne Prunk und Pracht, wie sie später den Escorial prägen sollten. Die sterblichen Überreste des Kaisers blieben nicht lange im Kloster ruhen, sie wurden 1574 in das königliche Pantheon des Escorial überführt.
Das Kloster von Yuste wurde von den Soldaten Napoleons geplündert, erst in den 1950er Jahren wurde es restauriert und wieder den Hieronymiten anvertraut, die eine weitere Niederlassung in El Parral am Stadtrand von Segovia haben (s. S. 153).
Die Anlage strahlt immer noch eine gewisse mystische Faszination aus und hat über die Jahrhunderte hin jene Strenge und Schlichtheit bewahrt, die der große Herrscher Karl V. auf der Suche nach Seelenfrieden so geschätzt hat.

Kunst / Sehenswürdigkeiten: Einen gewissen künstlerischen Wert hat eigentlich nur das Bild der *Verklärung* auf dem Hauptaltar, eine Kopie nach Tizian. Die Strenge des Klosters ist mit Prunk und großen Kunstwerken nicht vereinbar; typisch sind daher die einfache Fassade der Kirche und das Fehlen jeden Schmucks im Inneren des Kirchenraumes.

Besichtigung: Von 9.00 bis 13.00 und von 15.00 bis 19.00 Uhr ist eine Besichtigung möglich; es wird Eintritt erhoben. Besichtigt werden können die einschiffige, spätgotische Kirche, zwei Kreuzgänge (einer in gotischem, der andere in platereskem Stil), die Sakristei, die Krypta, in der der Herrscher vor seiner Überführung in den Escorial bestattet war, und die königlichen Gemächer.

Gebetszeiten: Das Chorgebet der Hieronymiten ist weitgehend identisch mit dem Chorgebet der Benediktiner, es wird als gregorianischer Gesang gehalten. 7.00 Uhr Laudes; 18.30 Uhr Vesper; 22.00 Uhr Komplet.

Angebote für Gäste: Im kleinen Gästehaus stehen nur vier Zellen zur Verfügung (mit Heizung, Toiletten auf dem Gang); Aufnahme finden nur Männer zu Besinnungstagen.

Von der Gicht geplagt, verbrachte Kaiser Karl V. seine letzten Lebenstage in diesem Raum des Hieronymitenklosters San Jerónimo de Yuste. Ursprünglich ruhten die sterblichen Überreste des Kaisers im Kloster von Yuste, bis sie 1574 in den Escorial überführt wurden.

Auf dem Pilgerweg nach Santiago de Compostela

von Kloster zu Kloster

Der Pilgerweg nach Santiago de Compostela – kurz Jakobsweg – ist Ausdruck einer der bedeutendsten Frömmigkeitsformen des religiösen Europa und zugleich Prototyp des modernen Tourismus; entlang dieses Weges sind zahlreiche Klöster gegründet worden, die in ihren Gästehäusern den Pilgern Unterkunft gewährt haben. Da heute wieder immer mehr Menschen diesem in religiöser und künstlerischer Hinsicht so faszinierenden Weg folgen, sollen im folgenden die Benediktinerklöster, die direkt am Weg oder auch in unmittelbarer Nähe liegen, aufgeführt werden.

Burgos – Monasterio de San Pedro de Cardeña
(s. S. 137)

Cañas – Monasterio de Santa María la Real
(s. S. 139)

Estella – Monasterio de San Benito
Benediktinerinnen
Anschrift: 31700 Estella, Pamplona (Navarra)
Telefon: 948/55 08 82
Unterkunft: Großes Gästehaus, nur für Frauen offen.
Das Kloster liegt im Herzen einer der eindrucksvollsten Landschaften im ersten Abschnitt des Pilgerwegs.

Gradefes – Monasterio de Nuestra Señora
Gründung: 12. Jh.
Anschrift: 24160 Gradefes (Kastilien-León)
Telefon: 987/33 30 11
Unterkunft: Elf Zimmer (ohne Heizung), für Männer und Frauen.
Kloster mit romanischer Kirche, in einem Dorf ca. 20 km vom Pilgerweg entfernt gelegen.

Jaca – Monasterio de la Santa Cruz
Benediktinerinnen
Gründung: 10. Jh.
Anschrift: 22700 Jaca Huesca (Aragonien)
Telefon: 974/36 05 92
Unterkunft: Kleines Gästehaus, geöffnet nur im Sommer.
Es handelt sich um eine der ältesten Kommunitäten von Benediktinerinnen in Spanien, die im 14. Jh. von ihrem ursprünglichen Sitz in Santa Cruz de la Serò in das Zentrum von Jaca verlegt wurde. Das Kloster führt heute ein Kolleg.

Las Huelgas – Monasterio de las Huelgas
(s. S. 136)

Leyre – Monasterio de Leyre
(s. S. 143)

Palacios de Benaver – Monasterio de San Salvador
Benediktinerinnen
Gründung: 12. Jh.
Anschrift: 09132 Palacios de Benaver (Kastilien-León)
Telefon: 947/45 02 09
Unterkunft: Zehn Zimmer, teilweise mit Bad und Toilette; ausgezeichnete Küche.
Architektonisch wertvolle Anlage; in der Kirche Grabmale aus dem 14. Jh. und ein Kruzifix aus dem 13. Jh.; das Kloster liegt 2 km vom Hauptweg entfernt.

Sahagún – Monasterio de Santa Cruz
Benediktinerinnen
Gründung: 15. Jh.
Anschrift: Avenida da Bermejo y Calderon, 24320 Sahagún (León-Kastilien)
Telefon: 987/78 00 78
Unterkunft: Das Gästehaus verfügt über 20 Zimmer, die im Sommer fast immer belegt sind, es empfiehlt sich also rechtzeitige Voranmeldung.
Großes Kloster von bescheidenem Äußeren in einem kleinen Städtchen mit bedeutenden romanischen Bauten.

Samos – Monasterio de Samos
Gründung: 12. Jh.
Anschrift: 27620 Samos, Lugo (Galicien)
Telefon: 982/54 60 46

Die Abtei von Samos, im Talgrund des Flusses Oribio gelegen, bietet eine in Spanien eher ungewohnte Ansicht: Im Grünen, umspült vom Fluß, mit kühlem und erfrischendem Klima, bietet sie die idealen Bedingungen für die Aufnahme der Pilger, wenn diese mit dem Übergang über die Cebrero-Berge den unwegsamsten Teil des ganzen Pilgerwegs hinter sich gebracht haben. Nach mehrmaligem Wiederaufbau ist das Kloster mit seinem massiven Baukörper, der von der Fassade in der für die galicischen Kirchen typischen Form beherrscht wird, von weitem sichtbar.
Unterkunft: Das Gästehaus verfügt über 32 Zimmer (Einzel- und Doppelzimmer, mit Heizung, Bad und Toilette). Aufnahme finden einzelne Männer, aber auch gemischte Gruppen. Da es sich um eine „Station“ auf dem Jakobsweg handelt, ist rechtzeitige Voranmeldung unbedingt erforderlich.

San Miguel de las Dueñas – Monasterio de San Miguel
Zisterzienserinnen
Gründung: 10. Jh.
Anschrift: Calle San Bernardo 22, San Miguel de las Dueñas (León)
Telefon: 987/46 70 46
Unterkunft: Im kleinen Gästehaus (fünf Zimmer, ohne Heizung) finden nur Frauen Aufnahme.
Es sind noch Reste der mittelalterlichen Bauten erhalten; das Kloster liegt in abgeschiedener Lage, etwa 10 km entfernt von Ponferrada.

San Pedro de las Dueñas – Monasterio de San Pedro
Benediktinerinnen
Gründung: 11. Jh.
Anschrift: 24239 San Pedro de las Dueñas (León)
Telefon: 987/78 01 50
Unterkunft: Im Gästehaus (15 Zimmer) sind Männer und Frauen willkommen.
Altes Kloster in abgeschiedener Lage, 4 km von Sahagún, mit ausgezeichneter Küche.

Santiago de Compostela – Monasterio de San Pelayo
Benediktinerinnen
Gründung: 9. Jh.
Anschrift: calle de San Pelayo, Santiago de Compostela, La Coruña (Galicien)
Telefon: 981/58 31 27
Unterkunft: Nur für Frauen.
Das Kloster, eine Gründung aus ältester Zeit, liegt in der Nähe der Kathedrale des Zielorts des Jakobswegs und wird seit dem 16. Jh. von Benediktinerinnen bewohnt. Im 17. Jh. hat es die heutigen Ausmaße erreicht.

Santa Domingo de la Calzada – Hospedería de Santa Teresita e Monasterio de la Annonciación
Benediktinerinnen
Gründung: 1621
Anschrift: Santa Domingo de la Calzada, Logroño (La Rioja)
Telefon: 941/34 07 00
Unterkunft: Für Einzelpersonen und Gruppen.
Die Hospedería ist ein Gasthof zur Aufnahme der Pilger auf dem Jakobsweg.

Sobrado – Monasterio de Sobrado
(s. S. 157)

Die Fassade der Abtei Samos in Galicien.

Der Kreuzgang

Der Kreuzgang ist ein für das mönchische Leben unverzichtbarer Raum. Er besteht für gewöhnlich aus vier Flügeln, die sich auf einen gepflegten Garten hin öffnen, und ist ein Ort der Meditation und der Entspannung. Er dient als Prozessionsweg, und die Mönche können hier ihre freie Zeit beim Spaziergang und im Gespräch verbringen. Der Klostergarten soll ein Stück Paradies auf Erden darstellen, ein Bild der Seligkeit, nach der die Ordensleute Tag für Tag Ausschau halten.
Hier abgebildet ist der Kreuzgang des spanischen Klosters Santa María de la Huerta.

Alba de Tormes – Santa María de Las Dueñas
Benediktinerinnen
Gründung: 16. Jh.
Anschrift: 37800 Alba de Tormes, Salamanca (León)
Telefon: 923/30 01 10
Unterkunft: Kleines Gästehaus für Männer und Frauen.
Das Kloster liegt in der Mitte des Dorfes, das viele Erinnerungen an Teresa von Avila bewahrt.

Alloz – Monasterio de San José
Zisterzienserinnen
Gründung: 1917
Anschrift: 31292 Alloz (Navarra)
Telefon: 948/54 14 67
Unterkunft: Für Männer und Frauen zu Besinnungstagen.

Aranzazu – Monasterio de San Lorenzo
Benediktinerinnen
Gründung: 1928
Anschrift: Aranzazu, 20560 Onati Guipùzcoa (Baskenland)
Telefon: 943/78 05 11
Unterkunft: Für Männer und Frauen zu Einkehrtagen.
In der Nähe des Wallfahrtsortes Aranzazu. Chorgebet auf baskisch.

Avila – Monasterio de Santa Aña
Zisterzienserinnen
Anschrift: Carretera de Toledo, Avila
Telefon: 920/22 16 66
Unterkunft: Nur für einzelne Frauen.

Barcelona – Monasterio de San Pere de les Puelles
Benediktinerinnen
Gründung: 10. Jh.
Anschrift: 55 Angli, 08017 Barcelona
Telefon: 93/203 89 15
Unterkunft: Kleines Gästehaus mit sechs Zimmern, für Männer und Frauen.
Völliger Neubau um 1900; großes Stadtkloster mit nüchternem Äußeren.

Benaguasil – Monasterio de Santa María de Gratia Dei
Zisterzienserinnen
Anschrift: 46180 Benaguasil (Valencia)
Telefon: 96/273 07 11
Unterkunft: In einem eigenen Haus, für Männer und Frauen, vornehmlich zu Einkehrtagen.
Neue Gebäude mit Garten, in abgeschiedener Lage.

Brena Alta – Monasterio de la Santissima Trinidad
Zisterzienserinnen
Anschrift: 38170 Brena Alta, La Palma (Kanarische Inseln)
Telefon: 922/41 45 00
Unterkunft: In einem an das Kloster anliegenden Haus.
Die Gebäude liegen in einem blumenreichen Garten.

Carrizo de la Ribera – Monasterio de Santa María del Carrizo
Zisterzienserinnen
Gründung: 1176
Anschrift: 24270 Carrizo de la Ribera (León)
Telefon: 09 87/35 70 55
Unterkunft: Für Einzelpersonen und für Gruppen, die sich selbst versorgen.
Altes Stadtkloster mit bedeutendem historischem Archiv; Kirche mit bemerkenswertem Portal.

Casbas de Huesca – Monasterio de Santa María
Zisterzienserinnen
Gründung: 1173
Anschrift: 22142 Casbas de Huesca, Huesca (Aragón)
Telefon: 947/26 03 96
Unterkunft: In einem an das Kloster angrenzenden Haus außerhalb der Klausur finden vor allem Gruppen, die sich selbst versorgen, Unterkunft.
Altes Kloster am Rand eines Dorfes. Sehenswert ist die Kirche.

Cobreces – Monasterio de Viaceli
Trappisten
Gründung: 1910
Anschrift: 39320 Cobreces (Kantabrien)
Telefon: 942/72 50 17
Unterkunft: 17 Zimmer, zum Teil mit Bad und Toilette.
Modernes Kloster am Meer mit neugotischer Kirche.

Cuesta de la Grama – Monasterio de la Santissima Trinidad
Benediktiner der Spanischen Kongregation von Subiaco
Anschrift: Cuesta de la Grama 79, 35300 Santa Brigida, Gran Canaria
Telefon: 928/64 11 41
Unterkunft: Kleines Gästehaus, nur für Männer.
Kleines anmutiges Kloster neuerer Gründung in schöner Lage.

El Miracle – Santuario de Santa María
Benediktiner der Spanischen Kongregation von Subiaco
Gründung: 1901
Anschrift: El Miracle, Lérida
(Katalonien)
Telefon: 973/48 00 02
Unterkunft: Nicht vorgesehen.
In der schönen Barockkirche des Klosters eine Altarrückwand mit einem wundertätigen Bild der Muttergottes aus dem 16. Jh.

Elosegui – Monasterio de Santa Aña
Zisterzienserinnen
Gründung: 1716
Anschrift: Elosegui 44, 20210 Lazkao, Guipùzcoa
(Baskenland)
Unterkunft: Acht schlichte Zellen ohne jeden Komfort für Einzelpersonen und Gruppen, nur zu Einkehrtagen.
Barocker Bau, in einem malerischen Dorf gelegen.

Estíbaliz – Monasterio de Santa María
Benediktiner der Spanischen Kongregation von Subiaco
Gründung: 12. Jh./1963
Anschrift: Estíbaliz, Alava
(Baskenland)
Telefon: 945 / 28 37 65
Unterkunft: Nur für Männer.
Vielbesuchter Marienwallfahrtsort.

Ferreira de Pantòn – Monasterio del Divino Salvador
Zisterzienserinnen
Gründung: 10. Jh.
Anschrift: 27438 Ferreira de Pantòn, Lugo
(Galicien)
Telefon: 982/45 61 55
Unterkunft: Vier Zimmer, nur für Frauen.
Romanische Kirche in einer Anlage des 18. Jh.

Hornacheulos – Monasterio de Santa María de las Escaloñias
Trappisten
Anschrift: 14470 Hornacheulos, Córdoba
(Andalusien)
Telefon: 957/71 45 22
Unterkunft: Fünf Einzelzimmer für Männer innerhalb der Klausur; im nahen Dorf drei Häuser für Gruppen, die sich selbst versorgen.
Landkloster, das in einem ehemaligen renovierten Gutshof eingerichtet wurde.

L'Almella del Vallès – Santuario de Puiggracios
Benediktinerinnen
Anschrift: 08480 L'Almella del Vallès, Barcelona
Telefon: 93/843 27 97
Unterkunft: Drei Zimmer, nur für Teilnehmer an Einkehrtagen.
Neugegründetes Kloster an einem kleinen Wallfahrtsort in der Nähe von Barcelona, in einem großen Park gelegen.

La Palma – Monasterio de Nuestra Señora de la Paz
Zisterzienserinnen
Anschrift: 30593 La Palma (Murcia)
Telefon: 968/55 422 5
Unterkunft: Nur für Frauen, auf Anfrage, zu Tagen der Besinnung und der Meditation.
Neue Gebäude von großer Schlichtheit, abgeschieden in den Feldern gelegen.

Las Monjas – Monasterio de San Daniel
Benediktinerinnen
Gründung: 10. Jh.
Anschrift: Las Monjas 2, 17007 Gerona
(Katalonien)
Telefon: 972/20 12 41
Unterkunft: Aufnahme finden Einzelpersonen und Gruppen zu Tagen der Erholung und der Meditation.
Stadtkloster in ruhiger Lage; schöner doppelter Kreuzgang im romanisch-gotischen Stil.

Lazkao – Monasterio de Santa Teresa
Benediktiner der Kongregation von Solesmes
Gründung: 1906
Anschrift: Lazkao, Guipùzcoa (Baskenland)
Telefon: 943/88 01 70
Unterkunft: Nur für Männer.

Lierganes – Monasterio de Lierganes
Zisterzienserinnen
Anschrift: 39722 Lierganes (Kantabrien)
Telefon: 942/52 81 50
Unterkunft: In einem an das Kloster angrenzenden Gebäude, für Einzelpersonen und Gruppen, die sich selbst versorgen.
Anspruchsloses, ursprünglich weltliches Gebäude, das erst kürzlich in ein Kloster umgewandelt wurde.

Madrid – Monasterio de Montserrat
Benediktiner der Kongregation von Solesmes
Gründung: 1643
Anschrift: Calle San Bernardo 79, Madrid
Telefon: 914/47 12 50
Unterkunft: Nur in Ausnahmefällen.
Barocke Kirche im Herzen von Madrid.

Manacor – Monasterio de la Sagrada Familia
Benediktinerinnen
Anschrift: 7000 Manacor Mallorca (Balearen)
Telefon: 971/55 14 84
Unterkunft: Nur für Frauen.

Miralbueno Alto – Monasterio de San Benito
Benediktinerinnen
Anschrift: Miralbueno Alto, Zaragoza (Aragonien)
Telefon: 976/33 60 36
Unterkunft: Nur für Frauen.
Chorgebet als gregorianischer Gesang.

Monistrol de Montserrat – Monasterio de San Benet
Benediktinerinnen
Anschrift: Carretera de Montserrat, 08199 Monistrol de Montserrat, Barcelona
Telefon: 93/835 00 78
Unterkunft: Acht Zimmer, Bad und Toilette am Gang, nur für Frauen.
Kloster in neuromanischem Stil, an der Straße nach Montserrat. Wunderbare Aussicht.

Oion – Monasterio de Santa María de Barria
Zisterzienserinnen
Anschrift: Carretera de Lasema, 01320 Oion, Alava (Baskenland)
Telefon: 941/101 16
Unterkunft: Nur für Frauen in Zimmern ohne jeden Komfort.
Einfache, moderne Gebäude.

Salamanca – Monasterio de Santa María del Jesus
Zisterzienserinnen
Anschrift: Camino de Agua 120, Salamanca (Kastilien)
Telefon: 923/22 55 95
Unterkunft: Im allgemeinen nur für Frauen zu Besinnungstagen.
Neubau am Stadtrand von Salamanca.

San Andrés de Arroyo – Monasterio de San Andrés de Arroyo
Zisterzienserinnen
Gründung: 12. Jh.
Anschrift: 34487 San Andrés de Arroyo, Palencia (Kastilien)
Telefon: 988/13 32 23
Unterkunft: 15 Zimmer für Einzelpersonen und Gruppen, die sich selbst versorgen (mit eigener Küche).
Sehenswert ist der Kreuzgang mit drei romanischen und einem gotischen Flügel.

San Vicente – Monasterio de San Pelayo
Benediktinerinnen
Gründung: 9. Jh.
Anschrift: San Vicente 11, 3303 Oviedo (Asturien)
Telefon: 98/521 89 81
Unterkunft: Für Männer und Frauen, allerdings stehen nur wenige Betten zur Verfügung.
Altes Stadtkloster, aber nahezu völlig neu gebaut.

San Vicente de Trasmano – Monasterio del la Trasfiguracion del Señor
Benediktinerinnen
Anschrift: 36811 San Vicente de Trasmano, Pontevedra (Galicien)
Telefon: 986/45 09 09
Unterkunft: Für Männer und Frauen, 16 Zimmer.

Sant Medir – Monasterio de Santa María de Cadins
Zisterzienserinnen
Anschrift: 17199 Sant Medir, Gerona (Katalonien)
Telefon: 972/42 80 77
Unterkunft: Nur für Selbstversorger, einzeln oder in Gruppen, in einem zum Kloster gehörenden historischen Gebäude.

Sant Sadurní d'Anoia – Santuario de la Font Santa
Benediktinerinnen
Anschrift: Sant Sadurní d'Anoia, 08770 Castel de Subirats, Barcelona
Telefon: 93/891 22 05
Unterkunft: Zwei Gästezimmer.
Alter Wallfahrtsort auf einem Felssporn; die Kommunität besteht derzeit aus einer einzigen Nonne.

Santa Cristina d'Ario – Monasterio de Santa María Solius
Zisterzienser
Neugründung
Anschrift: Santa Cristina d'Ario, Gerona (Katalonien)
Telefon: 972/83 70 84
Unterkunft: Nur für Männer.
Modernes Gebäude inmitten von Pinien und Zypressen in Meeresnähe.

Teror – Monasterio de San Ildefonso
Zisterzienserinnen
Anschrift: 35000 Teror, Gran Canaria (Kanarische Inseln)
Telefon: 928/63 06 32
Unterkunft: Nur für Frauen.
Das Kloster liegt an einem der schönsten Plätze der Insel inmitten tropischer Vegetation.

Tulebras – Monasterio de Nuestra Señora de la Caridad
Zisterzienserinnen
Gründung: 12. Jh.
Anschrift: Tulebras, Tudela (Navarra)
Telefon: 948/85 14 75
Unterkunft: Nur für Frauen.
Das erste Zisterzienserinnenkloster in Spanien, das allerdings in diesem Jahrhundert nahezu völlig neu errichtet wurde.

Vico Arnedo – Monasterio de Nuestra Señora de Vico
Zisterzienserinnen
Anschrift: Vico Arnedo, La Rioja (Kastilien)
Telefon: 941/38 02 95
Unterkunft: Für Männer und Frauen, die an Einkehrtagen teilnehmen.
Modernes Gebäude, auf den Überresten eines alten Franziskanerklosters erbaut, in schöner Landschaft gelegen.

Die Verteilung der Abteien und Klöster – zum größten Teil benediktinische Männerklöster – innerhalb Deutschlands spiegelt die Verbreitung des Katholizismus wider. In den protestantischen Gebieten gibt es kaum Klöster.

DEUTSCHLAND

Die Ausbreitung des Mönchtums in Deutschland reicht in das 8. Jh. zurück und ist eng verknüpft mit dem Vorgang der Christianisierung des Landes. Bonifatius, Pirmin und Willibrord sind die drei großen Gründergestalten; die Abteien Fulda und Reichenau sind die Mutterklöster der Ausbreitung des Mönchtums nach Osten. Das deutsche Mittelalter war eine Glanzzeit des Mönchtums, was natürlich auch mit der politischen Situation des Landes und mit der engen Verbindung der religiösen Institutionen mit dem Feudalsystem zusammenhing. Auch einige Frauenklöster – wie Bingen, Lichtenthal, Frauenwörth im Chiemsee und Eichstätt – gelangten zu großer Bedeutung. Im 15. Jahrhundert war die von Bursfeld in Niedersachsen ausgehende Reform ein bestimmendes Element. Die Reformation Luthers führte dann zu zahlreichen Klosteraufhebungen, während in den katholischen Ländern die Abteien wieder einer neuen Blütezeit entgegengingen. Ausdruck dieser neuen Blüte war eine umfangreiche Bautätigkeit, die im 17. und 18. Jahrhundert zahlreiche Klöster im Barockstil neu erstehen ließ. Am Ende des 18. Jahrhunderts wurden die klösterlichen Kommunitäten vor allem im Westen des Landes von den Auswirkungen der Französischen Revolution schwer getroffen. In anderen Teilen des Landes, zum Beispiel in Bayern, wandten sich Klöster und Orden, um angesichts der zunehmend restriktiven Gesetzgebung überleben zu können, verstärkt der Schulbildung zu, richteten Internate ein und übernahmen Aufgaben der Pfarrseelsorge. Mit der Gründung der Beuroner Kongregation im Jahr 1863 begann in Deutschland, ja in ganz Europa eine neue Epoche in der Geschichte des benediktinischen Mönchtums.

Aachen – Abtei Kornelimünster

Benediktiner der Kongregation von Subiaco

Aus dem Zentrum von Aachen die B 258 Richtung Monschau; vor dem Vorort Kornelimünster nach rechts auf den Hügel, auf dem die neue Abtei liegt.

Gründung: *1906 (Erstgründung 815)*
Anschrift: *Oberforstbacherstraße 71, 52076 Aachen*
Telefon: *024 08/30 55*

Aachen, die an historischen Denkmälern reiche Kaiserstadt, kann als der Ort gelten, von dem das Mönchtum in Deutschland seinen Ausgang genommen hat. Hier wurde in karolingischer Zeit das erste, dem hl. Kornelius geweihte Kloster gegründet, und sein erster Abt war der hl. Benedikt von Aniane, der vielen als der eigentliche Gründer des in eine feste organisatorische Struktur gefaßten benediktinischen Mönchtums gilt. Die Abtei hatte damals große Bedeutung und großen Einfluß, beherbergte sie doch eine Reliquie des Märtyrer-Papstes Kornelius (gest. 253).
Um die Abtei entstand eine Siedlung, die heute noch besteht. An diesem Ort, der den Namen des Klosters trägt, steht die schöne gotische Abteikirche aus dem 14. Jh. Die alten Klostergebäude gibt es nicht mehr, sie wurden 1802 nach der Aufhebung abgerissen.
Auf einem etwa einen Kilometer entfernten Hügel ist jedoch in diesem Jahrhundert das zweite Kornelimünster entstanden. Als die Mönche 1904 nach Aachen zurückkehrten, entschieden sie sich dafür, ein neues Kloster zu errichten; es sollte an das alte Kornelimünster erinnern, wurde aber neu gebaut und erst in den 1950er Jahren fertiggestellt. Die Kommunität besteht aus zehn Mönchen.

Kunst / Sehenswürdigkeiten: Für Liebhaber zeitgenössischer religiöser Kunst ist im Innern der Kirche das Altarbild der Künstlerin Janet Brooks-Gerloff sehenswert. Die alte gotische Abteikirche liegt in der Ortsmitte.

Gebetszeiten: 5.30 Uhr Matutin; 12.00 Uhr Sext; 18.00 Uhr Messe und Vesper (an Sonn- und Feiertagen Messen um 8.00, 10.30 und 17.30 Uhr, Vesper um 17.30 Uhr); 20.15 Uhr Komplet.

Angebote für Gäste: Das Gästehaus des Klosters ist für Männer und Frauen, einzeln oder in kleinen Gruppen, offen. Es besteht die Möglichkeit, am Klosterleben teilzunehmen. Rechtzeitige Voranmeldung ist erforderlich.

Besonderes: Alle sieben Jahre findet eine Heiligtumswallfahrt statt zu den sog. biblischen Heiligtümern, jährlich eine Wallfahrt am 16. September zum hl. Kornelius, dessen Haupt, so die Tradition, ein Geschenk Karls des Kahlen ist.

Andechs – Kloster Andechs

Benediktiner der Bayerischen Kongregation

Das Kloster liegt in der Nähe von Herrsching am Ammersee, südwestlich von München.

Gründung: *1455*
Anschrift: *Bergstraße 2, 82346 Kloster Andechs*
Telefon: *081 52/37 60*

Das Kloster Andechs wurde 1455 von Herzog Albrecht III. zur Betreuung der Wallfahrt gegründet, die zum Heiltumsschatz ging, den die Grafen von Andechs-Meranien angesammelt hatten. Die Kirche, die sich vom Grün der Landschaft, der der Tourismus nichts von seiner Schönheit genommen hat, abhebt, ist nicht nur Ziel für Pilger, sondern auch Anziehungspunkt für Kunstfreunde; das Innere der Wallfahrtskirche von Andechs ist in der Tat eine der sehenswertesten Schöpfungen des 18. Jh. in Bayern.
Die Klosterbauten wurden 1803 während der Säkularisation versteigert, dann von König Ludwig I. erworben und 1850 der Abtei St. Bonifaz, München, als Landgut übergegeben.

Kunst/Sehenswürdigkeiten: Deckenmalerei und Wandgemälde von Johann Baptist Zimmermann (1751–1755).

Besichtigung: Zu empfehlen ist die Besichtigung

der Wallfahrtskirche, der Heiligen Kapelle mit den Heiltümern und des Fürstenzimmers.

Gebetszeiten: 9.00 Uhr Sonntagsmesse.

Angebote für Gäste: In der Regel wird keine Unterkunft gewährt, in Ausnahmefällen wende man sich an das Mutterhaus, die Abtei St. Bonifaz in München (Karlstraße 34, 80333 München).
Wer nach Andechs kommt, sollte den Besuch der berühmten Brauereigaststätte, deren Ursprung auf das Hochmittelalter zurückgeht, nicht versäumen; sie liegt direkt neben der Kirche und wird jährlich von Tausenden von Gästen und Ausflüglern aufgesucht.

Blick auf die Klosterkirche von Andechs, 1755 in barockem Stil neu erbaut.

Baden-Baden – Abtei Lichtenthal

Zisterzienserinnen

Lichtenthal ist ein Vorort von Baden-Baden. Von der Autobahn Basel – Mannheim Richtung Stadtmitte, die Abtei ist als „Zisterzienserinnenkloster“ ausgeschildert.

***Gründung:** 1245*
***Anschrift:** Hauptstraße 40, 76502 Baden-Baden*
***Telefon:** 072 21/723 32*

Vollständig von einer niedrigen Mauer eingefaßt, liegt das Kloster „Unserer Lieben Frau zu Lichtenthal“ in einem Vorort von Baden-Baden am Fuße des Schwarzwalds. Man tritt durch das Portal in einen Hof mit Bäumen, in dessen Mitte ein schöner Brunnen mit einer Statue der Muttergottes steht. Die imposante Fassade des 18. Jh. ist ein Werk des Architekten Peter Thumb, der den Wiederaufbau vieler Klöster geleitet hat; die Konventgebäude schließen sich L-förmig an. In einem fast versteckten Winkel erhebt sich die nüchterne Kirche mit der berühmten Fürstenkapelle. Obwohl die Umgebung zu den mondänsten Orten in Deutschland gehört, ist die Atmosphäre in Lichtenthal (vom lateinischen *lucida vallis:* „lichtes Tal“) von einer würdevollen Stille geprägt, so, als seien die Nonnen an diesem „mystischen Ort“ nicht nur physisch präsent, sondern bestimmten ihn auch in einem spirituellen Sinn, so daß die Feriengäste der nahen Thermen, die Ausflügler, die mit Bussen anreisenden Touristen die Ruhe des klösterlichen Lebens nicht stören, ja sich durch die schöne kleine Kirche geradezu zur Andacht eingeladen fühlen.
Lichtenthal wurde 1245 von der Markgräfin Irmingard gegründet, es gewann im Laufe der Jahrhunderte an Bedeutung und ging (nach der Über-

lieferung auf wunderbare Weise) im großen und ganzen unbeschädigt aus den zahlreichen Kriegen hervor, die in diesem Grenzland immer wieder aufflammten. Durch die Säkularisation verlor das Kloster 1803 zwar seinen Besitz, blieb aber als Gründung und Grablege des badischen Fürstenhauses weiter bestehen. Über ein Jahrhundert betrieben die Nonnen eine Landwirtschaft, bis die Stadtplanung von Baden-Baden deren Einstellung erforderlich machte. Außerdem richtete das Kloster 1815 eine Mädchenschule ein, die heute noch besteht und das wichtigste Tätigkeitsfeld der Kommunität darstellt. Des weiteren gehören zum Kloster verschiedene Kunstwerkstätten wie Paramentenstickerei, Weberei, Grafik und Goldschmiede.

Die Klosterkirche Lichtenthal. Bekannt ist die Abtei vor allem für die Fürstenkapelle mit der Grablege der Markgrafen von Baden.

Kunst / Sehenswürdigkeiten: Künstlerisch bedeutsam ist vor allem die Fürstenkapelle, die Grabkapelle der Markgrafen von Baden, die eines der bedeutendsten Denkmäler der ganzen Region darstellt. Die letzte Ruhe haben hier gefunden die Gründerin Irmingard (gest. 1260) und die beiden Markgrafen Rudolf IV. (gest. 1348) und Rudolf VI. (gest. 1372). Auf dem Hauptaltar lädt ein Altarbild von 1503, mit der Darstellung der Heiligen Familie, zum Betrachten ein; an den Seitenaltären sind zwei Altarbilder des 15. Jh. zu bewundern, aus dem 15. Jh. stammen auch die Glasfenster im Chor.
In der einschiffigen gotischen Klosterkirche sind sehenswert die Kanzel aus dem 15. Jh., Reste von Fresken aus dem 14. Jh. sowie eine schöne Statue aus bemaltem Holz, die die thronende Gottesmutter darstellt.

Besichtigung: Allgemein zugänglich sind nur der äußere Platz und die Klosterkirche. Zur Besichtigung der Fürstenkapelle und des Museums muß sich eine Gruppe von mindestens sieben Personen zusammenfinden. Besichtigungen mit Führung (gegen Entgelt) finden nur nachmittags statt; an Montagen und am ersten Sonntag im Monat keine Führung.

Gebetszeiten: 6.15 Uhr Terz; 8.00 Uhr Messe; 17.15 Uhr Vesper.

Klosterladen: Der Klosterladen befindet sich auf der rechten Seite des Hofes; er ist täglich von 9.00 bis 12.30 und von 14.30 bis 17.30 Uhr geöffnet.
Verkauft werden – vor allem religiöse – Bücher, CDs und Andenken; großen Zuspruch finden auch die Kräuterliköre und die Magen-, Herz- und Nerventropfen, die die Nonnen nach alten hauseigenen Rezepten herstellen.

Angebote für Gäste: Aufnahme nur in Ausnahmefällen und nur für Frauen zu Besinnungstagen; ein Gästehaus ist leider nicht vorhanden.

Besonderes: Es wird erzählt, daß schwedische Soldaten während des Dreißigjährigen Krieges die Plünderung des Klosters versucht haben; da wandte sich die Äbtissin an die Muttergottesstatue in der Fürstenkapelle und überreichte ihr die Schlüssel der Abtei, die sie heute noch in Händen hält. Als die Soldaten die Kapelle betraten, erfüllte ein Lichtstrahl den Raum und blendete die Eindringlinge, die daraufhin erschreckt flohen und das Kloster und seine Bewohnerinnen verschonten. Seit dieser Zeit wird die Statue der *Muttergottes mit den Schlüsseln* verehrt.

Beuron – Erzabtei St. Martin

Benediktiner der Kongregation von Beuron

Beuron liegt an der durch den Naturpark Obere Donau führenden Straße zwischen Tuttlingen und Sigmaringen; es besitzt auch eine Bahnstation (Eisenbahnstrecke Freiburg – Ulm).

Gründung: *1863 (an der Stelle eines früheren Augustiner-Chorherrenstiftes)*
Anschrift: *88631 Beuron*
Telefon: *074 66/171 75*

Wer sich auf den Weg zum Kloster St. Martin in Beuron macht, ist zunächst einmal beeindruckt von den modernen Skulpturen auf der alten Holzbrücke über die Donau, die hier noch ein recht bescheidener Fluß ist, und vom Naturschauspiel der steilen weißen Felswände und der grünen Lichtungen, die in Kontrast stehen zu den Umrissen der Schlösser und Burgen, die sich am Horizont abzeichnen.
Das große Kloster von Beuron mag da leicht in den Hintergrund geraten. Und doch verdient es wahrhaftig Beachtung, denn für die Geschichte des Mönchtums in Deutschland ist Beuron von großer Bedeutung, nicht nur wegen des künstlerischen Ranges der Gebäude (imposante und nüchterne Bauten des ausgehenden 19. Jh. im Stil der Neorenaissance), sondern vor allem wegen der entscheidenden Rolle, die die Abtei für die Wiedergeburt der benediktinischen Spiritualität nach der traurigen Epoche der Aufhebungen während der Französischen Revolution und der Säkularisation in den Ländern des Deutschen Reiches gespielt hat. An der Stelle, an der die

Blick auf die Abtei Beuron, die 1863 an der Stelle eines früheren Augustiner-Chorherrenstiftes errichtet wurde.

Abtei 1863 errichtet wurde, hat früher ein Augustiner-Chorherrenstift gestanden, dann ein Schloß der Fürsten von Hohenzollern-Sigmaringen. Beuron wurde sofort ein Zentrum lebendiger Spiritualität, getragen von einem Geist, der die Reform und Reorganisation der benediktinischen Kongregationen in ganz Europa herbeiführte. Heute gehört die Beuroner Kongregation zu den lebendigsten Kongregationen des Ordens, die Kommunität des Mutterhauses besteht aus 100 Mönchen, die in vielen Bereichen – Pastoral, Bibelkurse, Exerzitien, Einkehrtage, Lectio Divina, Druck von Büchern und Zeitschriften – tätig sind.

Die Beuroner Malerschule (auf dem Bild die Gnadenkapelle) hat zu Beginn dieses Jahrhunderts einen eigenen Stil geschaffen.

Kunst / Sehenswürdigkeiten: In der barocken Kirche verdient Aufmerksamkeit die Gnadenkapelle, ein bemerkenswertes Beispiel des Beuroner Stils, der zu Beginn des Jahrhunderts Themen der mittelalterlichen Malerei aufgegriffen hat. Beispiele dieses Beuroner Stils sind auch in Italien zu finden, etwa in Montecassino. Sehenswert ist auch die als wundertätig verehrte hölzerne Figurengruppe der *Pietà* aus dem 15. Jh. In der Krypta sind die Äbte der Kongregation bestattet.

Besichtigung: Die Besichtigung ist auf die Kirche beschränkt. Will man Räume des Klosters besichtigen, die normalerweise der Klausur unterliegen, aber für Gäste und Teilnehmer von Kursen und Einkehrtagen zugänglich sind, so wende man sich an die Klosterpforte. Die Räume im Kloster selbst sind allerdings nicht von besonderem Interesse. In der Nähe, erreichbar auf einem schönen Spazierweg durch den Wald (es sind Hinweisschilder angebracht), liegt die Maurus-Kapelle, deren Innenmalerei ebenfalls von Künstlern der Beuroner Schule stammt.

Gebetszeiten: 5.00 Uhr Matutin; 11.15 Uhr (Sonn- und Feiertage 10.00 Uhr) Choralmesse; 18.00 Uhr Vesper; 19.45 Uhr Komplet.

Klosterladen: Zum Kloster gehört eine Metzgerei, deren Wurstwaren und Lebensmittelkonserven sehr geschätzt werden. In einem Laden neben der Kirche werden Bücher, Souvenirs und Devotionalien verkauft.

Angebote für Gäste: Das Gästehaus des Klosters hat 80 Betten, aufgenommen werden jedoch nur Männer. Gegenüber dem Kloster ein Hotel (Hotel Pelikan), in der Nähe einige Gasthöfe und das Exerzitienhaus Maria Trost. Kleine Gasthöfe an der Donau bieten Unterkunft und sind mit Parkplätzen ausgestattet.

Besonderes: Im Sommer kann man bei der alten Holzbrücke Boote für eine Fahrt auf dem Fluß mieten.

Eibingen – Abtei St. Hildegard

Benediktinerinnen der Kongregation von Beuron

Das Kloster liegt am Rhein, gegenüber von Bingen, in den Weinbergen auf den Hügeln über Rüdesheim.

Gründung: *1900*
Anschrift: *65385 Rüdesheim*
Telefon: *067 22/49 90*

Die Abtei St. Hildegard, deren Zwillingstürme schon von weitem sichtbar sind, liegt auf halber Höhe in den Weingärten über Rüdesheim, und der in der Tiefe fließende Rhein hat hier seine malerischsten Abschnitte.
Hat man die Gebäude im Blick, so fällt als erstes ins Auge, daß es sich um Bauten neuerer Zeit in neoromanischem Stil handelt. Die hier beheimatete Kommunität steht in der altehrwürdigen und bedeutenden Tradition der hl. Hildegard von Bingen, die eine der faszinierendsten Persönlichkeiten der deutschen Geschichte ist. Hildegard, eine Mystikerin mit großer Ausstrahlung, konnte mit den Politikern ihrer Zeit ebensogut umgehen wie mit Ordensleuten; unter „göttlicher Eingebung" schrieb sie Werke, die das gesamte Gebiet des menschlichen Wissens umfaßten; sie komponierte Musik, die heute wiederentdeckt wird, und insbesondere ihre Kenntnisse der Naturmedizin erfahren in unserer Zeit neue Wertschätzung. Ihre Interessen und die Gebiete, in denen sie tätig war, waren so breit angelegt, daß sie in wenigen Zeilen gar nicht alle erwähnt werden können.
Die Tochter rheinischer Adeliger wurde 1098 geboren; schon sehr früh trat sie ins Kloster ein, wo die großen inneren Reichtümer, über die sie verfügte, sogleich sichtbar wurden.
Und so wurde sie bereits in jungen Jahren Äbtissin der Kommunität, der sie angehörte; der Sitz der Gemeinschaft lag damals noch nicht am Ufer des Rheins, sondern am Disibodenberg an der Nahe, in der Nachbarschaft eines Männerklosters. Hildegard verlegte das Kloster auf den Rupertsberg bei Bingen und leitete es bis zu ihrem Tod. Dabei blieben Schwierigkeiten nicht aus: Ihre Gestalt weckte zwar einerseits große Bewunderung, doch andererseits wurde Hildegard auch der Häresie verdächtigt.
Steht man heute vor dem modernen Bau des der hl. Hildegard geweihten Klosters, ist die Verbindung mit der Gründerin und dem Ursprung des Klosters kaum wahrzunehmen. Und doch führt die Faszination seiner Geschichte immer wieder Gelehrte und Wißbegierige hierher, so daß das kleine Gästehaus das ganze Jahr über gut belegt ist.
Eibingen ist für seine Besucher gewiß als Schnittpunkt historischer und spiritueller Interessen attraktiv, doch auch noch eine weit profanere Spezialität zieht zahlreiche Touristen an: Die Nonnen stellen einen köstlichen Weißwein her.
Die Kommunität zählt 70 Nonnen; daß davon viele noch recht jung sind, ist ein Hinweis darauf, daß die Gestalt der hl. Hildegard immer noch eine große Anziehungskraft besitzt.

Kunst / Sehenswürdigkeiten: Die Fresken in der Kirche vom Beginn unseres Jahrhunderts sind von der Malerei der italienischen Romanik beeinflußt; ausgeführt wurden sie von Malern der Beuroner Schule.

Besichtigung: Besichtigt werden kann nur die Kirche.

Gebetszeiten: 5.30 Uhr (Sonn- und Feiertage 6.00 Uhr) Laudes; 7.30 Uhr (So-/F. 8.15 Uhr) Terz und Messe; 11.30 Uhr (So-/F. 12.30 Uhr) Sext; 13.25 Uhr Non; 17.30 Uhr (So-/F. 15.30 Uhr) Vesper; 19.30 Uhr Komplet.

Klosterladen: Besonders beliebt ist der aus den

Trauben der umliegenden Weingärten gewonnene Wein. Verkauft werden außerdem noch Liköre, Bücher und Kunsthandwerk. Das Kloster betreibt auch eine Werkstatt zur Konservierung alter Handschriften.

Angebote für Gäste: Da das Gästehaus nur über beschränkten Raum verfügt, ist eine rechtzeitige Voranmeldung mit Erläuterung des Besuchszwecks erforderlich. Bevorzugt werden Personen, die ein geistliches Anliegen haben oder Studien über die hl. Hildegard betreiben. Leichter ist es, im Ort Rüdesheim in einem Gasthof oder auch privat ein Zimmer zu finden.

Eichstätt – Abtei St. Walburg

Benediktinerinnen der Bayerischen Kongregation

Das Kloster liegt mitten in der Stadt Eichstätt im wunderschönen Altmühltal.

Gründung: *9. Jh.*
Anschrift: *Walburgweg 6, 85072 Eichstätt*
Telefon: *084 21/16 80*

St. Walburg liegt leicht erhöht über den Dächern des Stadtzentrums des schönen Städtchens Eichstätt. Das Kloster hat sich aus einem Kanonissenstift entwickelt, das 870 entstand, als die Gebeine der hl. Walburga (gest. 779), der Schwester des hl. Willibald, überführt wurden.
Seit 1035 ist St. Walburg Benediktinerinnenkloster. Die damals errichtete Abtei über der Altmühl, gegenüber der Festung auf dem anderen Ufer, zog sofort eine Vielzahl von Pilgern an, und die große Verehrung für die Heilige trug dazu bei, daß das Kloster immer mehr an Bedeutung gewann.
Nach der Säkularisation von 1803 kehrte 1835 das monastische Leben zurück.
Die Kommunität zählt heute 70 Nonnen, die sehr gastfreundlich sind. Aufnahme findet, wer Tage der Einkehr und Stille verbringen will. Die ertragreichen Gärten auf den Abhängen des waldreichen Hügels stehen Gästen und Besuchern offen.

Statue der hl. Walburga, der die Benediktinerinnenabtei in Eichstätt im Altmühltal geweiht ist.

Besichtigung: Die Besichtigung beschränkt sich auf die schöne Barockkirche, die 1629–1631 von Domenico Barbieri errichtet wurde. In der Kirche befindet sich das Grab der hl. Walburga. In Eichstätt selbst ist der Dom sehr sehenswert; in seinem Inneren befinden sich viele kostbare Kunstwerke aus der Zeit des Mittelalters.

Angebote für Gäste: Jungen Frauen über 18 Jahren wird die Möglichkeit geboten, am Leben der Gemeinschaft teilzunehmen. Die Kommunität bietet Einkehrtage für Frauen an. Außerdem besteht die Möglichkeit, an der Liturgie der Karwoche und der Ostertage teilzunehmen.

Ettal – Benediktinerabtei

Benediktiner der Bayerischen Kongregation

Das Kloster Ettal liegt in einem Dorf in Oberbayern, in der Nähe des Passionsspielortes Oberammergau. Von München auf der Autobahn A 95 Richtung Garmisch-Partenkirchen; in Oberau zweigt die B 23 nach Oberammergau ab. Von Innsbruck über Scharnitz – Mittenwald und Garmisch-Partenkirchen nach Oberau und Oberammergau.

Gründung: *1330*
Anschrift: *82488 Ettal*
Telefon: *088 22/740*

Der erste Eindruck von Ettal ist wirklich überraschend. Vor allem die wundervoll geschwungene Fassade, überragt von der Kuppel mit Kupferdach, sieht man schon von weitem. Diese Auffälligkeit ist typisch für eine Reihe von Klöstern in den Alpen wie Disentis und Engelberg in der Schweiz, Tamié in Frankreich und Marienberg im Vintschgau in Südtirol: Sie stehen als eine Welt für sich in der Landschaft. Der praktische Grund dafür war, daß sie den Pilgern sofort ins Auge stechen sollten. Und genau das trifft auch für Ettal zu. Der Besucher und Pilger sieht das Kloster inmitten eines prachtvollen Panoramas, 1000 Meter hoch gelegen, am Rand eines Ortes, dessen Häuser mit blumenreichen Balkonen geschmückt sind. Man gewinnt den Eindruck, das Kloster sei geradezu gebaut worden, weil dieses idyllische Bild seine Vollendung erhalten sollte. Was den modernen Reisenden so beeindruckt, muß in der Vergangenheit noch viel stärker gewirkt haben: War die große Abtei für die einkehrenden Pilger doch auch ein Versprechen, nach der Wanderung auf mühsamen und gefährlichen Wegen einen Rast- und Ruheplatz zu finden.
Gegründet wurde Ettal im 14. Jh. von Kaiser Ludwig dem Bayern aufgrund eines Gelöbnisses, das er auf einer Reise nach Italien zu Papst Johannes XXII. abgelegt hatte und nach seiner guten Heimkehr erfüllte. Zunächst bewohnt von einer

Die Abtei Ettal: Blick auf die Hauptfassade mit der großen Kuppel aus dem 18. Jh.

Gemeinschaft von Rittern, die hier mit ihren Frauen lebten, wurde die Abtei bald den Benediktinern übergeben, die die Anlage um eine gotische Kirche erweiterten.
Von den ursprünglichen Gebäuden ist nichts mehr erhalten, da Ettal – wie viele Klöster in Deutschland – in der Barockzeit völlig neu erbaut wurde. Die Gebäude um den Innenhof der Abtei sind fast zur Gänze von einem Internat und einem Gymnasium belegt. Das Kloster spielt darüber hinaus auch eine wichtige Rolle in der Volksbildung. Die Mönche sind außerdem in der Pfarrseelsorge aktiv.

Kunst/Sehenswürdigkeiten: Die barocken Umbauten begannen 1710 nach Plänen des Münchener Hofbaumeisters Enrico Zuccali. Die Kirche, ein Zentralbau, wird überragt von der majestätischen Kuppel, die mit einem Fresko von Johann J. Zeiller, die *Himmelfahrt des hl. Benedikt* darstellend (1752), ausgemalt ist. Weitere Fresken stammen von Martin Knoller, die Stuckdekoration von den Wessobrunnern Franz Xaver Schmuzer und Johann G. Übelherr.
Die Sakristei, einer der schönsten Räume Bayerns aus dem 18. Jh., wird durch zwei Pfeiler-Doppelpaare in zwei kleinere Räume aufgeteilt; der elegante Deckenstuck stammt von Johann Baptist Zimmermann.

Besichtigung: Besichtigt werden kann nur die Kirche. Führung auf Anfrage.

Gebetszeiten: 11.00 Uhr Sonntagsmesse (im Winter um 8.00 Uhr); 18.00 Uhr Vesper; 19.30 Uhr Komplet.

Klosterladen: Hier werden Devotionalien sowie Schnäpse und Liköre verkauft; das Kloster hat einen eigenen Verlag, dessen von den Mönchen herausgegebene Schriften ebenfalls im Klosterladen erhältlich sind.

Angebote für Gäste: Kloster auf Zeit für Männer auf Anfrage (man wende sich an den Gästepater, Tel.: 088 22/743 02). Für Familien, Gruppen und Pilger gibt es das klostereigene Hotel „Ludwig der Bayer". Zum Kloster gehört im Sommer auch ein Biergarten mit 200 Plätzen.

Besonderes: Ettal liegt in der Nähe des Passionsspielortes Oberammergau. Die Tradition des Passionsspiels geht auf das 17. Jahrhundert zurück: Die Bewohner von Oberammergau gelobten, falls Gott sie von der Plage der Pest befreie, alle zehn Jahre ein frommes Spiel aufzuführen. Die letzten Passionsspiele, die heute Besucher aus aller Welt anziehen, fanden 1990 statt.

Frauenchiemsee – Abtei Frauenwörth

Benediktinerinnen der Bayerischen Kongregation

Das Kloster liegt auf einer Insel im Chiemsee; Anfahrt von München über Autobahn Salzburg, Ausfahrt Bernau; von Prien nach Gstadt, von dort fahren Linienboote zur Insel.

***Gründung:** 886*
***Anschrift:** 83256 Frauenchiemsee*
***Telefon:** 080 54/521*

Die Abtei Frauenwörth, eine altehrwürdige Gründung mit beeindruckender Atmosphäre und reich an Kunstschätzen, darf als eines der interessantesten Klöster in Deutschland gelten. Sie liegt auf einer waldreichen Insel im Chiemsee, nicht weit von der Insel Herrenchiemsee, die früher ein Männerkloster beherbergte; heute ist Herrenchiemsee vor allem für das auf der Insel gelegene Schloß des Märchenkönigs Ludwig II. bekannt.
Die Klosteranlage Frauenwörth nimmt den größten Teil der Insel ein, außer dem Kloster gibt es dort nur noch ein kleines Fischerdorf.
Gegründet wurde Frauenwörth von Irmengard, einer Tochter König Ludwigs des Deutschen, die hier Äbtissin wurde. Nach ihrem Tod um das Jahr 866 wurde sie bald als Selige verehrt; der Irmengard-Kult wurde allerdings erst 1928 päpstlicherseits bestätigt.
Das Kloster auf Frauenchiemsee wurde sofort nach seiner Gründung gut ausgestattet und erlangte großes Ansehen, wovon die künstlerisch wertvollen Funde auf der Insel zeugen.
Dank seiner Lage blieb Frauenchiemsee vor den Verwüstungen bewahrt, unter denen die anderen bayerischen Klöster zu leiden hatten. Allerdings

wurde die Abtei 1802 aufgehoben, und die Nonnen mußten die Insel verlassen.
Gut 30 Jahre später, 1837, kehrten fünf Nonnen zurück; sie errichteten zunächst ein Priorat und richteten dann eine Schule ein, die bis heute fortbesteht.
Trotz des Schulbetriebs ist die Kommunität, die heute 50 Nonnen zählt, in Treue gegenüber dem Gründungsauftrag dem kontemplativen Leben verpflichtet.

Kunst / Sehenswürdigkeiten: Die Klosteranlage Frauenwörth bewahrt einige der Hauptzeugnisse der Bildkunst des mittelalterlichen Deutschlands. Dazu gehört zunächst der Freskenzyklus in der Torhalle – dem früheren Eingang zum Kloster – aus karolingischer Zeit. Fresken aus dem 12. Jh., deren Stil den Betrachter an die Wandbilder im Salzburger Dom denken läßt, sind in der romanischen Klosterkirche zur hl. Maria erhalten.
Sehenswert sind darüber hinaus Grabmale aus dem 15. Jh. in der Kirche sowie der zum Wahrzeichen von Frauenchiemsee gewordene achteckige Turm mit Zwiebelhaube.

Besichtigung: Der Rundgang (von Mai bis Oktober, 10.00 bis 17.00 Uhr; gegen Gebühr) führt in die Klosterkirche und in die Torhalle, ein zweistöckiges Gebäude, das bis zum Jahr 850 zurückgeht.

Gebetszeiten: 6.00 Uhr Messe (Sonn- und Feiertage 9.00 Uhr); 17.25 Uhr (So-/F. 15.30 Uhr) Vesper.

Klosterladen: Im Klosterladen kann man Souvenirs und religiöse Bücher kaufen.
Was die „kulinarischen Andenken" betrifft, so sind dem Besucher der von den Nonnen hergestellte Likör und die Marzipanbäckereien zu empfehlen.

Angebote für Gäste: Nach Voranmeldung ist, was nicht selbstverständlich ist, auch ein längerer Aufenthalt im Gästehaus des Klosters möglich.
Auf der Insel gibt es außerdem zwei Gasthöfe, auch werden private Fremdenzimmer vermietet.

Das altehrwürdige Frauenkloster Frauenwörth liegt auf einer Insel im Chiemsee.

Großlittgen – Abtei Himmerod

Zisterzienser

Die 1134 gegründete Zisterzienserabtei Himmerod liegt im stillen Talgrund in der Eifel.

Von der Autobahn Koblenz – Trier, Ausfahrt Wittlich, von dort in Richtung Kyllburg; von Bitburg aus: zunächst nach Kyllburg, von dort weiter Richtung Wittlich.

Gründung: *1134*
Anschrift: *54534 Großlittgen*
Telefon: *065 75/41 10*

Himmerod, in einem stillen Talgrund gelegen, mag dem Besucher wie eine liebliche Vision vorkommen. Die wenig bekannte und nur schwer zu findende stille Zisterzienserabtei – sie liegt fernab von den Hauptrouten der Touristenströme – mit ihren Bauten aus dem 18. Jh. ist der ideale Ort für einen Aufenthalt, der sowohl der Meditation wie der Entspannung dienen mag. Gegründet von Bernhard von Clairvaux und insofern eine direkte „Tochter" der großen französischen Abtei, wurde Himmerod im Laufe des Mittelalters zu einem bedeutenden kulturellen Zentrum. Nachdem das Kloster im 18. Jh. im barokken Stil neu erbaut worden war, wurde es infolge der Säkularisation zu einer als Steinbruch mißbrauchten, verlassenen Ruine. Erst 1919 wurde mit dem Wiederaufbau begonnen, in den 1920er Jahren kehrte eine benediktinische Kommunität in die Gebäude zurück, beginnend in den 1950er Jahren, wurde die gesamte Anlage wieder aufgebaut.
Heute führt ein hohes Tor auf den Platz; dem Tor gegenüber liegt die Kirche. Rechts erheben sich die imposanten Konventgebäude, die sich talwärts zu einem Fischteich hinziehen.

Kunst / Sehenswürdigkeiten: Die Kirche, von steil aufragenden Pfeilern in drei Schiffe geteilt, bewahrt nur noch wenig aus der Zeit der großen mittelalterlichen Abtei. Die Apsis erinnert allerdings noch an den ursprünglichen gotischen Stil; das Chorgestühl stammt aus dem 17. Jh.

Besichtigung: Besichtigt werden können nur der Eingangshof, die Kirche und die Gnadenkapelle.

Gebetszeiten: In der Kirche: 7.00 Uhr Laudes; 8.00 Uhr Messe (Sonn- und Feiertage 10.00 Uhr Konventmesse); 17.45 Uhr (So-/F. 17.00 Uhr) Vesper; 19.30 Uhr Komplet.
Im Oratorium: 4.15 Uhr Vigil; 9.45 Uhr Terz; 13.15 Uhr Non.

Klosterladen: Im Klosterladen rechts vom Eingang gibt es nicht nur – vor allem religiöse – Bücher, kunsthandwerkliche Produkte und CDs, sondern auch einen geschätzten Kräuterlikör zu kaufen.

Angebote für Gäste: Männer können, einzeln oder in kleinen Gruppen, am klösterlichen Leben teilnehmen.
Es gibt auch ein Gästehaus, und beim Eingang befindet sich ein behagliches Gasthaus (gemäßigte Preise).
Im Kloster finden auch Einkehrtage und Exerzitien statt.

Hachenburg – Abtei Marienstatt

Zisterzienser

Von der Autobahn Frankfurt – Köln Ausfahrt Dierdorf, dann auf der B 413 Richtung Hachenburg; von der Autobahn A 45 Frankfurt – Dortmund Ausfahrt Herborn zunächst auf der B 255, dann auf der B 414 nach Hachenburg; von Siegburg die B 8 bis Altenkirchen, von Altenkirchen auf der B 414 Richtung Hachenburg.

Gründung: *1212*
Anschrift: *57629 Marienstatt*
Telefon: *026 62/953 50*

Das Kloster Marienstatt bei Hachenburg, gegründet im Jahr 1212, wurde im Lauf der Zeit mehrmals umgebaut. Größte Schäden erlitten die Gebäude im Dreißigjährigen Krieg, als schwedische Truppen das Kloster zerstörten. Nach dem Wiederaufbau diente es zwischen 1734 und 1751 als Hospital und Lazarett, 1803 erfolgte die Säkularisation. 1888 zogen Zisterzienser ein, aber während des letzten Krieges wurde das Kloster wieder aufgegeben, allerdings ohne daß diesesmal größere Schäden eintraten.
Die Anlage wird heute durch die großen Gebäude aus dem 18. Jh. geprägt.
Die gotische Kirche, ein architektonisches Juwel, macht die Abtei in künstlerischer Hinsicht wertvoll. Die hohe Fassade ist durch ein großes Fenster und durch Bögen, die auf seitlichen Stützmauern ruhen, aufgelockert.
Die Lage des Klosters und die Anwesenheit einer Schule lassen weniger an ein eingefriedetes Kloster als vielmehr an einen universitären Campus denken. Auch sind die meisten der 25 Mönche unter 40 Jahren alt.

Kunst / Sehenswürdigkeiten: Die gotische Klosterkirche von Marienstatt ist ein imposanter Bau mit einer hohen Fassade und einer in künstlerischer Hinsicht bemerkenswerten Apsis. Der dreischiffige Innenraum aus Backstein wird von Säulen getragen, die in weiße Gewölberippen übergehen. Am Hochaltar ein großer kostbarer Schnitzaltar des 14. Jh.,

Glasfenster aus dem 14. Jh. in der gotischen Abteikirche von Marienstatt. Zur Kommunität von Marienstatt gehören viele junge Mönche.

der allerdings nicht aus der Nähe betrachtet werden kann, da die Kirche nur bis zum Mönchschor betreten werden kann.

Besichtigung: Allgemein zugänglich sind nur der äußere Klosterhof und die Kirche.

Gebetszeiten: 6.00 Uhr Laudes; 12.15 Uhr Sext; 17.30 (Sonn- und Feiertage 15.30 Uhr) Vesper; 19.00 Uhr Komplet. Messe um 5.45 Uhr (So-/F. 9.30 Uhr).

Klosterladen: In einem kleinen Laden links neben dem Eingang gibt es Bücher und Andenken zu kaufen.

Angebote für Gäste: Aufnahme finden sowohl Einzelpersonen als auch Gruppen.

Heimbach – Abtei Mariawald

Trappisten

Von der Autobahn 4 Köln – Aachen Ausfahrt Düren, von Düren über Kreuzau und Nideggen nach Heimbach; von der Autobahn A 1 Köln – Trier Ausfahrt Euskirchen, von dort nach Zülpich und von Zülpich auf der B 265 nach Heimbach.

Gründung: *1480*
Anschrift: *52396 Heimbach*
Telefon: *024 46/950 60*

Mariawald, die einzige Trappistenabtei in Deutschland, liegt an einem bezaubernden Ort in der Nordeifel. Das Kloster ist von Wäldern und Wiesen umgeben, soweit das Auge reicht. Die Stille und der Friede, die der Ort ausstrahlt, ziehen zahlreiche Besucher an. Sie kommen hierher, in diese landschaftlich reizvolle Gegend mit den kleinen, lieblichen Dörfern an den Ufern der Rur, um zur Schmerzhaften Muttergottes zu beten, der das Kloster geweiht ist, oder auch nur, um die Schönheit des Ortes zu genießen.
Mariawald liegt tatsächlich landschaftlich äußerst reizvoll, und das Kloster hat eine große spirituelle Ausstrahlung. Seine Geschichte ist alles andere als spektakulär. Es wurde Ende des 15. Jh. von Zisterziensern gegründet, 1803 von der Französischen Revolutionsregierung aufgehoben und 1862 den Söhnen des hl. Bernhard zurückgegeben, die es fast völlig neu erbauten. Wenige Jahre darauf wurden die Mönche jedoch im preußischen Kulturkampf erneut gezwungen, die Gebäude zu verlassen. Sie kehrten 1887 zurück und wurden 1941 ein weiteres Mal vertrieben. Am Ende des Zweiten Weltkriegs wurde das Kloster zerstört, aber noch 1945 kehrte mit den Trappisten, die sofort mit der Wiederherstellung begannen, wieder monastisches Leben ein. Die ernste und würdevolle Abtei ist heute von landwirtschaftlichen Gebäuden umgeben; die Kommunität von 20 Mönchen bietet Wanderern, die auf der Suche sind nach einem Ort des Friedens, ihre schlichte Gastfreundschaft an.

Kunst / Sehenswürdigkeiten: Die Kirche ist ein einschiffiger Bau in gotischen Formen; auffallend sind die drei großen Fenster in der Apsis und die mächtigen Gewölberippen aus dunklem Stein, die zu den weißen Wänden einen reizvollen Kontrast bilden. Sehenswert ist das Klosterportal aus dem 16. Jh. Der größte Teil der künstlerischen Ausstattung ist allerdings durch die wiederholten Zerstörungen der letzten Jahrhunderte verlorengegangen.

Besichtigung: Da die Klostergebäude der Klausur unterliegen, kann nur die Kirche besichtigt werden. Ein Gitter trennt die Kirche in einen Bereich, der den Mönchen vorbehalten ist, und einen allgemein zugänglichen Bereich.

Gebetszeiten: 6.30 Uhr Laudes; 7.00 Uhr Messe (im Winter um 6.00 Uhr, an Sonn- und Feiertagen um 10.00 Uhr); 9.15 Uhr Terz; 11.45 Uhr Sext; 14.00 Uhr Non; 17.20 Uhr Vesper; 19.30 Uhr Komplet.

Klosterladen: In einem großen Laden dem Kloster gegenüber gibt es Bücher, CDs, Kerzen und kunsthandwerkliche Produkte zu kaufen; die Mönche stellen auch Honig und einen guten Kräuterlikör her.

Angebote für Gäste: Die Gastfreundschaft spielt im Kloster Mariawald eine wichtige Rolle. Aufnahme finden kleine Gruppen und (männliche) Einzelpersonen für Exerzitien, Besinnungstage und Tage der Sammlung. Im Gästehaus stehen allerdings nur zehn Einzelzimmer zur Verfügung. Wanderer und Ausflügler sollten die schmackhafte warme Erbsensuppe zusammen mit einem Stück Wurst oder Käse probieren; es gibt aber auch gute Tortenstücke. Beides wird täglich zwischen 9.00 und 19.00 Uhr (im Sommer bis 17.00 Uhr) angeboten.

Maria Laach – Benediktinerabtei

Benediktiner der Beuroner Kongregation

Von der Autobahn A 61 Ludwigshafen – Mönchen-Gladbach die Ausfahrt Mendig; von der A 48 Trier – Koblenz die Ausfahrt Mayen.

Gründung: *1093*
Anschrift: *56653 Maria Laach*
Telefon: *026 52/590*

Die romanischen Türme der Basilika Maria Laach ragen aus dem Grün eines dichten Waldes auf. Die Anmut des Ortes wirkt trotz der massenhaften Präsenz von Touristen, Autos und Reisebussen, die den großen Parkplatz füllen, der knapp unterhalb der Straße angelegt wurde. Maria Laach, früher ein abgeschiedener mystischer Ort, beherbergt heute eine große und lebendige benediktinische Kommunität und ist ein erstrangiges Touristenziel geworden. Wie der Name andeutet (Laach ist abgeleitet von *lacus*, „der See"), wurde das Kloster am Ufer eines Vulkankrater-Sees gegründet, und zwar im Jahr 1093 durch Pfalzgraf Heinrich II. von Luxemburg. Im Jahr 1156 vollendet, gelangte das Kloster bald zu großem Reichtum, wovon an erster Stelle die herrliche romanische Kirche, die zu den bedeutendsten Kirchen Europas zählt, Zeugnis gibt. Zum Ruhm der Abtei tragen aber auch die reich ausgestattete Bibliothek und die Miniaturen bei, die im Skriptorium des Klosters entstanden sind. Die Abtei hat Kriege und Zerstörungen überstanden, doch der Aufhebung im Jahre 1802 konnte sie nicht entgehen. 1862 zogen zunächst Jesuiten in die Gebäude ein, 1892 ging sie auf Benediktiner aus Beuron über, die sie heute noch besitzen.

Der mächtige romanische Bau der Abtei Maria Laach ist eines der größten Benediktinerklöster in Deutschland.

Der eindrucksvolle Innenraum der Abteikirche von Maria Laach ist ein Hauptwerk der Romanik. Im Presbyterium befindet sich ein mit einem Baldachin überdachtes Ziborium aus dem 13. Jh. Bekannt ist die Abtei jedoch auch für ihre reich ausgestattete Bibliothek.

In den strengen modernen Konventgebäuden – welch ein Kontrast zum sie überstrahlenden romanischen Kirchengebäude! – leben etwa 70 Mönche.

Kunst / Sehenswürdigkeiten: Die romanische Kirche von Maria Laach ist ein architektonisches Meisterwerk. Der imposante Bau prägt sich durch seine sechs Türme dem Auge ein. Vorgelagert ist ein herrliches Atrium, das sog. Paradies, mit schönen Doppelsäulen. In der Mitte des Paradieses, das die Form eines Kreuzgangs hat, steht der elegante Löwenbrunnen. Das Innere der Kirche kann nur majestätisch genannt werden. Drei Schiffe, das mittlere höher und breiter als die Seitenschiffe, lenken den Blick nach vorne zum erhöht liegenden Presbyterium und auf das mit einem Baldachin überdachte Hochaltar-Ziborium aus dem 13. Jh.; unter dem Presbyterium liegt die Krypta. Im Westchor steht das steinerne Grabmal des Gründers Heinrich II. aus dem Jahr 1280 – beachtenswert sind die in Nußbaumholz geschnitzte und bemalte Grabplatte, die feine Verzierung der Kleider und das Kirchenmodell, das der Stifter in Händen hält. Sehenswert sind auch die Fresken aus dem 16. Jh. an den Pfeilern und die *Pietà* aus dem 15. Jh. in einer Seitenkapelle.

Besichtigung: Von den Gebäuden der Abtei ist nur die Kirche zu besichtigen, es sind allerdings drei moderne Räume eingerichtet, in denen ein 20minütiger Film vorgeführt wird, der das klösterliche Leben beschreibt und einen Blick in die nicht zugänglichen Räume ermöglicht.

Gebetszeiten: 5.30 Uhr Vigil; 7.30 Uhr Messe (Sonn- und Feiertage 7.15 Uhr; lateinische Konventmesse 10.00 Uhr); 11.45 Uhr (So-/F. 14.00 Uhr) Mittagsgebet; 17.30 Uhr Vesper; 19.45 Uhr Komplet.

Klosterladen: In einem großen Laden gibt es Bücher, Souvenirs und von den Mönchen hergestellte kunsthandwerkliche Erzeugnisse aus Metall zu kaufen; es lohnt sich auch, die von den Mönchen betriebene Gärtnerei, die links von der Fassade der Kirche liegt, zu besuchen.

Angebote für Gäste: Im Gästehaus finden Männer und Frauen zu Besinnungstagen Aufnahme. Für Touristen bietet ein luxuriöses Vier-Sterne-Hotel direkt neben dem Kloster Unterkunft. Am Eingang zum Klosterareal gibt es ein Selbstbedienungs-Restaurant.

Neresheim – Benediktinerabtei

Benediktiner der Beuroner Kongregation

Neresheim ist ein malerisches Städtchen auf dem Härtsfeld, einem hügeligen Ausläufer der Schwäbischen Alb. Auf einem der Hügel liegt die imposante Klosteranlage mit der grandiosen Kirche. Man fährt von Nördlingen, der mittelalterlichen Stadt an der Romantischen Straße, auf der B 466 Richtung Heidenheim; von der Autobahn A 7 Ulm – Würzburg: Ausfahrt Heidenheim, von dort auf der B 466 nach Neresheim.

Gründung: *1095*
Anschrift: *73450 Neresheim*
Telefon: *073 26/85 01*

Die auf einem Hügel liegende Klosteranlage Neresheim, von einer Mauer umgeben und im Erscheinungsbild bestimmt von der imposanten Kirche, ist ein Hauptwerk Balthasar Neumanns, eines der größten Architekten des 18. Jh. Die Anfänge gehen zurück auf eine von Graf Hartmann von Dillingen-Kyllburg erbaute Kirche, die dem hl. Ulrich und der hl. Afra geweiht war.
Das Kloster schloß sich der Reform von Hirsau an und beherbergte eine Zeitlang ein Doppelkloster, also ein Männer- und ein Frauenkloster. Neresheim wurde im Laufe der Jahrhunderte mehrmals zerstört und 1802 schließlich aufgehoben.
Durch die Säkularisation fiel das Kloster an die Fürsten von Thurn und Taxis. 1919 flohen Benediktinermönche der Beuroner Kongregation aus dem Prager Emmaus-Kloster hierher, und im Jahr darauf wurde die Abtei, ihrer geistlichen Tradition gemäß, wieder eingeweiht.
Im Unterschied zu den meisten anderen deutschen Klöstern beherbergt Neresheim weder ein Internat noch eine Schule und bewahrt so eine Atmosphäre der Stille und der Sammlung, wie sie besonders im großen, mit Bäumen bepflanzten Hof spürbar ist.
Neresheim zählt heute in geistlicher Hinsicht zu den lebendigsten Klöstern in ganz Deutschland und ist zudem mit einem leistungsfähigen Klosterhospiz ausgestattet.
Die Mönche veranstalten regelmäßig Begegnungsabende, Seminare und Bibelkurse (drei bis vier Tage), die sich sowohl unter Ordensleuten wie auch unter Laien wachsender Beliebtheit erfreuen.
Einen wichtigen Platz unter den Tätigkeiten, denen sich die Benediktiner-Kommunität widmet, nimmt auch die Führung ihres landwirtschaftlichen Betriebs ein.

Kunst / Sehenswürdigkeiten: Die nach Plänen von Balthasar Neumann

Das Klosterhospiz der Abtei Neresheim, die zu den größten und eindrucksvollsten Barockklöstern in Deutschland zu zählen ist. Im Hospizgebäude sind ein Hotel und ein Restaurant untergebracht.

Die Westfassade der Abteikirche von Neresheim, nach Plänen von Balthasar Neumann ab 1745 erbaut und Ende des Jahrhunderts vollendet. Die Kirche ist ein lichtdurchfluteter Raum von 83 Metern Länge und 32 Metern Höhe.

ab 1747 erbaute Abteikirche wurde erst gegen Ende des 18. Jahrhunderts, kurz vor der Aufhebung des Klosters, vollendet; das Innere ist ein großartiger lichterfüllter Raum (83 Meter lang, 35 Meter breit, 32 Meter hoch), der von einer großen Kuppel überragt wird, deren Fresken von dem Tiroler Maler Martin Knoller stammen. (Knoller wirkte übrigens auch in Ettal und in der Münchner Bürgersaalkirche sowie in Tirol und Mailand.) Große Fenster in der Apsis und hinter der Orgel verleihen dem Raum Helligkeit und eine Stimmung heiterer und zugleich mystischer Ausgeglichenheit. Von 1966 bis 1975 wurde die Kirche innen und außen restauriert, so daß sie heute wieder in ursprünglicher Schönheit und Leuchtkraft erstrahlt.

Besichtigung: Bei Betreten des Klosterhofes sieht man rechts die Konventgebäude im eleganten Stil des 18. Jh. (zum Teil restauriert). Auf der Anhöhe die Kirche, der herrliche Bau von Balthasar Neumann, der zu seinen letzten Werken zählt. Kirchenführungen finden statt um 11.00 Uhr (an Sonn- und Feiertagen um 11.15 Uhr) und um 15.00 Uhr.

Gebetszeiten: 9.00 Uhr Terz und Konventmesse (an Sonn- und Feiertagen Messe um 10.00 Uhr), 13.00 Uhr (So-/F. 14.30 Uhr) Non; 18.00 Uhr Vesper; 19.35 Uhr Komplet.

Klosterladen: Die Buchhandlung ist eine der bestausgestatteten Klosterbuchhandlungen in Deutschland; sie verkauft Bücher zu Geschichte, Kunst und Spiritualität, aber auch Andenken und Devotionalien sind hier erhältlich.

Angebote für Gäste:
Das Klosterhospiz ist ein richtiges Hotel mit 86 Betten. Es bietet nicht nur Übernachtungsmöglichkeit, sondern der Gast kann auch Vollpension wählen.
Zum Hospiz gehören außerdem eine Bäckerei und eine Metzgerei, für Tagesgäste gibt es ein Café-Restaurant.
Männer haben, nach schriftlicher Voranmeldung, die Möglichkeit, einige Tage am monastischen Leben der Benediktinerkommunität teilzunehmen.
Für Gruppen steht in der Nähe das Haus „Zum Löwen“ zur Verfügung, mit großem Garten und Gruppen- und Tagungsräumen.

Ottobeuren – Benediktinerabtei

Benediktiner der Bayerischen Kongregation

Von der Autobahn A 7 Ulm – Kempten, Ausfahrt Memmingen-Süd, auf die Schnellstraße Memmingen – München, Ausfahrt Erkheim, von dort über Attenhausen nach Ottobeuren; vom Bodensee: von Lindau über Wangen und Leutkirch nach Memmingen.

Gründung: *764*
Anschrift: *Kemptener Str. 1, 87724 Ottobeuren*
Telefon: *083 32/79 80*

Die mächtige Klosteranlage im Zentrum eines Marktfleckens wird vom barocken Neubau geprägt, der von Abt Rupert Neß begonnen und unter Abt Anselm Erb vollendet wurde. Die Geschichte von Ottobeuren, der bedeutendsten Abtei der ganzen Region, reicht freilich sehr viel weiter zurück, und sie kann sich einer beneidenswerten Kontinuität rühmen.
Das Kloster wurde 764 von Graf Silach gestiftet und erlangte im Laufe der Jahrhunderte, auch dank großzügiger Förderung durch die Kaiser – Karl der Große stattete das Kloster mit ausgedehntem Landbesitz aus –, wachsende Bedeutung. Es wurde in seiner mehr als 1000jährigen Geschichte nie zerstört oder verlassen; nicht einmal die formale Aufhebung durch die bayerische Regierung von 1802 bis 1834 konnte die Mönche vertreiben.
Die Kommunität besteht heute aus nur 25 Mönchen: eine geringe Zahl angesichts der Dimensionen, die für eine weit größere Gemeinschaft gedacht waren. In der Kirche, die eine ausgezeichnete Akustik hat, finden oft bedeutende Konzerte mit geistlicher Musik statt. Dem Besucher sei empfohlen, sich am lebendigen Klang der einzigartigen Riepp-Orgeln zu erfreuen und die Fresken der Gewölbe und der Kuppel – ausgeführt von den Malern Johann Jakob und Franz Anton Zeiller aus Tirol – zu bewundern.

Besichtigung: Außer der Kirche können (von 10.00 bis 12.00 und von 14.00 bis 17.00 Uhr, gegen Eintrittsgebühr) einige im Stil der Kirche ausgestattete Räume der Konventgebäude, die Bibliothek, der Kaisersaal und ein Museum sakraler Kunst mit sehenswerten Skulpturen aus Holz und bemerkenswerten Beispielen schwäbischer Malerei besichtigt werden.

Kunst / Sehenswürdigkeiten: Die unter der Bauleitung von Johann Michael Fischer 1766 vollendete Abteikirche ist ein Hauptwerk der Architektur des Spätbarock. Das Äußere mit der konvexen Fassade ist eine imposante architektonische Meisterleistung; das Innere, ein lichtdurchfluteter einschiffiger Raum von 89 Metern Länge, ist ein triumphales Zusammenspiel von Malerei (der Brüder Zeiller aus Tirol) und Stuck (u. a. von Dominikus Zimmermann und Johann Michael Feichtmayr). Wunderbar auch das Schnitzwerk des Chores von Joseph Christian. Einziges nichtbarockes Element ist das romanische Kreuz am Altar.

Gebetszeiten: 6.30 und 8.00 Uhr Messe (Sonn- und Feiertage 7.30, 9.00 und 11.00 Uhr).

Klosterladen: Verkauft werden CDs mit Aufnahmen von Konzerten in der Kirche sowie Bücher, Honig und Kräuterschnäpse.

Angebote für Gäste: Es gibt ein kleines Gästehaus, Männer können auch, nach vorausgegangener Absprache, einige Tage am Leben der Kommunität teilnehmen. Gegenüber der Abtei liegen zwei gemütliche Gasthöfe, einer mit bekannter Brauereigaststätte.

Die Klosterbibliothek der Benediktinerabtei Ottobeuren.

Plankstetten – Benediktinerabtei

Benediktiner der Bayerischen Kongregation

Plankstetten liegt in der Nähe des Städtchens Berching über dem Main-Donau-Kanal. Von der Autobahn A 3 Nürnberg – Regensburg Ausfahrt Neumarkt, dann auf der B 299 über Berching nach Plankstetten; von der A 9 München – Nürnberg Ausfahrt Greding, dann Richtung Berching.

***Gründung:** 1129*
***Anschrift:** Klosterplatz 1, 92334 Berching*
***Telefon:** 084 62/13 08*

Den besten Blick auf das imposante Kloster mit den beiden Zwillingstürmen hat man von der Brücke über den Main-Donau-Kanal. Die 1129 gegründete Abtei wurde im Dreißigjährigen Krieg von schwedischen Truppen zerstört und anschließend, zwischen 1651 und 1677, im barocken Stil völlig neu erbaut. 1806 wurde das Kloster durch die Säkularisation aufgehoben, 1904 wurde es von Mönchen aus Scheyern wiederbesiedelt und 1917 zur selbständigen Abtei erhoben. Die Kommunität, bestehend aus 30 Mönchen, legt großen Wert auf die Gastfreundschaft.

Kunst / Sehenswürdigkeiten: Von der romanischen Kirche sind nur noch ein Teil eines Turmes und das Eingangsportal erhalten, dem heute ein Atrium aus der Barockzeit vorgelagert ist.
Im Innern, das im Barock völlig erneuert wurde, sind die kostbaren Fresken von Michael Zink von 1727 bemerkenswert. Rechts von der Kirche sind noch drei Joche des gotischen Kreuzgangs mit mächtigen Gewölberippen erhalten.

Besichtigung: Besichtigt werden kann nur die Kirche; einen schönen Blick auf die gesamte Anlage hat man vom inneren Klosterhof, um den die hohen, vor kurzem renovierten Konventgebäude liegen.

Gebetszeiten: 6.45 Uhr Laudes; 7.30 Uhr (Sonn- und Feiertage 10.15 Uhr) Konventmesse; 12.00 Uhr Mittagsgebet; 17.30 Uhr Vesper.

Klosterladen: Im Laden neben dem Eingang gibt es neben Büchern, Andenken und Devotionalien auch zahlreiche Erzeugnisse der kunsthandwerklichen und handwerklichen Werkstätten des Klosters zu kaufen.

Angebote für Gäste: Ein Teil der Klostergebäude

Kirche und Eingangsportal der Abtei Plankstetten. Das 1129 gegründete Kloster wurde zwischen 1651 und 1677 in barockem Stil neu erbaut.

wurde besonders für Gäste eingerichtet. Im Haus St. Gregor (Tel.: 084 62 / 20 60) finden Einzelpersonen und Gruppen Aufnahme zu Studien-, Besinnungs- und Einkehrtagen. Außerdem finden regelmäßig Begegnungsabende statt.

Die Klosterakademie bietet schöpferische Sommerkurse (Malen, Ikonenmalerei und skulpturale Techniken), ferner „Bibel kreativ"-Kurse.

Besonderes: Im Städtchen Berching finden an den sechs Donnerstagen der Fastenzeit (d. h. nicht mehr am Gründonnerstag) Ölbergandachten statt, szenische Darstellungen des Geschehens am Ölberg. Die Tradition dieser Ölbergandachten reicht bis ins 16. Jahrhundert zurück.

Rohr – Abtei Braunau

Benediktiner der Bayerischen Kongregation

Die Abtei liegt in Rohr in Niederbayern. Von der Autobahn A 93 München – Regensburg bis zur Ausfahrt Abensberg, von dort nach Rohr.

Gründung: *993*
Anschrift: *Asamstraße 7, 93352 Rohr*
Telefon: *087 83/960 00*

Die Abtei Rohr wurde 1133 nach einer Schenkung des Edlen Adalbert an den Bischof von Regensburg als Augustiner-Chorherrenstift gegründet, das 1806 durch die Säkularisation aufgehoben wurde.
Erst 1946 wurde es durch Benediktiner aus Böhmen wieder zum Leben erweckt, und zwar durch Mönche aus Braunau (Broumov) in Nordostböhmen – einer Kommunität, die im 14. Jh. als Priorat von Brevnov (s. S. 283) gegründet worden war –, die nach dem Kriegsende aus ihrem Kloster vertrieben wurde und Rohr neu besiedelte.
Nach der Wende im Ostblock wurde auch Brevnov wieder neu besiedelt, aber die beiden früher miteinander verbundenen Kommunitäten Braunau und Brevnov gehen jetzt getrennte Wege, Braunau ist Mitglied der Bayerischen Kongregation geworden, während Brevnov der Böhmischen Kongregation angehört. Am Rand eines Marktfleckens angesiedelt, ist Rohr-Braunau, das heute eine Kommunität von 30 Mönchen beherbergt, nicht so imposant wie andere Klöster in Bayern. Die Fassade wirkt wie eingezwängt zwischen dem mächtigen Turm und den weißen Konventgebäuden. Von der Abtei ist vor allem die Kirche von künstlerischer Bedeutung. Wie bei vielen anderen deutschen Klöstern wird ein großer Teil des Klosters als Schule genutzt, die von den Mönchen geführt wird.

Die Aufnahme Mariens in den Himmel, *eine Figurengruppe von Egid Quirin Asam auf dem Hauptaltar der Abteikirche Rohr-Braunau, ist* theatrum sacrum *in Vollendung.*

Kunst / Sehenswürdigkeiten: Die Gebrüder Asam haben hier in Rohr eines ihrer großartigsten Werke geschaffen.
Der Hochaltar von Egid Quirin Asam (dem Architekten und Skulpteur der Familie) ist ein dramatischer, ja geradezu überwältigender Höhepunkt der Kunst des 18. Jh. in Deutschland.
Über einer Treppe, eingerahmt von Säulen aus farbigem Marmor, ist die *Aufnahme Mariens in den Himmel* dargestellt; die Eindrücklichkeit und Theatralik dieser Figurengruppe aus Stuck wird durch das Licht der Sonnenstrahlen, die den von Wolken bedeckten Himmel aufreißen, noch gesteigert; es handelt sich wirklich um ein *theatrum sacrum,* ein religiöses Schauspiel. Der Altar läßt das wunderschöne Chorgestühl, die Kanzel und die lebendigen Fresken des Bruders Cosmas Damian Asam etwas in den Hintergrund treten.
In der Anna-Kapelle befindet sich ein spätgotisches Gnadenbild Unserer Lieben Frau, das auch Ziel einer Wallfahrt ist.

Besichtigung: Es kann nur die Kirche besichtigt werden.

Gebetszeiten: 7.15 Uhr im Winter, 8.15 Uhr im Sommer (Sonn- und Feiertage 8.30, 10.30 und 19.00 Uhr) Messe; 12.15 Uhr Mittagsgebet; 17.45 Uhr Vesper; 19.45 Uhr Komplet.

Klosterladen: Rechts vom Eingang befindet sich eine kleine Klosterbuchhandlung.

Angebote für Gäste: Kloster auf Zeit für Männer, vor allem für männliche Jugendliche. Erforderlich ist eine schriftliche Voranmeldung beim Gästepater.
Die Abtei besitzt ein Tagungshaus mit Hallenbad, Turnhallen und Sportplatz, das gerne auch von Jugendgruppen und Schulklassen genutzt wird.
Gleich neben dem Kloster gibt es einen gemütlichen Gasthof.

St. Ottilien – Erzabtei

Benediktiner der Kongregation von St. Ottilien

Die Erzabtei der Missionsbenediktiner liegt zwischen München und Landsberg. Von München auf der B 12 Richtung Landsberg; kurz nach dem Ammersee Abzweigung nach St. Ottilien.

***Gründung:** 1884*
***Anschrift:** 86941 St. Ottilien*
***Telefon:** 081 93/710*

Die imposante Klosteranlage, überragt von einem wuchtigen, schon von weitem sichtbaren Glockenturm, liegt zwischen anmutigen Hügeln im Westen von München. Wenngleich die Architektur von St. Ottilien künstlerisch nicht von herausragender Bedeutung ist, so spielt diese Gründung neuerer Zeit jedoch für die Geschichte des Mönchtums in Deutschland und im gegenwärtigen Europa ein große und wichtige Rolle.
Das Kloster ist das Mutterhaus einer lebendigen Kongregation, die sich vor allem der Missionstätigkeit verschrieben hat, was für ein Benediktinerkloster ja eher ungewöhnlich erscheint. Und doch ist dieser von St. Ottilien ausgehende Anstoß keine Neuerung, sondern vielmehr eine Rückkehr zu den Ursprüngen. Es war dieser Auftrag der Verkündigung des Evangeliums, der die Mönche antrieb, die Länder der Heiden für die Christenheit zu erobern. In der Geschichte des abendländischen Mönchtums trat diese missionarische Berufung dann allerdings in den Hintergrund gegenüber der Berufung zur Kontemplation, die zum Charakteristikum des mönchischen Lebens wurde. Es handelte sich also in der Tat um eine „wiederentdeckte“ Berufung, wenn der Beuroner Mönch Andreas Amrhein Ende des vorigen Jahrhunderts die Idee entwickelte, die Erfahrungen des benediktinischen Lebens auch in die Länder der Dritten Welt hinauszutragen. Die von Andreas Amrhein ins Leben gerufene Kommunität erhielt als Mutterhaus das Schloß Emming bei Landsberg am Lech zum Geschenk. Die Neugründung, die den Namen einer der hl. Ottilie geweihten Kapelle des Schlosses annahm, zog sofort viele junge Menschen an, die den Geist des Mönchtums mit dem Auftrag zur Mission verbinden trachteten. Das Projekt Andreas Amrheins und seiner Kongregation von St. Ottilien fand im deutschsprachigen Raum rasche Verbreitung

und führte zur Gründung weiterer Abteien und junger, lebendiger Kommunitäten. Richtig würdigen kann dies nur, wer bedenkt, daß die anderen Kongregationen in ganz Europa mit einem Rückgang der Berufungen zu kämpfen hatten.
Zur Kongregation von St. Ottilien gehören heute zwölf Klöster in Deutschland und in der ganzen Welt, die keine Nachwuchsprobleme haben. Man denke nur daran, daß in St. Ottilien 120 Mönche leben und daß die Kommunität von Münsterschwarzach, einer weiteren jungen Abtei in der Nähe von Würzburg, mehr als 100 Mönche zählt; Meschede im Sauerland hat über 80 Mitglieder, und in Schweiklberg bei Vilshofen leben etwa 50 Mönche. Daraus ist zu ersehen, daß St. Ottilien tatsächlich einen einzigartigen Rang einnimmt. Zu erwähnen ist noch, daß die Mönche von St. Ottilien eine große Schule (mit 700 Schülern allein im Gymnasium) leiten und daß sie einen auf das Thema Mission spezialisierten Verlag (EOS Verlag) betreiben.

Kunst / Sehenswürdigkeiten: In der alten Kapelle der hl. Ottilie sind noch Fresken der Wessobrunner Schule von 1686 zu sehen; die Klosterkirche, die dem Herzen Jesu geweiht ist, ist ein vom Zisterzienserstil beeinflußter neugotischer Bau, der von 1897 bis 1899 errichtet wurde. Die Klosteranlage wird von einem 75 Meter hohen Turm überragt.

Besichtigung: Einen Besuch wert ist vor allem das dem Kloster angeschlossene Missionsmuseum mit sehenswerten Objekten aus den Niederlassungen von St. Ottilien in Afrika, Korea und weiteren außereuropäischen Ländern.

Gebetszeiten: 6.30 Uhr Laudes; 12.00 Uhr Mittagsgebet; 18.00 Uhr (Sonn- und Feiertage 14.00 Uhr) Vesper; 20.00 Uhr Komplet.
An Wochentagen wird um 6.15 Uhr Messe gefeiert, an Sonn- und Feiertagen um 7.00, 8.00 und 9.15 Uhr.

Klosterladen: Zu kaufen gibt es Bücher des klostereigenen, auf Missionsthemen spezialisierten EOS Verlags, Lebensmittel und Kunsthandwerk.

Angebote für Gäste: Der allen offenstehende Klostergasthof Emminger Hof hat reichlich Zimmer zur Verfügung (Tel.: 081 93/712 90).
Für Einkehr- und Besinnungstage gibt es in St. Ottilien ein eigenes Exerzitienhaus.

Blick auf die Abtei St. Ottilien, das Mutterhaus der Missions-Benediktiner, die den Geist und die Erfahrungen des abendländischen Mönchtums in die Welt hinaustragen. Sie nehmen damit den ursprünglichen Auftrag des Mönchtums wahr, das Evangelium Christi in der Welt zu verkünden.

Siegburg – Abtei St. Michael

Benediktiner der Kongregation von Subiaco

St. Michael liegt in der Stadt Siegburg (in der Nähe von Bonn). Die Abtei auf dem Michaelsberg ist schon von weitem zu sehen. Man kann mit dem Auto hinauffahren, reizvoller ist jedoch der Fußweg aus der Stadtmitte von Siegburg.

Gründung: *1064*
Anschrift: *Michaelsberg, 53721 Siegburg*
Telefon: *022 41/12 90*

Eingangshof der Abtei St. Michael in Siegburg. Vom Turm des Klosters bietet sich ein schöner Rundblick in das Rheintal.

Die Faszination, die von dieser altehrwürdigen und berühmten Benediktinerabtei ausgeht, ist auf ihre abgeschiedene und ruhige Lage inmitten einer dichtbevölkerten Industrielandschaft zurückzuführen. Es sind nur wenige Straßenkehren, die aus der Stadtmitte des modernen Siegburg zum Eingang der gewaltigen Anlage führen, die mehr an eine Festung als an ein Zentrum religiösen Lebens denken läßt.
Um die Ausmaße der Anlage abzuschätzen, empfiehlt es sich, die leicht ansteigende Gasse rechts vom Eingang, die an den Klostergebäuden entlangführt, bis zum Aussichtsplatz hochzugehen, an dem sich Reste der mittelalterlichen Befestigung erhalten haben. Wer noch Kräfte in Reserve hat, kann auch noch den Turm besteigen. Von ihm hat man einen guten Blick, nicht nur auf das Kloster als ganzes, sondern auch in das Rheintal.
Die Abtei wurde 1064 von Erzbischof Anno II. von Köln gegründet, dessen Gebeine in einem kostbaren Schrein in der Kirche ruhen. Anno, der aus einem schwäbischen Geschlecht stammte, gründete übrigens nicht nur neben Siegburg zahlreiche andere Klöster, sondern war auch in der Reichspolitik eine Reihe von Jahren führend.
Das Kloster war zeit seines Bestehens ein bedeutendes religiöses und spirituelles Zentrum mit großem Einfluß auf die umliegende Region. Nach der Aufhebung im Jahr 1803 wurde es für andere Zwecke genutzt; 1914 wurde es von Benediktinern aus Holland wiederbesiedelt, 1941 von den Nationalsozialisten beschlagnahmt und durch die Bombardements im Zweiten Weltkrieg weitgehend zerstört. 1945 entschloß man sich zum Wiederaufbau in der Form, die die Gebäude im 18. Jh. hatten.
St. Michael ist eines der beiden Klöster in Deutschland, die zur Kongregation von Subiaco gehören (das andere ist die Abtei Kornelimünster, s. S. 176), und pflegt die traditionelle sublacensische Gastfreundlichkeit. Im Frieden und in der Stille des Michaelsbergs ist es wirklich möglich, mit den Mönchen zu reden und Gebet und Arbeit mit ihnen zu teilen, ohne sich allzuweit vom Rhythmus des normalen täglichen Lebens zu entfernen, das in unmittelbarer Nähe des Klosters weiterläuft.

Kunst / Sehenswürdigkeiten: In der Klosterkir-

che, die in der Barockzeit umgebaut wurde, wobei die gotische Apsis mit den großen Fenstern erhalten blieb, ist die kostbare dreischiffige Krypta des 12. Jh. besonders sehenswert.
In einer Kapelle rechts vom Eingang wird der Schrein des hl. Anno, des Gründers der Abtei, aufbewahrt; es handelt sich um eine Arbeit von 1183, aus Holz geschnitzt und mit Edelsteinen geschmückt.

Besichtigung: Im schönen Klosterhof ist eine malerische überdachte Treppe zu bewundern; außer der Kirche und der Krypta (die allgemein zugänglich sind), ist auch das Abteimuseum sehenswert (geöffnet sonntags von 13.00 bis 13.45 Uhr; Besichtigung nur in geführten Gruppen). Gegen eine Gebühr kann auch der Turm bestiegen werden.

Gebetszeiten: 5.45 Uhr Matutin; 12.15 Uhr Mittagsgebet; 17.30 Uhr Messe (Sonn- und Feiertage 10.30 Uhr); 19.15 Uhr Vesper (samstags um 20.30 Uhr, So-/F. um 17.00 Uhr); 20.45 Uhr Komplet (So-/F. 19.45 Uhr).

Klosterladen: Der Klosterladen liegt neben dem Restaurant am Eingang der Anlage (von 12.00 bis 15.00 Uhr und Dienstagnachmittag geschlossen). Zu kaufen gibt es Bücher religiösen Inhalts, religiöses Kunsthandwerk und den von den Mönchen hergestellten Kräuterlikör.

Angebote für Gäste: Für Männer gibt es die Möglichkeit, am Klosterleben – einschließlich Chorgebet und Arbeit – teilzunehmen. Anfragen sind schriftlich an den Gästepater zu richten. Für Gruppen und Familien stehen Zwei- und Dreibettzimmer zur Verfügung. Das Gästehaus liegt im äußeren Klosterhof, gegenüber dem Eingang, und steht für Tage der Einkehr, des Gebets und der Besinnung zur Verfügung. Wer keine Interessen religiöser Natur hat, kann sich an das an die Abtei-Stuben angeschlossene Hotel wenden (Tel.: 022 41/12 91 50); die Abtei-Stuben, gleich vor dem Eingangsportal, sind ein nettes Restaurant mit gepflegter Küche (montags Ruhetag).

Tholey – Abtei St. Mauritius

Benediktiner der Beuroner Kongregation

Das Kloster liegt mitten im Ort Tholey, etwa 40 km nördlich von Saarbrücken. Von der Autobahn A 1 Saarbrücken – Trier: Ausfahrt Tholey.

Gründung: *7. Jh.*
Anschrift: *66636 Tholey*
Telefon: *068 53/ 91 04 16*

Die Geschichte des Benediktinerklosters Tholey liegt für die ersten Jahrhunderte im dunkeln, doch dürfte seine Gründung zu Beginn des 7. Jh. stattgefunden haben. Der hl. Mauritius, dem das Kloster geweiht ist, war Offizier der berühmten Thebäischen Legion, deren Führer während der letzten großen Christenverfolgung des Römischen Reiches um das Jahr 300 enthauptet wurden. Infolge der Französischen Revolution wurde das Kloster 1794 aufgehoben und stand dann mehr als 150 Jahre leer.
Erst 1949 wurde es von Mönchen der Beuroner Kongregation neu besiedelt. Heute leben und arbeiten 18 Mönche im Kloster. Die zunehmende Verstädterung der unmittelbaren Umgebung hat bisher den benediktinischen Geist, der die Abtei beseelt, nicht beeinträchtigen können.

Kunst / Sehenswürdigkeiten: Die Kirche, mit deren Bau 1260 begonnen wurde, hat ein schönes Portal; das Innere, ein dreischiffiger Raum, wird bestimmt von den imposanten Pfeilern. Sehenswert ist das Chorgestühl aus dem 18. Jh.

Besichtigung: Die Kirche ist allgemein zugänglich. In einem kleinen Museum sind archäologische Funde aus frühchristlicher Zeit ausgestellt.

Gebetszeiten: 5.35 Uhr (Sonn- und Feiertage 6.05) Vigil; 12.00 Uhr Mittagsgebet; 17.30 Uhr (So-/F. 15.00 Uhr) Vesper; 19.45 Uhr Komplet. An Wochentagen um 7.15 und 18.30 Uhr Messe, an Sonn- und Feiertagen um 10.00 und 18.30 Uhr.

Klosterladen: Im Laden, der direkt neben dem Kloster liegt, können Bücher religiösen Inhalts, Andenken und Klosterlikör auf Kräuterbasis gekauft werden.

Der gotische Innenraum der Kirche von Tholey, der im Saarland gelegenen altehrwürdigen Benediktinerabtei.

Angebote für Gäste: Männer können einige Tage innerhalb der Klausur am Klosterleben teilnehmen. Für Frauen, Paare und Gruppen steht das gut eingerichtete Gästehaus St. Lioba zur Verfügung, mit Platz für 26 Personen in Einbett-, Zweibett- und Dreibettzimmern.

Weingarten – Abtei St. Martin

Benediktiner der Beuroner Kongregation

Weingarten liegt nördlich von Ravensburg an der B 30, die von Ulm nach Friedrichshafen am Bodensee führt.

Gründung: *940*
Anschrift: *88250 Weingarten*
Telefon: *07 51/509 60*

Die großartige Fassade der Klosterkirche, zu der der Besucher eine Freitreppe mit 88 Stufen hinaufsteigt, beherrscht das Stadtbild des schwäbischen Städtchens Weingarten. Diese beeindruckende Präsenz läßt anschaulich werden, welche Bedeutung die Abtei im Laufe der Geschichte bis zur Aufhebung in Napoleonischer Zeit (1802) hatte. Der Welfengraf Heinrich hatte um 940 ein Frauenkloster gegründet, das 1056 auf die Benediktiner überging. Weingarten wurde die Wiege der Dynastie der Welfen, die es mit zahlreichen Schenkungen bedachten und zu einem geistlichen

Innenraum der Abtei St. Martin Weingarten. Hier wird die kostbare Heilig-Blut-Reliquie aufbewahrt.

Fresko mit Szenen aus dem Leben des hl. Benedikt von Cosmas Damian Asam (1718) in der Abtei St. Martin Weingarten.

Mittelpunkt Schwabens machten. Die barocke Anlage wurde vom Abt und Architekten Sebastian Hyller ab 1715 errichtet. Nach der Aufhebung von 1802 – der Besitz wurde verstaatlicht – wurde die Abtei erst wieder 1922 von Mönchen der Beuroner Kongregation besiedelt, die nach der Vertreibung durch die Nazis 1945 wieder zurückkehrten. Heute besteht die Kommunität aus ca. 30 Mönchen, sie bewohnen nur einen Teil (rechts von der Kirche) der großen Anlage, der größere Teil der Gebäude dient anderen Zwecken.
In der Basilika wird die kostbare Heilig-Blut-Reliquie aufbewahrt, die seit 1094 im Besitz des Klosters ist. Die Reliquie wird heute noch stark verehrt; jährlich kommen zahlreiche Pilger. Jeden Sonntag um 18.00 Uhr findet eine öffentliche Anbetung statt, und am Donnerstag nach Christi Himmelfahrt wird die Heilig-Blut-Prozession abgehalten, an der sich über 2.000 Reiter und mehr als 50 Musikkapellen beteiligen.

Kunst / Sehenswürdigkeiten: Der in den Jahren 1715 bis 1724 erfolgte Umbau gab der ganzen Anlage ihr barockes Erscheinungsbild.
Die Kirche ist mit einer Länge von 102 Metern und einer Kuppelhöhe von 67 Metern die größte und monumentalste Barockkirche nördlich der Alpen; im Innern kontrastiert das Weiß der Wände mit dem reichen Schmuck, die Fresken stammen von Cosmas Damian Asam (1718), dem berühmten Maler des bayerischen Barock. Bemerkenswert sind auch das Chorgestühl von Joseph Anton Feichtmayr und die Orgel von Joseph Gabler, die größte Barockorgel überhaupt.

Besichtigung: Besichtigt werden können nur die Kirche und die Klosterhöfe rechts (die nicht zur Klausur gehören). Der schöne Kreuzgang aus dem 16. Jh., der vom barocken Umbau nicht betroffen wurde, kann nur auf Anfrage mit besonderer Erlaubnis des Abtes besichtigt werden.

Gebetszeiten: 5.30 Uhr Laudes; 7.30, 9.00 und 18.00 Uhr Messe (Sonn- und Feiertage 8.00, 9.00, 11.00, 17.30 und 19.00 Uhr); 12.00 Uhr Mittagsgebet; 18.00 Uhr (So-/F. 17.30 Uhr) Vesper; 19.25 Uhr Komplet.

Klosterladen: In einem kleinen Laden links vom Eingang, neben der Klosterpforte, werden Bücher, Andenken und Liköre (die allerdings nicht mehr von den Mönchen selbst hergestellt werden) verkauft.

Angebote für Gäste: Für Männer gibt es die Möglichkeit, innerhalb der Klausur am Leben der Kommunität teilzunehmen. Erforderlich ist ein schriftliches Ansuchen, das an den Abt zu richten ist. Im Ort Weingarten gibt es zahlreiche Gasthöfe und Pensionen.

Weltenburg – Abtei St. Georg und Martin

Benediktiner der Bayerischen Kongregation

Inneres der Klosterkirche von Weltenburg. Die Ausstattung ist ein Meisterwerk der Gebrüder Asam.

Weltenburg liegt am Eingang des Donaudurchbruchs vor Kelheim. Von Kelheim, das an der B 16 (Regensburg – Ingolstadt) liegt, führt eine schöne Nebenstraße durch die Wälder zum Kloster. Im Sommer ist die Fahrt mit einem Ausflugsschiff von Kelheim aus zu empfehlen.

Gründung: *600*
Anschrift: *Asamstraße 32, 93309 Kelheim*
Telefon: *094 41/50 60*

Wer mit einem Boot oder Schiff die Donau aufwärts fährt, sieht nach der Fahrt durch die steil aufragenden Wände des Felsendurchbruchs links am Ufer das Kloster liegen und fragt sich unwillkürlich, wie oft wohl die Gebäude von Weltenburg schon durch das reißende Hochwasser der Donau in Gefahr waren. Und tatsächlich sind in die Mauern des Klosters zahlreiche Markierungen eingekerbt, die Datum und Wasserstand solcher Hochwasser anzeigen. Allzu groß können die eingetretenen Schäden jedoch nicht gewesen sein, denn immerhin steht das Kloster – das älteste in ganz Bayern – seit seiner Gründung um das Jahr 600 am selben Ort. Durch die Enge des Raumes waren Erweiterungen rasch Grenzen gesetzt, und so konnte das Kloster seine einzigartige Atmosphäre bewahren. Heute lenken allerdings vor allem im Sommer die Andenkenstände und der vielbesuchte Klostergarten, in dem das hochgeschätzte Weltenburger Klosterbier ausgeschenkt wird, von der Spiritualität des Ortes ab. Daß hier monastisches Leben präsent ist, fällt dem Besucher zunächst nicht ins Auge.
Und doch ist die Geschichte von Weltenburg – von irischen Mönchen aus Luxeuil, die nach der Regel des hl. Columban lebten, gegründet und 768 zur Benediktinerabtei erhoben – trotz vieler Wechselfälle eine Geschichte der Spiritualität und des beschaulichen Lebens. Die jüngste Phase dieser Geschichte begann 1842, als Mönche aus dem Kloster Metten die 1803 durch die Säkularisation aufgehobene Abtei wieder in Besitz nahmen.
Heute besteht die Kommunität von Weltenburg aus etwa 20 Mönchen, die sich vor allem dem Gebet und dem Studium widmen.

Kunst / Sehenswürdigkeiten: Die Barockkirche des Klosters ist ein Werk der Brüder Cosmas Damian und Egid Quirin Asam. Mit dem Bau begonnen wurde 1716. Das *theatrum sacrum*, das geistliche Schauspiel, das der Hochaltar von

Egid Quirin Asam bietet, stellt den *hl. Georg zu Pferd* in den Mittelpunkt der Komposition; die Figur ist von Licht umstrahlt, und Georg setzt gerade an, eine Jungfrau aus den Fängen des sich windenden Drachens zu befreien. Das vollendete Gesamtkunstwerk zeigt, auch im Vergleich mit dem Altar der nicht weit von hier entfernt liegenden Abteikirche von Rohr (s. S. 195), wie sehr dieser großartige deutsche Künstler seinen Vorbildern des italienischen Barock verpflichtet war. Die ganze Kirche – mit der großen von Cosmas Damian Asam ausgemalten Kuppel – ist auf diese Komposition ausgerichtet: die Seitenaltäre, die Kanzel aus Weltenburger Marmor mit einer Figur des hl. Benedikt, der Schmuck der Kirche mit Fresken, Marmor, Stuck und Skulpturen, alles getragen von der Intention der Gebrüder Asam, die Gläubigen in den heiligen Raum einzubeziehen.

Besichtigung: Wenn man den großen Klosterhof mit Klosterkeller und Buchhandlung betritt, sieht man links die Kirche; sie ist der einzige Teil des Klosters, der besichtigt werden kann.

Gebetszeiten: 7.00 und 11.00 Uhr (im Sommer 9.00 Uhr) Messe; 11.40 Uhr Mittagsgebet; 18.00 Uhr Vesper; 19.30 Uhr Komplet.

Klosterladen: Neben der Kirche befindet sich die Klosterbuchhandlung. An Kiosken kann man das berühmte Weltenburger Bier der Klosterbrauerei, die die älteste Brauerei der Welt sein soll, kaufen. Die Brauerei ist zwar inzwischen verpachtet, die Mönche haben aber die Rechte am Markenzeichen „Weltenburger Klosterbier" behalten.

Angebote für Gäste: Männer haben – nach schriftlicher oder telefonischer Voranmeldung – die Möglichkeit, einige Tage in der Klausur am Klosterleben teilzunehmen. Kleine Gruppen können auch Exerzitien halten. Des weiteren besteht die Möglichkeit, mit den Mönchen die Kar- und Osterliturgie zu feiern. An der Straße, die entlang der Donau zur Abtei führt, gibt es zahlreiche Unterkunftsmöglichkeiten, in Gasthöfen, Pensionen und privaten Fremdenzimmern. Für das leibliche Wohl der Tagesgäste sorgen das Restaurant und der Biergarten im Klosterhof.

Das Kloster Weltenburg, umgeben von Wäldern, liegt am Ufer der Donau.

Die Bibliothek

Die Klosterbibliothek der in Bayern gelegenen Abtei Metten (auf dem Bild) gehört zu den großartigsten ihrer Art in Europa.
Jedes Kloster hat seine eigene Bibliothek. Oft nennen die Klosterbibliotheken kostbare Bände mit Buchmalereien ihr Eigentum, die Zeugnis ablegen von der engen Verbindung von monastischem Leben und Kultur eines Landes.
Die Erhaltung des Erbes des klassischen Altertums ist ganz wesentlich den Benediktinermönchen zu verdanken, die in ihren Skriptorien die alten Schriften aufbewahrt, kopiert und kommentiert haben.
Die meisten Klosterbibliotheken sind heute allgemein zugänglich und werden von Gelehrten und Studenten genutzt.

Alexanderdorf – Abtei St. Gertrud
Benediktinerinnen
Gründung: 1984
Anschrift: Dorfstraße 1,
15806 Alexanderdorf
Telefon: 03 37 03/91 60
Unterkunft: Nur mit geistlichem Anliegen; schriftliche Anmeldung erforderlich.
Das Kloster im Süden von Berlin ist in einem ehemaligen Gutshof untergebracht.

Altenstadt – Abtei Engelthal
Benediktinerinnen
Anschrift: Klosterstraße 2,
63674 Altenstadt
Telefon: 060 47/60 88
Unterkunft: Im Gästehaus des Klosters, zu Besinnungstagen und zur Teilnahme am Leben der Kommunität.
Alte romanische Anlage, wiederholt umgebaut.

Augsburg – Abtei St. Stephan
Benediktiner der Bayerischen Kongregation
Gründung: 1824
Anschrift: Stephansplatz 6,
86152 Augsburg
Telefon: 08 21/350 85
Unterkunft: Nur zur Teilnahme am klösterlichen Leben zu bestimmten Zeiten (zum Beispiel während der Karwoche und in den Sommermonaten).
Großes Stadtkloster, nur wenige Minuten von der Stadtmitte entfernt.

Berg-Kellenried – Abtei St. Erentraud
Benediktinerinnen
Gründung: 1924
Anschrift: Kellenried 3, 88276 Berg
Telefon: 075 05/316
Unterkunft: Das Gästehaus ist nur im Sommer für Besinnungstage geöffnet.

Beverungen-Herstelle – Abtei vom Hl. Kreuz
Benediktinerinnen
Gründung: 1965
Anschrift: Carolus-Magnus-Straße 9,
37688 Beverungen
Telefon: 052 73/90 40
Unterkunft: Gästezimmer in einem eigenen Flügel des Klosters.
Die Abtei beherbergt eine der größten Kommunitäten (fast 100 Nonnen) in Deutschland.

Billerbeck – Abtei Gerleve
Benediktiner der Beuroner Kongregation
Gründung: 1904
Anschrift: 48727 Billerbeck
Telefon: 025 41/80 00
Unterkunft: Aufnahme im Kloster finden nur Männer nach schriftlicher Anfrage; zum Kloster gehören noch ein Gäste- und Exerzitienhaus und eine Jugendbildungsstätte.

Innenhof der Abtei Metten (s. S. 209) mit der Fassade des Festsaalbaus von 1734.

Die große Anlage neuerer Gründung liegt in einer schönen Umgebung. Die Kommunität zählt 70 Mönche.

Dinklage – Abtei St. Scholastika
Benediktinerinnen
Gründung: 1949
Anschrift: Burg Dinklage, 49413 Dinklage
Telefon: 044 43/12 68
Unterkunft: Möglich zu Besinnungstagen und bei Teilnahme am Leben der Kommunität.
Alte Wasserburg im Oldenburger Münsterland.

Duisburg-Hamborn – Abtei St. Johann
Prämonstratenser
Gründung: 1136
Anschrift: An der Abtei 4, 47166 Duisburg
Telefon: 02 03/55 42 81
Unterkunft: Männer können auf Anfrage einige Tage am Leben der Kommunität teilnehmen.
Neubau nach dem letzten Krieg; Reste der romanischen Kirche sind noch erhalten.

Ebenhausen – Abtei Schäftlarn
Benediktiner der Bayerischen Kongregation
Gründung: 762
Anschrift: 82067 Ebenhausen
Telefon: 081 78/790
Unterkunft: Nicht vorgesehen.

Das prächtige Kloster Scheyern (s. S. 210). Die Abtei ist Zentrum der Begegnung von abendländischem und östlichem Mönchtum.

Große Barockabtei mit prachtvoller Kirche, erbaut unter der Leitung von Johann Michael Fischer, Fresken und Stuck von Johann Baptist Zimmermann und seiner Werkstatt.

Freiburg – Kloster St. Lioba
Benediktinerinnen von der hl. Lioba
Gründung: 1927
Anschrift: Riedbergstraße 1, 79100 Freiburg
Telefon: 07 61/291 08
Unterkunft: Nach vorheriger schriftlicher Anmeldung zu Besinnungstagen.
Das „Kloster am Rande der Stadt" versteht sich als Zufluchtsort für Menschen in seelischer und leiblicher Not. Gründerin dieses Benediktinerinnenklosters war Maria Benedicta Föhrenbach (gest. 1961), die Leiterin eines Kinderkrankenhauses. St. Lioba ist Mutterhaus einer kleinen Kongregation.

Fulda – Abtei zur Hl. Maria
Benediktinerinnen
Gründung: 1626
Anschrift: Nonnengasse 16, 36037 Fulda
Telefon: 06 61/220 61
Unterkunft: Frauen, die am Leben der Kommunität teilnehmen wollen, können im Gästehaus wohnen; es besteht auch die Möglichkeit, im Klostergarten mitzuarbeiten.
Nach 1945 hat die Kommunität neuen Auftrieb erhalten, sie gehört heute zu den aktivsten und lebendigsten Abteien der ganzen Region. Die Kommunität besteht aus 45 Nonnen. Die einfachen Klostergebäude stammen aus dem 17. Jh., sie lie-

gen in der Stadtmitte, im Innern ein wunderschöner Garten.

Gessertshausen – Abtei Oberschönenfeld
Zisterzienserinnen
Gründung: 1211
Anschrift: 86459 Gessertshausen
Telefon: 082 38/20 28
Unterkunft: Es besteht die Möglichkeit, hier auch während eines längeren Urlaubsaufenthalts zu wohnen; da das Raumangebot beschränkt ist, ist frühzeitige Anmeldung zu empfehlen.
Die alten Klostergebäude wurden im Barock erneuert; schöne Lage in waldreicher Gegend.

Heidelberg – Abtei Neuburg
Benediktiner der Beuroner Kongregation
Gründung: 1926
Anschrift: Stiftweg 2, 69118 Heidelberg
Telefon: 062 21/80 03 42
Unterkunft: Im Gästehaus des Klosters finden Einzelpersonen und Gruppen Aufnahme.
Das Kloster liegt am Ufer des Neckars, nicht weit von der Stadtmitte der berühmten Universitätsstadt.

Hildesheim – Priorat Marienrode
Benediktinerinnen
Gründung: 1988
Anschrift: Auf dem Gutshof, 31139 Hildesheim
Telefon: 051 21/420 01
Unterkunft: Das Kloster hat ein Exerzitienhaus, in dem Einzelpersonen und Gruppen Aufnahme finden.
Altes Augustiner-Chorherrenstift, das 1806 aufgehoben und 1988 durch Nonnen von St. Hildegard, Eibingen, neu besiedelt wurde.

Hunderdorf – Abtei Windberg
Prämonstratenser
Gründung: 1140
Anschrift: Pfarrplatz 2, 94336 Hunderdorf
Telefon: 094 22/82 40
Unterkunft: Einzelpersonen können am Leben der Kommunität teilnehmen. Der Abtei ist die Jugendbildungsstätte Windberg angegliedert.
Altes Kloster, im Barock teilweise erneuert.

Kall-Steinfeld – Abtei Maria Heimsuchung
Benediktinerinnen
Gründung: 1951
Anschrift: Hermann-Josef-Straße 6, 53925 Kall
Telefon: 024 41/43 40
Unterkunft: Für Einzelgäste oder Gruppen, die Besinnung suchen und am Leben der Kommunität teilnehmen wollen.
Gründung des belgischen Klosters Notre-Dame, Ermeton. Neubau in modernem Stil.

Kempen – Abtei Mariendonk
Benediktinerinnen
Gründung: 19. Jh.
Anschrift: 47906 Kempen
Telefon: 021 52/41 68
Unterkunft: Für Besinnungstage, mit der Möglichkeit, am Leben der Kommunität teilzunehmen.
Die schlichten Bauten in neugotischem Stil liegen in einem schönen Park. Aus Kempen stammte der Theologe und Mystiker Thomas von Kempen, bekannt als Verfasser der *Nachfolge Christi*, einer der bedeutendsten geistlichen Schriften des Spätmittelalters.

Köln-Raderberg – Kloster Herz Jesu
Benediktinerinnen vom Heiligsten Sakrament
Gründung: 1895
Anschrift: Brühler Straße 74, 50968 Köln
Telefon: 02 21/937 06 70
Unterkunft: Es stehen zehn Zimmer für Einzelpersonen und kleine Gruppen zur Verfügung.
Das Kloster ist eine Gründung von Nonnen aus Tegelen in Holland. Schöne gotische Kirche.

Landshut – Abtei Seligenthal
Zisterzienserinnen
Gründung: 1232
Anschrift: Bismarckplatz 14, 84034 Landshut
Telefon: 08 71/82 10
Unterkunft: Im Gästehaus des Klosters ist auch ein längerer Aufenthalt möglich. Schriftliche Anmeldung ist erforderlich.
Sehenswert die barocke Abteikirche mit Stukkaturen von Johann Baptist Zimmermann.
Die Kapelle der hl. Afra ist ein bemerkenswerter romanischer Raum; in der Mitte steht eine Säule mit Tabernakel mit Statuen der beiden Stifter, Herzog Ludwig und Herzogin Ludmilla (14. Jh.). Weitere 26 kleine Statuen zieren als Brüstungsfiguren die Empore.

Meschede – Abtei Königsmünster
Benediktiner der Kongregation von St. Ottilien
Gründung: 1928
Anschrift: Klosterberg 11,

59872 Meschede
Telefon: 02 91/299 50
Unterkunft: Im Jugendgästehaus „Oase“; wer sich für die Teilnahme am Leben der Kommunität interessiert, wende sich schriftlich an den Gästepater.
Die aus rheinischem Sandstein erbaute Abteikirche ist ein beeindruckendes Beispiel moderner Sakralarchitektur.

Metten – Benediktinerabtei
Benediktiner der Bayerischen Kongregation
Gründung: 766
Anschrift: 94526 Metten
Telefon: 09 91/910 81 10
Unterkunft: Im allgemeinen nicht vorgesehen; Einzelpersonen, die einige Tage im Kloster verbringen wollen, können ihr Anliegen schriftlich dem Abt vorbringen.
Sehenswert ist der 1734 gebaute große Festsaal mit Deckenfresko. Kultureller Höhepunkt ist die Klosterbibliothek, die zu Recht als Juwel barocker Dekorationskunst gepriesen wird. Sehenswert ist auch die Kirche mit Stuckarbeiten von Franz Josef Holzinger.

Münsterschwarzach – Benediktinerabtei
Benediktiner der Kongregation von St. Ottilien
Gründung: 1930
Anschrift: 97359 Münsterschwarzach
Telefon: 093 24/201
Unterkunft: Das neue Gästehaus steht jedermann offen.
Das Kloster wurde an der Stelle einer alten Abtei mit fast 1000jähriger Geschichte errichtet, die Kommunität zählt ca. 100 Mönche. Sehenswert das neue Missionsmuseum.

Neuß – Kloster Kreitz
Benediktinerinnen vom Heiligsten Sakrament
Gründung: 1899
Anschrift: Am Kreitz 1, 41472 Neuss
Telefon: 021 31/87 93
Unterkunft: Es besteht die Möglichkeit, am Leben der Kommunität teilzunehmen, allerdings nur zu bestimmten Zeiten des Jahres.

Niederaltaich – Benediktinerabtei
Benediktiner der Bayerischen Kongregation
Gründung: 741
Anschrift: 94557 Niederaltaich
Telefon: 099 01/20 80
Unterkunft: Aufnahme finden nur Männer zu Besinnungstagen, die die Teilnahme am Leben der Kommunität einschließen. Schriftliche Voranmeldung ist erforderlich. Der große und gemütliche Klosterkeller mit Restaurant wird gerne besucht und ist auch auf die Bewirtung von Gruppen eingerichtet.
1671 legte ein Brand die Klosterkirche aus dem 14. Jh. in Asche; nur Reste der Fassade, der beiden Zwillingstürme und des Portals blieben erhalten. 1698 begann Antonio Carlone mit dem Neubau der Basilika, stellte aber nur die Türme wieder her. Den Chorbau führte Johann Michael Fischer von 1724 bis 1726 durch. Den ausgedehnten Freskenzyklus schuf Andreas Haindl aus Wels. Sechs Bilder im Langhaus geben Szenen aus dem Werden des Klosters wieder.

Ockenheim – Priorat Jakobsberg
Benediktiner der Kongregation von St. Ottilien
Gründung: 1961
Anschrift: 55435 Gau-Algesheim
Telefon: 067 25/30 40
Unterkunft: Das Exerzitienhaus St. Benedikt steht für Einkehr- und Besinnungstage zur Verfügung.
Neue Gebäude neben einer Wallfahrtskirche zu den 14 Nothelfern mit herrlichem Ausblick auf das Rheintal und über den Rhein auf die Abtei St. Hildegard in Eibingen.

Ortenburg – Kloster Neustift
Benediktinerinnen der Anbetung
Gründung: 1921
Anschrift: Neustift 11, 94496 Ortenburg
Telefon: 085 42/960 00
Unterkunft: Zu Besinnungstagen nach vorhergehender Anmeldung.
Die Benediktinerinnen der Anbetung sind eine französische Kongregation. Das Kloster beherbergt ein großes Internat.

Ostrach – Priorat U. L. Frau Habsthal
Benediktinerinnen
Gründung: 1892
Anschrift: Habsthal, 88356 Ostrach
Telefon: 075 85/656
Unterkunft: Auf Anfrage, Bedingung ist die Teilnahme am Leben der Kommunität.
Ehemaliges Dominikanerinnenkloster; 1892 zogen Nonnen hierher, deren Kloster im Aargau in der Schweiz aufgehoben worden war.

Rietberg-Varensell – Abtei U. L. Frau
Benediktinerinnen
Anschrift: Varensell, 33397 Rietberg
Telefon: 052 44/52 97
Unterkunft: Das Haus St. Benedikt bietet Einzelpersonen und Gruppen Unterkunft zu Besinnungstagen.

Roggenburg
Prämonstratenser
Gründung: 1126
Anschrift: Klosterstraße 5,
89297 Roggenburg
Telefon: 073 00/54 88
Unterkunft: Nur für Personen, die am Leben der Kommunität teilnehmen wollen.
Oftmals zerstört und wiederaufgebaut. Der letzte Neubau erfolgte im 18. Jh.

Scheyern – Benediktinerabtei
Benediktiner der Bayerischen Kongregation
Gründung: 1119
Anschrift: 85298 Scheyern
Telefon: 084 41/75 21 28
Unterkunft: Im Gästehaus des Klosters (Tel.: 75 21 28) findet Aufnahme, wer das Klosterleben kennenlernen und am Leben der Kommunität teilnehmen will. Gruppen und Familien finden Unterkunft in der Klostergastwirtschaft Scheyernhof.
Zu Beginn des 12. Jh. wurde die Burg der Grafen von Scheyern-Wittelsbach in ein Kloster umgewandelt, und die Klosterkirche wurde zur Grablege der Wittelsbacher. Die Abtei ist heute besonders im Bereich der Ökumene und der Erforschung der östlichen Spiritualität aktiv; der Abt von Scheyern ist Mitglied der Gruppe von Chevetogne, die sich besonders um den Erfahrungsaustausch zwischen westlichem und östlichem Mönchtum bemüht.

Speinshart
Prämonstratenser
Gründung: 1145
Anschrift: Klosterhof 2,
92676 Speinshart
Telefon: 096 45/329
Unterkunft: Auf Anfrage für Personen, die am Leben der Kommunität teilnehmen wollen.
Schöne Barockkirche.

Tettenweis – Abtei St. Gertrud
Benediktinerinnen
Gründung: 1899
Anschrift: 94167 Tettenweis
Telefon: 085 34/970 90
Unterkunft: Das Kloster besitzt ein Gästehaus; es besteht die Möglichkeit, am Leben der Kommunität teilzunehmen.
Das Kloster ist in einem ehemaligen Schloß untergebracht.

Thyrnau – Abtei St. Josef
Zisterzienserinnen
Gründung: 1902
Anschrift: Abteistraße 1, 94136 Thyrnau
Telefon: 085 01/286
Unterkunft: Gästehaus mit 20 Betten für Besinnungstage.
1902 erwarben Nonnen aus dem aufgehobenen Kloster Rathausen bei Luzern das ehemalige fürstbischöfliche Jagdschloß in Thyrnau und erweiterten es um eine Kirche und Wohnräume.

Travenbrück-Nütschau – Priorat St. Ansgar
Benediktiner der Beuroner Kongregation
Gründung: 1951
Anschrift: 23843 Travenbrück
Telefon: 045 31/500 40
Unterkunft: Bestens eingerichtet sind das Haus St. Ansgar mit 40 Betten und das Jugendhaus St. Benedikt mit 22 Betten.
Nütschau ist eine Neugründung der Abtei Gerleve in Billerbeck und das einzige Kloster in Schleswig-Holstein.

Trier – Abtei St. Matthias
Benediktiner der Kongregation von der Verkündigung
Gründung: 5. Jh.
Anschrift: Matthiasstraße 85,
54290 Trier
Telefon: 06 51/310 70
Unterkunft: Im Gästehaus der Abtei, nur nach schriftlicher Voranmeldung, aber ohne Einschränkungen. Gäste sind eingeladen, am Leben der Kommunität teilzunehmen.
Die Abtei St. Matthias, deren Wurzeln in die Frühzeit des Christentums zurückreichen, liegt im Süden von Trier. Trotz der Wechselfälle der Geschichte und der Lage in einem dichtbewohnten und verkehrsreichen Viertel ist die Abtei eine Insel der Spiritualität und der Stille geblieben. Sehenswert die romanische Basilika mit spätmittelalterlichem Gewölbe. Die Abtei ist von einem schönen Garten umgeben.

Tutzing – Mutterhaus Tutzing
Missionsbenediktinerinnen
Gründung: 1885
Anschrift: Bahnhofstraße 3,
82327 Tutzing
Telefon: 081 58/234 70
Unterkunft: Nur zu Besinnungstagen nach vorhergehender schriftlicher Anmeldung.
Das Kloster ist Mutterhaus des weiblichen Zweigs der Kongregation von St. Ottilien. Es liegt am Westufer des Starnberger Sees.

Uhldingen – Abtei Birnau
Zisterzienser
Gründung: 1745
Anschrift: 88690 Uhldingen
Telefon: 075 56/920 30
Unterkunft: Nicht vorgesehen.

In herrlicher Lage über dem Bodensee. Die barocke Kirche ist ein Meisterwerk von Peter Thumb, Ausstattung von Joseph Anton Feichtmayr und Mitarbeitern; auf dem Hochaltar Gnadenbild der *Lieblichen Mutter von Birnau,* eine spätgotische Holzplastik des 15. Jh.

Vilshofen – Abtei Schweiklberg
Benediktiner der Kongregation von St. Ottilien
Gründung: 1904
Anschrift: 94474 Vilshofen
Telefon: 085 41/20 90
Unterkunft: Im St.-Beda-Haus, dem Bildungshaus der Abtei, stehen 70 Betten und auch Tagungsräume zur Verfügung.
Neugründung zu Beginn unseres Jahrhunderts. Hoch über der Donau gelegen. Beeindruckend die im Jugendstil erbaute Abteikirche.

Waldsassen – Zisterzienserinnenabtei
Zisterzienserinnen
Gründung: 1131
Anschrift: Basilikaplatz 2, 95644 Waldsassen
Telefon: 096 32/920 00

Kapelle der hl. Atra im Zisterzienserinnenkloster Seligenthal in Landshut.

Unterkunft: Nur in Ausnahmefällen; schriftliche Anmeldung erforderlich.
Die Abtei in Waldsassen wurde als Zisterzienserkloster gegründet; 1803 wurde es im Zuge der Säkularisation aufgehoben. 1863 kamen die Gebäude an die Zisterzienserinnen von Seligenthal. Heute beherbergt das Kloster eine Internatsschule. Sehenswert ist die von den Brüdern Georg und Christoph Dientzenhofer zwischen 1685 und 1691 neu erbaute Kirche, ein Meisterwerk des deutschen Barock; oft finden hier Konzerte statt. Bemerkenswert auch die Bibliothek und der schöne Kreuzgang, 1688 von Domenico Quadro aus Bayreuth stuckiert.

Zapfendorf-Kirchschletten – Abtei Maria Frieden
Benediktinerinnen
Anschrift: 96199 Zapfendorf
Telefon: 095 47/922 30
Unterkunft: Zu Besinnungstagen und für Personen, die am Leben der Kommunität teilnehmen wollen.

In Belgien gibt es – sowohl in den flämischen wie in den wallonischen Gebieten – zahlreiche Klöster aller Orden. Eine besondere Rolle spielen die Prämonstratenser-Chorherren, benannt nach dem 1120 von Norbert von Xanten gegründeten Kloster Prémontré bei Laon in Nordfrankreich; nach ihrem Gründer heißen sie auch Norbertiner. In Holland sind in neuerer Zeit von Oosterhout aus viele kleinere Kommunitäten gegründet worden.

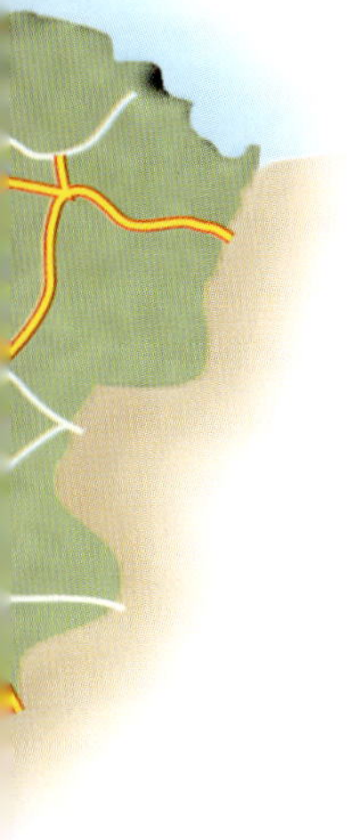

BELGIEN – LUXEMBURG – NIEDERLANDE

Die Klöster Belgiens – die meisten sind Gründungen neuerer Zeit – sind ein Zeugnis dafür, daß dieses Land trotz der politischen Wechselfälle der letzten beiden Jahrhunderte immer eine tiefe Verbindung zum Mönchtum besaß. Die wenigen alten Klöster sind zum größten Teil während der Französischen Revolution zerstört worden, aber in den letzten beiden Jahrhunderten traten kraftvolle neue geistliche Zentren wie Maredsous oder die einzigartige, ökumenisch inspirierte Gründung von Chevetogne an ihre Stelle. Im 19. Jh. sind in Belgien auch einige bedeutende Trappistenklöster neu gegründet worden. Genannt seien an dieser Stelle die Abtei zu Unserer Lieben Frau in Westmalle und die Abtei St. Sixtus in Westvleteren, die mit ihren berühmten Klosterbrauereien einen recht lebendigen Bezug zur Wirklichkeit herstellen. Groß an Bedeutung und Zahl sind auch die Prämonstratenserklöster mit ihren großartigen Bauten, in denen Hunderte von Chorherren leben, die sich vor allem dem Gebet und dem Studium widmen.

In den Niederlanden erlebte das Mönchtum im vorigen Jahrhundert eine Wiedergeburt; es nahm damit eine Tradition wieder auf, die zunächst von der Reformation und dann von der Französischen Revolution schroff abgebrochen worden war. Heute gibt es in den Niederlanden wieder zahlreiche klösterliche Gemeinschaften, die alle ökumenisch orientiert, von lebendiger Spiritualität getragen und Gästen gegenüber sehr aufgeschlossen sind.

Aubel – Abbaye de Notre-Dame-Val-Dieu

Trappisten

Von der Autobahn E 25 Lüttich – Maastricht: Ausfahrt 2, von da auf der N 608 über Berneau und Warsage bis zur N 648, an der N 648 nach rechts bis Aubel; von der Autobahn A 3/E 40 Lüttich – Aachen: Ausfahrt 37, auf der N 3 bis Battice und auf der N 648 bis Aubel; Hinweisschilder führen zur Abtei.

Gründung: *1216*
Anschrift: *Rue Val-Dieu, 4580 Aubel*
Telefon: *087/68 73 81*

Die Abtei von Val-Dieu liegt abgeschieden in einem kleinen Tal in der Nähe von Lüttich.

Die Abtei Val Dieu liegt in einer lieblichen Landschaft inmitten von Hügeln, zwischen kleinen Wasserläufen und Landgütern im Tal der Berwinne. Das Kloster beherbergt eine französischsprachige Kommunität, die Erbin einer alten monastischen Tradition ist, die bis ins 13. Jh. zurückreicht.
Die im Grenzgebiet von Belgien, Holland und Deutschland liegende Abtei hatte über die Jahrhunderte hin große Bedeutung; sie wurde während der Französischen Revolution aufgehoben und 1845 wieder besiedelt.
Leider kann der größte Teil der im Stil der Renaissance errichteten Gebäude nur von außen besichtigt werden, da im Kloster entsprechend der trappistischen Tradition eine strenge Klausur herrscht: Wie ihre Ordensbrüder in allen anderen Trappistenklöstern sind auch die Trappisten von Aubel zu stetem Stillschweigen in strenger Abgeschiedenheit verpflichtet.

Kunst / Sehenswürdigkeiten: Die 1125 errichtete Kirche, die im Laufe der Zeit, zuletzt 1839, mehrmals umgebaut wurde, ist ein nüchterner, aber dennoch reizvoller gotischer Raum. Auch der (nicht zugängliche) gotische Kreuzgang wurde zu Beginn dieses Jahrhunderts komplett erneuert.

Besichtigung: Außer der Kirche kann nur der Klosterhof besichtigt werden, um den die Gebäude aus der Renaissance gruppiert sind; der sich daran anschließende Ehrenhof unterliegt schon der Klausur.

Gebetszeiten: Das Chorgebet wird in einem Oratorium im Kloster unter Ausschluß der Öffentlichkeit abgehalten. Messe an Werktagen um 8.15 Uhr, an Sonn- und Feiertagen um 10.00 Uhr.

Klosterladen: Besonders zu empfehlen sind die im Kloster hergestellten Käsesorten; man kann sie im Souvenirladen links vom Eingangsportal kaufen oder auch im Restaurant, das dem Kloster angeschlossen ist, kosten.

Angebote für Gäste: Das Gästehaus verfügt über 20 Zimmer; Aufnahme finden Einzelpersonen und Gruppen zu Besinnungstagen; für Familien und größere Gruppen steht ein weiteres Haus, „La Moinerie", zur Verfügung.
Jugendliche können im Rahmen eines „monastischen Wochenendes" am Leben der Kommunität teilnehmen.
Wer sich nicht durch Voranmeldung im Kloster seine Unterkunft gesichert hat, wird in der Nähe von Val-Dieu kein Zimmer finden, Gasthöfe gibt es erst wieder im nächsten größeren Ort Visé (an der Ausfahrt 2 der Autobahn E 25, s. o.). Gegenüber der Abtei ist in den Räumen einer alten, restaurierten Mühle ein elegantes Restaurant untergebracht.

Brügge – Van Wijngaard Abdij

Benediktinerinnen

Die Abtei liegt in der Stadtmitte von Brügge, am berühmten Minnewater.

Gründung: *1927*
Anschrift: *Begijnhof 30, 8000 Brugge*
Telefon: *32/50 33 00 11*

Der berühmte Beginenhof von Brügge mit den kleinen weißen Häusern, die sich vom Grün der Wiese abheben, ist nicht nur einer der meistbesuchten Orte der prachtvollen Stadt in Westflandern, er bietet auch einen für ganz Europa einzigartigen Anblick. Gegründet 1245 von Margarete von Flandern, ist das Kloster aus historischer Sicht eines der bedeutendsten Zeugnisse einer bestimmten Form der religiösen Berufung von Frauen, die im Mittelalter im Nordwesten Europas weite Verbreitung gefunden hat. Die Beginen waren Bürgerfrauen, die ein dem Gebet und der Nächstenliebe gewidmetes Leben führten und sich zu freien Gemeinschaften zusammen-

Die kleinen weißen Häuser des berühmten Beginenhofs von Brügge: Hier findet der Besucher eine Oase der Stille und des Friedens im Herzen der mittelalterlichen Stadt.

schlossen, die einen Mittelweg zwischen dem normalen Leben von Laien und dem geweihten klösterlichen Leben darstellten. Im Wijngaard von Brügge bildete diese Gemeinschaft eine kleine Stadt in der Stadt.
1927 wurde der Beginenhof von Brügge in ein Benediktinerinnenkloster umgewandelt, womit der Ort zum Teil wieder seiner altehrwürdigen Bestimmung zugeführt wurde. Der Besucher kann in der auf das 16. Jh. zurückgehenden kleinen Kirche Einkehr halten und zur Sammlung finden, sich aber ebenso einer der vielen geführten Besichtigungen anschließen.

Kunst / Sehenswürdigkeiten: Die Kirche bewahrt eine Statue Unserer Lieben Frau vom Trost aus dem 12. Jh.; sehenswert ist auch das Chorgestühl.

Besichtigung: Die gesamte Anlage ist zugänglich von 6.30 bis 18.30 Uhr; das Museum des Beginenhofes, von April bis September von 10.00 bis 12.00 und von 13.45 bis 17.00 Uhr geöffnet, gibt Einblick in den Alltag der Beginen und informiert über ihre Lebensformen im Laufe der Geschichte. Interessant sind auch der Bauplan und die Ausstattung der einzelnen Häuser mit den unterschiedlichen Räumen, die um einen kleinen Garten herum angelegt sind.

Gebetszeiten: 6.15 Uhr (Sonn- und Feiertage 7.00 Uhr) Laudes; 7.15 Uhr (So-/F. 9.30 Uhr) Messe; 12.00 Uhr Mittagsgebet; 17.30 Uhr (So-/F. 16.30 Uhr) Vesper; 20.15 Uhr Komplet.

Klosterladen: In einem großen Laden gibt es Bücher, Votivkerzen, religiöses Kunsthandwerk, vor allem aber die berühmten Spitzen von Brügge, die die Nonnen selbst herstellen, zu kaufen.

Angebote für Gäste: Die Nonnen sind Gästen gegenüber sehr aufgeschlossen, Aufnahme finden Männer und Frauen, Einzelpersonen und Gruppen, auch für längere Zeit, wobei die Teilnahme am klösterlichen Leben erwartet wird. Mädchen und junge Frauen können auch eine bestimmte Zeit mit der Kommunität leben.

Chevetogne – Monastère de l'Exaltation-de-la-Croix

Benediktiner und Mönche der Ostkirche

Von der Autobahn E 411 Arlon – Namur: Ausfahrt 20 oder 21; man erreicht die Abtei entweder – aus dem Norden – über Ciney und Leignon oder – von der Ausfahrt 21 im Westen – über Ronvaux.

Gründung: *1939*
Anschrift: *5590 Chevetogne*
Telefon: *083/21 17 63*

Die Fresken, die Gesänge der Mönche, der Ablauf der Liturgie: wer all dies in Chevetogne erlebt, macht eine lebendige Erfahrung, die sich erheblich unterscheidet von der, die in zahlreichen anderen Klöstern Europas zu machen ist. Hier, in dem neugegründeten Kloster in den Ardennen, kann man Zeuge gelebter Ökumene werden. In derselben Anlage leben zwei unterschiedliche Kommunitäten – Benediktiner und Mönche der Ostkirche – unter der Leitung eines gemeinsamen Abtes zusammen und werden zwei unterschiedliche Riten gepflegt. Die Idee, monastische Kommunitäten unterschiedlicher Tradition und Spiritualität unter einem Dach zusammenzuführen, geht auf Lambert Beauduin zurück, einen Benediktinermönch von Maredsous, der 1923 – zur Zeit, als die liturgische Bewegung sich in ganz Europa ausbreitete – eine Gruppe ins Leben rief, die sich für die Einheit der Kirchen engagieren wollte.

Luftbild des Klosters Chevetogne, das ein Zentrum der Ökumene ist. Rechts die byzantinische Kirche, in der das Chorgebet im eindrucksvollen slawischen Ritus gehalten wird.

Nach einem ersten Schritt gemeinschaftlichen Lebens in Amay-sur-Meuse, südwestlich von Lüttich, verlegte die Kommunität ihren Sitz endgültig nach Chevetogne und baute dort eine byzantinische Kirche im Nowgorod-Stil und eine moderne Kirche des römisch-lateinischen Ritus.
Um die Kommunität, die von Mönchen aus den verschiedensten Ländern gebildet wird, hat sich vor kurzem die sog. Gruppe von Chevetogne gebildet, ein Zusammenschluß von Äbten und Äbtissinnen zahlreicher katholischer und orthodoxer Klöster, die sich regelmäßig treffen und zusammen historische, liturgische und theologische Probleme erörtern.

Außerdem finden in Chevetogne jedes Jahr Studienwochen statt zu den wechselseitigen Beziehungen, den Punkten, in denen zwischen den Kirchen schon Einigkeit besteht, und den Punkten, in denen die Einigkeit noch nicht herbeigeführt ist.
Schließlich sei noch die Bibliothek des Klosters genannt. Sie ist für Studierende und Gelehrte eine einzigartige Fundstelle für Dokumente und Texte der unterschiedlichen monastischen Traditionen der Christenheit.

Kunst / Sehenswürdigkeiten: In künstlerischer Hinsicht ist die byzantinische Kirche bemerkenswert: Sie ist zur Gänze mit Fresken ausgemalt, die den Stil von Nowgorod aus dem 11. Jh. aufgreifen.

Besichtigung: Die 1955 erbaute Kirche des östlichen Ritus liegt unmittelbar am Eingang der Abtei; die Kirche des lateinischen Ritus befindet sich, etwas erhöht, auf der gegenüberliegenden Seite. Man erreicht sie, indem man zunächst die Fassade des alten Schlosses aus dem 18. Jh. entlanggeht und sich dann nach rechts wendet. Eine Treppe führt zum oberen Stockwerk des modernen Gebäudes.

Gebetszeiten: Die Gebetszeiten von Chevetogne anzuführen wäre zu kompliziert, sie ändern sich nämlich nicht nur entsprechend den verschiedenen Festkreisen, sondern sind auch in den bei den Kommunitäten noch unterschiedlich.

Klosterladen: In einem Raum innerhalb des Klosters werden Ikonen und kleine Kreuze verkauft, die von den Mönchen in Handarbeit nach den Vorbildern der östlichen Ikonographie hergestellt werden. Es existiert auch ein Verlag, der unter anderem die Zeitschrift *Irenikon* druckt, die Fragen und Probleme der Ökumene erörtert.

Angebote für Gäste: Das Gästehaus von Chevetogne, das aufgrund der zahlreichen Begegnungstage, Seminare und Studienwochen immer gut belegt ist, ist für jedermann offen, der mit einem geistlichen Anliegen nach Chevetogne kommt. Die Teilnahme an der Liturgie wird erwartet. 500 Meter vom Kloster entfernt liegt das „Maison-de-Béthanie", in dem Gruppen, Frauen und Familien Aufnahme finden.

Die byzantinische Kirche von Chevetogne ist zur Gänze mit Fresken im Nowgorod-Stil ausgemalt. Auf dem Bild eine Darstellung der Madonna von Smolensk.

Maredret – Abbaye de Saint-Jean-et-Sainte-Scholastique

Benediktinerinnen

Die Abtei liegt einen guten Kilometer von Maredsous (s. u.) entfernt.

Gründung: *1887*
Anschrift: *Abbaye de Maredret, 5537 Maredret*
Telefon: *82/69 90 63*

Maredret, gegründet am Ende des vorigen Jahrhunderts, verdankt seine Entstehung dem erneuerten religiösen und monastischen Eifer, der sich zu dieser Zeit in Belgien entfaltete und insbesondere vom nahegelegenen Maredsous (s. S. 219) ausging. Die geographische Lage ist jedoch nicht der einzige Berührungspunkt zwischen Maredret und Maredsous. Die Gründerin von Maredret, Mater Cécile de Hemptinne, war die Schwester des zweiten Abtes von Maredsous, Hildebrand de Hemptinne, und beide waren von dem Wunsch beseelt, für die Erneuerung des beschaulichen Lebens zu wirken. Die von einem Garten umgebene Abtei hat ein gefälliges neugotisches Aussehen, ist aber weniger imposant als das nahegelegene Männerkloster. Maredret, ein Kloster, in dem eine reiche Spiritualität gepflegt wird, hat selbst weitere Häuser in Zentralafrika gegründet. Heute leben hier 30 Nonnen und eine ganze Reihe junger Novizinnen aus Afrika, die aufgrund der schwierigen politischen und sozialen Situation in ihrer Heimat nach Maredret gekommen sind, um sich hier auf den Ordensberuf vorzubereiten.

Besichtigung: Bei Betreten des Gartens steht man unmittelbar vor der schönen neugotischen Kirche, die einen L-förmigen Grundriß hat. Der Altar liegt im Schnittpunkt der beiden gleich breiten Schiffe, die im rechten Winkel aufeinanderstoßen; während das eine Schiff für die Allgemeinheit zugänglich ist, ist das andere, mit einem großen Chor aus Holz ausgestattet, für die Nonnen reserviert. Große, mehrfarbige Fenster verleihen dem Raum eine ganz besondere Stimmung.
Außer der Kirche ist nur noch ein Ausstellungsraum allgemein zugänglich.

Gebetszeiten: 7.00 Uhr Laudes; 11.40 Uhr Messe; 17.00 Uhr Vesper; 20.15 Uhr Komplet.

Klosterladen: An der Pforte des Klosters ist eine kleine Ausstellung eingerichtet. Man findet dort handgemalte Miniaturen, die als Glückwunschkarten verwendet werden können, sowie Produkte aus der Töpferwerkstatt.

Angebote für Gäste: Das Kloster ist für jedermann offen. Im Gästehaus finden das ganze Jahr über Begegnungs- und Besinnungstage statt, die von bedeutenden Persönlichkeiten geleitet werden. Auskunft und telefonische Voranmeldung von 9.30 bis 11.30, von 14.30 bis 16.30 und von 17.30 bis 19.00 Uhr.

Maredsous – Abbaye de Saint-Benoît

Benediktiner der Kongregation von der Verkündigung

Die Abtei liegt abgeschieden im Tal des Flusses Molignée; von der N 92 entlang der Maas, die Namur mit Dinant verbindet, geht in Anhée eine Seitenstraße ab, die die Molignée aufwärts nach Maredsous führt.
Von der nahen Ortschaft Denée kann man auch mit einer „Draisine", einem besonderen Zug, hierherfahren.

Gründung: *1872*
Anschrift: *Abbaye de Maredsous, 5537 Denée*
Telefon: *082/69 82 11*

Wenn man die schöne Panoramastraße im Tal der Molignée entlangfährt, tauchen unvermittelt die strengen neugotischen Türme der Abtei Maredsous vor einem auf. Was macht Maredsous so anziehend für die vielen Besucher, die jährlich hierherkommen? Es ist zum einen der Reiz der Landschaft, zum anderen sind die imposanten Klostergebäude eine Attraktion, und sicherlich spielt auch die Klosterbrauerei, die wohl berühmteste Klosterbrauerei Belgiens, eine nicht unbedeutende Rolle. Sehr bekannt ist das Kloster außerdem für seine schmackhaften Käsesorten, die der Besucher zu kosten eingeladen ist.
Maredsous wurde 1872 von Benediktinern aus Beuron gegründet. Es wurde zu einem bedeutenden Zentrum benediktinischer Spiritualität und ist das Mutterhaus der Belgischen Kongregation, die sich auch Kongregation von der Verkündigung nennt. Diese Stellung verdankt Maredsous vor allem seinen beiden Äbten Hildebrand de Hemptinne und Dom Columba Marmion, ein Ire, der wohl zu den bedeutendsten Persönlichkeiten des Ordens in diesem Jahrhundert zählt. Dom Columba war der dritte Abt des Klosters; er ist nicht nur der Schöpfer der monastischen Erneuerung in Belgien gewesen, sondern ist auch als Autor von Texten mit tiefem spirituellem Gehalt hervorgetreten. Sein Grab in der Kapelle des hl. Gregor in der Abteikirche wird heute noch viel besucht.
Zur Kommunität von Maredsous gehören 40 Mönche. Ein großer Teil der Klostergebäude beherbergt eine Schule und ein Informatik-Zentrum, ein weiterer Hinweis auf den besonderen Geist von Maredsous, wo man sich dem Studium unter Anwen-

Das Refektorium des großen benediktinischen Männerklosters von Maredsous, das das Mutterkloster der Belgischen Kongregation von der Verkündigung ist.

Das Kloster Orval, die einzige Niederlassung von Zisterziensern in Belgien, liegt in der Nähe der Grenze zu Frankreich.

dung der neuesten Methoden verpflichtet weiß.
Auf einem angenehmen Spazierweg durch Nadelwälder sind von Maredsous aus die Frauenklöster von Maredret (15 Gehminuten entfernt) und Ermeton-sur-Biert (45 Gehminuten entfernt) zu erreichen.

Kunst / Sehenswürdigkeiten: Die 1888 erbaute Klosteranlage ist ein schönes Beispiel monastischer Architektur im Stil der Neugotik. Sie wurde errichtet von Baron Jean Béthune, der sich von dem damals in England sehr geschätzten Stil beeinflussen ließ. Zur Klosteranlage gehören noch weitere Gebäude, die ebenfalls in strengem Stil gehalten sind.

Besichtigung: Besichtigt werden kann nur die Kirche; die übrigen Klostergebäude sind für die Öffentlichkeit nicht zugänglich.

Gebetszeiten: 7.00 Uhr Laudes; 12.00 Uhr (Sonn- und Feiertage 9.00 und 10.00 Uhr) Messe; 18.30 Uhr (So-/F. 16.00 Uhr) Vesper; 20.30 Uhr Komplet.
Während der Woche wird das Chorgebet in der großen Krypta unter dem Hauptaltar gehalten.

Klosterladen: Vor dem Kloster liegen zwei dem Besucher zugängliche Gebäude. In den Räumen des ersten Gebäudes können das hervorragende Bier, bester Käse und das Graubrot probiert und gekauft werden, im zweiten Gebäude werden Erzeugnisse der Töpferwerkstatt, Kerzen, Bücher und CDs mit geistlicher Musik verkauft.

Angebote für Gäste: Aufnahme finden Einzelpersonen und Gruppen ohne Beschränkung; eine schriftliche Voranmeldung ist erforderlich.

Orval – Abbaye de Notre-Dame

Trappisten

Orval liegt in Südbelgien, nahe der Grenze zu Frankreich. Von der Autobahn E 411 Arlon – Namur: Ausfahrt 30 westlich von Arlon, dann auf der N 83 bis Florenville, dort auf die N 88 Richtung Virton; nach 5 km Abzweigung rechts nach Orval. Von Sedan in Frankreich aus: Schnellstraße nach Bouillon, von da auf der N 83 über Chassepierre, Florenville nach Orval.

Gründung: *1070*
Anschrift: *Villiers-devant-Orval*
Telefon: *061/31 10 60*

Das Zisterzienserkloster Orval ist wohl die sehenswerteste Abtei Belgiens. Die weiträumige Anlage, in einem ruhigen Winkel Walloniens gelegen, war über ein Jahrhundert verlassen und wurde zum größten Teil neu aufgebaut. Die vom Architekten Vaes von 1930 bis 1948 in einem – durchaus umstrittenen – neuromanischen Stil gestalteten Gebäude bilden, in starkem Kontrast zu den Resten des ursprünglichen gotischen Gebäudes, einen imposanten Komplex.
Orval hat eine altehrwürdige Geschichte. Gegründet von Benediktinermönchen aus Kalabrien, wurde es erst zu einem Augustiner-Chorherrenstift umgewandelt und dann von Zisterziensern aus Trois-Fontaines, die der hl. Bernhard selbst ausgesandt hatte, besiedelt. Die entscheidende Wende im geistlichen Leben von Orval erfolgte jedoch mit der Annahme der strengen Observanz der Trappisten des Abtes de Rancé; darauf dürfte zurückzuführen sein, daß das Kloster im Jahr 1723 an die 130 Mönche zählte. Trotz einiger Probleme in der Zeit des Jansenismus wuchs die Bedeutung von Orval, so daß die Äbte ein großes Erweiterungsprojekt in Angriff nahmen. An die vorhandenen Gebäude wurden neue Bauten angeschlossen, und es wurde eine neoklassizistische Kirche errichtet. (Ein Modell des ursprünglichen Baus ist in dem kleinen Museum, das in den Kellergewölben eingerichtet wurde, zu sehen.)
Nur wenige Monate später haben die französischen Revolutionstruppen die Mönche zur Flucht gezwungen und die Gebäude zerstört, ein furchtbarer Schlag, von dem sich das Kloster lange Zeit nicht erholen konnte. Aber 1926 wagten sich Trappisten der französischen Abtei Sept-Fons unter der Führung von Dom Marie Albert van der Cruyssen, einem belgischen Mönch in Grand-Trappe (s. S. 121), an die Aufgabe, die Abtei mit neuem Leben zu erfül-

Das Zisterzienserkloster Orval hat eine bewegte Geschichte hinter sich.

Gottesdienst in der großen modernen Kirche von Orval. Neben den modernen Gebäuden sind noch Ruinen der mittelalterlichen Anlage zu sehen.

len. Sie errichteten den 1948 fertiggestellten Neubau an der Stelle des unglückseligen Baus des 18. Jh. und ließen die Ruinen des Mittelalters zum ewigen Gedenken an die menschliche Barbarei stehen. Die weiten und geräumigen Bauten gruppieren sich um die Basilika, die sich in einem Wasserbekken spiegelt; sie sind jedoch für Touristen nicht zugänglich.
Die Mönche sind aufgeschlossen für das Gespräch mit jedem, der es sucht. Sie engagieren sich auch im Dialog der Religionen (Orval gehört der Gruppe von Chevetogne, s. S. 216, an) und pflegen das gemeinschaftliche Gebet.
Das Chorgebet im Halbschatten der Kirche ist beeindruckend, und es nehmen viele Gläubige daran teil, die allerdings den Chorraum nicht betreten dürfen.
Wer sich für das Leben der Zisterziensermönche und Trappisten interessiert, kann sich mit Hilfe einer Audiovisionsvorführung informieren, die stündlich – auf französisch und flämisch – in einem Raum beim Eingang angeboten wird.

Kunst / Sehenswürdigkeiten: Die Ruinen der Abteikirche, des Kreuzgangs und des Kapitelsaals lassen den Glanz des mittelalterlichen Klosters nur noch ahnen. Überwuchert von Pflanzen sind Säulen, zweibogige Fenster, Blendarkaden und Fensterrosen zu sehen.
Umstritten ist die künstlerische Qualität des modernen Klosters, das sich durch Funktionalität auszeichnet, aber zugleich als unorganisches und kaltes Gebilde auf Kritik gestoßen ist.

Besichtigung: Zur Besichtigung freigegeben sind nur die Ruinen der alten Abtei, die im 12. und 13. Jh. erbaut wurde (Öffnungszeiten: 9.30 bis 12.00 und 13.00 bis 17.30 Uhr). Der Rundgang kostet Eintritt, er führt durch zahlreiche Räume, die numeriert sind und in einem knappen, aber nützlichen Führer, der mit der Eintrittskarte ausgehändigt wird, gut erläutert sind. Abschließend führt der Rundgang ins Museum von Orval, das auch deswegen interessant ist, weil es in den alten Kellergewölben der Abtei untergebracht ist.

Gebetszeiten: 7.00 Uhr Messe (täglich), an Sonn- und Feiertagen um 9.30 Uhr, samstags um 11.30 Uhr. 17.30 Uhr Vesper.

Klosterladen: Im Laden am Eingang der Abtei gibt es das bekannte und berühmte Klosterbier in Kästen zu zwölf Flaschen zu kaufen, außerdem Brot und Käse, die ebenfalls im Kloster hergestellt werden, sowie Bücher, Bildbände und Souvenirs.

Angebote für Gäste: Im Gästehaus finden Einzelpersonen und Gruppen zu Besinnungstagen Aufnahme. Erforderlich ist schriftliche Voranmeldung.

Rochefort – Abbaye de Saint-Remy

Trappisten

Das Kloster des hl. Remigius liegt in den Ardennen, etwa 2 km von der Stadt Rochefort entfernt. Von der Autobahn A 4/ E 411 Brüssel – Luxemburg: Ausfahrt 23, von da auf der N 86 über Ave-et-Auffe nach Rochefort.

Gründung: *1230*
Anschrift: *5430 Rochefort*
Telefon: *084/22 01 40*

Die Abtei Rochefort kann von Touristen nicht besichtigt werden. Nur wer einige Tage im Kloster als Gast verbringt, darf das Kloster durch das schöne Eingangsportal des 14. Jh. betreten und hier Räume des Gebets und der Arbeit entdecken. Besonders interessant sind die Räume, in denen die Brauerei untergebracht ist; in Kupferkesseln und mit moderner Maschinenausrüstung brauen die Mönche das vielgerühmte Bier, das das Kloster bei den Kennern und Liebhabern des Gerstensaftes in aller Welt bekannt gemacht hat. Aber nicht nur wegen des Biers, sondern auch aufgrund seiner ereignisreichen Geschichte verdient Rochefort Beachtung. Diese Geschichte beginnt mit der Gründung eines Frauenklosters im Jahr 1230; 1446 wurde Rochefort in ein Männerkloster umgewandelt, das während der Französischen Revolution aufgehoben wurde; 1887 übernahmen die Trappisten das Kloster und erbauten es fast komplett neu. Die Kommunität beherbergt heute 30 Mönche, Trappisten der strengen Observanz, an deren Schweigegebot sich auch Gäste, die in die Klausur aufgenommen werden, halten müssen.

Kunst / Sehenswürdigkeiten: In künstlerischer Hinsicht bemerkenswert ist das Eingangsportal aus dem 14. Jh. Das Kloster selbst ist zum größten Teil im Laufe der Zeit neu erbaut worden. Hingewiesen sei auf die große neugotische Kirche, die fast zur Gänze ein Chor aus Holz ausfüllt, und auf einen nüchternen Kreuzgang mit weiten, schönen Fenstern.

Besichtigung: Während des Chorgebetes ist die Kirche zugänglich.

Gebetszeiten: 3.30 Uhr Vigil; 4.45 Uhr Oration; 6.30 Uhr (Sonn- und Feiertage 7.00 Uhr) Laudes und Messe; 9.00 Uhr Terz; 11.25 Uhr Sext; 14.15 Uhr Non; 17.45 Uhr Vesper.

Klosterladen: Das berühmte Bier von Rochefort, von bräunlicher Farbe und stark würzigem Geschmack, wird in zwei Stärken gebraut. Es wird zwar nicht im Kloster verkauft, ist aber in allen Supermärkten Belgiens zu finden.

Angebote für Gäste: 14 Zimmer für Männer zu Besinnungstagen.

Eingangsportal des Trappistenklosters St-Remy-de-Rochefort. Immer noch herrschen hier strenge Schweigepflicht und harte Disziplin.

Mönchtum und Ökumene

Das benediktinische Mönchtum ist sehr aufgeschlossen für das Mönchtum der Ostkirchen.
In der Abtei Chevetogne in Belgien (auf dem Bild das Innere der byzantinischen Kirche) leben zwei Kommunitäten – Benediktiner und Mönche der Ostkirche – zusammen. Chevetogne ist Zentrum einer Bewegung, der viele Klöster in ganz Europa angehören. Die Äbte der Gruppe von Chevetogne treffen sich regelmäßig zur Erörterung von Fragen des monastischen Lebens und entwickeln neue ökumenische Perspektiven.

Westmalle – Onze Liewe Vrouwe

Trappisten

Die Abtei zu Unserer Lieben Frau liegt wenige Kilometer außerhalb von Westmalle in der Provinz Antwerpen. Von Antwerpen aus: die N 12 Richtung Turnhout; kurz vor Westmalle führt eine Straße direkt zur Abtei; von der Autobahn E 34 Antwerpen – Eindhoven: Ausfahrt 20 oder 21, von da über Oostmalle nach Westmalle, 3 km nach Westmalle führt eine Seitenstraße direkt zur Abtei.

Gründung: *1794*
Anschrift: *Abdij Onze Liewe Vrouwe van het H. Hart van Jezus, 2390 Westmalle*
Telefon: *03/312 13 01*

Die für die Landschaft von Flandern typische Atmosphäre, die der Besucher bei seiner Fahrt durch diese Gegend erlebt, ist auch in der Umgebung der Abtei von Westmalle zu spüren.
Die wechselhafte Geschichte dieses alten Trappistenklosters, das auch heute noch ein Zentrum lebendiger Spiritualität ist, beginnt mit der Gründung im Jahre 1794, also wenige Jahre nach Ausbruch der Französischen Revolution. In gewisser Weise verdankt sich die Gründung sogar der Französischen Revolution: 1791 war der Novizenmeister von La Trappe, Augustin de Lestrange, mit einer Gruppe von La Trappe vor der Revolution geflohen und nach Valsainte in der Schweiz gegangen; da die Kommunität dort rasch aufblühte, konnten von dort aus Zweigniederlassungen in verschiedenen europäischen Ländern gegründet werden, unter anderem in Westmalle in Belgien. Lestrange, der als zweiter Gründer der Trappisten gelten kann, verfaßte in Valsainte neue Statuten, die den in La Trappe üblich gewesenen Gebräuchen neue Härten hinzufügten: Sie sollten Akte der Sühne und Wiedergutmachung für die Greuel der Französischen Revolution und die Sünden der Zeit darstellen.
Schon sechs Wochen nach ihrer Niederlassung mußten die Mönche von Westmalle allerdings aufgrund der von der Revolutionsregierung erlassenen Gesetze in das benachbarte Deutschland nach Darfeld ins Exil gehen, konnten aber 1802 schon wieder zurückkehren. 1811 erließ Napoleon ein weiteres Mal die Aufhebung von Westmalle, dessen geistliches Leben dadurch bis 1814 zum Erliegen kam. Dann konnte endlich das Erneuerungswerk beginnen. Zu seinem Gelingen trug nicht zuletzt die liberale belgische Verfassung von 1831 bei, die günstige Rahmenbedingungen schuf für eine starke Entfaltung der religiösen Orden und Kongregationen im ganzen Land.
Westmalle ging bis zum Ende des 19. Jh. einen ganz eigenen Weg zisterziensischen Lebens, einen Weg, der von der bekannteren und einflußreicheren Richtung abwich, die in Grand-Trappe (s. S. 121) eingeschlagen worden war. Anfang unseres Jahrhunderts wurde der Gegensatz abgemildert, und heute leben die Mönche von Westmalle in der Tradition von La Trappe.
Im Kloster Westmalle, dessen Kommunität von ca. 30 Mönchen sich dem Gebet, dem Studium und dem in der nüchternen Abteikirche gehaltenen Chorgebet widmet, wird – wie in anderen belgischen Klöstern – hervorragendes Bier gebraut. Und wie in Rochefort oder in St. Sixtus, den anderen großen Trappistenklöstern in Belgien, gibt es auch in Westmalle keine Möglichkeit, die Abtei als Tourist zu besichtigen. Willkommen sind jedoch alle, die geistliche Begegnung und die Erfahrung des gemeinschaftlichen Gebets suchen.

Besichtigung: Eine Besichtigung der Abtei ist nicht möglich.

Gebetszeiten: 7.00 Uhr Laudes; 10.45 Uhr (Sonn- und Feiertage 10.00 Uhr) Messe; 12.00 Uhr (So-/F. 12.15 Uhr) Mittagsgebet; 17.30 Uhr (So 16.00 Uhr) Vesper; 19.30 Uhr Komplet.

Klosterladen: Für Käufer des bekannten Bieres (es wird in zwei Stärken gebraut) gibt es einen eigenen Eingang: Man folgt dem Kanal, der entlang der Klostergebäude verläuft, bis man zu einem kleinen Platz kommt. Die Verkaufszeiten sind: Montag bis Donnerstag von 7.30 bis 12.30 und von 13.30 bis 16.00 Uhr. Das Bier wird nur in Kästen abgegeben.
Verkauft werden außerdem Käse und Hygiene- und Kosmetikartikel, die von Frauenklöstern hergestellt werden.

Angebote für Gäste: Unterkunft finden Personen, die Tage geistlichen Charakters verbringen wollen. Unumgänglich ist dazu ein Vorbereitungsgespräch mit dem Gästepater.

Prämonstratenser-Abteien

Die Prämonstratenser-Chorherren wurden 1130 von Norbert von Xanten gegründet. Ihre Regel geht auf den hl. Augustinus zurück, den großen Kirchenlehrer und Bischof von Hippo; die im Laufe der Zeit sich herausbildenden Gebräuche, die Lebensform und auch die Prämonstratenser-Gebäude zeigen aber eine große Nähe zum benediktinischen Leben. Dies ist einer der Gründe dafür, daß sie in diesen Führer aufgenommen wurden; ein weiterer Grund ist, daß die Prämonstratenser-Abteien im monastischen und spirituellen Leben in Belgien eine bedeutende Rolle spielen, vergleichbar der Bedeutung, die die Augustiner-Chorherren in Österreich haben.
Gemeinsam ist allen Prämonstratensern, daß sie sich mit besonderer Sorgfalt und großem Engagement dem Gottesdienst und der Verkündigung widmen; sie sind fähige Prediger und pastoral sowohl in der Katechese als auch in der Pfarrseelsorge tätig.

Averbode – Abdij van Averbode

Prämonstratenser

Die hohe Klosterkirche von Averbode ist eines der sehenswertesten Zeugnisse barocker Architektur in Flandern.

Die Abtei liegt in der Gemeinde Scherpenheuvel-Zichem in der Nähe des Städtchens Diest.
Von der Autobahn A 2/ E 314 Löwen – Lüttich: Ausfahrt 24, von da Richtung Scherpenheuvel, den Hinweisschildern nach Zichem und Averbode folgend.

***Gründung:** 1134*
***Anschrift:** Abdijstraat 1, 3271 Averbode*
***Telefon:** 013/77 29 01*

Die abgeschieden gelegene Abtei Averbode wird von einer schönen Barockkirche mit hoher Fassade überragt. Diese 1664 erbaute einschiffige Kirche in strahlendem Weiß ist 83 Meter lang und erhält durch weite Fenster Licht.
Im Inneren ist ein kostbarer Chor mit Holzeinlegearbeiten sehenswert.
Während die Kirche dem Besucher frei zugänglich ist, sind die Klostergebäude der Prämonstratenser nur in Ausnahmefällen mit einem Führer zu besichtigen. (Die Führung von Gruppen kann vorher verabredet werden.)

Luftbild der großen Prämonstratenser-Abtei Averbode. Links die eleganten Klostergebäude, die eine große Kommunität beherbergen.

Devotionalien. Das Kloster betreibt eine eigene Druk-kerei und einen Verlag, der religiöse Texte herausgibt.

Gebetszeiten: 11.45 Uhr feierliche Messe (Sonn- und Feiertage 11.00 Uhr); 18.45 Uhr (samstags 17.30 Uhr) Vesper; Chorgebet in gregorianischem Gesang.

Klosterladen: Zu kaufen gibt es Bücher, CDs und

Angebote für Gäste: Im Gästehaus des Klosters finden Einzelpersonen und Gruppen Aufnahme zu Besinnungstagen.

Bois-Seigneur-Isaac – Abbaye de Bois-Seigneur-Isaac

Prämonstratenser

Die Abtei liegt zwischen Brüssel und Nivelles; von Nivelles, das an der Ausfahrt 19 der Autobahn A 7/E 19 Brüssel – Mons liegt, auf der N 27 Richtung Norden und dann nach Braine-l'Alleud.

Gründung: *1415*
Anschrift: *Rue de Moor 2, 1420 Braine-l'Alleud, Bois-Seigneur-Isaac*
Telefon: *067/21 24 73*

Die Abtei Bois-Seigneur wurde an der Stelle gegründet, wo der Überlieferung nach in einer kleinen Kapelle eine Hostie bei der Konsekration auf wunderbare Weise zu bluten begonnen hatte. Die Französische Revolution verjagte die Prämonstratenser aus dem Kloster, das verlassen blieb, bis die Prämonstratenser aus Mondaye in der Normandie (s. S. 128), die ihrerseits vertrieben worden waren, hier Zuflucht fanden; das Kloster wurde dann der Abtei Averbode untergeordnet.
Auch heute kommt noch eine steter Fluß von Pilgern in die kleine Kapelle, in der das Wunder stattfand und in der das Korporale mit den Blutspuren aufbewahrt wird.
Bemerkenswert ist auch das Chorgestühl aus Holz, eine Arbeit des 17. Jh.

Gebetszeiten: 7.30 Uhr (Sonn- und Feiertage 10.00 Uhr) Messe; Sonntagnachmittag um 15.00 Uhr eucharistische Anbetung.

Angebote für Gäste: Das angeschlossene Gästehaus bietet Unterkunft für Teilnehmer an Besinnungstagen.

Grimbergen – Prämonstratenserabdij

Prämonstratenser

Grimbergen ist eine Ortschaft am Stadtrand von Brüssel; von der Umgehungsstraße Brüssel die Ausfahrt 7 im Norden, von da zur N 211 und dann bis zur Abtei.

Gründung: *1128*
Anschrift: *Kerkplein 1, 1850 Grimbergen*
Telefon: *02/269 16 92*

Die große Basilika der Abtei von Grimbergen hebt sich mit ihren barocken Formen ab von den modernen Klostergebäuden und den niedrigen Häusern der kleinen Ortschaft an der Peripherie von Brüssel. Grimbergen ist die älteste Prämonstratenser-Abtei des Landes und beherbergt eine große Kommunität von Kanonikern.
Im Innern der Kirche sind die kostbaren Ausstattungen in Holz (Beichtstühle und Chorgestühl) aus dem 17. Jh. beachtenswert, außerdem in der Sakristei die wertvolle Holztäfelung mit Malereien, die dem Betrachter das Leben des hl. Norbert schildern.
Neben der Abtei liegen ein Observatorium und eine Wetterstation.

Gebetszeiten: 9.00 Uhr Messe (an Sonn- und Feiertagen 10.00 Uhr feierliche Messe mit gregorianischem Gesang); 18.00 Uhr (So-/F. 14.30 Uhr) Vesper. Das Chorgebet findet in der Kirche statt; die große Ernsthaftigkeit, die das Chorgebet prägt, ist für den Besucher sehr beeindruckend.

Klosterladen: In der großen Klosterbuchhandlung sind Kassetten, Schallplatten und CDs mit Aufnahmen der gregorianischen Gesänge des Chorgebets erhältlich. Zwar außerhalb der Abtei, aber mit seiner Lizenz wird ein Spezialbier in Flaschen abgefüllt.

Angebote für Gäste: Im Gästehaus des Klosters finden Einzelpersonen und Gruppen Aufnahme, in den Sommermonaten auch kleine Jugendgruppen.

Blick auf die schöne Kirche der Abtei Grimbergen bei Brüssel. Grimbergen ist die älteste Prämonstratenser-Abtei in Belgien.

Postel-Mol – Abdij der Norbertijnen

Prämonstratenser

Die Abtei liegt in der Nähe der belgisch-holländischen Grenze. Von der Autobahn E 34 Antwerpen – Eindhoven: Ausfahrt 26, von da zur Ortschaft Retie und dann auf einer Landstraße zur Abtei.

Gründung: *1140*
Anschrift: *Abdiijlaan 16, Postel-Mol*
Telefon: *014/37 81 21*

Eindrucksvoller Blick auf das Wahrzeichen der Abtei Postel, den Renaissanceturm.

Postel liegt abgeschieden in einer vegetationsreichen Gegend mit vielen Gewässern.
Die Abtei hatte, wie viele andere monastische Einrichtungen in Belgien, ein ruhiges und gedeihliches Leben, das im Jahr 1794 jedoch jäh beendet wurde. In diesem Jahr verfügte das französische Revolutionsheer die Aufhebung, in deren Folge das Kloster bis 1847 verlassen blieb.
Den Eingang zur Abtei bildet ein imposantes Renaissanceportal; man betritt einen großen offenen Platz, an dem die Konventgebäude aus dem 17. Jh. liegen.
Über der ganzen Anlage ragt ein schöner sich verschlankender Turm im flandrischen Renaissancestil empor; das wahre Juwel der Abtei ist aber die herrliche romanische Kirche, eine der wenigen, die es in Belgien noch gibt.

Besichtigung: Eine Besichtigung der Abtei ist nicht möglich.
Die große Bibliothek beherbergt neben einer großen Zahl von Büchern eine berühmte und sehenswerte Sammlung von Miniaturen, Drucken und Stichen, darunter eine berühmte *Apokalypse* von Albrecht Dürer; wer sie besichtigen will, wende sich an die Klosterpforte.

Gebetszeiten: 11.30 Uhr (Sonn- und Feiertage 10.00 Uhr) Messe; 18.15 Uhr (So-/F. 19.15 Uhr) Vesper.

Klosterladen: Am Eingang zum Kloster liegt ein gemütlicher Gasthof, in dem Bier, Käse, Wurstwaren und weitere von den Chorherren hergestellte Lebensmittel ihren Platz auf der Speisekarte haben.
Des weiteren existieren ein kleiner Laden und – auf dem großen Platz – Kioske, an denen man die örtlichen Spezialiäten probieren kann.

Angebote für Gäste: Im gut eingerichteten Gästehaus der Abtei Postel finden Einzelpersonen und Gruppen Aufnahme, sei es zu Besinnungstagen, zu Studientagen oder einfach für ein paar Tage der Stille und der Sammlung.

Westerlo – Norbertijnenabdij Tongerlo

Prämonstratenser

Die Abtei liegt in der Gemeinde Westerlo. Von der Autobahn E 313 Antwerpen – Hasselt: Ausfahrt 23, von da sind es nur noch wenige Kilometer zur Abtei.

Gründung: *1130*
Anschrift: *Onze Liewe Vrouwabdij, Abdijstraat 40, 2260 Westerlo*
Telefon: *014/54 10 01*

Nach dem Überschreiten einer hübschen Brücke, die den Kanal um das Kloster überspannt, betritt man die Abtei durch ein Portal im Stil der flämischen Renaissance. Die Ausmaße des Innenhofes mit der grünen, von den Konventgebäuden gesäumten Wiese sind wirklich beeindruckend.

Die Gebäude sind im Viereck angelegt und werden von der großen neugotischen Kirche überragt. Rechts liegen die Konventgebäude im Stil des Klassizismus, weiter hinten, links von der Kirche, die landwirtschaftlichen Bauten.
Die Kommunität zählt mehr als 50 Chorherren, die vor allem in der seelsorgerlichen Betreuung der Bevölkerung tätig sind.

Besichtigung: Bei einer Besichtigung dieser altehrwürdigen Abtei verdient besondere Beachtung das Museum Leonardo da Vinci (geöffnet wochentags von 14.00 bis 17.00 Uhr, im Sommer auch an Sonntagen; Eintrittsgebühr), das eine Kopie des *Abendmahls* des Meisters aufbewahrt.

Gebetszeiten: 6.45 Uhr (Sonn- und Feiertage 7.00 Uhr) Laudes; 11.30 Uhr (So-/F. 10.30 Uhr) Messe; 17.30 Uhr Vesper.

Angebote für Gäste: Im gut eingerichteten Gästehaus finden Einzelpersonen und Gruppen zu Besinnungstagen Unterkunft.
In der Nähe der Abtei betreiben die Chorherren ein Sportzentrum mit Hotel und Sportanlagen, das gut geeignet ist für Jugendgruppen.

Der große Hof der Abtei Tongerlo bei Westerlo, zu der mehr als 50 Chorherren gehören, ist in seinen Ausmaßen sehr beeindruckend. Im Leonardo da Vinci gewidmeten Museum ist eine Kopie seines Abendmahls *zu sehen.*

Clervaux – Abbaye de Saint-Maurice

Benediktiner der Kongregation von Solesmes

Die Abtei liegt 70 km nördlich von der Stadt Luxemburg. Von der Stadt auf der N 7/E 421 nach Norden bis zur Abzweigung nach der Ortschaft Clervaux. Der Weg zur etwas außerhalb des Ortes liegenden Abtei ist ausgeschildert.

Gründung: *1907*
Anschrift: *Clervaux*
Telefon: *910 27*

Die Abtei St-Maurice wurde 1907 von Mönchen der Kongregation von Solesmes aus St-Maur-de-Glanfeuil gegründet, die 1901 aus ihrem Kloster bei Angers vertrieben worden waren. Die Mönche waren, nach einem kurzen Aufenthalt in Belgien, auf der Suche nach einem Ort, an dem sie ihr Leben des Gebets und der Arbeit wiederaufnehmen konnten, und fanden ihn hier im Norden von Luxemburg. Die Aufgabe, das neue Kloster zu errichten, wurde dem Architekten Klomp aus Holland anvertraut, der sich für den neoromanischen Stil entschied; der 60 Meter hohe, achteckige Turm nimmt den Stil des berühmten Wasserturms von Cluny auf. Clervaux ist heute ein stiller Ort, der der Arbeit und dem Gebet gewidmet ist; außerdem erfahren hier junge Mönche ihre Ausbildung.
Im Schnittpunkt von Deutschland, Belgien und Frankreich erbaut, ist die Abtei in Luxemburg auch ein Zentrum für die Begegnung der drei unterschiedlichen Kulturen.

Die von den Nationalsozialisten im Jahr 1941 vertriebene und nach Kriegsende zurückgekehrte Kommunität zählt heute beachtenswerterweise mehr als 50 Mönche; es ist ihr gelungen, ihren eigenen Stil spiritueller Erfahrung zu finden.

Kunst / Sehenswürdigkeiten: Die Kirche beherbergt Schnitzaltäre und einige alte Statuen, darunter eine *Goldene Muttergottes* aus dem 16. Jh.

Besichtigung: Besichtigt werden können nur die Kirche und eine Ausstellung über das monastische Leben, die in der Krypta zu sehen ist (freier Eintritt).

Gebetszeiten: 7.30 Uhr Laudes; 10.30 Uhr Messe; 18.30 Uhr Vesper. Chorgebet mit gregorianischem Gesang, mit großer liturgischer Sorgfalt.

Klosterladen: Im Klosterladen werden die Bücher des klostereigenen Verlags verkauft, außerdem Schallplatten und CDs mit Aufnahmen der gregorianischen Gesänge des Chorgebets sowie Andenken und Erbauungsschriften.

Angebote für Gäste: Männer haben die Möglichkeit, im Gästehaus des Klosters (20 Zimmer) zu wohnen. Frauen und Familien können sich an ein direkt gegenüber dem Kloster liegendes Gästehaus wenden. Für Jugendgruppen steht, allerdings nur im Sommer, ein geräumiges Haus mit eigener Leitung zur Verfügung.

Die Abtei St-Maurice in Clervaux ist eine Gründung von Benediktinern der Kongregation von Solesmes in Frankreich. Bekannt ist die Abtei für den gregorianischen Gesang.

Oosterhout – Abdij Sankt Paulus

Benediktiner der Holländischen Kongregation

Von der Autobahn A 27/ E 311 Breda – Utrecht: Ausfahrt Oosterhout Nord; von da führen Hinweisschilder zur Abtei.

Gründung: *1907*
Anschrift: *Hoogstraat 80, Oosterhout*
Telefon: *016 20/533 94*

Oosterhout, eine kleine Stadt im Süden der Niederlande, beherbergt sowohl ein Männer- als auch ein Frauenkloster.

Oosterhout, eine kleine Stadt im Süden der Niederlande, nahe der Grenze zu Belgien, kann als die treibende Kraft des Mönchtums in den Niederlanden gesehen werden. Es gibt dort, nicht weit voneinander entfernt, zwei große Abteien – ein Männer- und ein Frauenkloster – und ein Prämonstratenserkloster. Das bedeutendste dieser drei Klöster, das Männerkloster St. Paul, wurde 1907 von einer kleinen Gruppe von Mönchen aus Wisques in Frankreich (s. S. 128) gegründet. In Holland, dessen Bevölkerung in der Mehrheit calvinistisch ist, bestand damals, nach den Aufhebungen durch die Französische Revolution, kein Benediktinerkloster mehr. Die Exilanten aus Wisques sahen sich also vor eine doppelte Aufgabe gestellt: einerseits die eigene Kontinuität zu wahren und andererseits zu versuchen, das Ideal des monastischen Lebens wieder in den Niederlanden zu verwurzeln. Die kleine Kommunität gewann, auch dank vieler Berufungen aus Holland, nach äußerst schwierigen Anfängen rasch an Zahl und Bedeutung. Als die Mönche aus Frankreich an ihren alten Sitz in Wisques zurückkehren konnten, war das Kloster in Oosterhout in der Lage, seinen eigenen Weg zu gehen, und es erfolgten sogar weitere benediktinische Gründungen in Holland: Egmond, Slangenburg und Vaals. Die Kommunität von Oosterhout zählt heute 45 Mönche.

Sehenswürdigkeiten und Besichtigung: Die Kirche, ein großes Gebäude aus grauem Stein, liegt getrennt vom Kloster, ist aber durch eine überdachte Galerie mit ihm verbunden. In der Kirche befinden sich ein Kruzifix aus dem 16. Jh. und eine Muttergottes-Statue aus dem 15. Jh.
Die Klostergebäude, von 1910 bis 1920 nach einem Entwurf des Mönches und Architekten Dom Belot erbaut, sind um einen neugotischen Kreuzgang herum angeordnet.

Gebetszeiten: 6.00 Uhr Lectio; 7.30 Uhr Laudes; 9.30 Uhr (Sonn- und Feiertage 10.00 Uhr) Messe; 12.30 Uhr Sext; 14.00 Uhr Non; 17.00 Uhr Vesper; 20.30 Uhr Komplet.

Klosterladen: Außer Devotionalien, Büchern und Karten gibt es auch von den Mönchen hergestellte Töpferwaren zu kaufen.

Angebote für Gäste: Im Gästehaus stehen sechs Einzel- und drei Doppelzimmer zur Verfügung.

Belgien

Achel-Hamont – Sint Benedictusabdij
Trappisten
Gründung: 1685
Anschrift: Kluis 1, 3930 Achel-Hamont
Telefon: 011/64 10 78
Unterkunft: Zu Besinnungstagen, nur für Männer.
Das Kloster liegt an der Grenze zu Holland.

Affligem – Abdij Sint Pieter en Paulus
Benediktiner
Gründung: 1083
Anschrift: Abdijstraat 6, 1790 Affligem (20 km nördlich von Brüssel)
Telefon: 053/66 70 25
Unterkunft: Im Gästehaus des Klosters stehen zu Besinnungstagen Zimmer für Einzelpersonen und Gruppen zur Verfügung.
Die Abtei liegt in einer hügeligen Landschaft. Die Gebäude stammen aus dem 18. Jh. Im Kloster wird Obstwein hergestellt.

Bocholt – Priorij Onze Liewe Vrouwe van Klaarland
Trappistinnen
Gründung: 1970
Anschrift: Vosheuvelstraat 39, 3950 Bocholt
Telefon: 011/44 61 69
Unterkunft: Nur in Ausnahmefällen zu Besinnungstagen.
Im Kloster wird Bierhefe hergestellt.

Bonheiden – Abdij Bethlehem
Benediktinerinnen
Gründung: 1975
Anschrift: Zellaerdreef 5, 2820 Bonheiden
Telefon: 015/55 14 79
Unterkunft: Nur für Gäste, die am Leben der Kommunität teilnehmen wollen.
Völlig moderner Bau im Grünen, wenige Kilometer von Mechelen (Malines) entfernt, Sitz eines sehr aktiven Verlags.

Bouillon – Abbaye de Clairefontaine
Trappistinnen
Gründung: 1845
Anschrift: Cordemois, 6830 Bouillon
Telefon: 061/46 41 59
Unterkunft: Ein ganzer Flügel des Klosters ist als Gästehaus (mit 20 Zimmern) ausgebaut; in den komfortablen Räumen finden Einzelpersonen und Gruppen zu Besinnungstagen Aufnahme.
Kloster in abgeschiedener, herrlicher Lage über dem Fluß Semois.
Die Gebäude sind ein Werk des Architekten Vaes, der auch Orval gebaut hat.

Brügge – Sint Pieters Abdij
Benediktiner
Gründung: 1879
Anschrift: Baron Ruzettelaan 435, Steenbrugge
Telefon: 050/35 72 51
Unterkunft: Für Männer gibt es die Möglichkeit, im Kloster Tage der Besinnung zu verbringen. Rechtzeitige Voranmeldung ist erforderlich.
Das Kloster, ein großer, strenger Komplex mit einer neugotischen Kirche, liegt am Stadtrand von Brügge. Aufgrund seiner Forschungen auf dem Gebiet der Liturgie und der Publikation von Texten der Kirchenväter hat es in der Fachwelt und darüber hinaus einen guten Ruf.

Brügge-Loppem – Sint Andries Abdij
Benediktiner
Gründung: 12. Jh.
Anschrift: Sint Andries Abdij, 8210 Loppem (Loppem liegt 5 km südwestlich von Brügge)
Telefon: 050/38 01 36
Unterkunft: Die Abtei ist seit jeher ein „offenes" Kloster mit einem schönen Gästehaus, das zu Besinnungstagen einlädt.
Die imposante neugotische Anlage wurde zu Beginn dieses Jahrhunderts an der Stelle eines mittelalterlichen Klosters errichtet. Die Abtei ist missionarisch sehr aktiv und Mutter zahlreicher Gründungen in der Dritten Welt.
Die Mönche betreiben eine Töpferwerkstatt.

Chimay – Abbaye Notre-Dame-de-la-Paix
Trappistinnen
Gründung: 1910
Anschrift: Chaussee de Trelon 1, 6460 Chimay
Telefon: 060/21 11 64
Unterkunft: Für einzelne und Gruppen, jedoch nur eingeschränktes Raumangebot.
Neues Kloster mit einer Handweberei-Werkstatt.

Dendermonde – Abdij Sint Pieter en Paulus
Benediktiner
Gründung: 1837
Anschrift: Vlasmarkt 23, 9200 Dendermonde
Telefon: 052/22 28 00
Unterkunft: Das Gästehaus hat zehn Zimmer.
Neugotische Abtei im Zentrum des flandrischen Städtchens Dendermonde in der Nähe von Gent, gegründet von Mönchen aus Affligem.

Ermeton-sur-Biert – Monastère de Notre-Dame
Benediktinerinnen
Gründung: 1936
Anschrift: Rue de Monastère 1, 5644 Ermeton-sur-Biert
Telefon: 71/72 73 92
Unterkunft: 32 Zimmer für kleine Gruppen (bis zu neun Personen) mit eigener Küche, offen für alle. Die schriftliche Voranmeldung ist an die Gästeschwester zu richten.
Schönes Schloß in einem Park, am Rand eines ruhigen Dorfes in Wallonien.

Forges – Abbaye de Notre-Dame-de-Scourmont
Trappisten
Gründung: 1850
Anschrift: 6464 Forges (südlich von Chimay, an der Grenze zu Frankreich)
Telefon: 060/21 30 63
Unterkunft: Für Einzelpersonen zu Besinnungstagen nach vorheriger Absprache mit dem für Gäste zuständigen Pater.
Zur Abtei gehören eine Bierbrauerei und eine Käserei; die Produkte werden im Gasthof gegenüber dem Kloster verkauft.

Gistel – Sint Godelieveabdij „Ten Putte“
Benediktinerinnen
Gründung: 1100
Anschrift: Abdijstraat 84, 8470 Gistel (bei Ostende)
Telefon: 059/27 86 71
Unterkunft: Nicht vorgesehen.
Altehrwürdige und bedeutende Abtei, errichtet um einen Brunnen, in den der Überlieferung nach im 11. Jh. der Leib der hl. Godeleva, einer Märtyrerin aus adeligem Geschlecht, geworfen worden war.
Das Kloster ist Ziel einer Wallfahrt.

Leuven – Abdij Keizersberg
Benediktiner
Gründung: 1899
Anschrift: Mechelsestraat 202, 3000 Leuven
Telefon: 016/224 1 74
Unterkunft: Großes Universitätskolleg mit Gästehaus (15 Zimmer); von Gästen wird erwartet, daß sie am Leben der Kommunität teilnehmen.
Imposante Anlage auf einem Hügel am Stadtrand von Löwen. Studienzentrum für Liturgie und Theologie mit großer Spezialbibliothek.

Loppem-Zedelgem – Priorij Onze Liewe Vrouwe van Béthanie
Benediktinerinnen
Gründung: 1921
Anschrift: Sysen 8, 8210 Loppem-Zedelgem
Telefon: 050/38 31 71
Unterkunft: Gästehaus mit 18 Zimmern, zu Besinnungstagen für einzelne Frauen und Gruppen.
Modernes neuromanisches Gebäude auf dem Land, 6 km von Brügge entfernt.

Lüttich – Abbaye de Notre-Dame-de-la-Paix
Benediktinerinnen
Gründung: 1627
Anschrift: Boulevard d'Avroy 54, 4000 Liège
Telefon: 041/23 77 20
Unterkunft: Nur in Ausnahmefällen.
Stadtkloster mit reicher handwerklicher Tradition (Süßwaren, Ikonen, Töpferwaren).

Namur – Prieuré Saint-Benoît
Benediktinerinnen
Gründung: 1952
Anschrift: Avenue Vauban 28, 5000 Namur
Telefon: 081/74 21 98
Unterkunft: Kleines Gästehaus für Einzelpersonen und Gruppen.
Das Kloster liegt über der Zitadelle von Namur im Grünen.

Ottignies – Monastère de Saint-André-de-Clerlande
Benediktiner
Gründung: 1971
Anschrift: Allée Clerlande, 1340 Ottignies
Telefon: 010/41 74 63
Unterkunft: Aufnahme finden Einzelpersonen, Paare und kleine Gruppen.
Moderne Gründung in der Nähe der Universitätsstadt Louvain-la-Neuve. Liturgisches Zentrum.

Quevy-le-Grand – Prieuré de Saint-Jean-l'Evangéliste
Benediktiner
Gründung: 1969
Anschrift: Prieuré de Saint-Jean, 7040 Quevy-le-Grand (südlich von Mons)

Telefon: 065/56 87 12
Unterkunft: Es stehen sechs Zimmer für Besinnungstage zur Verfügung. Gäste sind gehalten, das strenge Schweigen, zu dem die Kommunität verpflichtet ist, zu beachten.
Im Zentrum der kleinen Bauten in origineller Bauweise, die von Wald umgeben sind, steht eine Kapelle. Die Benediktiner betreiben Ikonenmalerei.

Rixensart – Monastère de l'Alliance
Benediktinerinnen
Gründung: 1968
Anschrift: Rue Albert 1, 1330 Rixensart
Telefon: 026/52 06 01
Unterkunft: Im Gästehaus mit 20 Zimmern finden Menschen, die einen Ort der Ruhe suchen, Unterkunft.
Das modern gebaute Kloster liegt – im Südosten von Brüssel – im Grünen.

Saint-Hubert – Monastère de Notre-Dame-d'Hurtebise
Benediktinerinnen
Gründung: 1938
Anschrift: Rue de Monastère,
6870 Saint-Hubert
Telefon: 061/61 11 27
Unterkunft: Aufnahme finden Männer und Frauen zu Tagen der Besinnung und der Sammlung.
Das Kloster liegt am Rand des durch die Wallfahrt zur Kirche des hl. Hubertus berühmten Ortes in den Ardennen.

Stavelot – Monastère de Saint-Remacle
Benediktiner
Gründung: 1952
Anschrift: Wavremont, 4970 Stavelot
Telefon: 080/86 23 18
Unterkunft: Nur zu Besinnungstagen nach vorheriger Anfrage.
Eine Neugründung in der Tradition von Stavelot und Malmédy, die vom hl. Remaclus, dem Patron der Region, begründet wurden und zur Zeit der Französischen Revolution aufgehoben worden waren.
Die Abtei besitzt eine Mal- und Töpferwerkstatt.

Westvleteren – Abdij Sint Sixtus
Trappisten
Gründung: 1831
Anschrift: Donkerstraat 12,
8640 Westvleteren
Telefon: 057/40 03 76
Unterkunft: Für Einzelpersonen und kleine Gruppen nur zu Besinnungstagen.
Bekannt und berühmt ist das hochprozentige Bier, das auch im Restaurant direkt gegenüber dem Kloster ausgeschenkt wird. Im Kloster selbst gibt es nur ganze Kästen, keine einzelnen Flaschen, zu kaufen.

Niederlande

Berkel-Enschot – Abdij Onze Liewe Vrouwe van Koningshoeven
Trappisten
Gründung: 1881
Anschrift: Eindhovenseweg 3,
Berkel-Enschot (Tilburg)
Telefon: 013/43 61 24
Unterkunft: 34 Einzel- und Doppelzimmer; Aufnahme finden Männer und Frauen.
Das Kloster betreibt eine überregional bekannte Brauerei, deren Bier sehr gerne getrunken wird.

Diepenveen – Abdij Sion
Trappisten
Gründung: 1890
Anschrift: Vulikerweg 6, Diepenveen
(bei Deventer)
Telefon: 057 03/13 92
Unterkunft: Aufnahme finden Männer und Frauen. Angeboten werden Einzel- und Doppelzimmer.
Kloster aus dem 19. Jh. in abgeschiedener Lage. Für Besucher besteht die Möglichkeit, am Gebet der Kommunität teilzunehmen.

Doetinchem – Abdij Sint Willibrod
Benediktiner
Gründung: 1945
Anschrift: Abdijlaan, Slangenburg-
Doetinchem (Arnhem)
Telefon: 08 59/82 68
Unterkunft: Aufnahme finden Männer und Frauen; es besteht das Angebot, am Klosterleben teilzunehmen.
Ein strenger Bau in neugotischem Stil in ländlicher Umgebung; in der Kirche herrscht ruhige, ja geradezu mystische Stimmung.
Die Kommunität zählt 16 Mönche. Bibliothek und Meditationsräume.

Echt – Abdij Lilbosch
Trappisten
Gründung: 1883
Anschrift: Pepinusberg 6, Echt (zwischen Roermond und Sittard)
Telefon: 047 54/812 53
Unterkunft: acht Einzelzimmer, für Männer und Frauen oder kleine Gruppen.
Gründung des Klosters St. Benedikt von Achel-Hamont.

Egmond-Binnen – Sint Adelbertabdij
Benediktiner
Gründung: 1935
Anschrift: Abdijlaan 26, Egmond-Binnen (Alkmaar)
Telefon: 022 06/14 15
Unterkunft: Aufnahme finden Männer und Frauen zu Besinnungstagen.
Die Klosteranlage wurde in den 1930er Jahren in strengen neugotischen Formen erbaut. An derselben Stelle stand früher schon ein Kloster, das im 8. Jh. errichtet worden war, um die Gebeine des hl. Adalbert aufzubewahren. Die Reliquien werden heute in der neuen Klosterkirche aufbewahrt. Die Mönche geben eine monastische Zeitschrift heraus.

Egmond-Binnen – Sint Lioba Klooster
Benediktinerinnen
Gründung: 1935
Anschrift: Herenweg 85, Egmond-Binnen (Haarlem)
Telefon: 022 06/13 88
Unterkunft: 13 Zimmer für Männer und Frauen, auch für kleine Gruppen.
Das Kloster liegt in der Nähe der großen Benediktinerabtei St. Adalbert und betreibt eine Töpferwerkstatt.

Heesch – Priorij Fons Vitae
Benediktinerinnen
Gründung: 1952
Anschrift: Kloosterstraat 7, Heesch (bei Sint Hertogenbosch)
Telefon: 041 25/12 45
Unterkunft: Wenige Zimmer für Einzelpersonen; für Gruppen steht ein eigenes Haus in der Nähe zur Verfügung.
Das heutige Kloster ist ein mit zwei Vorgängerbauten verbundener Neubau.

Heeswijk-Dinther – Abdij Berne
Prämonstratenser
Gründung: 1134
Anschrift: Abdijstraat 49, Heeswijk-Dinther
Telefon: 041 39/17 55
Unterkunft: Nur zu Besinnungstagen.
Klostergebäude im Stil der Neugotik mit großer Chorherren-Kommunität. Von den ursprünglichen Bauten, die während der Religionskriege zerstört wurden, stehen nur noch Reste.

Nieuwkuijk – Abdij Marienkroon
Zisterzienser
Gründung: 1904
Anschrift: Abdijlaan 6, Nieuwkuijk (bei Sint Hertogenbosch)
Telefon: 041 08/123 52
Unterkunft: Drei Einzelzimmer und ein Raum für kleine Gruppen. Das Kloster ist für seine Gastfreundschaft bekannt.

Tegelen – Abdij Onze Liewe Vrouwe
Trappisten
Gründung: 1884
Anschrift: Ulingsheide 1, Tegelen (Venlo)
Telefon: 077/73 23 45
Unterkunft: 15 Zimmer; Aufnahme finden einzelne Männer und Frauen sowie kleine Gruppen für Tage der Besinnung und Sammlung.
Zu dem von Westmalle (s. S. 226) aus gegründeten Kloster gehört eine Brennerei.

Tegelen – Priorij Nazareth
Benediktinerinnen
Gründung: 1874
Anschrift: Oude Munt van Wevelickhovenstraat 1, Tegelen (bei Venlo)
Telefon: 077/73 15 72
Unterkunft: 22 Zimmer für Männer und Frauen und kleine Gruppen.
Großer Backsteinbau, in einem Park gelegen.

Vaals – Abdij Sint Benedictusberg
Benediktiner
Gründung: 1893
Anschrift: Mamelis 39, Vaals
Telefon: 044 54/613 53
Unterkunft: Acht Zimmer für Einzelpersonen und kleine Gruppen zu Besinnungstagen.
Im Grenzgebiet von Belgien, Deutschland und Holland, nicht weit von Aachen gelegen. Das Kloster gehört zur Kongregation von Solesmes; es pflegt das Chorgebet mit gregorianischem Gesang.

Valkenburg aan de Geul – Priorij Regina Pacis
Benediktinerinnen
Anschrift: Oud Valkenburgerweg 16, Valkenburg aan de Geul (Limburg)
Gründung: 1942
Telefon: 044 06/122 34
Unterkunft: Zwölf Zimmer, nur für Frauen.
Das noch junge Kloster ist ein im Grünen gelegener Neubau im vielbesuchten Touristenort Valkenburg aan de Geul.

Zundert – Abdij Maria Toevlucht
Trappisten
Gründung: 1900
Anschrift: Ruphenseweg 38, Zundert (bei Breda)
Telefon: 016 96/742 51
Unterkunft: 20 Zimmer für Einzelpersonen und Gruppen.
Modernes Kloster mit Werkstatt für Ikonenmalerei.

Die Klöster der Schweiz liegen vor allem in den deutschsprachigen katholischen Kantonen und in gebirgigen Gegenden. Die Benediktinerabteien der Schweizer Kongregation sind meist Männerklöster, die Frauenklöster gehören zum größten Teil dem Zisterzienserorden an.

SCHWEIZ

St. Gallen, Einsiedeln und das Augustiner-Chorherrenstift St-Maurice waren von Anfang an die wichtigsten Zentren klösterlichen Lebens in der Schweiz. St. Gallen, 1805 aufgehoben, wurde im 8. Jh. von einem Gefährten des hl. Columban gegründet, nahm dann die Benediktregel an und wurde im 9. und 10. Jh. zum bedeutendsten Kulturzentrum des karolingischen Reiches. Einsiedeln bildete sich um die Zelle eines Einsiedlers und wurde im Laufe der Jahrhunderte zu einem bedeutenden Kloster und zu einem der meistbesuchten Marienwallfahrtsorte in Europa. Während in den deutschsprachigen Kantonen das klösterliche Leben erhalten blieb, wurden während der Reformation in den französischen Kantonen und im Nordwesten des Landes zahlreiche Abteien aufgehoben. Dies ist der Grund dafür, daß die überlebenden Abteien in vielen Fällen zu „Zitadellen" katholischer Kultur und Spiritualität wurden. Aus kunsthistorischer Sicht ist die Epoche der baulichen Erneuerung hervorzuheben, die im Laufe des 17. Jh. viele Klöster in prunkvolle barocke Bauten umgewandelt hat. Das Verbot der Regierung, im Land weitere Niederlassungen zu gründen, hat dazu geführt, daß Mönche aus der Schweiz ins Ausland gingen; einige große Abteien in den Vereinigten Staaten verdanken ihre Gründung diesem Umstand.

Disentis – Abtei St. Martin

Benediktiner der Schweizer Kongregation

Von Chur: das Rheintal aufwärts über Flims und Ilanz nach Disentis; von Andermatt: über den Oberalppaß; von Biasca: über den Lukmanierpaß (beide Pässe sind im Winter geschlossen). Das ganze Jahr über offen ist die Schmalspurstrecke Chur – Disentis der Rhätischen Bahn.

Gründung: *8. Jh.*
Anschrift: *7180 Disentis/Graubünden*
Telefon: *081/947 51 45*

Die dem hl. Martin geweihte Abtei liegt 1143 Meter hoch. Sie wurde an der Stelle errichtet, an der nach der Tradition die Zelle des Eremiten Sigisbert stand. Die Region, in der sich die Abtei befindet und die von einer gemischtkonfessionellen Bevölkerung bewohnt wird, war über die Jahrhunderte der religiöse und kulturelle Mittelpunkt für die Katholiken der Kantone Graubünden und Tessin. Das Kloster wurde nach mehrmaliger Zerstörung immer wieder neu aufgebaut. Seine gegenwärtige architektonische Gestalt hat es seit 1712 erhalten.
Die Kommunität besteht aus 45 Mönchen. Neben der geistlichen Betreuung der Pilger nimmt die Leitung eines großen Gymnasiums eine wichtige Stelle im Leben der Mönche ein.

Kunst / Sehenswürdigkeiten: Die Kirche zum hl. Martin in barockem Stil wurde von Kaspar Moosbrugger errichtet. Im Inneren des einschiffigen Raumes fallen die weiträumigen Emporen auf. 1799 erlitt der Bau durch Brandschatzung französischer Truppen schwere Schäden, die eine umfangreiche Restaurierung notwendig machten.
Eindrucksvoll die mittelalterliche Kapelle zur hl. Maria; interessant auch das kleine Klostermuseum, das vor allem mittelalterliche Dokumente verwahrt.

Besichtigung: Besichtigt werden können die Kirche, die Kapelle zur hl. Maria und das Museum.

Gebetszeiten: 5.30 Uhr Matutin; 7.30 Uhr Konventmesse; 18.00 Uhr Vesper; 20.00 Uhr Komplet.

Angebote für Gäste: Unterkunftsmöglichkeit für einzelne männliche Gäste, die an Einkehrtagen oder am benediktinischen Leben teilnehmen wollen.

Einsiedeln – Benediktinerabtei

Benediktiner der Schweizer Kongregation

Von Zürich aus: Autobahn A 3 bis zur Kreuzung mit der Staatsstraße 8 nach Schwyz auf der Höhe von Rapperswil; von hier aus die Straße nach Schwyz, nach etwa 10 km Abzweigung rechts nach Einsiedeln.

Gründung: *934*
Anschrift: *8840 Einsiedeln/Schwyz*
Telefon: 055/418 61 11

Die große Benediktinerabtei Einsiedeln ist der geistige Mittelpunkt der Schweizer Katholiken. Jährlich kommen Tausende von Pilgern in die Kirche des Klosters, um die Muttergottes von Einsiedeln, die „Schwarze Muttergottes“, zu verehren. Die heute im Vordergrund stehende Marienverehrung spielte nicht von Anfang an eine solch zentrale Rolle an diesem Ort altehrwürdiger Spiritualität. Der Grundstein zum Kloster wurde 934 an dem Ort gelegt, an dem der hl. Meinrad, ein Reichenauer Mönch, als Einsiedler gelebt hatte und als Märtyrer gestorben war. Die von den Herrschern geförderte Abtei gewann immer größere Bedeutung und geriet schließlich in direkten Gegensatz zum Kanton Schwyz. Die Betonung der Marienverehrung geht auf die Zeit der Gegenreformation zurück; damals wurde das Kloster zum Bollwerk gegen die Reformation, es wurden neue Klostergebäude errichtet, und der neu angelegte große Platz diente zur Abhaltung religiöser Aufführungen und Feiern. Einsiedeln wurde damit zum bedeutendsten Wallfahrtsort der Schweiz. Nach Jahrhunderten großen Ansehens und politischen Einflusses (am Ende des Dreißigjährigen Krieges

beherbergte die Abtei die Delegationen, die über den Frieden verhandelten) vollbrachte das französische Revolutionsheer in Einsiedeln ein Werk der Zerstörung. Zu Beginn des 19. Jh. konnten die Benediktiner den Gottesdienst in den Mauern von Einsiedeln wiederaufnehmen. Sie errichteten außerdem eine bedeutende theologische Fakultät, die mit den wichtigsten Abteien der Welt regen Austausch pflegt. Die Kommunität zählt heute etwa 100 Mönche, die an der Klosterschule, in der Pilgerpastoral und an der theologischen Fakultät tätig sind.
1852 gründeten Mönche aus Einsiedeln das Kloster St. Meinrad in den USA, das seinerseits die treibende Kraft für die Verbreitung des benediktinischen monastischen Ideals in der Neuen Welt wurde.

Kunst / Sehenswürdigkeiten: Die Klosterkirche ist eines der Hauptwerke des Barock in der Schweiz. Entworfen von Kaspar Moosbrugger, wurde sie zwischen 1704 und 1735 errichtet. Im Inneren beherbergt ein oktogonaler Raum die Kapelle der Madonna mit dem Bild der Muttergottes. Der wunderbare Schmuck der dreischiffigen Kirche stammt von den Brüdern Asam, dem Bildhauer und Stukkateur Egid Quirin und dem Maler Cosmas Damian. Die Seitenaltäre stammen zum größten Teil von den Brüdern Carlone, die ebenfalls zu den wichtigsten Künstlern des Barock nördlich der Alpen zählen.

Besichtigung: Die Besichtigung der Kirche ist frei. Für die Besichtigung des Großen Saals, der 1704 ausgemalt und mit reichem Stuck versehen wurde, und der Bibliothek, die neben zahlreichen Manuskripten und Inkunabeln 160.000 Bücher enthält, wird Eintritt erhoben.

Gebetszeiten: 7.30 Uhr (Sonn- und Feiertage 9.30 Uhr) Laudes und Messe; 16.00 Uhr Vesper.

Angebote für Gäste: Obwohl Einsiedeln seit Jahrhunderten ein beliebtes Wallfahrtsziel ist, hat die Abtei kein richtiges Gästehaus. Aufnahme finden nur Ordensleute und nach vorheriger Anmeldung Personen, die zum Studium oder aus spirituellen Beweggründen kommen. Allerdings gibt es in unmittelbarer Nähe der Benediktinerabtei zahlreiche Hotels, Pensionen und Gasthöfe.

Die große barocke Klosterbibliothek von Einsiedeln, der bedeutendsten Benediktinerabtei der Schweiz. Sie enthält eine große Zahl von Manuskripten und Inkunabeln sowie 160.000 Bücher.

Engelberg – Benediktinerabtei

Benediktiner der Schweizer Kongregation

Die imposante Klosteranlage von Engelberg, die 1020 Meter hoch in einem schönen Tal der Alpen liegt.

Auf der Autobahn St. Gotthard – Basel nimmt man, von Süden kommend, die Ausfahrt Engelbergerthal, kurz vor Luzern; von hier führt eine Straße nach Engelberg, die Abtei liegt am Ende des Tales. Von Luzern aus führt auch eine Bahnstrecke nach Engelberg und zur Abtei.

***Gründung:** 1120*
***Anschrift:** 6390 Engelberg/Luzern (Kanton Obwalden)*
***Telefon:** 041/639 61 61*

Das Tal Engelberg war bis 1798 ein kleiner reichsunmittelbarer Staat im Herzen der Schweizer Eidgenossenschaft mit dem Abt des Benediktinerklosters als Feudalherrn. Gegründet wurde das Kloster 1120 von Konrad von Sellenbüren, einem Zürcher Adeligen. Aufgrund zahlreicher kaiserlicher Privilegien erreichte die Abtei die Unabhängigkeit von den territorialen Mächten und unterstand nur dem Kaiser.

Über Jahrzehnte hin war Engelberg außerdem ein Bollwerk der Katholiken gegen die protestantische Reformation, die sich von den Kantonen nördlich des Vierwaldstätter Sees und den benachbarten Tälern des Oberlands aus verbreitete. Die Zeit der Gegenreform fällt so mit einem zweiten Aufblühen von Engelberg zusammen. Beendet wurde diese Phase mit der Aufhebung der feudalen Privilegien im Jahr 1798. Neues Leben und einen neuen Geist brachte die Eröffnung einer Schule und eines Gymnasiums nach Engelberg.
Die Benediktinerabtei Engelberg trug mönchisches Leben in die ganze Welt hinaus: 1851 wurde in Conception in Minnesota ein neues Kloster gegründet (das heute zu den größten Abteien der Welt zählt), in Oregon wurde die Abtei Mount Angel errichtet. 1932 errichteten die Schweizer eine Mission in Kamerun, 1943 wurde in der Abtei Fischingen im Kanton Thurgau wieder Gottesdienst gehalten.
In der großen Anlage herrscht heute vielfältiges Leben: Es gibt nicht nur eine Schule, sondern auch einen landwirtschaftlichen Betrieb, eine Molkerei und eine medizinische Ausbildungsstätte.

Kunst / Sehenswürdigkeiten: Die jetzige Kirche, ein Nachfolgebau mehrerer durch Feuer zerstörter früherer Bauten, wurde von 1730 bis 1737 von Johannes Rueff errichtet. Sie ist ein einschiffiger Bau mit zahlreichen Seitenkapellen. Bemerkenswert ist das Gemälde *Mariä Himmelfahrt* von Franz Joseph Spiegler am Hochaltar.

Besichtigung: Die Kirche und der äußere Hof können frei besichtigt werden, die Konventsgebäude (Großer Saal, Bibliothek, Schatzkammer) sind von Montag bis Samstag von 10 bis 16 Uhr zu besichtigen.

Gebetszeiten: 5.15 Uhr (Sonn- und Feiertage 5.45 Uhr) Laudes; 7.00 und 8.00 Uhr (So-/F. 6.45 und 8.00 Uhr) Messe (So-/F. 11.00 und 16.00 Uhr Konventmesse); 18.00 Uhr Vesper; 20.00 Uhr Komplet.

Angebote für Gäste: Das Kloster hat kein Gästehaus; in Ausnahmefällen werden Einzelpersonen aufgenommen.
Im Ort gibt es allerdings zahlreiche Gasthöfe und Pensionen aller Preisklassen, die den Besuchern von Engelberg zur Verfügung stehen.

Eschenbach – Abtei St. Katharina

Zisterzienserinnen

Von der Autobahn Luzern – Basel: Ausfahrt Rothenburg, von dort führt eine Straße zur Ortschaft Eschenbach.

Gründung: *1285*
Anschrift: *6274 Eschenbach/Luzern*
Telefon: *041/448 37 38*

Eschenbach ist eine landschaftlich schön gelegene Ortschaft am Kreuzungspunkt zweier Kantonsstraßen in der Nähe von Luzern. Das große, von einer Mauer umzäunte Kloster liegt direkt neben der barocken Pfarrkirche.
Die Abtei wurde im 13. Jh. von Walter III., Freiherr von Eschenbach, für Augustinerinnen gestiftet. 1588 schlossen sich die Chorfrauen dem Zisterzienserorden an. Die Blütezeit des Klosters fällt in das 18. Jh., einen neuen Aufschwung brachte das 20. Jh.

Bemerkenswert ist das schöne Gästehaus, an dessen Fassade eine alte Sonnenuhr von 1683 zu sehen ist.

Angebote für Gäste: Im Gästehaus finden Einzelpersonen und Gruppen Aufnahme. In unmittelbarer Umgebung der Zisterzienserinnenabtei findet sich eine Reihe von Gasthöfen und Restaurants.

Die Zisterzienserinnenabtei Eschenbach, in der Nähe von Luzern, ist landschaftlich sehr schön gelegen. Rechts das Gästehaus mit einer alten Sonnenuhr.

Fischingen – Benediktinerabtei

Benediktiner der Schweizer Kongregation

Autobahn A 1 St. Gallen – Zürich, Ausfahrt Sirnach, ab da Hinweisschilder nach Fischingen.

Gründung: *1135*
Anschrift: *8376 Fischingen/Thurgau*
Telefon: *071/978 72 11*

Die im 12. Jh. gegründete benediktinische Niederlassung wurde nach einer langen Zeit der Aufhebung 1943 wiederbesiedelt. In diesem Jahr kamen einige Mönche aus Engelberg und übernahmen die Leitung der in den Klostergebäuden untergebrachten Schule. Seit 1977 führt die kleine Kommunität (es leben heute zehn Mönche in der Abtei) wieder ein eigenständiges monastisches Leben.

Kunst / Sehenswürdigkeiten: Das Erscheinungsbild der gesamten Anlage aus dem 18. Jh. wurde durch notwendige Renovierungsarbeiten beeinträchtigt. Die barocke Kirche (sehenswert die Rokoko-Orgel und die Kapelle der hl. Idda von Toggenburg) hat jedoch das Aussehen des für die Kirchen- und Klosterbauten des 18. Jh. typischen ländlichen Stils der Region bewahrt.

Besichtigung: Besichtigt werden können bei freiem Eintritt der Kreuzgang, in dem auch Arbeiten der Kommunität ausgestellt sind, und die Kirche mit der Kapelle der hl. Idda, die auch Ziel einer Wallfahrt ist.

Gebetszeiten: An Wochentagen: 12.00, 17.45 und 19.30 Uhr; an Sonn- und Feiertagen: 7.45, 11.30, 17.30 und 19.30 Uhr.

Klosterladen: Die Mönche backen ein hervorragendes Früchtebrot, das im Kreuzgang gekauft werden kann, und sie sind Spezialisten für die Restaurierung von Antikmöbeln, die sie ebenfalls verkaufen.

Angebote für Gäste: Im Gästehaus finden hauptsächlich Gruppen Unterkunft.

Eingang (oben) und Inneres der Barockkirche der Abtei Fischingen.

Frauenthal – Zisterzienserinnenabtei

Zisterzienserinnen

Die einfachen Gebäude der im Kanton Zug auf dem Land gelegenen Zisterzienserinnenabtei Frauenthal.

Das Kloster Frauenthal liegt abgeschieden auf dem Land im Kanton Zug. Man fährt von der Stadt Zug am Ufer des Zuger Sees nach Cham und folgt von da den Wegweisern nach Muri-Aarau. Von Luzern aus folgt man dem Flußlauf der Reuß über Ebikon, Gisikon, Dietwil bis Sins; in Sins über die Holzbrücke und dann weiter nach Hagendorn und Frauenthal.

***Gründung:** 1231*
***Anschrift:** Abtei Frauenthal, 6332 Hagendorn (Kanton Zug)*
***Telefon:** 041/780 10 55*

Die Abtei Frauenthal, ein Komplex von einfachen ländlichen Gebäuden, ist ein Ort der Ruhe und der Spiritualität, sie liegt fernab der großen Verkehrswege und ist nur von schönen alten bäuerlichen Fachwerkhäusern umgeben.
Das 1232 vom Adeligen Ulrich von Schnabelburg gegründete Kloster gehörte von 1253 an zur Ordensfamilie der Zisterzienser und stand unter dem Schutz der mächtigen Abtei von Wettingen im Aargau (sie wurde 1841 aufgehoben, die Mönche siedelten nach Mehrerau in Österreich über, s. S. 267). Das kleine Kloster wuchs zwar im Laufe der Zeit, erreichte aber nie die großartigen Ausmaße anderer Gründungen in der Schweiz. Das Kloster, das in einem an die reformierten Kantone angrenzenden Gebiet liegt, wurde von 1524 bis 1526 aufgehoben; im Laufe des 17. Jh. wurde es so gut wie vollständig neu aufgebaut. Heute wohnen 28 Nonnen in der Abtei, die selbst ein neues Kloster in Amerika gegründet hat.

Kunst / Sehenswürdigkeiten: Die einschiffige Abteikirche ist im Innern mit Stuck und Bildern von Schweizer Künstlern des 18. Jh. ausgeschmückt. Die Kirche wird durch ein Gitter aus Schmiedeeisen in zwei Hälften geteilt. Sehenswert sind der große Chor aus Holz, eine schöne Orgelempore und eine Kanzel, alles im Stil des Rokoko.

Besichtigung: Nach Überschreiten des Flusses betritt man einen Rasenplatz mit bemerkenswerten ländlichen Fachwerkhäusern aus dem 18. Jh. Von hier kommt man durch einen überdachten Übergang in einen kleinen und stillen Kreuzgang mit einem Brunnen in der Mitte. Gegenüber liegen die Klostergebäude, links führt ein Durchgang nach draußen und zum Eingang der kleinen Abteikirche. Das Innere des äußerlich im nüchternen Stil der Zisterzienser gehaltenen Baus wurde im Rokoko reich ausgestattet.

Gebetszeiten: 5.30 Uhr Laudes; 7.00 Uhr (Sonn- und Feiertage 9.00 Uhr) Messe; 15.00 Uhr Non; 17.00 Uhr Vesper. Das Chorgebet wird auf Latein gehalten.

Klosterladen: Es werden mehrere Melissenprodukte verkauft, die die Nonnen herstellen: Gewürzwein, Likör, Branntwein und zahlreiche Süßwaren. Sehr ansprechend sind auch die handgemalten Karten.

Angebote für Gäste: Es stehen nur wenige Zimmer zur Verfügung, die in erster Linie für die Angehörigen der Nonnen und Mitglieder des Ordens vorgesehen sind. In Ausnahmefällen können aber auch Personen, die das klösterliche Leben kennenlernen und teilen wollen, für einige Tage aufgenommen werden. Voranmeldung ist erforderlich.

Mariastein – Benediktinerabtei

Benediktiner der Schweizer Kongregation

Von Basel: auf der Straße Nr. 18 Richtung Delémont; auf der Höhe von Aesch Abzweigung nach Ettingen und Mariastein.

Gründung: *1648*
Anschrift: *4115 Mariastein/Solothurn*
Telefon: *061/735 11 11*

Die Mönche des altehrwürdigen, von Hirsau aus gegründeten Benediktinerklosters von Beinwyl übersiedelten 1648 in den über einem Felssporn gelegenen Marienwallfahrtsort „im Stein“.
Neben der Betreuung der Pilger übernahm der neue Konvent auch die Leitung einer Schule. Es wurden neue Gebäude errichtet, und die ursprünglich gotische Kirche wurde völlig erneuert.
Mit der Französischen Revolution kam 1798 die Aufhebung der Abtei, die bis 1802 andauerte.
1874 folgte eine weitere Aufhebung, dieses Mal durch den Kanton Solothurn, und für die Mönche begann eine Zeit langer Wanderschaft. Zunächst zog der Konvent nach Delle in Frankreich; 1901 von dort vertrieben, fand er von 1902 bis 1906 am Dürrnberg bei Hallein in Salzburg Aufnahme, von 1907 bis 1941 war er in einem Kloster in Bregenz

Mariastein ist ein bedeutender Marienwallfahrtsort in der Nähe von Basel. Auf dem Bild das Innere der Kirche.

untergebracht. 1941 kam dann die Erlaubnis zur Rückkehr nach Mariastein.
Die Kommunität zählt heute 30 Mönche; ihr Hauptanliegen ist die Betreuung der zahlreichen Pilger, die das Wallfahrtsheiligtum aufsuchen.
Die gesamte Klosteranlage mit den Walmdächern hat etwas Beeindruckendes; Mariastein ist ein Ort der Stille und der Nachdenklichkeit.

Kunst / Sehenswürdigkeiten: Die ursprünglich gotische Kirche wurde barockisiert, von 1830 bis 1834 wurde ihr eine klassizistische Fassade vorgesetzt.
Im Inneren befinden sich zahlreiche Ausstattungsstücke aus dem Barock (Chorgitter, Chorgestühl, Hauptaltar, Orgel); sehenswert ist auch die Sieben-Schmerzen-Kapelle mit einer Statue der Schmerzhaften Muttergottes aus dem 17. Jh.
In der Nähe des Klosters liegt die Gnadenkapelle in einer natürlichen Felshöhle mit einem Altar aus Marmor und dem wundertätigen Gnadenbild von 1543.

Besichtigung: Besichtigt werden kann nur die Kirche.

Gebetszeiten: Sonntagsmesse um 6.30, 8.00, 9.00 und 11.00 Uhr; 15.00 Uhr Vesper; 20.00 Uhr Komplet. An Wochentagen um 6.30 und 8.00 Uhr Messe in der Gnadenkapelle und um 9.00 Uhr in der Abteikirche. Um 18.00 Uhr Vesper.

Angebote für Gäste: Besinnungstage im „Haus der Stille".

Mariazell – Zisterzienserinnenabtei

Zisterzienserinnen

Von der Autobahn Zürich – Chur: Ausfahrt Rapperswil, von da auf der Uferstraße bis zum Vorort Jona, von Jona Richtung Wurmsbach am Obersee.

Gründung: *1259*
Anschrift: *8715 Bollingen-Wurmsbach/St. Gallen*
Telefon: *055/212 32 32*

Das Kloster am Zürichsee wurde von Graf Rudolf von Rapperswil gegründet. Die Anlage bietet dem heutigen Besucher einen abwechslungsreichen Anblick; erhaltene Teile der ursprünglichen Bauten sind umgeben von neueren ländlichen Gebäuden und neuen Schulgebäuden.
Die ruhige und geschützte Lage macht das Kloster zu einem Ort, der für Sammlung und Meditation bestens geeignet ist.
Die Abtei wurde zweimal aufgehoben, zweimal kehrten die Nonnen wieder zurück, festen Willens, ihre Lebensform zu verteidigen. Heute gehört das Kloster zur Kongregation von Mehrerau.

Innenhof des kleinen Frauenklosters Mariazell am Zürichsee.

Sehenswürdigkeiten und Besichtigung: Die älteren Gebäude, zum größten Teil aus der Renaissance, sind normalerweise nicht zu besichtigen. (Allerdings kann man versuchen, eine Sondererlaubnis zu erhalten.) Zugänglich ist jedoch die Kirche zum hl. Dionysius, ursprünglich ein romanischer Bau, der jedoch in der Barockzeit erneuert wurde und wunderschöne spätgotische sowie barocke Fresken bewahrt. Die Klosterkirche ist ein Bau des 17. Jh. In der Klausur gibt es noch weitere mit Fresken ausgemalte Räume.

Gebetszeiten: Sonntagsmesse um 10.00 Uhr; 12.00 Uhr (Sonn- und Feiertage 11.00 Uhr) Mittagsgebet; 17.30 Uhr Vesper.

Angebote für Gäste: Aufnahme finden nur Frauen, die am Klosterleben teilnehmen wollen.

Posieux – Abbaye de Hautrive

Zisterzienser von Mehrerau

Von Fribourg: die Straße Nr. 12 Richtung Bulle; nach 7 km Abzweigung zu der in einer Flußschleife der Saane gelegenen Abtei. Von der Autobahn 12 Bern – Bulle: Ausfahrt Rossens oder Fribourg-Süd.

Gründung: *1138*
Anschrift: *Abbaye de Notre-Dame-d'Hautrive, 1725 Posieux/Fribourg*
Telefon: *026/402 17 83*

Die berühmte Abtei Hautrive, das einzige Männerkloster des Zisterzienserordens in der Schweiz, liegt abgeschieden am linken Ufer der Saane.
Die Anlage ist ein Komplex von Gebäuden unterschiedlichen Stils, unter denen die Konventgebäude aus dem 17. Jh. hervorstechen, die die kostbare Kirche, ein wahres Juwel gotischer Baukunst, und den wunderbaren Kreuzgang fast verdecken. Gegründet von Wilhelm von Glâne, Ritter und Vasall des Grafen von Hochburgund, der selbst das Mönchskleid genom-

Nicht weit von Fribourg i. d. Schweiz liegt die Abtei Hautrive. Hinter den Gebäuden des 17. Jh. verbirgt sich ein kostbarer romanischer Kreuzgang mit betrachtenswerten Kapitellen.

men hatte, erlangte die Abtei im Laufe des Mittelalters große Bedeutung. Getroffen von der Ausbreitung der Reformation und im 18. Jh. wieder aufgebaut, wurde das Kloster 1848 aufgehoben. In der Folgezeit wurden die Gebäude als Lehrerseminar genutzt. 1939 wurde der Konvent durch Zisterziensermönche aus dem Kloster Mehrerau in Österreich wiederhergestellt.

Kunst / Sehenswürdigkeiten: Die Abteikirche zur Aufnahme Mariens in den Himmel ist eines der bemerkenswertesten Zeugnisse zisterziensischer Kunst im Herzen Europas. Die Fassade geht auf das 13. Jh. zurück, ebenso das Portal und die große Fensterrose. Das dreischiffige Innere hat einen gotischen Chor; beachtenswert sind auch die schönen Glasfenster aus dem 14. Jh. Der sehenswerte Kreuzgang wurde nach französischen Vorbildern vom 12. bis zum 14. Jh. – allerdings nur mit drei Flügeln – errichtet.

Besichtigung: Es finden täglich von 14.30 bis 17.00 Uhr Führungen statt; in den Rundgang sind einbezogen die Kirche, der Kreuzgang und die Konventgebäude aus dem 17. Jh.

Gebetszeiten: Sonntagsmesse um 9.30 Uhr mit gregorianischem Gesang; die Zeiten des Chorgebets wechseln.

Klosterladen: Es werden Bücher, Schallplatten und religiöses Kunsthandwerk verkauft.

Angebote für Gäste: Unterkunft für Männer zu Besinnungstagen, in einem benachbarten Haus sechs Zimmer für Frauen.

Saint-Maurice-d'Agaune – Abbaye de Saint-Maurice

Augustiner-Chorherren

Von Lausanne: auf der Straße Nr. 9 Richtung Martigny; nach ca. 60 km Abzweigung rechts nach Saint-Maurice, von der Autobahn Lausanne – Martigny: Abfahrt St-Maurice; von Italien: über den Großen St. Bernhard nach Martigny und weiter nach St-Maurice oder über den Simplon-Paß bzw. durch den Simplon-Tunnel in das Rhônetal und die Rhône abwärts bis St-Maurice.

Gründung: *515*
Anschrift: *1890 Saint-Maurice-d'Agaune/Wallis*
Telefon: *024/485 11 81*

Die dem hl. Mauritius (s. S. 199) und den Soldaten der Thebäischen Legion (die hier das Martyrium erlitten haben und begraben sind) geweihte Abtei St-Maurice wurde zu

Die altehrwürdige Abtei St-Maurice, deren Bauten sich an den Hügel geradezu anschmiegen, beherbergt in ihren Mauern einen kostbaren Klosterschatz.

Beginn des 6. Jh. gegründet. Das Kloster ist nicht nur die älteste monastische Niederlassung in der Schweiz, zusammen mit der Benediktinerabtei Ligugé in Frankreich gehört es sogar zu den ältesten noch bestehenden Klöstern der ganzen Welt. Als der Burgunderkönig Sigismund die Abtei gründete, war Agaunum (ein alte, zunächst keltische, dann römische Siedlung an diesem wichtigen Alpenübergang) eine bedeutende Stadt und Residenz der Könige von Burgund.
Heute ist St-Maurice eine kleine, stille Ortschaft, die sich um die Abtei gruppiert. Die ursprüngliche Mönchsgemeinschaft von St-Maurice wurde 1128 von Augustiner-Chorherren abgelöst, die heute noch im Besitz der Abtei sind. Die 90 Chorherren, die hier wohnen, widmen sich, der Tradition ihres Ordens gemäß, besonders der Liturgie und der Seelsorge und sind der geistliche Orientierungspunkt für die ganze Region.

Kunst / Sehenswürdigkeiten: Die Abteikirche wurde von 1614 bis 1627 im Stil der Spätrenaissance umgestaltet, die Klostergebäude wurden 1707 bis 1713 neu errichtet. Einziges altes Ausstattungsstück ist der karolingische Ambo im Chor. Der Klosterschatz gehört zu den bedeutendsten sakralen Sammlungen der christlichen Welt; hervorgehoben seien die Reliquiare des hl. Sigismund, des hl. Mauritius und des hl. Candidus, eine Goldkanne, die ein Geschenk Karls des Großen sein soll, und eine Schatulle des Priesters Theuderich aus merowingischer Zeit.

Besichtigung: Die Kirche ist frei zugänglich, während die Schatzkammer nur zu bestimmten (mit der Jahreszeit wechselnden) Öffnungszeiten besichtigt werden kann. Montags ist sie geschlossen.

Gebetszeiten: Sonntagsmesse mit gregorianischem Choral um 9.00 Uhr, an Wochentagen um 18.00 Uhr Messe und Vesper.

Angebote für Gäste: Es stehen einige wenige Zimmer zur Verfügung, allerdings nur für Besinnungstage.

Uznach – Kloster St. Otmarsberg

Benediktiner der Kongregation von St. Ottilien

Von der Autobahn Zürich – Chur: Ausfahrt Reichenberg, von da über Tuggen nach Uznach.

Gründung: *1919*
Anschrift: *8730 Uznach/St. Gallen*
Telefon: *055/280 71 61*

Am Rand der Ortschaft Uznach in der Nähe des Zürichsees gelegen, ist das Kloster St. Otmarsberg nicht weit von den Klöstern Einsiedeln, Mariazell und Fischingen entfernt. Das heutige Kloster wurde erst 1963 erbaut.
Wie alle auf die Erzabtei St. Ottilien bezogenen Klöster legt auch die Kommunität von St. Otmarsberg besonderen Wert darauf, in der Missionsarbeit und bei der Verbreitung des Evangeliums tätig zu sein.

Gebetszeiten: An Wochentagen: 5.25 Uhr Laudes; 5.50 Uhr Messe; 11.45 Uhr Mittagsgebet; 18.15 Uhr Vesper; 20.00 Uhr Komplet.
An Sonn- und Feiertagen: 5.55 Uhr Laudes; 9.00 und 19.30 Uhr Messe; 11.30 Uhr Mittagsgebet; 16.30 Uhr Vesper; 20.00 Uhr Komplet.

Angebote für Gäste: Aufnahme finden nur Männer, einzeln oder in Gruppen, zu Besinnungstagen und Exerzitien.

Die modernen Gebäude des Klosters St. Otmarsberg liegen auf einem Hügel in der Nähe des Zürichsees.

Das Kloster Seedorf, in einem malerischen Dorf im Kanton Uri gelegen, wurde 1197 gegründet.

Claro
Benediktinerinnen
Gründung: 17. Jh.
Anschrift: 6702 Claro/Tessin
Telefon: 091/863 15 36
Unterkunft: Nur für Frauen.
Das Kloster liegt hoch an den Hängen eines Berges auf dem Weg zum St. Gotthard. Seit einigen Jahren führt eine kurvenreiche Bergstraße hinauf.

Collombey – Monastère de St-Joseph
Zisterzienserinnen
Gründung: 1629
Anschrift: 1868 Collombey/Wallis
Telefon: 024/471 23 69
Unterkunft: Kleines Gästehaus, nur für Frauen.
Eine Gründung von Nonnen aus Tamiè in Frankreich.

Hermetschwil-Staffeln – Kloster St. Martin
Benediktinerinnen
Gründung: 12. Jh.
Anschrift: 5626 Hermetschwil-Staffeln
Telefon: 056/633 15 27
Unterkunft: Nicht vorgesehen.
In einem Teil der barocken Klostergebäude ist ein Institut untergebracht.

Müstair – Kloster zum hl. Johannes d. T.
Benediktinerinnen
Gründung: 12. Jh.
Anschrift: 7537 Müstair/Graubünden
Telefon: 081/858 52 65
Unterkunft: Nur für Frauen zu Besinnungstagen.
Eines der ältesten Frauenklöster in ganz Europa. In der romanischen Kirche sind Fresken aus karolingischer Zeit erhalten.

Romont – Abbaye de la Fille-Dieu
Trappistinnen
Gründung: 1268
Anschrift: 1680 Romont/Fribourg
Telefon: 026/652 22 42
Unterkunft: Nur für Frauen, einzeln oder in kleinen Gruppen, die sich selbst versorgen, zu Besinnungstagen.

Sarnen – Abtei zum hl. Andreas
Benediktinerinnen
Gründung: 1120
Anschrift: Brünigstraße 157, 6060 Sarnen/Obwalden
Telefon: 041/660 11 61
Unterkunft: Nicht vorgesehen.
Das Kloster wurde ursprünglich bei Engelberg errichtet und dann nach Sarnen verlegt. Das „Sarner Jesuskind" ist ein Wallfahrtsziel.

Seedorf – Abtei St. Lazarus
Benediktinerinnen
Gründung: 1197
Anschrift: 6462 Seedorf/Uri
Telefon: 041/870 15 82
Unterkunft: Nicht vorgesehen.
Sehenswerte Barockkirche, erbaut nach Plänen von Kaspar Moosbrugger, dem Architekten von Einsiedeln.

Die meisten Klöster in Österreich sind Benediktiner- und Zisterzienserstifte, viele davon finden sich entlang der Donau. Es gibt nur ein Trappistenkloster, in Engelszell, das aber als Zisterzienserstift gegründet wurde, und das einzige Frauenkloster von größerer Bedeutung ist die Abtei Nonnberg in Salzburg. Wichtig sind die Augustiner-Chorherrenstifte, die in einem eigenen Abschnitt zusammengefaßt werden.

ÖSTERREICH

Die vielen Klöster im Donautal geben Zeugnis von der tiefen Religiosität der österreichischen Länder. Die meisten gehen auf Gründungen zwischen dem 10. und dem 13. Jh. zurück, aber fast alle wurden im 17. und 18. Jh. umgebaut, erneuert oder völlig neu gebaut. Diese gewaltige Renovierungs- und Neubauwelle hat wahre Fürstabteien, prunkvolle Paläste, die eher Schlössern ähneln als strengen Ordensgebäuden, entstehen lassen. In einigen Klöstern, vor allem in den Zisterzienserstiften, sind jedoch die wertvollen gotischen Kreuzgänge erhalten geblieben. Die bedeutendsten Abteien sind Melk – von dort ging im 15. Jh. eine der wichtigsten Klosterreformen aus – sowie Göttweig und Klosterneuburg. Heiligenkreuz, Lilienfeld, Zwettl und Wilhering sind die wichtigsten Zisterzienserstifte.

POLEN, TSCHECHISCHE REPUBLIK UND UNGARN

In Böhmen und Ungarn haben die großen Klöster in der Entfaltung der Kultur und der nationalen Identität eine bestimmende Rolle gespielt. Die Abtei St. Martin in Pannonhalma in Ungarn und das kürzlich wiederbesiedelte Brevnov in Prag sind die beiden Brennpunkte, um die herum nach dem Ende der kommunistischen Unterdrückung wieder ein lebendiges Mönchtum erwächst. Anders ist die Situation in Polen. Hier ist die Religion stets wichtiger Bestandteil der nationalen Identität geblieben.

Admont – Benediktinerstift

Benediktiner der Österreichischen Kongregation

Von der Autobahn A 9 Voralpenkreuz – Graz: Ausfahrt Ardning/Gesäuse; von der Westautobahn A 1 Wien – Salzburg: Ausfahrt Ybbs, dann auf der B 25, einer landschaftlich sehr schönen Straße, über Scheibbs, Lunz und Göstling nach Hieflau und durch das Gesäuse nach Admont.

Gründung: *1074*
Anschrift: *Stift St. Blasius, 8911 Admont*
Telefon: *036 13/231 20*

Die neugotische Kirche von Stift Admont, erbaut nach einem Brand im Jahre 1865, der das Kloster zerstört hatte.

Die große neugotische Kirche des Stiftes St. Blasius wurde nach einem verheerenden Brand errichtet, der im Jahre 1865 das Kloster zerstört hatte. Sie hebt sich von den imposanten Klostergebäuden aus dem 18. Jh. ab, die um sie herum angeordnet sind und sie als einen für sich stehenden Bau erscheinen lassen.
Das Kloster war von Anfang an von einer kleinen Ortschaft umgeben, die sich im Lauf der Zeit zu der kleinen lebendigen Stadt entwickelt hat, wie sie sich heute darbietet, und es gewann in dieser entlegenen Ecke der Steiermark bald große Bedeutung.
Der Ort, an dem das Kloster steht, ist eine Schenkung der hl. Hemma von Gurk aus dem Jahr 1049 (das insofern als Gründungsjahr gelten könnte), die Einweihung erfolgte 1074 durch Erzbischof Gebhard von Salzburg. Im Laufe der Jahrhunderte konnte die Abtei sich relativ ruhig und kontinuierlich entfalten. Im Mittelalter beherbergte Admont eine der berühmtesten Schulen der Miniaturmalerei in Mitteleuropa, die nicht nur das Ansehen der Abtei mehrte, sondern auch einen wesentlichen Beitrag zum reichen kulturellen Erbe schuf, das noch heute in der prachtvollen Bibliothek aufbewahrt wird.
Um den weiten blumengeschmückten Hof gruppieren sich Gebäude, in denen ein Internat und ein Gymnasium untergebracht sind sowie die land- und forstwirtschaftliche Verwaltung; der gesamte Komplex wirkt in seinen großen Ausmaßen schon fast unharmonisch.
Immerhin arbeiten hier – außer der 21 Mönche

umfassenden Kommunität – über 100 Personen. Aber die Bibliothek und die gut ausgestatteten naturkundlichen Sammlungen entschädigen den Besucher reichlich für die wenig spirituell geprägte Atmosphäre.

Kunst / Sehenswürdigkeiten: Die Bibliothek von Admont gilt als die größte Klosterbibliothek der Welt. Sie wurde ab 1776 nach einem Plan von Josef Hueber erbaut; die drei Abschnitte sind wunderbar ausgestattet von Josef Thaddhäus Stammel (Holzarbeiten) und Bartolomeo Altomonte (Gewölbemalereien). Sie umfaßt über 150.000 Bände, und der Bestand wird ständig vermehrt; dazu kommen an die 140.000 Manuskripte, von denen einige bis ins 8. Jh. zurückgehen, sowie etwa 900 Inkunabeln (vor dem Jahr 1500 hergestellte Erstlingsdrucke).

Am Schalter für die Eintrittskarten gibt es einen Führer, der die Ausstattung der Bibliothek erläutert und die hinter den Tausenden in den Regalen aufgestellten Bänden „versteckten" Geheimnisse verrät, zum Beispiel auf die vier Geheimtüren hinweist, durch die man auf die Galerie der Bibliothek gelangt.
Die neugotische Kirche ist ein weiter dreischiffiger Raum mit einer Apsis, der durch große Fenster Licht erhält und auch stimmungsvoll wirkt; in den Seitenkapellen finden sich wertvolle Schnitzaltäre.

Besichtigung: Außer der Kirche können gegen Entgelt die Bibliothek und das naturkundliche Museum besichtigt werden; außerdem gibt es auch noch ein Kunstmuseum. Öffnungszeiten: im Sommer von 10.00 bis 13.00 und von 14.00 bis 17.00 Uhr, während des restlichen Jahres eingeschränkte Zeiten.
Im naturgeschichtlichen Museum, das über der Bibliothek untergebracht ist, sind Tausende von Tier- und Pflanzenpräparaten ausgestellt sowie naturkundliche Besonderheiten aus der ganzen Welt.

Gebetszeiten: 7.00 Uhr (Sonn- und Feiertage 10.00 Uhr) Konventmesse; 12.00 Uhr Mittagsgebet; 18.20 Uhr (So-/F. 17.30 Uhr, im Sommer 18.00 Uhr) Vesper.

Klosterladen: Neben der Kirche liegt die alte Klosterapotheke, die noch in Betrieb ist, inzwischen allerdings von Laien geführt wird.

Angebote für Gäste: Aufenthalt von Einzelpersonen ist nach schriftlichem Ansuchen möglich. Auf dem Klostergelände gibt es ein Restaurant. Für Besinnungstage kann man sich an das in der Nähe gelegene barocke Frauenberg wenden (Tel. 036 13/75 77).

Die Bibliothek von Admont, ab 1776 nach einem Plan von Josef Hueber erbaut, gehört zu den schönsten Klosterbibliotheken Europas. Sie beherbergt 150.000 wertvolle Bände.

Altenburg – Benediktinerstift

Benediktiner der Österreichischen Kongregation

Altenburg ist eine kleine Ortschaft im Kamptal in Niederösterreich. Man fährt von Krems nach Langenlois, von dort auf der B 34 Richtung Horn; auf der Höhe der herrlich gelegenen Rosenburg biegt man links nach Altenburg ab. Von Wien aus: auf der Autobahn A 22 bis Stockerau, von dort auf der B 4 nach Horn.

Gründung: *1144*
Anschrift: *Benediktinerabtei, 3591 Altenburg*
Telefon: *029 82/34 51*

Stift Altenburg erhebt sich auf einem von Wäldern umgebenen sanften Hügel und ist wohl einer der harmonischsten und reizvollsten Barockbauten in Österreich, der aufgrund von in den letzten Jahren durchgeführten Restaurierungsarbeiten in hervorragendem Zustand ist.
Altenburg ist zwar nicht so imposant und majestätisch wie etwa die Stifte Melk oder Göttweig, aber es ist ein Ort von großem Reiz, an dem sich die barocke Pracht auf glückliche Weise mit einer gewissen Bescheidenheit verbindet, die der Spiritualität dienlich ist.
Gegründet wurde Altenburg von Hildburg, der Witwe des Grafen Gebhard von Poigen, Mitte des 12. Jh. (Das Datum ist nicht gesichert, aber man nennt üblicherweise das Jahr 1144, da die Urkunde, in der der Name der Abtei zum erstenmal genannt wird, aus diesem Jahr stammt.) Das dem hl. Lambertus geweihte Kloster erlebte seine erste Blüte im 13. und 14. Jh. Auf diese Zeit geht auch die ursprüngliche gotische Anlage zurück, von der allerdings leider nur noch wenige Reste erhalten sind.
Altenburg wurde rasch zum Mittelpunkt der ganzen Region, aber die Nähe zu Böhmen setzte die Abtei mehr als andere Klöster in Österreich auch der Gefahr der Zerstörung aus; von den Kriegen, die diesen Landstrich immer wieder heimsuchten, waren besonders bedrohlich die Hussitenkriege und der Dreißigjährige Krieg. 1645, also im Dreißigjährigen Krieg, legten die schwedischen Truppen die gotische Anlage von Altenburg in Schutt und Asche und zwangen die Mönche so zum völligen Neubau des Klosters.
Abt Placidus Much beauftragte Josef Munggenast, einen Schüler von Jakob Prandtauer, mit dem Neubau, und Munggenast entwickelte einen Plan für eine harmonische Anlage mit weiten Höfen und langen Fensterfluchten; die Ausstattung wurde Paul Troger übertragen, der als einer der größten österreichischen Maler des 18. Jh. gelten darf. (Werke des gebürtigen Südtirolers sind unter anderem in Melk, Zwettl, Altenburg und Göttweig zu besichtigen, daneben auch in verschiedenen Kirchen wie dem Brixener Dom.)
Die von Fürsten und Kaisern besuchte und deshalb mit einem Kaisertrakt ausgestattete Abtei gewann

Winterlicher Blick auf Stift Altenburg im Waldviertel, einen der reizvollsten Barockbauten in Österreich, das heute wieder „Brückenkopf" zur slawischen Welt ist und intensive Kontakte nach Osteuropa geknüpft hat.

zumindest für ein Jahrhundert, eben das 18. Jh., ihren alten Glanz zurück, dem allerdings eine Epoche des Niedergangs folgte, dessen Tiefpunkt in unserem Jahrhundert durch die Besetzung erst durch die Nationalsozialisten und dann die Sowjetrussen erreicht war.
Erst nach dem Kriegsende wurde Altenburg wieder Sitz einer kleinen benediktinischen Kommunität (bestehend aus 14 Mönchen, von denen jedoch nur neun ständig anwesend sind), die eine blühende Landwirtschaft betreibt und die Pfarreien und Wallfahrtsorte der Umgebung betreut; in Anknüpfung an die alte Tradition als „Brückenkopf“ zur slawischen Welt werden heute auch wieder verstärkt neue Kontakte nach Osteuropa geknüpft. Diese Öffnung zum Osten nimmt konkrete Gestalt an in intensiven Beziehungen zum nahen Böhmen und vor allem in einer Städtepartnerschaft mit Lettland.
Im Sommer finden in der großen, herrlichen Barockkirche, die für ihre Akustik bekannt und berühmt ist, gutbesuchte Konzerte statt.

Die Stiftskirche von Altenburg (auf dem Bild die Orgel von 1774) ist mit großartigen Fresken von Paul Troger ausgemalt. Die Kirche ist berühmt für ihre Akustik.

Kunst / Sehenswürdigkeiten: Da Altenburg völlig neu erbaut wurde, ist der Baustil einheitlich; die Übergänge zwischen den Räumen und Bauten sind fließend und homogen und lassen spüren, daß hier ein Gesamtprojekt verwirklicht wurde.
Die dem hl. Lambertus geweihte einschiffige Kirche wird von einer großen ovalen Kuppel überragt; die eindrucksvollen Quadraturmalereien sind von Paul Troger, ebenso das Hochaltarbild *Mariä Himmelfahrt*; hingewiesen sei auf Stuckplastiken von Franz Josef Holzinger und auf die große Orgel von 1774 über dem Eingang.
Auch die Bibliothek wird von drei Kuppeln überwölbt, von denen eine von Paul Troger ausgemalt wurde; die Stuckarbeiten stammen von J. Holzinger und J. Flor.
Einen außergewöhnlichen Anblick bietet die Krypta im Rokokostil mit Groteskmalereien von J. J. Zeiller, darunter ein berühmter Totentanz.
Bemerkenswerte Fresken von Paul Troger finden sich auch in der *Sala terrena* und im Kaisertrakt.

Besichtigung: Die Kirche und der Prälatenhof sind frei zugänglich. Die Besichtigung der anderen Räume ist, gegen Entgelt, mit Führung möglich. Öffnungszeiten: von Ostern bis Allerheiligen von 9.00 bis 12.00 und von 13.00 bis 17.00 Uhr; während des übrigen Jahres nach Vereinbarung.
Der Rundgang führt in die Bibliothek, die Krypta, die *Sala terrena*, die Prälatur und in den Kaisertrakt.

Gebetszeiten: 6.00 Uhr Laudes; 6.45 Uhr Konventmesse (Sonn- und Feiertage 10.00 Uhr, mit den Altenburger Sängerknaben, einem in der ganzen Welt berühmten Knabenchor); 11.50 Uhr Mittagsgebet; 17.30 Uhr Vesper; 19.00 Uhr Komplet.

Klosterladen: Der Klosterladen liegt links vom Eingang; außer Marmeladen verschiedener Geschmacksrichtungen, Zierkerzen und natürlich Büchern religiösen Inhalts gibt es Marillen- und Birnenlikör sowie Kümmelschnaps zu kaufen. Kümmel ist die eigentliche Spezialität von Altenburg, es gibt ihn auch nach Gewicht abgepackt zu kaufen.

Angebote für Gäste: Im Stift ist ein eigenes Gästehaus eingerichtet, in dem Einzelpersonen und kleine Gruppen Aufnahme finden.
Für Jugendgruppen bis zu 30 Personen gibt es eine Jugendherberge.
Voranmeldung beim Gästepater.

Göttweig – Benediktinerstift

Benediktiner der Österreichischen Kongregation

Stift Göttweig, auf der Höhe eines Hügels über dem Donautal gelegen, ist geradezu eine monastische Zitadelle.

Göttweig liegt auf der Höhe eines Hügels, wenige Kilometer von Krems entfernt. Von Wien aus: auf der Westautobahn A 1 bis St. Pölten, von St. Pölten führt die als Autobahn ausgebaute Schnellstraße S 33 nach Krems.

Gründung: *1083*
Anschrift: *3511 Furth bei Göttweig*
Telefon: *027 32/85 58 10*

Es gibt viele, die Stift Göttweig mit Montecassino in Latium (s. S. 34) vergleichen, während andere eine Ähnlichkeit mit El Escorial bei Madrid sehen. Beide Nebeneinanderstellungen können, wenn sie auch gewagt erscheinen mögen, als Hinweis angesehen werden auf die Dimensionen der mächtigen Anlage, die sich auf einem 400 Meter hohen Hügel über dem Donautal erhebt. Die Lage kann tatsächlich an Montecassino erinnern, während der große Innenhof an El Escorial denken läßt. Gegründet wurde Göttweig 1083 vom wagemutigen Bischof Altmann von Passau als Augustiner-Chorherrenstift; der hl. Altmann war ein Bannerträger der Gregorianischen Kirchenreform in den Donauländern und wurde von der kaiserlichen Macht gezwungen, sich nach Göttweig zurückzuziehen. 1094 wurde das Kloster von Mönchen aus St. Blasien im Schwarzwald besiedelt. Damit wurde es zum Benediktinerstift, das, auch aufgrund seiner strategischen Lage, zu einem der bedeutendsten Zentren monastischen Lebens in Österreich aufstieg, von dem aus zahlreiche weitere Klöster gegründet und reformiert wurden. Der Abt von Göttweig war während des ganzen Mittelalters ein Feudalherr, der über große Besitzungen, auch in weit entfernten Ländern, Macht ausübte. Das katholische Heer, das 1529 die Abtei vor dem Angriff der Türken verteidigte, wurde von einem Göttweiger Abt befehligt. Das heutige Aussehen verdankt das Stift zum größten Teil einem (nicht vollständig ausgeführten) Plan des Architekten Johann Lucas von Hildebrandt (1668–1745), der der Anlage das Aussehen einer militärischen Festung gab, mit einer Umfassungsmauer zum Schutz der großzügigen innerhalb der Mauer liegenden Bauten. Eine Vorstellung davon, wie das Kloster ausgesehen hätte, wenn Hildebrandt sein Werk hätte vollenden können, gibt das im Altmann-Saal ausgestellte Modell.
In kulturgeschichtlicher Hinsicht ist noch zu erwähnen, daß in der Mitte des 18. Jh. in Göttweig die moderne österreichische Geschichtsschreibung begonnen hat, und zwar mit dem *Chronicon Gotwicense*, einer großangelegten Geschichte des Ortes, die auf Initiative des Abtes Gottfried Bessel erarbeitet wurde.
Was die Geschichte des religiösen Lebens betrifft, so ist festzuhalten, daß die altehrwürdige Tradition monastischen Lebens in Göttweig nur in der Zeit des Nationalsozialismus unterbrochen wurde.
1983, zur Feier des 900-jährigen Bestehens, konnte sich das Stift den öster-

reichischen Gläubigen als eine blühende Kommunität präsentieren; sie zählt über 60 Mönche, die in vielen Bereichen (unter anderem Studium, Apostolat, Landwirtschaft, Weinbau) tätig sind und die benediktinische Tradition weiterführen, für deren Entfaltung in Österreich Göttweig seit jeher eine große Bedeutung hatte.

Kunst / Sehenswürdigkeiten: Die Kirche wurde 1620, also bevor Lucas von Hildebrandt planerisch tätig wurde, von Cipriano Biasino neu erbaut; das einschiffige Innere läßt noch den ursprünglichen gotischen Bau erkennen. Eine Treppe führt zu dem Hochaltar, der sich über der Krypta mit den sterblichen Überresten des hl. Altmann erhebt; sehenswert ist das Gemälde von Johann Andreas Wolff. Von den zur Besichtigung freigegebenen Gebäudekomplexen sind hervorzuheben der von Paul Troger ausgemalte Raum mit der Kaiserstiege, der Altmannisaal mit Fresken von Johann Rudolf Byß und den Modellen sowohl des alten Klosters wie des von Hildebrandt geplanten Neubaus von 1718. Im Gobelinsaal kostbare flämische Gobelins aus dem 18. Jh. Bemerkenswert die Ausstattung des 18. Jh. in den weiteren Sälen des Kaisertrakts.

Besichtigung: Durch ein Portal aus dem 18. Jh. tritt man auf den großen Platz, der optisch beherrscht wird von der Fassade der Stiftskirche, zu der eine Treppe hinaufführt und die von zwei mächtigen Türmen eingefaßt wird. Links die Pforte, einer der wenigen Überreste des Vorgängerbaus; auf der gegenüberliegenden Seite ein barocker Brunnen, dahinter der Kaisertrakt mit der schon erwähnten Kaiserstiege. Dieser Teil der Anlage ist nur vom 1. April bis zum 31. Oktober zu besichtigen; die Führungen sind auf 10.00, 11.00, 14.00, 15.00 und 16.00 Uhr angesetzt. Während des Winterhalbjahres Führungen nur nach Vereinbarung.
Rechts von der Fassade der Stiftskirche geht es zur alten Klosterapotheke und zum Cäciliensaal; links sieht man einen weiten Hof, an dem die (für die Öffentlichkeit nicht zugängliche) Bibliothek und die Wohnstätten der Mönche liegen.
Gegenüber der Stiftskirche, auf einer leichten Anhöhe, liegt die Erentrudis-Kapelle aus der ersten Hälfte des 12. Jh.

Gebetszeiten: 5.30 Uhr Laudes; 6.15 Uhr Konventmesse (Sonn- und Feiertage 7.45 und 10.00 Uhr); 11.45 Uhr Mittagsgebet; 18.00 Uhr Vesper; 19.00 Uhr (So-/F. 20.30 Uhr) Komplet.

Klosterladen: Im Laden links vom Eingang werden Weiß-, Rot- und Roséweine aus den Weinbergen des Stiftes sowie Liköre und Fruchtmarmeladen verkauft.

Angebote für Gäste: Innerhalb der Klosteranlage gibt es ein Restaurant mit herrlichem Panoramablick. Für Besinnungstage steht ein eigenes Haus zur Verfügung; einzelne männliche Personen können auch am Leben der Kommunität teilnehmen.

Die imposante Kaiserstiege im Stift Göttweig; das Deckenfresko stammt von Paul Troger.

Heiligenkreuz – Zisterzienserstift

Zisterzienser der Österreichischen Kongregation

Das Kloster liegt abgeschieden im Wienerwald; von der Autobahn A 21: Ausfahrt Heiligenkreuz.

Gründung: *1133*
Anschrift: *2532 Heiligenkreuz*
Telefon: *022 58/282*

Das Stift Heiligenkreuz beeindruckt vor allem durch eine einzigartige Synthese von Romanik und Barock. Unmittelbar neben der romanischen Fassade aus dem Jahr 1133 aus der Gründungszeit des Klosters erhebt sich der Barockturm, der errichtet wurde, als die Gebäude gründlich restauriert werden sollten. Dieses Nebeneinander von Turm und Fassade versinnbildlicht das künstlerische Schicksal von Heiligenkreuz.
Das Stift ist eines der bedeutendsten monastischen Zentren in Österreich, es war die Wiege des Zisterzienserordens für das ganze Land, und es ist heute Sitz des Noviziates und der Hochschule des Ordens. Geschichte und Schicksal des Stiftes Heiligenkreuz sind eng verbunden mit dem Geschlecht der Babenberger, die sich als großzügige Gönner und Förderer zeigten, und sie sind bestimmt durch die Nähe zu Wien. Beide Faktoren trugen erheblich zum Wachstum und zur Bedeutung des Klosters bei, das im Mittelalter bis zu 300 Mönche beherbergte und seinerseits Mutterkloster einer Reihe von österreichischen Klöstern wurde, wie zum Beispiel Zwettl und Lilienfeld und einigen weiteren kleineren Niederlassungen in Österreich und Ungarn.
Die Mönche, die Heiligenkreuz erstmals besiedelten und zu Ansehen führten, kamen aus Morimond in Frankreich, einem der Mutterklöster des Zisterzienserordens. Trotz vielfacher Schwierigkeiten gelang es, den ursprünglichen Geist über die Jahrhunderte am Leben zu erhalten und weiterzugeben. Der schwierigste Moment war sicher die Zeit der Reformation im 16. Jh., die mit der Bedrohung durch die Türken zusammenfiel. In der Zeit des Barock gewann das Stift seinen alten Glanz zurück und wurde Sitz einer Musikakademie und einer Hochschule für Philosophie und Theologie. Auch im Bereich der Volksfrömmigkeit hatte Heiligenkreuz eine große Bedeutung; das Stift bewahrt eine Reliquie des Heiligen Kreuzes, deren

Der gotische Kreuzgang in Heiligenkreuz; das Zisterzienserstift im Wienerwald ist ein bedeutendes spirituelles und theologisches Zentrum.

Verehrung heute noch jedes Jahr im September zahlreiche Pilger anzieht.

Kunst / Sehenswürdigkeiten: Die Kirche von Heiligenkreuz – dreischiffig angelegt, mit Kreuzgewölbe – ist eines der bedeutendsten Beispiele für die zisterziensische Romanik in Mitteleuropa. Der gotische Chor erhält durch Triforien mit Glasfenstern aus dem 14. Jh. Licht. Die Altäre, die Ausstattung und das Chorgestühl aus geschnitztem Holz stammen hingegen aus dem 18. Jh. und bilden gegenüber der für die Romanik typischen strengen Nüchternheit des Baus einen einzigartigen Kontrast.

In den Seitenschiffen befinden sich barocke Gemälde und Grabmäler. Außer der Kirche sind noch der gotische Kreuzgang und der Kapitelsaal von herausragendem kunstgeschichtlichem Interesse. Der Kreuzgang von 1220 erhält seinen besonderen Charakter durch die kleinen Säulen in rotem Marmor, die gotische Arkaden mit Rosetten tragen, sowie durch das Brunnenhaus. (Brunnenhäuser gibt es übrigens auch in anderen Zisterzienserstiften in Österreich, zum Beispiel in Zwettl.) Zum Kreuzgang hin öffnet sich auch der Kapitelsaal, der das Grab des letzten Babenbergers Friedrich II. bewahrt.

Besichtigung: Die Kirche ist frei zugänglich. Für die Besichtigung des Kreuzgangs, des Kapitelsaals, der sog. Frateria und des Museums wird Eintritt verlangt.

Klosterladen: In einem Lokal werden die berühmten Weine von Heiligenkreuz verkauft, die zu den besten und oft prämiierten Klosterweinen Österreichs zählen.

Angebote für Gäste: Es gibt kein Gästehaus. Einzelne Männer, die das Leben im Zisterzienserorden kennenlernen wollen, können auf Ansuchen eine begrenzte Zeit aufgenommen werden.

Kremsmünster – Benediktinerstift

Benediktiner der Österreichischen Kongregation

Von der Westautobahn A 1 Wien – Salzburg: Abfahrt Sattledt, von dort sind es 6 km nach Kremsmünster.

Gründung: *777*
Anschrift: *4550 Kremsmünster*
Telefon: *075 83/527 50*

Die größte österreichische Abtei liegt am Hang eines Hügels und ist mit ihren beiden Zwiebeltürmen und der Sternwarte schon von weitem sichtbar. Kremsmünster ist reich an geschichtlichen Zeugnissen, bietet aber auch malerische landschaftliche Perspektiven und Ausblicke.
Gegründet wurde das Kloster im Jahre 777 von Herzog Tassilo III. von Bayern an dem Ort, wo der Überlieferung nach sein Sohn Gunther während einer Jagd von einem Eber angegriffen und getötet wurde. Im Mittelalter gewann die Abtei große Macht, und das bedeutende Skriptorium steigerte noch ihr Ansehen. Die mittelalterliche Anlage machte dann einem Neubau Platz, der im 17. und 18. Jh. ausgeführt wurde nach Plänen von Carlo Antonio Carlone und Jakob Prandtauer. Seit dem vorigen Jahrhundert unterhält das Stift ein großes Gymnasium (seit kurzem auch für Mädchen geöffnet), in dem auch der Dichter Adalbert Stifter Schüler war.
Hinter den alten historischen Gebäuden wurden neue Schulgebäude und vielfältig nutzbare Sportanlagen errichtet, die Zeugnis dafür sind, daß die Abtei in lebendiger Entwicklung steht und sich nicht damit begnügt, sich im Glanz der Vergangenheit zu sonnen.
Heute leben hier über 80 Mönche, die in Bildung und Seelsorge tätig sind und außerdem einen landwirtschaftlichen Betrieb unterhalten. Von Kremsmünster aus wurden in den vergangenen Jahrzehnten auch Niederlassungen in der Dritten Welt gegründet.

Der Tassilo-Kelch ist ein Hauptwerk der karolingischen Goldschmiedekunst.

Stift Kremsmünster ist die größte Klosteranlage in Österreich. Außer den Kunstsammlungen sind besonders auch die naturwissenschaftlichen Sammlungen von Bedeutung.

Kunst / Sehenswürdigkeiten: In kunstgeschichtlicher Hinsicht ist der von Carlo Antonio Carlone im Jahr 1690 gebaute Fischbehälter das ungewöhnlichste und faszinierendste Werk, das in Kremsmünster besichtigt werden kann. Im Wasser von fünf Becken, die von den Quellen des Hanges gespeist werden und in denen sich Fische verschiedenster Art tummeln, spiegeln sich die eleganten Laubengänge mit den dort angebrachten Jagdtrophäen.
Auch der Neubau der Kirche geht auf Carlone zurück. Unter Einbeziehung des spätromanischen Baus ließ er sie reich ausstatten; Giovanni Battista Colomba und Giovanni Battista Barberini haben den Raum stuckiert, Michael Zürn hat prachtvolle Skulpturen beigetragen.
Wertvolle Kunstwerke enthält auch die Schatzkammer. Hier wird der berühmte Tassilokelch aufbewahrt, ein Hauptwerk der karolingischen Goldschmiedekunst aus dem Jahre 768. Sehenswert ist ferner der Kaisersaal mit einem Deckengemälde von Melchior Steidl und Kaiserbildnissen von Martino Altomonte. Im langen Bibliothekssaal verdienen die Porträts der Heiligen, Dichter und Gelehrten von Melchior Steidl Aufmerksamkeit. In der Gemäldesammlung sind zahlreiche Werke deutscher und flämischer Maler ausgestellt.

Besichtigung: Für die Besichtigung der Abtei Kremsmünster sollte man sich mindestens einen halben Tag Zeit nehmen. Der Hof mit dem Parkplatz ist der Ausgangspunkt für die Führungen, und von hier aus gibt es einen direkten Zugang zum Fischbehälter. Über eine kleine Brücke überquert man den Wassergraben und gelangt in den großen Hof, um den die Kirche und die eigentlichen Klostergebäude liegen. Während die Kirche frei zugänglich ist, ist die Besichtigung der anderen Räume nur mit Führung möglich. Der auf die Kunst ausgerichtete Besichtigungsrundgang führt zum Fischbehälter, in den Kaisersaal, die Schatzkammer, die Gemäldegalerie, den Waffensaal bzw. die Rüstkammer, die Ornatkammer und in die Bibliothek. Die Führung dauert etwa eine Stunde. Von Ostern bis Allerheiligen finden die Führungen (in Gruppen von mindestens fünf Personen) um 10.00, 11.00, 14.00, 15.00 und 16.00 Uhr statt, im Winterhalbjahr nur um 11.00 und 14.00 Uhr. Für Gruppen über 20 Personen ist Anmeldung erforderlich.
Die Besichtigung der Sternwarte schließt ein den Fischbehälter, die geologischen und paläontologischen Sammlungen, die Mineraliensammlung, das Physiklaboratorium, die zoologische Sammlung und die Aussichtsterrasse. Diese Führung dauert etwa eineinhalb Stunden. Von 1. März bis 31. Oktober finden Führungen (mindestens fünf Personen, Gruppen nach Vereinbarung) um 10.00, 14.00 und 16.00 Uhr statt, im Winterhalbjahr werden diese Führungen leider nicht angeboten. Der Fischbehälter kann

Der Fischbehälter von Kremsmünster mit den fünf von Arkadengängen umgebenen Wasserbecken ist das faszinierendste Bauwerk der ganzen Anlage.

auch getrennt und ohne Führung besichtigt werden, und zwar von 9.00 bis 12.00 und von 13.00 bis 17.00 Uhr.

Gebetszeiten: 6.00 Uhr Laudes; 6.30 Uhr Messe; an Sonn- und Feiertagen um 7.00, 8.00, 9.00, 10.15 (auf Latein), 11.30 und 19.00 Uhr Messe.

Klosterladen: Links vom Eingang werden die hervorragenden Weiß- und Rotweine aus dem Weinkeller des Stiftes verkauft. Außerdem gibt es Bücher und kunsthandwerkliche Erzeugnisse des Ortes und auch aus der Mission zu kaufen.

Angebote für Gäste: Die Aufnahme von Gästen zur Übernachtung ist nicht vorgesehen. Im Ort Kremsmünster gibt es jedoch zahlreiche Pensionen und Gasthöfe.
Für Jugendliche besteht die Möglichkeit, die Karwoche und die Ostertage im Kloster zu verbringen, im Sommer wird eine Jugendwoche veranstaltet.

Lambach – Benediktinerstift

Benediktiner der Österreichischen Kongregation

Von der Westautobahn A 1 Wien – Salzburg: Abfahrt Sattledt, von da über Steinerkirchen nach Lambach.

Gründung: *1056*
Anschrift: *Klosterplatz 1, 4650 Lambach*
Telefon: *072 45/217 10*

Die gewaltige Anlage des Stiftes Lambach kann man nur aus einiger Entfernung in ihrer Gesamtheit wahrnehmen, am besten von der übrigens zu Lambach gehörenden Wallfahrtskirche Stadl-Paura vom gegenüberliegenden Ufer der Traun aus. Von dort aus betrachtet, wirkt die Anlage in ihren großen Ausmaßen wirklich eindrucksvoll.
Lambach wurde 1056 von Adalbero, dem letzten Sproß der Grafen von Wels-Lambach, an der Stelle der Stammburg seines Geschlechts gegründet. Das Kloster wurde schnell zu einem geistlichen Mittelpunkt mit großer Ausstrahlung, auch aufgrund der Rolle, die sein Gründer Adalbero, der kurz davor Bischof von Würzburg geworden war, in der Kirche seiner Zeit spielte. Adalbero, der 1090 starb, wurde dann hier in Lambach begraben; seine Verehrung, die immer noch viele Pilger hierherführt, wurde 1883 von Papst Leo XIII. offiziell anerkannt.
Im 12. Jh. erwarb sich das Stift auch durch sein bedeutendes Skriptorium hohes Ansehen. Den größten Glanz entfaltete die Abtei jedoch in der Zeit des Barock. Damals gewann das Stift durch den Neubau unter Abt Maximilian Pagl (1705–1725) das Aussehen, das wir heute noch bewundern.

Die originellste Neuerung, die im Zuge des Umbaus und der Erweiterung vorgenommen wurde, war das Stiftstheater, ein in einem Kloster ja wohl eher ungewöhnlicher Bau. Ein großer Teil der Gebäude des Stiftes Lambach wird heute für schulische Zwecke genutzt.

Kunst / Sehenswürdigkeiten: Im Gewölbe der Kirche hat Melchior Steidl 1698 einen Zyklus des Marienlebens gemalt. Großartig ist der Hochaltar, ein Werk von Antonio Beduzzi, das Altarblatt *Mariä Himmelfahrt* malte Joachim von Sandrart. Im Westwerk, dem späteren Läuthaus, sind wertvolle Fresken aus dem 11. Jh. erhalten, die zu den Hauptzeugnissen romanischer Malerei in Österreich zählen.
Zum Stift gehört die schöne Wallfahrtskirche von Stadl-Paura am gegenüberliegenden Ufer der Traun, die von 1714 bis 1717 von Johann Michael Prunner zu Ehren der Allerheiligsten Dreifaltigkeit erbaut wurde. Alles ist hier auf die Dreizahl abgestellt; es gibt drei Tore, drei Altäre, drei Orgelemporen, und in der Farbgebung dominieren drei Farben.

Stift Lambach ist eine imposante Anlage (auf dem Bild das Eingangsportal); das originellste Bauwerk ist das Stiftstheater.

Besichtigung: Man betritt das Stift vom Klosterplatz aus durch einen Torturm mit prächtigem Marmorportal und kommt in einen ersten langgestreckten Hof, den Stiftshof. Von hier geht es in einen weiteren Hof mit dem Zugang zur – durch die Fassade völlig verdeckten – Kirche und zu einem kleinen Kreuzgang. Die Besichtigung der anderen Räume ist nur mit Führung und gegen Entgelt möglich.
Im Sommerhalbjahr können täglich um 14.00 Uhr die romanischen Fresken in der Kirche, die Bibliothek, das *Ambulatorium*, das Sommerrefektorium und das Stiftstheater besichtigt werden. Im Winter keine Führungen.
Für Gruppen über 15 Personen können Führungen vereinbart werden.

Gebetszeiten: 5.35 Uhr Laudes; 6.00 Uhr Konventmesse (Sonn- und Feiertage 8.00 Uhr, im Sommer 7.00 Uhr); 12.00 Uhr Mittagsgebet (So-/F. 11.15 Uhr); 17.45 Uhr Vesper; 19.00 Uhr Komplet.

Angebote für Gäste: Für Männer besteht die Möglichkeit, einige Tage am Leben der Kommunität teilzunehmen; auch zu Besinnungstagen finden Einzelpersonen und kleine Gruppen Aufnahme.

Lilienfeld – Zisterzienserstift

Zisterzienser

Von St. Pölten auf der B 20, die nach Mariazell in der Steiermark führt, 24 km nach Süden bis Lilienfeld.

Gründung: *1236*
Anschrift: *Klosterrotte 1, 3180 Lilienfeld*
Telefon: *027 62/524 20*

Das Stift Lilienfeld im Traisental wurde 1202 von Herzog Leopold VI., dem Glorreichen, der dem Geschlecht der Babenberger angehörte, gegründet und mit Mönchen aus Heiligenkreuz (s. S. 260) besiedelt. Nach längerer Bauzeit war 1263 der Bau von Kirche und Kloster im wesentlichen abgeschlossen.
Wichtig wurde für Lilienfeld, daß es auf dem Weg nach Mariazell liegt, dem bedeutendsten Marienwallfahrtsort Österreichs und einem der größten Wallfahrtsorte Europas. Die Pilger nach Mariazell machten für gewöhnlich auch Station in der großen gotischen Kirche von Lilienfeld, die zu den größten Gotteshäusern Österreichs zählt, um dort die Reliquie des Heiligen Kreuzes zu verehren, die der Stifter Leopold VI. von seinem Kreuzzug mitgebracht und dem Kloster geschenkt hatte.
Die ursprünglichen Gebäude und Räume sind zum Teil noch erhalten (Kirche und Kreuzgang), der größere Teil des Stiftes geht aber auf das Ende des 17. Jh. zurück, als das Stift aufgrund der wachsenden Zahl von Pilgern nach Mariazell grundlegend umgestaltet wurde. Die Kirche wurde mit prächtigen Altären ausgestattet, und es entstand eine Reihe neuer und imposanter Gebäude wie die großartige Bibliothek. Heute wirkt die Anlage, dank der zwischen 1957 und 1962 durchgeführten geglückten Restaurierungen, mit ihren ausgedehnten Kloster- und Wirtschaftstrakten insofern inhomogen, als sie Baukörper unterschiedlicher Stile vereint. Den besten Blick auf die Anlage hat man von St. Pölten kommend.
Heute leben etwa 15 Mönche im Stift, die vor allem

Der Kapitelsaal in Lilienfeld. Das anläßlich einer Landesausstellung über die Babenberger renovierte Stift erstrahlt heute wieder in seinem früheren Glanz.

Das Brunnenhaus ist ein charakteristisches Element der Kreuzgänge in den österreichischen Zisterzienserstiften. Auf dem Foto das Brunnenhaus von Lilienfeld.

in der Pfarrseelsorge und in der Landwirtschaft tätig sind. Die Einführung der zisterziensischen Landwirtschaft hatte übrigens im Mittelalter große wirtschaftliche Bedeutung für das ganze Tal und die Region, und auch heute noch ist die Landwirtschaft des Stiftes ein nicht zu unterschätzender Faktor.

Kunst / Sehenswürdigkeiten: Die Stiftskirche, der ein kleiner Hof vorgelagert ist, wird vom barocken Turm überragt; die Fassade wirkt fast eingezwängt zwischen den Klostergebäuden aus dem 17. Jh.

Von der Innenausstattung sind zu erwähnen das Hochaltarbild, eine großartige *Himmelfahrt Mariens* von Daniel Gran, einem Vertreter der klassischen Richtung in der österreichischen Barockmalerei, und die Gemälde der Seitenaltäre von Martino Altomonte. Der in Neapel geborene Altomonte (eigentlich Martin Hohenberg) kann als einer der führenden Kirchenmaler Österreichs gelten. Berühmt für seine Altarbilder und Fresken, begann er seine künstlerische Laufbahn als Hofmaler des polnischen Königs Johann III. Sobieski in Warschau.

Nicht versäumen sollte man die gotische Taufkapelle.
Sehr sehenswert sind der gotische Kreuzgang, der durch Glasfenster geschlossen wird, mit dem Brunnenhaus, wie wir es auch in Heiligenkreuz und Zwettl finden, und der Kapitelsaal.

Besichtigung: Die Kirche ist frei zugänglich. Rechts im kleinen Hof vor dem Eingang geht es in einen weiteren, größeren Hof mit dem Klosterkeller, von hier führt ein überdachter Durchgang zum Parkplatz.
Im Atrium rechts von der Kirche ist ein kleiner Laden untergebracht; vom Atrium aus kann man (gegen Eintrittsgebühr) auch den mittelalterlichen Kreuzgang betreten.
Die übrigen Räume (Bibliothek, Kaisersaal, Gemäldegalerie) können auf Anfrage gegen Eintrittsgebühr besichtigt werden.

Gebetszeiten: 6.45 Uhr Laudes; 7.15 Uhr Messe; 12.30 Uhr Mittagsgebet; 18.00 Uhr Vesper und Komplet. Hl. Messe an Sonn- und Feiertagen um 8.30 und 19.00 Uhr, um 10.00 Uhr Pontifikalamt.

Klosterladen: Zu empfehlen sind vor allem die Weiß- und Rotweine des Stiftes. Sie können im Laden rechts vom Eingang zur Kirche gekauft werden.

Angebote für Gäste: Einzelpersonen und Gruppen werden zu Tagen der Besinnung und der Sammlung aufgenommen.

Mehrerau – Zisterzienserstift

Zisterzienser der Kongregation von Mehrerau

Das Kloster liegt bei Bregenz, der Hauptstadt des Bundeslandes Vorarlberg, am Bodensee. Hinweisschilder aus der Stadtmitte von Bregenz führen zum Kloster, das direkt am Ufer des Sees liegt.

Gründung: *11. Jh.*
Anschrift: *Kloster Mehrerau, 6903 Bregenz*
Telefon: *055 74/71 46 10*

Das Stift Mehrerau in Bregenz am Ufer des Bodensees, dem heute ein Internat und ein Krankenhaus angeschlossen sind, wurde im 11. Jh. als Benediktinerkloster gegründet.
Nach der Säkularisation in der Zeit des Josephinismus zogen 1854 Zisterzienser aus der Abtei Wettingen im Aargau, die die Schweiz verlassen mußten, hier ein. Das Stift ist also Sitz der Abtei Wettingen, und der Abt führt den Titel „Abt von Wettingen und Prior in der Mehrerau".
Die Gebäude stammen zum größten Teil aus neuerer Zeit, aber die Bedeutung dieses Klosters ist nicht an die Schönheit der Bauten und an die Kunstschätze gebunden, sondern besteht vor allem darin, daß hier nach dem Krieg eine wichtige internationale Kongregation des Zisterzienserordens entstanden ist; zur Kongregation von Mehrerau gehören die Abteien Himmerod und Marienstatt in Deutschland (s. S. 186f.), Stams in Tirol (s. S. 277), Hautrive in der Schweiz (s. S. 248) und Sticna in Slowenien.

Kunst / Sehenswürdigkeiten: In der modernen Kirche im neuromanischen Stil sind zwei sehr schöne spätgotische Madonnenstatuen zu sehen sowie ein von Hans Arp entworfener Altar. Das ehemalige Klosteramtshaus, 1732 errichtet, ist heute ein Gasthaus.

Besichtigung: Besichtigt werden können nur die Kirche und der Klosterhof. Von der Kirche führt ein überdachter Durchgang zum Seeufer. Der innere Klosterbereich ist nicht zugänglich.

Angebote für Gäste: Es gibt kein Gästehaus, doch können Männer auf Anfrage Aufnahme finden.

Das Zisterzienserstift Mehrerau in Bregenz, in dem aus Wettingen im Aargau vertriebene Mönche Zuflucht fanden, ist Mutterhaus einer internationalen Kongregation des Ordens.

Der gotische Kreuzgang

In den kühleren Ländern gibt es Kreuzgänge, deren Bögen mit Fenstern geschlossen sind. So wurden auch in Lilienfeld die traditionellen französisch-zisterziensischen gotischen Formen den Gegebenheiten des Landes angepaßt. Alle größeren Zisterzienserklöster in Österreich besitzen in der Mitte ihres Kreuzgangs ein Brunnenhaus – einen kleinen Pavillon, in dessen Mitte das Brunnenrund steht. Das Fließen des Wassers trägt zu der mystischen Stimmung bei, die in diesen Kreuzgängen, kostbaren Orten der Meditation, der Begegnung und der Erholung, herrscht.

Melk – Benediktinerstift

Benediktiner der Österreichischen Kongregation

Von der Westautobahn A 1 Wien – Salzburg: Ausfahrt Melk, ab hier Hinweisschilder zum Stift.

Gründung: *1089*
Anschrift: *3390 Melk*
Telefon: *027 52/23 12*

Die Geschichte des Stiftes Melk beginnt im 10. Jh. Der Babenberger Markgraf Leopold I. stiftete hier 985 ein Kanonikat von Weltgeistlichen; 1089 rief Leopold II. Benediktiner aus Lambach in seine auf einem hohen Felsen über der Donau gelegene Burg. Heute ist Stift Melk eine großartige barocke Anlage und Ziel von Tausenden von Touristen, die sich vom Ruhm der prunkvollen Stiftsgebäude anziehen lassen, die Abt Berthold Dietmayr zu Beginn des 18. Jh. errichten ließ.

Das barocke Bauprogramm, das nicht so recht zu den spirituellen Erfordernissen des Ortes passen will, ist aus dem Geist der Epoche zu erklären. Die Klöster fühlten sich, nach den Rückschlägen, die die Reformation für sie bedeutete, dazu aufgerufen, die Macht der katholischen Kirche auch durch äußere Zeichen zu demonstrieren.

Zu dieser Zeit nahmen die Kirchen in Österreich überladene Formen an, ihr Inneres wurde mit Marmor und Gold ausgestattet. Die Klosteranlagen wurden mit palastartigen Trakten versehen, in denen die Kaiser würdige Unterkunft fanden, wenn sie auf ihren Reisen einen klösterlichen Aufenthalt einlegten.

Geschichtlich erwähnenswert ist, daß Melk vor allem im 15. Jh. eine große Wirkung entfaltet hat. Die auf dem Konzil von Konstanz geforderte Klosterreform fand in Melk ihr Zentrum und wurde als „Melker Reform" an zahlreiche Abteien in Bayern und Österreich weitergegeben. Das in den *Kaiserzimmern* eingerichtete Museum ermöglicht es, die verschiedenen Epochen der Geschichte des Stiftes, von der Gründung bis heute, anschaulich zu verfolgen.

Schon im Mittelalter gab es in Melk eine bedeutende Klosterschule. Heute führt das Stift ein Internat und ein Gymnasium mit über 700 Schülern und erfüllt so mit den modernen Methoden der Erziehung seinen alten Auftrag, als Zentrum von Kultur und Bildung zu wirken.

Die Kommunität zählt heute etwa 30 Mönche, die vor allem im schulischen Bereich, aber auch in der Pfarrseelsorge tätig sind.

Die Mönche von Melk haben mit dem Bild eines fern von der Welt lebenden, ins Gebet versunkenen Mystikers nichts

Stift Melk auf einem hohen Felsen über der Donau ist heute eine prunkvolle barocke Klosteranlage. Im 15. Jh. war das Kloster Zentrum einer bedeutenden monastischen Reformbewegung, der „Melker Reform".

gemein. Aktiv, engagiert und dynamisch leiten sie mit Managerqualitäten den großen Komplex, der zugleich eine religiöse und eine kulturelle Institution ist.

Kunst/Sehenswürdigkeiten: Die Stiftskirche von Melk, eine der schönsten Barockkirchen der Welt, ist ein Hauptwerk von Jakob Prandtauer, der auch den Neubau des Stiftes durchgeführt hat. Das Innere ist ein einschiffiger Raum mit Seitenkapellen, überragt von der 64 Meter hohen Kuppel, die von Johann Michael Rottmayr ausgemalt wurde. Die Ausstattung der prächtigen Kirche stammt von Antonio Beduzzi, Antonio Galli-Bibiena und Gaetano Fanti; die Altarbilder malten Paul Troger, Johann Michael Rottmayr und Georg Bachmann. Die Deckenfresken in der Bibliothek und im Marmorsaal stammen von Paul Troger, die Architekturmalereien von Gaetano Fanti.

Besichtigung: Die ersten beiden Höfe – Vorhof und *Prälatenhof* mit bemerkenswertem Brunnen – sind frei zugänglich; die Kirche ist durch den ersten Seiteneingang nach dem Prälatenhof betretbar. Von einem abgegrenzten Bereich aus ist das Innere zu überblicken, die Kirche als ganze kann jedoch nur im Rahmen einer Führung besichtigt werden. Teil der Führung ist auch der Gang durch das in den Kaiserzimmern eingerichtete Museum, in dem an Ausstellungsstücken, Tafeln und Modellen die Geschichte des Stiftes nachvollzogen werden kann. Der Rundgang führt auch über die *Altane*, eine Aussichtsterrasse auf die Donau, in die Bibliothek und in den *Marmorsaal*, beide mit Deckenfresken von Paul Troger. Besichtigungen sind möglich von März bis September von 9.00 bis 18.00 Uhr. Von September bis März beginnen die Führungen um 11.00 und 14.00 Uhr. Andere Führungszeiten können vereinbart werden.

Gebetszeiten: 6.15 Uhr (Sonn- und Feiertage 7.00 Uhr) Laudes; 12.05 Uhr Mittagsgebet; 18.30 Uhr Vesper.

Klosterladen: Es gibt Bildbände, Schallplattenaufnahmen und Videokassetten zur Geschichte des Stiftes zu kaufen. In einem Laden am Eingang werden auch Weine und Liköre des Stiftes verkauft.

Angebote für Gäste: Melk besitzt ein neu erbautes Gästehaus. Die Gastzimmer in der Klausur sind Gästen der Kommunität vorbehalten (man wende sich an den Gäste-

Nächtlicher Blick auf das angestrahlte Stift Melk. Links die Altane, eingerahmt von Bibliothek und Marmorsaal, im Vordergrund der Kaisertrakt.

pater). In den Sommermonaten werden für Jugendgruppen Räume im Konvikt zur Verfügung gestellt. 1979/80 wurde auf dem Stiftsgelände nach alten Plänen ein großes Restaurant erbaut.

In der Stadt Melk stehen dem Besucher zahlreiche Pensionen und auch Privatzimmer zur Verfügung.

Rein – Zisterzienserstift Rein-Hohenfurth

Zisterzienser

Das Kloster liegt knapp 20 km nördlich von Graz in der Steiermark. Von der Autobahn A 9 Graz – Voralpenkreuz: Ausfahrt Gratkorn, von dort über Gratwein nach Rein.

Gründung: *1129*
Anschrift: *8103 Rein 1*
Telefon: *031 24/516 21*

Stift Rein ist das älteste Zisterzienserkloster in Österreich und die älteste noch bestehende Niederlassung des Ordens überhaupt. Es wurde 1129 vom Traungauer Markgrafen Leopold I., dem Starken, gegründet, der Mönche aus Ebrach im Steigerwald in Bayern, das seinerseits von Mönchen aus Morimond gegründet worden war, nach Rein holte. Von Rein aus wurden dann Wilhering (s. S. 278), Schlierbach (s. S. 276) und Neukloster in Wiener Neustadt gegründet.
In geschichtlicher und kunstgeschichtlicher Sicht erlangte Rein ab dem 13. Jh. größere Bedeutung; damals wurde die große gotische Kirche erbaut, die bis ins 18. Jh. unverändert blieb.
Zur Zeit der größten Blüte bestand die Kommunität aus über 100 Mönchen. Mit der Reformation erfolgte ein Einbruch, auf den während der Gegenreformation ein neuer Aufschwung folgte. Auf diese Zeit geht der völlige Neubau der Klostergebäude zurück. Ab 1737 erfolgte der Neubau der einfachen romanischen Kirche. In der Zeit des Josephinismus wurde die Pfarrseelsorge Hauptaufgabe der Mönche, die auf diese Weise das Überleben der Kommunität sicherten. Nach dem Zweiten Weltkrieg fanden die aus Vyssi Brod (Hohenfurth) in Südböhmen vertriebenen Mönche Aufnahme in Rein, von hier leitet sich der Doppelname Rein-Hohenfurth her; 1991 wurde übrigens Vyssi Brod wiedererrichtet.
In den Gebäuden des Stiftes Rein sind heute ein Gymnasium (mit 550 Schülern) und Institute der Universität Graz untergebracht.

Kunst / Sehenswürdigkeiten: Eine besondere Note erhält die Kirche durch den Anblick, den das Ensemble von prachtvoller Barockfassade und hinter der Fassade aufragendem Turm dem Betrachter bietet. Im Inneren – ein einschiffiger Raum mit Emporen – wundervoller Freskenschmuck von Joseph Adam von Mölk. Das Altarbild des Hochaltars, eines der besten Bilder von Martin Johann Schmidt, gen. Kremser Schmidt, stellt die Geburt Christi dar.

Besichtigung: Durch ein großes Portal betritt man einen weiten Hof mit einem Brunnen; dieser Hof, um den die Schulgebäude liegen, wird beherrscht von der Fassade der Kirche. Es schließen sich die Konventgebäude an sowie die früheren landwirtschaftlichen Gebäude. Links von der Kirche betritt man einen großen, ursprünglich romanischen Kreuzgang, der aber später umgebaut und erneuert wurde. Hier ist eine eindrucksvolle Bildnisreihe aller Äbte von der Gründung bis heute zu sehen.
Jeden Sonntag findet um 15.00 Uhr eine Führung statt, die auch die Bibliothek und die *Grabkapelle* mit dem Hochgrab von Herzog Ernst dem Eisernen (von 1424) einbezieht.

Gebetszeiten: 5.45 Uhr Laudes; 6.30 Uhr (Sonn- und Feiertage 8.00 und 10.00 Uhr) Messe; 12.00 Uhr Mittagsgebet; 17.30 Uhr Vesper; 18.45 Uhr Komplet.

Klosterladen: An der Pforte können die ausgezeichneten Weine des Stiftes Heiligenkreuz (s. S. 260) gekauft werden.

Angebote für Gäste: Für Männer gibt es die Möglichkeit, für einige Tage am Leben der Kommunität teilzunehmen.
In der Nähe des Stiftes befinden sich ein Restaurant und ein für seine gute Küche bekanntes Speiselokal.

Salzburg – Abtei Nonnberg

Benediktinerinnen

Die Abtei liegt im Zentrum von Salzburg, unter der Festung Hohensalzburg.

Gründung: *8. Jh.*
Anschrift: *Nonnberggasse 2, 5020 Salzburg*
Telefon: *06 62/841 60 70*

Die Abtei Nonnberg gehört, zusammen mit dem nahegelegenen St. Peter, zu den ältesten monastischen Niederlassungen in Österreich und ist das älteste bestehende Nonnenkloster nördlich der Alpen. Gegründet wurde das Kloster um 714 durch den hl. Rupertus, der die von den Barbareneinfällen verwüstete Stadt wieder aufbaute und zum Begründer des mittelalterlichen Salzburg wurde.
Die Lage der Abtei – abgeschieden, aber in der Nähe der Stadt und der Burg – hat dazu beigetragen, daß sie von Überfällen und Zerstörungen verschont blieb und das Leben der Kommunität im großen und ganzen ruhig verlief.
Nonnberg ist heute noch eine lebendige Klostergemeinschaft – die Kommunität zählt etwa 40 Nonnen –, die sich die ihr eigene einfache Spiritualität bewahrt hat.

Kunst / Sehenswürdigkeiten: Die romanische Kirche wurde nach einem Brand ab 1463 durch einen Neubau ersetzt, der 1506/7 abgeschlossen wurde. Das Innere der dreischiffigen Kirche mit tief herabgezogenem Rippengewölbe wird geprägt vom Hochaltar von 1515, einem spätgotischen Schreinaltar mit Gesprenge, und von der Barockorgel, deren Klängen es sich zu lauschen lohnt.
In der Krypta ruhen die Gebeine der ersten Äbtissin, der hl. Erentrudis. Ihr Kopf wird in einem Reliquiar aus dem Jahr 1316 aufbewahrt.
In der Johanniskapelle steht ein figurenreicher spätgotischer Flügelaltar, der an den Stil von Veit Stoß erinnert.

Besichtigung: Frei zugänglich sind nur die Kirche, die Krypta und die Johanniskapelle. Die übrigen Gebäude und Räume unterliegen der Klausur.

Gebetszeiten: 6.35 Uhr (Sonn- und Feiertage 7.00 Uhr) hl. Messe; 17.15 Uhr Vesper.

Angebote für Gäste: Im kleinen Gästehaus werden Teilnehmer an Besinnungstagen aufgenommen. Rechtzeitige Voranmeldung ist erforderlich.

Auf einem Hügel der Stadt Salzburg liegt die Abtei Nonnberg, das älteste bestehende Nonnenkloster nördlich der Alpen.

Salzburg – Erzabtei St. Peter

Benediktiner der Österreichischen Kongregation

Die Erzabtei St. Peter liegt in der Stadtmitte am Fuße des Mönchbergs.

Gründung: *696*
Anschrift: *5020 Salzburg*
Telefon: *06 62/84 45 76*

Die Erzabtei St. Peter kann als das Herz des benediktinischen Lebens in Österreich bezeichnet werden.
Wie Nonnberg wurde St. Peter vom hl. Rupert gegründet, der für Salzburg und seine Umgebung äußerst segensreich wirkte. Rupert machte die Erzabtei St. Peter als Bischof zu seiner ersten Residenz, und die Abtei erfreute sich auch später der Gunst der mächtigen Fürstbischöfe von Salzburg. Die Abteikirche wurde an der Stelle einer frühchristlichen Siedlung errichtet (im Petersfriedhof sind noch die sog. Katakomben, frühchristliche Gebetsstätten des 3. Jh., zu sehen) und ist die älteste Kirche der Stadt. Viele Besucher halten den Petersfriedhof, auf dem auch Mozarts Schwester Nannerl begraben ist, für den stimmungsvollsten Ort von Salzburg.
Heute zählt die Abtei 30 Mönche; sie ist Sitz eines Zentrums für liturgische Studien, besitzt ein wertvolles Archiv und ist geistiger Mittelpunkt für die ganze Stadt.

Kunst / Sehenswürdigkeiten: Der Kirche ist eine romanische Vorhalle vorgelagert, die von einer Marmorfassade verkleidet ist. Das dreischiffige Innere läßt noch die romanische Gestalt erkennen, wurde aber im Rokoko reich mit Stuck ausgestattet, die 20 Ölbilder unter dem Gebälk des Langhauses und die Kuppelbilder wurden von Franz Xaver König ausgeführt. Das Hochaltarblatt und die meisten Altarblätter der Marmoraltäre stammen vom Kremser Schmidt.

Besichtigung: Zu besichtigen sind nur die Kirche und der Friedhof.

Gebetszeiten: 5.45 Uhr Laudes; 6.20 Uhr Messe; 12.15 Uhr Mittagsgebet; 18.30 Uhr Vesper; 19.45 Uhr Komplet.
An Sonn- und Feiertagen: 6.45 Uhr Laudes; 8.30 Uhr Choralmesse; 11.45 Uhr Mittagsgebet; 17.30 Uhr Vesper; 19.45 Uhr Komplet.

Angebote für Gäste: Aufnahme finden einzelne männliche Personen zu Besinnungstagen oder zu einem Studienaufenthalt.

Die Erzabtei St. Peter im Zentrum von Salzburg kann als das Herz des benediktinischen Lebens in Österreich bezeichnet werden.

St. Paul im Lavanttal – Benediktinerstift

Benediktiner der Österreichischen Kongregation

Von der Autobahn A 2 Graz – Klagenfurt Abfahrt St. Andrä, von da über St. Jakob nach St. Paul.

***Gründung:** 1019*
***Anschrift:** 9470 St. Paul im Lavanttal*
***Telefon:** 043 57/20 19*

Das Stift St. Paul in der Nähe zur Grenze nach Slowenien ist ein imposanter Komplex, bei dem die barocken Gebäudeteile von drei Seiten ein kostbares Juwel umschließen, ja fast verstecken: die romanische Kirche, eine der bedeutendsten in Österreich. Die Anlage, deren Schönheit sich nur demjenigen erschließt, der genauer hinsieht, ist im Laufe der Jahrhunderte gewachsen. Die Kirche, in reinem romanischem Stil erbaut, hebt sich von den übrigen Gebäuden ab, ist aber zugleich Zeugnis der Bedeutung, die dem Stift in der Vergangenheit zukam.
Gegründet wurde das Stift 1091 von Graf Engelbert von Spanheim, der Mönche aus dem berühmten Reformkloster Hirsau im Schwarzwald kommen ließ. Aufgrund seiner Lage wurde es schnell zu einem wichtigen Zentrum hinsichtlich der Verbreitung des monastischen Ideals in den slawischen Ländern. Die Lage im Grenzraum, in dem die feindlichen Heere aufeinanderstießen, war aber auch der Grund für zahlreiche Verwüstungen, die das Kloster erleiden mußte, ohne daß dadurch das politische und kulturelle Ansehen, das das Stift in der Region hatte, entscheidend getroffen worden wäre.
St. Paul, das ein großes Skriptorium betrieb und eine berühmte Bibliothek hatte, deren Schätze allerdings nach der Aufhebung Ende des 18. Jahrhunderts verlorengingen, erreichte seinen größten Glanz im 17. Jh., und zu dieser Zeit wurden auch die Klostergebäude in barockem Stil völlig neu erbaut. Nach der Aufhebung 1787, die das Stift in einer Zeit der Schaffenskraft und Blüte traf, wurde St. Paul schon 1809 wieder durch Mönche aus St. Blasien im Schwarzwald, die ihrerseits vertrieben worden waren, neu besiedelt. Sie brachten auch die Gebeine von 14 Habsburgern mit, die in der Gruft hinter dem Hochaltar in neuen Särgen bestattet wurden, und gründeten gleich nach ihrer Ankunft ein Gymnasium, das heute noch besteht.

Kunst / Sehenswürdigkeiten: Die Stiftskirche von St. Paul ist ein bemerkenswertes Beispiel der Romanik, im 12. Jh. entsprechend den benediktinischen Bauvorschriften errichtet. Außen sind die prachtvollen Portale beachtenswert, die mit Hochreliefs geschmückt sind. Das Relief auf dem Portal rechts stellt die *Anbetung der Heiligen Drei Könige* dar, auf dem zweiten in der Mitte der Fassade ist *Christus zwischen den Engeln* dargestellt.
Das dreischiffige Innere hat vor kurzem wieder sein ursprüngliches Aussehen erhalten, die Gewölbe sind allerdings gotisch und zeigen Spuren von Fresken des späten 15. Jh. Sehr bemerkenswert sind auch die Fresken im rechten Querhaus. Die Ausstattung der Kirche – Kanzel, Chor- und Beichtgestühl, Altäre – stammt aus der Barock- und Rokokozeit.

Besichtigung: Man betritt den Stiftsbezirk durch eine enge Toreinfahrt eines heute schulisch genutzten Gebäudes (links ein Laden mit Andenken). Von da tritt man auf einen kleinen Platz, an den sich die Kirche anschließt, von der man die steil aufragende rechte Seitenwand und die Apsis sieht. Über eine Treppe gegenüber der Kirche gelangt man in den Teil des Stiftes, der für die Allgemeinheit zugänglich ist (Führungen, gegen Entgelt, um 10.30, 13.30 und 15.00 Uhr). Zu besichtigen sind eine Gemäldegalerie, das barocke Kaiserzimmer, das Sommerrefektorium mit elegantem Stuckwerk und einer Ausstellung chinesischer Kunst sowie eine bedeutende Münzsammlung. Für Besucher zugänglich ist auch die sehenswerte Ausstellung sakraler Kunst in einem Raum des Rundturms.
Die Kirche ist frei zugänglich; allerdings wird die Gruft mit den Gebeinen der Habsburger nur zu besonderen Gelegenheiten geöffnet.

Gebetszeiten: 6.00 Uhr Laudes; 6.45 Uhr (Sonn- und Feiertage 9.30 Uhr) Messe; 12.00 Uhr Mittagsgebet; 18.00 Uhr Vesper; 19.00 Uhr Komplet.

Angebote für Gäste: Es gibt kein Gästehaus. Männer können sich wegen eines kurzen Aufenthalts direkt an die Kommunität wenden.

Schlierbach – Zisterzienserstift

Zisterzienser

Schlierbach liegt südlich von Kremsmünster in Oberösterreich. Von der Autobahn A 9 Voralpenkreuz – Graz: Ausfahrt Inzersdorf.

Gründung: *1355*
Anschrift: *4553 Schlierbach*
Telefon: *075 82/60 83 30*

Das Stift Schlierbach liegt am Rande einer kleinen Ortschaft auf einer Anhöhe über dem Kremstal. Seine zum Teil turbulente Geschichte beginnt 1355. Damals gründete Graf Eberhard V. von Wallsee ein Frauenkloster mit dem Namen Mariensaal, das in der Reformationszeit einen Niedergang erlebte und aufgehoben wurde. Erst 1620 kehrte mit Mönchen aus Rein bei Graz (s. S. 272) wieder das kontemplative Leben in die Mauern von Schlierbach zurück. Die aus Rein zugezogenen Mönche begannen auch mit dem Wiederaufbau der mittelalterlichen Gebäude, von denen nur noch Ruinen übriggeblieben waren; im Zuge dieses Wiederaufbaus erfolgte auch der Neubau der Kirche durch die Brüder Pietro Francesco und Carlo Antonio Carlone.
Die weitere Geschichte ist von Nachwuchssorgen sowie ökonomischen Schwierigkeiten und Krisen geprägt, von denen das Stift sich aber auch immer wieder erholte. Die Mönche von Schlierbach haben sich, abweichend von den für Zisterzienser üblichen Tätigkeiten (Studium und Landwirtschaft) auf eher ungewöhnliche Aktivitäten verlegt – sie betreiben eine Käserei, eine Glaserei und eine Glasmalereiwerkstatt –, die die Existenzgrundlage des Stiftes sichern und es zu einem der dynamischsten Klöster des Ordens in Österreich machen. Die Kommunität (bestehend aus 28 Mönchen) hat auch eine neue Niederlassung in Brasilien gegründet.

Schlierbach ist eine kleine, aber lebendige Kommunität von Zisterziensern in Oberösterreich. Auf dem Bild die berühmte Käserei.

Kunst / Sehenswürdigkeiten: Die äußerlich eher schlichte Kirche ist innen in barocker Pracht ausgestattet. Sehr schön ist auch die Bibliothek mit schlanken Marmorsäulen, auf denen Emporen ruhen, die mit kostbaren schmiedeeisernen Gittern geschmückt sind, während das Gewölbe durch raffinierte Quadraturmalerei beeindruckt. Im Kreuzgang steht die gotische Statue der von der Bevölkerung verehrten *Schlierbacher Madonna*, eine Schnitzfigur von 1320/30. Der größte und prunkvollste Raum des Klosters ist der *Bernardisaal*, der gewissermaßen ein kleines weltliches Gegenstück zur Kirche darstellt.

Besichtigung: Man betritt den Stiftsbereich durch ein Doppelportal (rechts ein Informationsbüro) und kommt in einen großen Hof, der durch die Kirche abgeschlossen wird. Die übrigen Gebäude sind nur mit Führung zu besichtigen. Führungen täglich um 10.30 und 14.00 Uhr.

Gebetszeiten: Messe an Festtagen um 8.00, 9.00 und 19.30 Uhr.

Klosterladen: Ganz vorzüglich sind die in der Käserei des Stiftes hergestellten Käsesorten.

Angebote für Gäste: Nach schriftlicher Anfrage können einzelne Männer am Leben der Kommunität teilnehmen. Im Ort Schlierbach gibt es Pensionen und Gastwirtschaften.

Stams – Zisterzienserstift

Zisterzienser der Kongregation von Mehrerau

Das Kloster liegt 35 km westlich von Innsbruck im Inntal; von der Inntal-Autobahn A 12 Ausfahrt Stams/Mötz.

Gründung: *1273*
Anschrift: *Stifthof 1, 6422 Stams*
Telefon: *052 63/62 42*

Neben Melk und Göttweig zählt Stams zu den berühmtesten Klosteranlagen Österreichs. Seine Gründung geht zurück auf das Jahr 1273; Elisabeth, Witwe von Kaiser Konrad IV. von Hohenstaufen und in zweiter Ehe mit Graf Meinhard II. von Görz-Tirol verheiratet, ließ es errichten zum Andenken an den Tod ihres Sohnes Konradin, des letzten Staufers, der in Neapel hingerichtet worden war. Die Mönche berief sie von Kaisheim bei Donauwörth. Die Gründung errang rasch eine Vorrangstellung vor allen anderen Tiroler Klöstern und wurde zur Grablege der Landesfürsten von Tirol bestimmt. Begonnen im 17. Jh., wurden Stift und Kirche bis 1732 völlig neu erbaut und erhielten damit ihr heutiges Aussehen. Trotz zweier kurzer Unterbrechungen durch Aufhebung (zwischen 1807 und 1817 und dann in der Zeit des Nationalsozialismus) konnte das Stift im Laufe der Zeiten mit Ruhe und Bedacht den selbst gestellten Aufgaben in der Pastoral, in der Landwirtschaft und in der Leitung eines großen Gymnasiums nachkommen. In neuerer Zeit wurde ein Aufbaurealgymnasium für Skisportler eingerichtet.
Seit 1492 gehört die Pfarrei Untermais bei Meran zu Stams und beherbergt eine kleine, von Stams abhängige Kommunität.

Kunst / Sehenswürdigkeiten: Die einschiffige Kirche ist der größte Barockbau in Tirol. Rechts vom Eingang liegt die *Heilig-Blut-Kapelle*, die durch das berühmte *Rosengitter* geschützt wird, eine kostbare Schmiedeeisenarbeit. Besonderes Augenmerk bei den Besuchern weckt der Hochaltar von Bartholomäus Steinle mit dem *Lebensbaum*, dessen Skulpturenschmuck in Form eines Baumes von Adam und Eva bis zu Christus emporwächst. Bemerkenswert auch die *Kreuzigungsgruppe* von Andreas Thamasch, einem Stamser Laienbruder, über der Fürstengruft.

Besichtigung: Besichtigt werden können die Kirche und ein Kreuzgang des 17. Jh., in der Prälatur der Fürstensaal und der über zwei Stockwerke reichende *Bernardisaal*.

Angebote für Gäste: Eine Unterkunft für Gäste ist nicht vorgesehen.

Der Bernardisaal in Stift Stams besticht durch seine herausragende Rokokoausstattung. Die Fresken (von 1721/22) stammen von Franz Michael Hueber und Anton Zoller.

Wilhering – Zisterzienserstift

Zisterzienser

Von Linz die südliche Donau-Uferstraße etwa 10 km Richtung Eferding – Passau.

Gründung: *1146*
Anschrift: *4073 Wilhering*
Telefon: *072 26/231 10*

Das Stift liegt auf einem schmalen Landstreifen an der Donau-Uferstraße westlich von Linz. Es wurde von den Brüdern Cholo und Ulrich von Wilhering und Waxenburg gegründet und von dem kurz vorher gegründeten Stift Rein in der Steiermark (s. S. 272) aus besiedelt, einem Tochterkloster von Ebrach, das seinerseits von Mönchen aus Morimond gegründet worden war.
Wilhering wurde reich beschenkt, vor allem von den Grafen von Schaumberg, und führte Rodungen bis an die Grenze zu Böhmen durch. Die geistliche und wirtschaftliche Bedeutung des Stifts kommt auch darin zum Ausdruck, daß es selbst Mutterkloster für mehrere Tochtergründungen wurde wie Hohenfurth (heute Vyssi Brod) in Südböhmen, Fürstenzell in Niederbayern, Engelszell in Oberösterreich (bei Engelhartszell, heute einziges Trappistenkloster Österreichs) und Säusenstein in Niederösterreich (in der Nähe von Ybbs an der Donau). Nach Schwierigkeiten und Krisen im Gefolge der Reformation fand Wilhering in der Zeit der Gegenreformation zu seiner alten Stärke zurück. Die damals neu errichteten Kirchen- und Klostergebäude wurden allerdings 1733 durch Brandstiftung eingeäschert. Der Wiederaufbau von 1733 bis 1750 gab dem Stift das heutige Aussehen.

Stift Wilhering liegt am Ufer der Donau. Auf dem Bild der große Hof mit der von einem Turm überragten Fassade der Kirche.

Das Stift entging der Aufhebung zur Zeit des Josephinismus, mußte aber, um seine gesellschaftliche Nützlichkeit zu erweisen und so seinen Fortbestand zu sichern, die Seelsorge in zahlreichen Pfarren übernehmen und ein Gymnasium einrichten.
Die Arbeit in Bildung und Erziehung gehört seither zu den wichtigsten Tätigkeiten der Kommunität.
Zu Beginn dieses Jahrhunderts übernahm Wilhering auch eine große Missionsstation in Bolivien.
Nach der schwierigen Zeit des Nationalsozialismus (das Stift wurde besetzt, die Mönche wurden vertrieben) begann 1945 der Wiederaufbau.
Die Kommunität zählt heute etwa 40 Mönche, die vor allem in der Pfarrseelsorge der Region und in der schulischen Bildung tätig sind. Für die Bedeutung, die Unterricht und Bildung für das Stift haben, steht auch die Tatsache, daß für das Gymnasium, zu dem jetzt auch Mädchen Zugang haben, neue moderne Gebäude errichtet wurden.

Kunst / Sehenswürdigkeiten: Die Stiftskirche von Wilhering gehört zu den schönsten Rokokobauten Österreichs, ja sie kann als die glänzendste Leistung der Rokokokunst des 18. Jh. in den deutschsprachigen Ländern bezeichnet werden. Sie wurde nach dem Brand von 1733 nach Plänen des Linzer Baumei-

sters Johann Haslinger errichtet. Die reiche Innenausstattung stammt von den Stukkateuren Josef Ignaz Holzinger, Johann Georg Übelherr und Johann Michael Feichtmayr. Die Altarbilder sind von Martino Altomonte, einem der führenden Kirchenmaler Österreichs (s. die Ausführungen bei Lilienfeld, S. 266), die Deckenfresken von seinem Sohn Bartolomeo Altomonte.
Zu erwähnen ist noch die Chororgel, auf der Anton Bruckner besonders gern spielte. Von 1974 bis 1977 wurde die Kirche hervorragend restauriert.

Besichtigung: Die Stiftsgebäude liegen rechts von der Kirche, deren Fassade – wie auch bei anderen Zisterzienserstiften in Österreich: man denke etwa an die Stifte in Zwettl, Lilienfeld und Rein – von einem Turm überragt wird.
Durch ein Portal rechts von der Fassade hat man Zutritt zum Kreuzgang mit Resten aus dem mittelalterlichen Bau, die zum Teil freigelegt wurden.

Gebetszeiten: 6.30 Uhr Messe; an Sonn- und Feiertagen hl. Messe um 8.00 Uhr; um 10.00 Uhr Festmesse mit Orgel und Streichern.

Angebote für Gäste: Es gibt bedauerlicherweise kein Gästehaus.

Zwettl – Zisterzienserstift

Zisterzienser der Österreichischen Kongregation

Das Kloster liegt abseits der großen Verkehrswege im nördlichen Niederösterreich, nahe der Grenze nach Tschechien.
Von Krems an der Donau führt die B 37 nach Zwettl; von Linz fährt man auf der B 124 über Pregarten, Königswiesen und Arbesbach. Das Kloster liegt 3 km außerhalb der Ortschaft Zwettl-Stadt; es gilt also, die Hinweisschilder zum Stift und zur Stadt Zwettl auseinanderzuhalten.

Gründung: *1138*
Anschrift: *3910 Zwettl*
Telefon: *028 22/550*

Luftaufnahme des 1138 gegründeten Stiftes Zwettl, das bis heute ein wichtiges geistliches Zentrum geblieben ist.

Stift Zwettl wurde 1138 von Hadmar I. und Heinrich IV. von Kuenring gegründet und von Mönchen aus dem kurz zuvor gegründeten Heiligenkreuz (s. S. 260) besiedelt. Die gelungene Verbindung von romanisch-gotischer und barocker Kunst macht den ganzen Komplex von Zwettl zu einer der größten Sehenswürdigkeiten des Landes. Das Stift hat zudem (wie auch das

nahegelegene Benediktinerstift Altenburg, s. S. 256) für die weltliche und geistliche Geschichte in diesem Grenzland zwischen deutscher und slawischer Welt eine außerordentlich bedeutende Rolle gespielt.
Die vom Eingang aus gesehen an der linken Seite gelegene Kirche wird vom mächtigen Barockturm bestimmt, der auch als eine grandiose Ausformung des für die Zisterzienser einzig erlaubten Dachreiters gesehen werden kann und gerne als monumentalste Einturmfassade des deutschen Barock bezeichnet wird.
Zwettl war, im Unterschied etwa zu Heiligenkreuz, von Anfang an ein Kloster, das viele Aktivitäten entfaltete. Die Mönche waren in der Pfarrseelsorge tätig, sie betrieben eine Land- und Forstwirtschaft, Weinbau und Fischzucht.
Das Stift überstand die Religionskriege und die Zeit des Josephinismus und ist heute ein geistliches Zentrum für viele Gläubige, die zu Tagen der Besinnung und Sammlung hierherkommen.

Kunst / Sehenswürdigkeiten: Die Kirche, zu der ein leicht abfallender Weg führt, hat eine außergewöhnlich bewegte Fassade, die von dem 90 Meter hohen Mittelturm überragt wird. Das Innere ist ein dreischiffiger gotischer Raum mit schlanken hochstrebenden Bündelpfeilern, die sich in den Kreuzrippen des Gewölbes fortsetzen; die Ausstattung besteht aus hervorragenden Werken des Barock. Alles überstrahlender Höhepunkt ist der marmorne Hochaltar mit der Darstellung der *Aufnahme Mariens in den Himmel*; er wurde von Josef Munggenast entworfen, die Statuen sind von dem Passauer Meister Josef Matthias Götz. Wunderbar ist der gotische Chorraum, einer der schönsten in ganz Österreich, während der Kreuzgang, ein Werk des romanisch-gotischen Übergangsstils, an den Kreuzgang von Heiligenkreuz erinnert. Der in den Anfang des Stiftes zurückreichende Kapitelsaal (der älteste in einem Zisterzienserkloster noch erhaltene Kapitelsaal überhaupt) ist ein nüchterner romanischer Raum, dessen Kreuzrippengewölbe von einer mächtigen Mittelsäule mit einer riesigen Kapitellkonstruktion getragen wird.

Besichtigung: Durch ein erstes Tor betritt man den Lindenhof; im Durchgang rechts ein großer Laden. Der nächste Hof ist der Abteihof, um den die Räume der Prälatur liegen, mit der Klosterpforte.
Führungen um 10.00, 11.00, 14.00 und 15.00 Uhr, an Sonn- und Feiertagen ist die erste Führung um 11.00 Uhr, im Sommer gibt es eine weitere Führung um 16.00 Uhr. Beim Rundgang werden die Kirche (außerhalb der Führung nur durch ein Gitter am Eingang zu überblicken), der Kreuzgang, der Kapitelsaal, das romanische Dormitorium und die Gemäldegalerie besichtigt.

Gebetszeiten: Der Besucher kann nur an der Messe teilnehmen, die an Wochentagen um 17.30 Uhr, an Sonn- und Feiertagen um 8.00, 9.00, 10.00 und 11.00 Uhr (im Winter 10.30 Uhr) stattfindet. Die Messe wird von einem Knabenchor, den Zwettler Sängerknaben, begleitet.

Klosterladen: Es gibt Weine, Andenken und Broschüren zu kaufen, außerdem Duftwasser, Heilsalben und Honigprodukte, die im Kloster hergestellt werden.

Angebote für Gäste: Im Bildungshaus mit 60 Betten finden Einzelpersonen und Gruppen Aufnahme. Für Männer gibt es auf Anfrage die Möglichkeit, am Leben der Kommunität teilzunehmen. Jugendgruppen mit Selbstversorgung finden Platz in der sog. Jugendherberge mit Schlafsaal und Mehrbettzimmern. Außerhalb des Klostergeländes liegt die gemütliche Stiftstaverne; dort kann man Spezialitäten der Region und die Stiftsweine genießen.

Die Fassade der Stiftskirche Zwettl mit dem 90 Meter hohen Mittelturm.

Abteien der Augustiner-Chorherren und der Prämonstratenser

Daß es in Österreich Augustiner-Chorherrenstifte gibt, die für die Entwicklung des religiösen Lebens in den Ländern an der Donau eine wichtige Rolle gespielt haben, hat eine Reihe von geschichtlichen Gründen.
In architektonischer Hinsicht unterscheiden sich die Chorherrenstifte nicht sehr von den Benediktinerstiften; beide Orden sind außerdem in Bildung und Erziehung, in der Pfarrseelsorge und in der Betreuung von Wallfahrtsorten tätig; in Österreich haben sich also die beiden wichtigsten abendländischen Traditionen des kontemplativen Lebens – Gemeinschaften, die nach der Benediktregel, und Kommunitäten, die nach der Augustinerregel leben –, weitgehend angeglichen. Ähnlich wie die Zisterzienser als Reformorden der Benediktiner betrachtet werden können, sind die Prämonstratenser aus einer Reform der Augustiner-Chorherren hervorgegangen. Der Name „Prämonstratenser" leitet sich vom Reformkloster Prémontré in der Nähe von Laon in Frankreich her (s. S. 227).

Aigen – Prämonstratenserstift Schlägl
4160 Aigen
(Oberösterreich)
Telefon: 072 81/880 10
Stift Schlägl liegt nahe der Grenze zu Tschechien, etwa 50 km nordwestlich von Linz. Es wurde 1218 von Chalhoch von Falkenstein gegründet, damit es die Rodung des Gebiets vorantreibe und die Pfarrseelsorge der entstehenden Ortschaften übernehme.
Die dreischiffige Kirche wurde barock ausgestattet, konnte aber ihren gotischen Charakter bewahren; die Krypta ist noch romanisch, die Veitskapelle von 1501 spätgotisch. Gegen Eintritt können besichtigt werden die Bibliothek, die barocken Säle und eine bedeutende Bildergalerie mit wertvollen und interessanten Gemälden der deutschen Gotik. Einzelpersonen und kleine Gruppen finden Aufnahme, wenn sie Besinnungs- oder Einkehrtage halten oder am Klosterleben teilnehmen wollen.

Herzogenburg – Augustiner-Chorherrenstift
3130 Herzogenburg
(Niederösterreich)
Telefon: 027 82/311 20
Herzogenburg ist eine Kleinstadt an der Traisen, nördlich der Landeshauptstadt St. Pölten, an der Schnellstraße St. Pölten – Krems. Um 1244 wurde das 1112 als St. Georgen an der Donau gegründete Augustiner-Chorherrenstift hierher verlegt. 1714 begann Jakob Prandtauer mit dem Neubau des Stiftes, den nach seinem Tod Josef Munggenast weiterführte.
Außer der Kirche, die reich mit Stuck und Malereien ausgestattet ist (Hochaltarbild von Daniel Gran), sind, gegen Entgelt, noch die Bibliothek und die Gemäldegalerie zu besichtigen.

Innsbruck – Prämonstratenserstift Wilten
6020 Innsbruck
Telefon: 05 12/583 04 80
Das schon vor der Gründung Innsbrucks bestehende mittelalterliche Kloster wurde 1138 von den Prämonstratensern übernommen. Das Stift ist heute eine barocke Anlage mit einer großen und prunkvollen Kirche mit reicher Innenausstattung. Das Stift liegt im Süden von Innsbruck, an der Straße zum Brenner.
Es gibt kein Gästehaus.

Klosterneuburg – Augustiner-Chorherrenstift
3400 Klosterneuburg
(Niederösterreich)
Telefon: 022 43/41 10
Das nördlich von Wien gelegene Stift in der gleichnamigen Kleinstadt Klosterneuburg, das seit jeher in enger Verbindung zum Herrscherhaus stand, wird auch als der „österreichische Escorial" bezeichnet. Auf Veranlassung von Kaiser Karl VI., der aus der mittelalterlichen Anlage eine gewaltige Klosterresidenz nach dem Vorbild des Escorial machen wollte, wurde 1730 mit dem Neubau begonnen.
Besonders sehenswert sind die Stiftskirche (eine romanische, barockisierte Basilika) und die Leopoldikapelle mit dem berühmten *Verduner Altar*; nicht versäumen sollte man die Bibliothek, das Lapidarium, die Schatzkammer und die Gemäldegalerie. Die Stiftsgebäude sind nur mit Führung, gegen Entgelt, zu besichtigen.
Es gibt kein Gästehaus.

Reichersberg am Inn – Augustiner-Chorherrenstift
4981 Reichersberg
(Oberösterreich)
Telefon: 077 58/23 13
Das auf der Hochterrasse des rechten Innufers liegende Kloster Reichersberg ist eines der ältesten Augustiner-Chorherrenstifte überhaupt, es wurde 1084 vom Edlen Wernher

von Reichersberg gegründet und in der Barockzeit völlig neu errichtet.
Aus dem Gesamtkomplex heben sich heraus der elegante und vornehme Hof und die einschiffige Kirche mit bemerkenswerten Rokoko-Dekorationen. Gegen Eintritt können besichtigt werden die Repräsentationsräume, die Bibliothek und eine Kunstgalerie mit bemerkenswerten Gemälden.
Das Stift verfügt über ein Bildungshaus mit modern ausgebauten Zimmern für Einzelpersonen und Gruppen. Männer können nach Anfrage auch einige Tage am Leben der Kommunität teilnehmen.

St. Florian – Augustiner-Chorherrenstift
Stiftstraße 1, 4490 Markt St. Florian (Oberösterreich)
Telefon: 072 24/890 30
Das Stift St. Florian zählt zu den großartigsten Barockbauten Europas, und mit einer Kommunität von 50 Chorherren ist es heute die bedeutendste Niederlassung des Ordens in Österreich. Das Kloster steht an dem Ort, wo der Überlieferung nach der hl. Florian nach seinem Martyrium im Jahr 304 begraben wurde. Im 11. Jh. führte Bischof Altmann von Passau die Augustinerregel ein.
Von 1686 bis 1751 schufen Carlo Carlone, Jakob Prandtauer und Gotthard Hayberger das Stift in seiner heutigen Form.
Die Westfassade des Stiftes ist – einschließlich der Kirche – 214 Meter lang. Das Stiftstor führt in das berühmte Treppenhaus, das als Haus mit eigenem Dach auf der Innenseite des Stiftshofes vor den Westflügel gestellt wurde. Die Kirche ist eines der schönsten Beispiele für die vollkommene Integration von Stuck und barocker Malerei. Bemerkenswert ist auch die Orgel.
Die Besichtigung erfolgt, gegen Entgelt, mit Führung. Der Rundgang führt in das grandiose Treppenhaus, die Bibliothek, in die Kaiserzimmer, in den Marmorsaal und in die Kunstsammlungen mit Werken von Albrecht Altdorfer.
Das Stift unterhält kein Gästehaus.

Vorau – Augustiner-Chorherrenstift
9250 Vorau (Steiermark)
Telefon: 033 37/235 10
Das Stift liegt abgeschieden im Hügelland des Joglandes in der Oststeiermark.
Das 1163 gegründete Stift Vorau ist eine barocke Anlage mit einer imposanten Fassade; auf dem vorgelagerten kleinen Platz steht eine Pestsäule. In der Zeit der Ungarn- und Türkengefahr wurde das Stift im 15 Jh. mit Wall, Graben und vier Türmen befestigt; von dieser Befestigung stehen noch ansehnliche Mauern.
Das Bildungshaus des Stiftes bietet zahlreiche Kurse sowie Besinnungs- und Erholungstage an.

Luftaufnahme des Augustiner-Chorherrenstiftes Klosterneuburg, das auch als der „österreichische Escorial" bezeichnet wird.

Polen

Krakau – Opactwo Tynieckie

Benediktiner der Kongregation von der Verkündigung

Gründung: *1070*
Anschrift: *Opactwo Tynieckie, ulica Benedyktynska 37–39, Krakow-Tyniec*
Telefon: *66 09 77*

Die größte und älteste Benediktinerabtei Polens liegt wenige Kilometer südwestlich von Krakau an der Weichsel. Aus kunstgeschichtlicher Sicht ist die Klosteranlage nicht von Bedeutung. Der westliche Flügel des Klosters ist baufällig, aber die Restaurierung des Baus ist in Planung. Tyniec ist eine altehrwürdige mittelalterliche Gründung; die Abtei wird heute von einer jungen Kommunität mit über 50 Mönchen bewohnt, die Bienenzucht betreiben, in der Lederwarenherstellung tätig sind und einen Kloster-Nutzgarten unterhalten.

Besichtigung: Außer der Kirche (Chorgestühl aus Holz, mit Bemalung des 17. Jh.) sind noch der Kreuzgang und der Kapitelsaal zu besichtigen. Führung auf polnisch.

Gebetszeiten: 6.00 Uhr Laudes; 8.30 und 10.30 Uhr Messe; 14.30 Uhr Mittagsgebet; 18.30 Uhr Vesper; 19.45 Uhr Komplet.

Klosterladen: In einem Raum neben der Pforte können religiöse Bücher und Andenken gekauft werden.

Angebote für Gäste: Für Männer, einzeln oder in kleinen Gruppen, stehen 13 Zimmer zu Besinnungstagen zur Verfügung.

Tschechische Republik

Prag – Klaster Sv Vojtech Brevnov

Benediktiner der Slawischen Kongregation

Das Kloster liegt am westlichen Stadtrand von Prag, in der Nähe zum Weißen Berg (Bila Hora). Vom Hradschin aus: über Uvoz ulica und dann über die Diabacov und die Belohorska stadtauswärts nach Westen, entlang der Trambahnlinie 22, die am Kloster vorbeifährt.

Gründung: *993*
Anschrift: *Klaster Sv Vojtech, Marketska 28, Praha 6 (Brevnov)*
Telefon: *02/35 15 20*

Im Garten des großen Klosters gibt es, fast versteckt und nicht gleich zu sehen, eine Quelle, Vojteska genannt, um die herum der hl. Adalbert (Vojtech auf tschechisch), der zweite Bischof von Prag, und Boleslav II., König aus der Dynastie der Premysliden, die Abtei Brevnov errichten ließen. Die Quelle, überbaut mit einem eleganten barocken Pavillon, spendet heute noch Wasser. Die liebliche Umgebung, die, wie aus zeitgenössischen Drucken zu ersehen ist, noch im 18. Jh. das Bild prägte, gibt es jedoch nicht mehr; einer vierspurigen Straße, die in den 1950er Jahren im Rahmen eines von der kommunistischen Regierung geplanten Straßennetzausbaus gebaut wurde, ist nicht nur ein Teil der Hügel, sondern auch ein Teil des alten Eingangs zur Klosteranlage geopfert worden. Nachdem die Gebäude jahrelang als Staatsarchiv genutzt worden waren, wurden sie 1990 den Benediktinern zurückgegeben, die so die Milleniumsfeier der Gründung würdig begehen konnten. Über die Jahrhunderte war Brevnov die größte und bedeutendste Benediktinerabtei in Böhmen, zudem eng verbunden mit der Abtei von Braunau (Broumov), mit der sie auch den künstlerischen Glanz teilte. Während in Brevnov wieder Leben eingekehrt ist und eine monastische Erneuerung in Gang ist, kann dies von Braunau leider nicht gesagt werden,

denn das Kloster ist aufgehoben worden und die Kommunität ist nach Rohr in Bayern ausgewandert (s. S. 195).
Brevnov wurde 1990 auch zum Mutterkloster der wiedererstandenen kleinen Slawischen Kongregation der Benediktiner, die nach den Jahren der kommunistischen Unterdrückung und Verfolgung wieder monastisches Leben nach Böhmen und Mähren gebracht hat. Die großen und eleganten Klostergebäude, geplant und erbaut von Christoph und Kilian Ignaz Dientzenhofer, den Meistern des Prager Barock, beherbergen heute eine junge Kommunität von 15 Mönchen, die mühsam, aber auch beharrlich und begeistert versucht, den alten monastischen Geist wieder lebendig werden zu lassen.
Auch in kunstgeschichtlicher Hinsicht hat Brevnov ein besonderes Schicksal gehabt. Die erste Kirche an dieser Stelle war ein eleganter romanischer Bau; auf seinen Fundamenten wurde ein gotischer Bau errichtet; nach einer Zeit des Niedergangs wurde dieser während des Bürgerkriegs 1420 von den Hussiten zerstört. Solche kriegerischen Auseinandersetzungen waren in Böhmen, das über Jahrhunderte von religiösen Konflikten erschüttert wurde, nicht selten, und die außerhalb der Stadtmauern liegende reiche Abtei gehörte zu den begehrtesten Zielen von Aufständischen. Im Gefolge der Wiederbelebung der monastischen Tradition in ganz Böhmen beschloß Abt Zinke zu Beginn des 18. Jh., als die Zeiten ruhiger geworden waren, einen umfassenden Wiederaufbau. Er berief den bekanntesten Baumeister seiner Zeit, Christoph Dientzenhofer, der schon den Bau der Jesuitenkirche St. Niklas auf der Kleinseite in Prag entworfen hatte. Christoph Dientzenhofer und sein Sohn Ignaz Kilian waren es auch, die unter der Mitarbeit der bedeutendsten Künstler des mitteleuropäischen Spätbarock dem Kloster Brevnov seine heutige Gestalt gaben und damit ein wahres Meisterwerk der religiösen und monastischen Kunst schufen.

Kunst / Sehenswürdigkeiten: Die Kirche zur hl. Margareta, ein einschiffiger Bau, und der 1710 von Christoph Dientzenhofer begonnene und von seinem Sohn Ignaz Kilian vollendete Chor werden mit Recht zu den Hauptwerken des europäischen Barock gerechnet. Man achte vor allem auf die Ausgewogenheit des Raumes, der sich aus dem Grundriß vier verschlungener Ovale entwickelt, sowie auf die reiche und sehr lebendige Ausstattung mit Plastiken von Matthäus Wenzel Jäckel, Gewölbefresken von Johann Jakob Stevens von Steinfels und Altarblättern von Peter Johann Brandl. Im Prälatensaal (Theresianischer Saal) sind Fresken von Cosmas Damian Asam, dem Meister des süddeutschen Spätbarock, zu sehen; die Bibliothek wurde von Felix Antonin Scheffler ausgestattet.

Besichtigung: Besichtigung nur mit Führung, an Sonn- und Feiertagen zu folgenden Zeiten: 10.30, 11.30, 13.15 und 16.00 Uhr; an Werktagen nur nach Vereinbarung. Die Kirche ist jedoch immer zugänglich, ausgenommen mittags von 12.00 bis 15.00 Uhr, zu dieser Zeit kann man nur durch ein Gitter einen Blick hineinwerfen.
Besichtigt werden einige Räume des Konvents aus dem 18. Jh., die auf Kilian Ignaz Dientzenhofer zurückgehen (Bibliothek, Billardsaal, Kapitelsaal, Prälatensaal); zu sehen sind auch Reste des romanischen Baus, die bei archäologischen Grabungen in den letzten Jahren freigelegt wurden.

Gebetszeiten: 5.30 Uhr Laudes; 7.00 Uhr (Sonn- und Feiertage 7.30, 9.00 und 18.00 Uhr) Messe; 11.45 Uhr Mittagsgebet; 17.00 Uhr Vesper; 19.45 Uhr Komplet.

Angebote für Gäste: Auf Anfrage stehen – nur für Männer – im Kloster Zellen zur Verfügung.

Pannonhalma (Martinsberg) – Szent Márton

Benediktiner der Ungarischen Kongregation

Pannonhalma liegt 20 km südöstlich von Györ (Raab).

Die große Benediktinerabtei St. Martin in Pannonhalma ist die Wiege des Christentums in Ungarn.

Gründung: *996*
Anschrift: *Bendes Foapstag Pannonhalma, Var Utca*
Telefon: *96/70 22*

Die imposante und bedeutendste Klosteranlage Ungarns in Martinsberg ist dem hl. Martin geweiht, dem Bischof von Tours, der im 4. Jh. einen entscheidenden Beitrag zur Verbreitung des Mönchtums im Frankenreich leistete, der aber ursprünglich aus dieser Gegend Ungarns stammte. Das im Laufe der Zeit mehrmals umgebaute Kloster konnte eben das Millennium der Gründung feiern, doch geht es wahrscheinlich schon auf eine karolingische Gründung zurück. Zu großem Ruhm stieg Martinsberg empor, als König Stephan sich im Jahre 1001 in seinen Mauern zum Christentum bekehrte und damit die Christianisierung Ungarns einleitete. Die zahllosen Wechselfälle der Geschichte – Türkeneinfälle, Territorialkriege und schließlich 50 Jahre kommunistischer Herrschaft – haben das Leben und die Entfaltung der Kommunität nicht auszulöschen vermocht. Heute beherbergt das Kloster eine Hochschule für Philosophie und Theologie und ein Gymnasium mit mehr als 300 Schülern.

Kunst / Sehenswürdigkeiten: Die klassizistische Kirche wird überragt von einer großen Kuppel; vorgelagert ist ihr die *Porta Speciosa*, eine romanische Vorhalle in rotem Marmor, die im vorigen Jahrhundert restauriert wurde.
Im dreischiffigen gotischen Innenraum sind hervorzuheben die Krypta und die Kapelle des hl. Benedikt im linken Seitenschiff. Sehenswert sind noch der Wandelgang, der Kreuzgang mit Garten, die klassizistische Bibliothek aus Kirschholz mit über 300.000 Bänden und die Gemäldegalerie mit Werken italienischer, flämischer und deutscher Meister.

Besichtigung: Besichtigung nur mit Führung, täglich außer Montag von 8.30 bis 16.30 Uhr (an Sonn- und Feiertagen ab 11.30 Uhr).

Angebote für Gäste: Innerhalb des Klosters finden Männer zu Besinnungstagen Aufnahme. In der Ortschaft Pannonhalma gibt es ein neues und komfortables Hotel (Hotel Pax), zwei Pensionen und einen Campingplatz.

Österreich

Fiecht – St. Georgenberg – Benediktinerstift
Benediktiner der Kongregation von St. Ottilien
Gründung: 950
Anschrift: 6130 Schwaz (Tirol, Inntal, zwischen Schwaz und Jenbach)
Telefon: 052 42/632 76
Unterkunft: Nur nach schriftlicher Anfrage und Absprache zu Besinnungstagen.
Die Mönche von St. Georgenberg (1138 von Benediktinern besiedelt) verlegten 1705 ihr Kloster in das nahe Fiecht. Die Stiftskirche wurde 1740–44 von Jakob Singer erbaut. Das Innere ist von beschwingter Festlichkeit; besonders beachtenswert sind die Stukkaturen von Franz Xaver Feichtmayr sowie die Fresken von Matthäus Günther.

Michaelbeuern – Benediktinerstift
Benediktiner der Österreichischen Kongregation
Gründung: 736
Anschrift: 5152 Michaelbeuern (Salzburg, 35 km nördlich der Stadt Salzburg)
Telefon: 062 74/811 60
Unterkunft: Exerzitienhaus für Besinnungstage; es besteht die Möglichkeit, am monastischen Leben teilzunehmen.
Altehrwürdiges Kloster, Blütezeit im 17. Jh., eng verbunden mit der Salzburger Universität.
Zu erwähnen sind der glanzvolle Säulen-Hochaltar der Kirche mit Altarblatt von Johann Michael Rottmayr (der Sängerknabe des Klosters war), der festliche Abteisaal und die schlichte Bibliothek mit der berühmten Walther-Bibel, einem Hauptwerk der Salzburger Buchmalerei aus dem 12. Jh.

Seckau – Benediktinerstift
Benediktiner der Beuroner Kongregation
Gründung: 1140
Anschrift: 8732 Seckau (Steiermark, nordwestlich von Knittelfeld)
Telefon: 035 14/23 40
Unterkunft: Männliche Gäste finden zu Besinnungstagen und zur Teilnahme am Leben der Kommunität in der Klausur Aufnahme; für Jugendgruppen gibt es eine große Jugendherberge; Familien finden im klostereigenen Gasthof „Hofwirt" Unterkunft.
Das Stift liegt 840 Meter hoch in den Seckauer Alpen. Es wurde als Augustiner-Chorherrenstift gegründet. 1218 wurde Seckau Bischofssitz. Kaiser Joseph II. löste das Stift auf und verlegte den Bischofssitz nach Graz. Erst 100 Jahre später, 1883, besiedelten Beuroner Mönche das verlassene Kloster neu.
Sehenswert ist die Basilika Mariä Himmelfahrt, ein wuchtiger dreischiffiger romanischer Bau, ausgestattet mit Kunstwerken verschiedener Epochen, darunter ein Renaissance-Mausoleum Erzherzogs Karl II.

Seitenstetten – Benediktinerstift
Benediktiner der Österreichischen Kongregation
Gründung: 1112
Anschrift: Am Klosterberg 1, 3353 Seitenstetten (Niederösterreich, ca. 30 km östlich von Steyr)
Telefon: 074 77/42 30 00
Unterkunft: Einzelne Männer finden für kurze Zeit auch in der Klausur Aufnahme; für Einzelpersonen und Gruppen stehen in einem Gebäude auf dem Stiftsgelände Einzel- und Doppelzimmer zur Verfügung.
Im 18. Jh. von Josef Munggenast und Gotthard Hayberger als großer barocker Vierkanthof neu gebaut. Deckenfresken im Abteisaal und in der Bibliothek von Paul Troger. Das Stift besitzt eine bedeutende Sammlung von Werken des Kremser Schmidt. Ein großer Teil der Gebäude wird als Internat und Gymnasium genutzt.

St. Lambrecht – Benediktinerstift
Benediktiner der Österreichischen Kongregation
Gründung: 1076
Anschrift: 8813 St. Lambrecht (Steiermark; südöstlich von Murau, nahe der Grenze zu Kärnten)
Telefon: 035 85/230 50
Unterkunft: für Besinnungstage; das Stift bietet Kurse für Ikonenmalerei an; es besteht die Möglichkeit, am Leben der Kommunität teilzunehmen.
Große Anlage in grünem Weideland auf 1060 Metern Höhe. Bemerkenswert die gotische Kirche. Von St. Lambrecht aus wurde 1157 Mariazell in der Nord-Steiermark gegründet, der größte Marienwallfahrtsort Österreichs und religiöses Zentrum der katholischen Völker des Donauraumes.

Wien – Schottenstift
Benediktiner der Österreichischen Kongregation
Gründung: 1155

Anschrift: Freyung 6, 1010 Wien
Telefon: 01/53 49 80
Unterkunft: Wer in der Hektik der Großstadt einen Ort der Stille und Andacht sucht und sich auf die Erfahrung des benediktinischen Lebens einlassen will, findet hier Aufnahme.
Schottenkirche und Schottenkloster liegen im Zentrum von Wien, an der Ringstraße. 1155 berief Herzog Heinrich Jasomirgott „schottische", in Wirklichkeit irische Mönche aus St. Jakob in Regensburg hierher, 1418 zogen Benediktiner von Melk ein. Die Stiftskirche wurde in der Barockzeit neu erbaut, der Bau des heutigen Klosters ist aus dem 19. Jh.

Wiener Neustadt – Zisterzienserpriorat Neukloster
Zisterzienser
Gründung: 1444
Anschrift: Stiftspfarrei Neukloster, Neuklostergasse 1, 2700 Wiener Neustadt (Niederösterreich, knapp 40 km südlich von Wien)
Telefon: 026 22/231 02
Unterkunft: Nicht vorgesehen.
Das ehemalige Dominikanerkloster ging 1444 auf die Zisterzienser über. Nach einem Brand im 17. Jh. wurde es im Barockstil umgestaltet. Kirche mit hohem Langhaus und gotischem Chor aus dem 13. und 14. Jh.

Polen

Außer in Tyniec gibt es in Polen nur noch ein weiteres Benediktinerkloster, in Lublin, ebenfalls eine Gründung des 11. Jh. Dieses Kloster ist jedoch mehrere Male umgebaut worden. Was den weiblichen Zweig des Ordens betrifft, so existieren acht Benediktinerinnenklöster.

Ferner gibt es in Polen zwei Kamaldulenserklöster der strengen Observanz, und zwar sowohl ein Männerkloster in Krakau, auf einem Hügel gegenüber von Tyniec, als auch ein Frauenkloster, sowie vier Zisterzienserklöster.

Tschechische Republik

Osek – Klaster Osek
Zisterzienser
Das Kloster in Osek, knapp 15 Kilometer westlich von Teplice, ist eine alte Gründung des 13. Jh. Sehenswert ist die barocke Kirche, ein Werk des Baumeisters Ottavio Broggio; bemerkenswert sind auch die Reste der alten gotischen Anlage mit dem frühgotischen Kapitelsaal.

Prag – Emmaus-Kloster
Benediktiner der Slawischen Kongregation
In das Emmaus-Kloster (auch: Klaster na Slovanech: Kloster Bei den Slawen) im Zentrum von Prag (Nove mesto) ist mit einem Dutzend Mönchen, die in einem Kloster bei Norcia in Italien im Exil lebten, vor kurzem wieder monastisches Leben eingekehrt.
Bemerkenswert ist die gotische Kirche, der eine eigenwillige moderne Westfassade – zwei einander durchdringende Betonflügel – vorgesetzt wurde.

Rajhrad – Klaster Sv Petr a Pavel
Benediktiner der Slawischen Kongregation
Vor einigen Jahren wurde das acht Kilometer südwestlich von Brno (Brünn) gelegene Kloster, eine Gründung der Abtei Brevnov, wieder von einer kleinen Kommunität besiedelt. Die Kirche (1722–24) ist ein Werk von Johann Blasius Santini-Aichel, dem großen böhmischen Baumeister der sog. „Barockgotik".

Tisnov – Klaster Tisnov
Zisterzienserinnen
Das Kloster Tisnov, das einzige Frauenkloster in der Tschechischen Republik, liegt etwa 20 Kilometer nördlich von Brno (Brünn). Die wenigen Nonnen, die hier leben, sind aus Deutschland gekommen.
Das Kloster wird wegen seines herrlichen gotischen Portals auch *Porta Coeli* genannt. Sehenswert ist auch die Kirche. Leider sind die Klostergebäude zu einem großen Teil baufällig.

Vyssi Brod – Klaster Vyssi Brod
Zisterzienser
Vyssi Brod (auf deutsch: Hohenfurth) liegt in Südböhmen nahe der Grenze zu Oberösterreich. Das befestigte Zisterzienserkloster geht auf eine Stiftung des 13. Jh. zurück. Zur Zeit wohnt nur ein Mönch im Kloster.
Die Geschichte von Vyssi Brod ist eng verknüpft mit dem Stift Rein bei Graz (s. S. 272), wohin die Mönche ins Exil gegangen waren.
Die Klostergebäude sind in schlechtem Zustand, dennoch ist, außer montags, eine Besichtigung möglich.

Es gibt heute in Großbritannien zahlreiche Klöster, die über das ganze Land verteilt sind, allerdings sind nur wenige Abteien von größerer historischer Bedeutung darunter.
In Irland kam das klösterliche Leben über viele Jahrhunderte aufgrund der überaus restriktiven Londoner Politik de facto zum Erliegen, erwachte aber in unserem Jahrhundert wieder zu neuem Leben.

IRLAND UND GROSSBRITANNIEN

Um zu belegen, welch bedeutende Rolle das Mönchtum für die geistige Formung Englands gespielt hat, genügt ein Hinweis. Als im Jahr 596 der Mönch Augustinus auf Geheiß des Papstes Gregor des Großen nach England aufbrach, brachte er die christliche Botschaft unter anderem auch Aethelbert, dem König von Kent, und von Kent strahlte die Mission auf die anderen Königtümer aus. In weniger als einem Jahrhundert verbreitete sich der neue Glaube von Canterbury aus im ganzen südlichen Teil der Insel und führte zur Gründung zahlreicher monastischer Kommunitäten. Die großen englischen Abteien wurden binnen kurzer Zeit auch zu Zentren politischer Macht mit großem Einfluß während des gesamten Mittelalters.

Die Reformation Heinrichs VIII. und die Errichtung der anglikanischen Kirche 1534 beendeten diese jahrhundertealte Tradition und legte Bauten von höchstem architektonischem Rang in Trümmer.

Darüber hinaus führte die englische Besetzung auch in Irland, von wo aus im 5. Jh. Mönche zur Bekehrung ganz Europas aufgebrochen waren, zu Verwüstungen und Klosteraufhebungen. Die Folgen dieser antikatholischen Politik Londons waren so verheerend, daß das Mönchtum in Irland erst wieder Mitte dieses Jahrhunderts eine Rolle für das Land zu spielen begann.

Im 19. Jahrhundert sahen sich englische Kommunitäten, die über 200 Jahre lang in Frankreich im Exil gewesen waren, durch die Französische Revolution gezwungen, ihr Gastland zu verlassen und nach England zurückzukehren; damit begann ein langsamer Prozeß des Wiederaufbaus der monastischen Tradition in England. Ampleforth und Downside waren die beiden Abteien, von denen die Wiedergeburt der britischen Klöster ausging.

Von besonderer Bedeutung sind auch die Trappisten, die sowohl in Großbritannien wie in Irland zahlreiche Häuser gründen konnten.

Cappoquin – Mount Melleray Abbey

Trappisten

Die Abtei Mount Melleray liegt in der Grafschaft Waterford, in der Nähe der Ortschaft Cappoquin im Süden Irlands.

Gründung: *1832*
Anschrift: *Cappoquin, County Waterford*
Telefon: *058/544 04*

Im Jahr 1832 kehrten 16 irische Mönche, die in der Abtei Meilleraye in der Bretagne ihre Ordensgelübde abgelegt hatten, in ihre Heimat zurück, um dort ein Kloster zu gründen. Sie wählten dafür ein abgelegenes Gebiet am Fuß der Hügel von Knockmealdown in der Grafschaft Waterford. Für die Geschichte des religiösen Lebens in Irland war dies ein wichtiger Moment, denn damit kündigte sich – nach drei Jahrhunderten – die Rückkehr des monastischen Lebens auf die Insel an. Auf einem weiträumigen Gelände, das Sir Richard Keane, ein protestantischer Landeigentümer, gestiftet hatte, wurden Gebäude in neugotischem Stil errichtet, die heute eine große und lebendige Kommunität (mit 50 Mönchen) beherbergen, die sich vor allem der Landwirtschaft und dem Gebet widmet. Mount Melleray hat selbst sechs Abteien in Amerika und in Neuseeland gegründet.

Gebetszeiten: 7.15 Uhr (Sonn- und Feiertage 7.45 Uhr) Laudes; 9.30 Uhr Terz; 12.15 Uhr Sext; 17.45 Uhr Vesper; 20.00 Uhr Komplet. Messe an Wochentagen um 7.45 Uhr, an Sonn- und Feiertagen um 7.00, 9.00, 11.00 und 12.00 Uhr.

Angebote für Gäste: Männer und Frauen, die Ruhe suchen oder Einkehrtage halten wollen, sind hier willkommen; es besteht die Möglichkeit, am Chorgebet teilzunehmen.
Das Gästehaus verfügt über 30 Betten.

Mit der Gründung der Abtei Mount Melleray im Jahr 1832 kündigte sich die Rückkehr des monastischen Lebens nach Irland an.

Murroe – Glenstal Abbey

Benediktiner der Kongregation der Verkündigung

Die Abtei Glenstal in der Nähe des Ortes Murroe liegt in der Grafschaft Limerick im Westen Irlands.

Die Abtei Glenstal in der Grafschaft Limerick ist das einzige Männerkloster der Benediktiner in Irland. Auf dem Bild die große Abteikirche in neuromanischem Stil.

Gründung: *1927*
Anschrift: *Murroe, Grafschaft Limerick*
Telefon: *061/38 61 03*

Das von Benediktinern aus Maredsous in Belgien gegründete Kloster gehört heute noch zur belgischen Kongregation von der Verkündigung.
Die Mönche, die in ihrem Unterfangen durch den Bischof von Cashel und einige seiner Priester unterstützt wurden, wollten mit der Gründung dieses Klosters dem großen Dom Columban Marmion ein Denkmal setzen, dem Mönch aus Irland, der der Urheber der spirituellen und organisatorischen Erneuerung gewesen ist, die in Maredsous erfolgt war (s. S. 219).

Die Gebäude der Klosteranlage stehen am Ort eines früheren Adelssitzes, wenige Kilometer von der Stadt Limerick in Westirland entfernt.
Die Abtei mit einer Kommunität von 30 Mönchen ist das einzige benediktinische Männerkloster, das es in Irland gibt, und sie hat ihrerseits je ein Kloster in Nigeria und in Benin gegründet.

Gebetszeiten: 6.35 Uhr (Sonn- und Feiertage 7.00 Uhr) Laudes; 12.35 Uhr Mittagsgebet; 18.00 Uhr Vesper; 20.40 Uhr Komplet.
Messe an Wochentagen um 12.10 Uhr, an Sonn- und Feiertagen um 10.00 Uhr.

Klosterladen: Glenstal war über viele Jahre Sitz einer bedeutenden Klosterschule, die jedoch 1945 geschlossen wurde. Erhalten blieb die Tradition der handwerklichen und kunsthandwerklichen Tätigkeit der Mönche, die von Anfang an im Kloster eine wichtige Rolle spielte. Die Mönche sind Meister in der Herstellung von Skulpturen und Schnitzwerk sowie an der Drehbank.

Angebote für Gäste:
Nach Absprache mit dem Gästepater können Männer für einige Tage Aufnahme finden.

Ampleforth – Saint Laurence Abbey

Benediktiner der Englischen Kongregation

Ampleforth liegt nördlich von York; man fährt die Straße 19 bis Easingwold, von dort auf Landstraßen bis zur Abtei.

Gründung: *1802*
Anschrift: *Ampleforth Abbey, York, Yorkshire YO6 4EN*
Telefon: *014 39/78 82 25*

Das neugotische Kloster Ampleforth nördlich von York nahm im Prozeß der Erneuerung des Mönchtums in England eine Schlüsselstellung ein. Die Basis für das rasche Wachstum des Klosters wurde in Frankreich gelegt; die Kommunität war im 17. Jh. ins Exil gegangen und hatte im Kloster St-Laurence in der Nähe von Dieulouard Aufnahme gefunden.
Als die Mönche von der Französischen Revolution gezwungen wurden, ihr Gastland zu verlassen, kehrten sie in ihre Heimat England zurück.
Dort hatte sich das religiöse Klima seit ihrem Auszug so sehr gewandelt, daß sie – trotz der immer noch bestehenden Benachteiligung von Katholiken als Staatsbürger – nun sogar neue Niederlassungen gründen konnten. Zehn Jahre lang, von 1792 bis 1802, hatten die Mönche ihren Sitz in Lancashire, bevor sie nach Ampleforth in Yorkshire zogen.
1857 konnte eine Schule eingerichtet werden, die heute über 500 Zöglinge hat.
Zu Ampleforth gehört auch die Ordenshochschule St. Benet's Hall in Oxford, an der die englischen Benediktiner ihre Ausbildung erhalten, weiter gehören einige neu gegründete Häuser in England und Chile zur Abtei Ampleforth. Die Gründung St. Louis in den USA hingegen ist seit 1989 selbständig.

Gebetszeiten: 7.15 Uhr (Sonn- und Feiertage 8.00 Uhr) Laudes; 9.00 Uhr (So-/F. 7.00 und 10.00 Uhr) Messe; 12.50 Uhr Mittagsgebet; 18.20 Uhr Vesper (Achtung: unterschiedlicher Beginn je nach Jahreszeit); 21.00 Uhr Komplet.

Angebote für Gäste: Einzelpersonen finden im gut ausgestatteten Gästehaus (Tel. 014 39 / 78 82 07) zu Besinnungstagen Aufnahme.

Der Abtei Ampleforth kam in der Erneuerung des monastischen Lebens in England eine Schlüsselrolle zu.

Buckfast – Abbey of Our Lady

Benediktiner der Englischen Kongregation

Die Abtei liegt zwischen Plymouth und Exeter, in der Grafschaft Devon, am Rand des Nationalparks von Dartmoor. Sie ist über die große Verbindungsstraße 38 gut zu erreichen.

Gründung: *1018*
Anschrift: *Buckfast Abbey, Buckfastleigh, Devon TQ11 0EE*
Telefon: *013 64/64 33 01*

Der mächtige Turm der Abteikirche Buckfast. Das Kloster wurde 1018 gegründet.

Es gibt in England nur wenige Klöster, die nach der Zerstörung durch die Reformation (Aufhebungsverfügung von 1536 und Aufhebungswelle 1537 bis 1540) später wieder aufgebaut wurden. In den meisten Fällen war von den Klosterbauten nicht viel mehr als Ruinen und Trümmer übriggeblieben. Eine Ausnahme stellt in dieser Hinsicht Buckfast dar. Das Kloster wurde 1018 gegründet, es ging dann auf die Benediktiner über (als 1136 Mönche aus Savigny in der Normandie hierherkamen) und wurde später Zisterzienserkloster. Wie viele andere Abteien wurde auch Buckfast in der Folge der anglikanischen Reformation aufgelassen, doch wurden die Gebäude wieder aufgebaut und 1882 von Mönchen, die aus Pierre-qui-Vire in Burgund (s. S. 110) kamen, besiedelt. Die Emigranten aus Frankreich wollten soviel wie möglich von den alten Bauten retten und schufen zugleich ein modernes und funktionales Gebäude für die neue Kommunität. Nachdem die Mönche aus Pierre-qui-Vire in ihr Kloster zurückgekehrt waren, führte die englische Kommunität ihr Leben eigenständig weiter und schloß sich schließlich 1960 der Englischen Kongregation an. Zwischen 1982 und 1994 wurden die Wiederherstellungsarbeiten zu Ende geführt, so daß nun Teile des mittelalterlichen Komplexes wieder voll zugänglich sind.
Buckfast, in einer malerischen Landschaft gelegen, ist in der Kombination von landschaftlichem Reiz, lebendiger Vergangenheit und Intensität des monastischen Lebens der Gegenwart eines der sehenswertesten Klöster in England.

Gebetszeiten: 6.45 Uhr (Sonn- und Feiertage 7.45 Uhr) Laudes; 18.30 Uhr Vesper; 21.00 Uhr Komplet.
Messe an Wochentagen um 8.00 Uhr, an Sonn- und Feiertagen um 9.00 und 17.30 Uhr, feierliches Hochamt um 10.30 Uhr.

Angebote für Gäste: Im Kloster finden nur Männer zu Tagen der inneren Sammlung und Besinnung Aufnahme; für Frauen und Paare steht ein in den Gebäuden aus dem 14. Jh. (Southgate) eingerichtetes Gästehaus zur Verfügung. Im ältesten Teil der Gebäude aus dem 12. Jh. (Northgate) ist ein Restaurant untergebracht.

Coalville – Mount Saint Bernard Abbey

Trappisten

Die Abtei Mount St. Bernard (auf dem Foto die Kirche) ist die größte Niederlassung der Trappisten in England.

Das Kloster liegt ca. 20 km nordwestlich von Leicester bei dem Städtchen Coalville (nahe der Autobahn M 1).

Gründung: *1835*
Anschrift: *Coalville, Leicester LE67 5UL*
Telefon: 015 30/83 22 98

Mount St. Bernard, 1844 nach einem Plan des Architekten Pugin im Wald von Charnwood errichtet, ist die älteste Niederlassung der Zisterzienser in England. Auch dieses Kloster verdankt, wie viele andere auf der Insel, seine Existenz dem langsamen, aber kontinuierlich fortschreitenden Wiederaufleben der monastischen Lebensform, das sich Kommunitäten verdankt, die aus Frankreich nach England ins Exil gegangen waren.
Auch Mount St. Bernard wurde von Mönchen aus Meilleraye-de-Bretagne gegründet; auf sie geht auch die Strenge der Regelauslegung zurück, die die Männerklöster in Großbritannien prägt.

Gebetszeiten: Messe an Wochentagen um 8.00 Uhr, an Sonn- und Feiertagen um 9.00 Uhr; 12.15 Sext; 17.30 Uhr Vesper. (Die Kirche ist nur während der Gebetszeiten zugänglich.)

Angebote für Gäste: Aufnahme finden nur Männer. Eine vorherige Anfrage ist erforderlich.

Cranham – Prinknash Abbey

Benediktiner der Kongregation von Subiaco

Prinknash liegt in der Nähe des Städtchens Cranham, Grafschaft Gloucestershire, in den Cotswold Hills südlich von Gloucester.

Gründung: *1895*
Anschrift: *Cranham, Gloucester, GL4 8EX*
Telefon: *014 52/81 24 55*

Im Laufe des 19. Jh. erfolgten in England verschiedene Klostergründungen; während der Jahrhunderte der Verfolgung und des Martyriums hatten sich neue spirituelle Kräfte gesammelt, die sich nun entfalteten. Der Erneuerungseifer war nicht auf die katholische Kirche beschränkt, sondern erfaßte auch die Anglikaner. Im Zusammenhang mit diesem – manchmal in nicht sehr geordneten Bahnen verlaufenden – Erneuerungseifer steht die Gründung einer Gemeinschaft anglikanischer Mönche im Jahre 1895 in Caldey an der walisischen Küste. Die von Benjamin Carlyle geführte Kommunität näherte sich langsam der benediktinischen Lebensform an und konvertierte 1913 zum Katholizismus. 1928 übersiedelten die Mönche nach Prinknash. Mit ihrem Lebensideal, Kontemplation mit sozialem Einsatz zu verbinden, schlossen sie sich der Kongregation von Subiaco an.
Die Kommunität von Prinknash zählt heute 20 Mönche, die enge Beziehungen zur Außenwelt geknüpft haben; diese Verbindung zur Welt findet auch Ausdruck in der der Abtei zugeordneten Konfraternität der Oblaten, die für religiös engagierte Laien beiderlei Geschlechts offen ist und ein geistliches Leben in Verbundenheit mit den Mönchen des hl. Benedikt anstrebt.

Gebetszeiten: An Sonn- und Feiertagen: 6.30 Uhr Laudes; 10.30 Uhr Messe; 18.00 Uhr Vesper; 20.10 Uhr Komplet. An Wochentagen je nach Jahreszeit wechselnde Zeiten.

Angebote für Gäste: Für Einzelpersonen und kleine Gruppen steht das Exerzitienhaus St. Peter's Grange zur Verfügung.

Das Innere der Kirche der Abtei Prinknash ist von nüchterner Einfachheit. Die aufgeschlossene Kommunität engagiert sich auch in der Ökumene.

Downside – Saint Gregory Abbey

Benediktiner der Englischen Kongregation

Das Kloster liegt im Süden von Bath, wenige Kilometer nördlich von Radstock, in der Gemeinde Stratton on the Fosse.

Gründung: *1814*
Anschrift: *Downside, Stratton on the Fosse, Bath*
Telefon: *017 61/23 22 95*

Die Kommunität von Downside hat ihren geistigen Ursprung im Kloster St. Gregory in Douai in Flandern. Die in Douai im Exil lebenden Mönche warben um neue Berufungen und suchten – oft heimlich – die Beziehungen zu ihrem Heimatland aufrechtzuerhalten; sie setzten sich damit dem Verdacht aus, die in den katholischen Ländern Europas praktizierte monastische Lebensform auch im seit dem 16. Jh. anglikanischen England einführen zu wollen. Anlaß für die Rückkehr der Mönche nach England war die Französische Revolution. Die Kommunität ließ sich zunächst in Acton Burnell in Shropshire nieder. Dort blieben die Mönche bis zur endgültigen Übersiedlung nach Downside im Jahr 1814.
Das neue Kloster, im für die damalige Zeit typischen monumentalen neugotischen Stil erbaut, wurde erst 1925 mit der Einweihung einer majestätischen Kirche vollendet.
Die Mönche von Downside gründeten ihrerseits die Klöster Ealing und Worth (s. u.) sowie das Kloster Portsmouth in den USA. Die Kommunität zählt heute ca. 30 Mönche. Sie sind in der Pfarrseelsorge in den Grafschaften Devon und Somerset tätig, unterhalten ein an die Universität Bristol angegliedertes Forschungszentrum und betreiben einen kleinen Verlag für religiöse Bücher.

Gebetszeiten: 6.30 Uhr Matutin; 13.05 Uhr Mittagsgebet; 18.30 Uhr Vesper; 20.00 Uhr Komplet.
Messe an Wochentagen um 8.45 Uhr, an Sonn- und Feiertagen um 10.00 Uhr.

Angebote für Gäste:
Für Gäste, die an Besinnungstagen teilnehmen wollen, steht das Bainesbury Retreat House (Tel. 017 61/23 28 45) zur Verfügung.

Die große neugotische Kirche von Downside wurde erst 1925 vollendet. Die Abtei stand im Mittelpunkt der Wiederausbreitung der Klöster in England während der letzten beiden Jahrhunderte.

Fort Augustus – Saint Benedict's Abbey

Benediktiner der Englischen Kongregation

Das Kloster liegt im Norden Schottlands, am See von Loch Ness, bei der gleichnamigen Stadt Fort Augustus.

Gründung: *1867*
Anschrift: *Fort Augustus, Inverness PH32 4DB, Scotland*
Telefon: *013 20/36 62 32*

Das Innere der Kirche von Fort Augustus in Schottland.

Die Abtei Fort Augustus wurde 1867 auf den Resten einer Festung gegründet, die im 18. Jh. errichtet worden war, um den Aufstand der jakobitischen Bewohner der schottischen Hochebene niederzuschlagen. Zusammen mit der nicht weit entfernt liegenden Abtei von Pluscarden (s. S. 300) ist sie die nördlichste benediktinische Niederlassung in Europa. Gegründet wurde Fort Augustus von Downside aus; die Abtei sollte die Tradition der in Deutschland aufgelassenen Klöster von Lamspringe im Bistum Hildesheim (im 17. Jh. von englischen Benediktinern besiedelt) und des *Schottenstifts* St. Jakob in Regensburg fortführen. Die Bauten wurden nach einem Plan des Architekten Pugin ausgeführt, der im vorigen Jahrhundert einen großen Teil der Klosterbauten in neuromanischem Stil entworfen hat.
In der zweiten Hälfte dieses Jahrhunderts wurde den Gebäuden eine völlig moderne Kirche hinzugefügt, der die besondere Ehre widerfuhr, von Papst Paul VI. geweiht zu werden.
Die Kommunität, die sich von Anfang an besonders dem Unterricht und dem Apostolat zuwandte, stand bald in hoher Blüte. Heute gehören ihr jedoch nur noch etwa zehn Mönche an, zu deren Hauptanliegen die Gastfreundschaft geworden ist. Die Gebäude, die einmal ein schulisches Internat beherbergt haben, sind inzwischen in ein modernes und viel Raum bietendes Zentrum der Gastlichkeit umgewandelt worden.

Gebetszeiten: 6.00 Uhr (Sonn- und Feiertage 7.00 Uhr) Laudes; 9.00 Uhr (So-/F. 9.15 und 11.00 Uhr) Messe; 12.40 Uhr Mittagsgebet; 18.00 Uhr Vesper; 20.20 Uhr Komplet.

Angebote für Gäste: Im *Heritage Center*, das in den ehemaligen Schulgebäuden des Klosters eingerichtet wurde, finden Einzelpersonen und Gruppen für Tage der Besinnung und der Sammlung, aber auch zu Urlaubstagen Aufnahme. Fort Augustus ist aufgrund seiner Lage ein idealer Ausgangspunkt für die touristische Erforschung der schottischen Highlands, deren landschaftliche Schönheit und Einsamkeit auch schon die Begründer der Abtei angesprochen haben mögen. Voranmeldung ist erforderlich.

Die Klosterarchitektur

Große Gebäude, von grünen Wiesen umgeben, Internate, neugotische Kirchen: Die Erneuerung des monastischen Lebens in Großbritannien im vorigen Jahrhundert hat einen entschieden monumentalen Charakter (wie die Gebäude von Fort Augustus auf dem Bild erkennen lassen).
Die neuen Gründungen, oft von Mönchen aus Frankreich besiedelt, traten an die Stelle der großen mittelalterlichen Abteien, von denen nur noch großartige und eindrucksvolle Ruinen übriggeblieben waren.
Der Baustil der klösterlichen Gebäude wechselt von Land zu Land. In Italien und Spanien sind oft große Teile der mittelalterlichen Bauten erhalten, während in Österreich und Bayern so gut wie alle Klosteranlagen in der Barockzeit neu errichtet wurden.
In Frankreich und Belgien wurden während der Französischen Revolution fast alle Klöster zerstört und in zum Teil recht unterschiedlichen Stilen wiedererrichtet.

Pluscarden – Pluscarden Abbey

Benediktiner der Kongregation von Subiaco

Die Abtei Pluscarden liegt abgeschieden in der Nähe der schottischen Stadt Elgin (80 km östlich von Inverness, 100 km nordwestlich von Aberdeen).

Gründung: *1230*
Anschrift: *Elgin, Moray IV30 3UA, Scotland*
Telefon: *013 43/89 02 57*

Pluscarden ist eine alte Klosteranlage, die in einer eindrucksvollen malerischen Landschaft am Rande eines Kiefernwaldes liegt.
Am Anfang war Pluscarden nur ein kleines, von der Abtei Dunfermline abhängiges Priorat, das von Anhängern der anglikanischen Reformation in Trümmer gelegt wurde. Die Rückgewinnung und der Wiederaufbau der Gebäude verdanken sich der Initiative der Eigentümer und einer besonderen Tradition, nach der der Prior ein Laie war. Pluscarden wurde 1230 von Alexander II. gegründet, die Mönche lebten dann zwei Jahrhunderte lang nach der Mönchsregel von Val-de-Choux in Burgund, die die Regel des hl. Benedikt mit Elementen der eremitischen Tradition der Kartäuser verband. 1454 ging das Kloster auf die Benediktiner über. Es wurde, wie bereits erwähnt, während der Reformation aufgehoben und ging in Privatbesitz über, wobei die neuen Besitzer allerdings den Titel „Prior" beibehielten. Einer dieser Prioren, der Vierte Graf von Fife, veranlaßte 1821 die Renovierung der Anlage und ließ im heutigen Refektorium – der Konfession der Mehrheit der Schotten gemäß – eine presbyterianische Kirche einrichten. Etliche Jahrzehnte später war nicht nur eine erneute Renovierung vonnöten, sondern die Abtei kehrte auch wieder in den Besitz der katholischen Kirche zurück.
1898 ließ der Dritte Graf von Bute, der neuer Eigentümer geworden war, die Kirche renovieren, und sein Sohn übergab den Komplex den Mönchen der Abtei Prinknash, die zur Kongregation von Subiaco gehören; sie kamen 1948 hierher und brachten nach 400 Jahren wieder das monastische Leben zum Blühen.
Die Mönche von Pluscarden, das Tochterkloster der Abtei Prinknash ist, führen heute ein Leben des Gebetes, der Meditation und des Schweigens. Im Unterschied zu den anderen britischen Klöstern leiten die Mönche von Pluscarden keine Schule.

Besichtigung: Sehenswert sind vor allem die Kirche, die in einem Übergangsstil von der Romanik zur Gotik erbaut wurde, der Kreuzgang und der Kapitelsaal.

Gebetszeiten: 6.55 Uhr Laudes; 12.35 Uhr Sext; 14.00 Uhr Non; 18.00 Uhr (So-/F. 16.00 Uhr) Vesper; 20.00 Uhr Komplet.
Messe an Wochentagen um 8.45 Uhr, an Sonn- und Feiertagen um 8.00 und 10.00 Uhr.

Angebote für Gäste: Im Gästehaus zur hl. Scholastika, das an das Kloster angeschlossen ist, finden Einzelpersonen und Gruppen Aufnahme.

Die Abtei Caldey Island liegt, wie der Name schon sagt, auf einer Insel, die mehr als zwei Meilen von Tenby an der Südküste von Wales entfernt ist.

Gründung: *1928*
Anschrift: *Caldey Abbey, Caldey Island, Tenby, Dyfed SA70 7UH*
Telefon: *018 34/84 26 32*

Für die erste schöpferische Phase des keltischen Mönchtums waren Klostergründungen auf Inseln typisch. Die Heiligtümer vor den Küsten Schottlands sind die

Tenby – Caldey Island Abbey

Trappisten

Auf einer Insel vor der Südküste von Wales liegt die Abtei Caldey, die ursprünglich eine keltische Niederlassung war.

eigentliche Wiege dieses ruhelosen und an rauhe Lebensbedingungen gewohnten Mönchtums. Von diesen Inselklöstern wurden viele aufgehoben, andere gingen auf andere Ordensgemeinschaften über und haben so die Zeiten nicht in ihrer ursprünglichen Orientierung überdauert. Die einzige Ausnahme bildet die Abtei auf Caldey Island an der Küste von Wales, in der bis heute ein strenges Leben in Kontemplation geführt wird.
Die Insel Caldey kann tatsächlich auf keltisch-monastische Besiedlung der frühesten Zeit zurückblicken. Ab 1127 wurde das Kloster von Benediktinern aus Cardigan bewohnt, die es zu einer eigenen Dependance machten, die bis zur Aufhebung im Jahre 1534 Bestand hatte.
1895 bildete sich auf Caldey eine anglikanische Gemeinschaft, die dann zum Katholizismus übertrat und 1928 nach Prinknash ging (s. S. 295).
1928 zogen 20 Trappisten aus Scourmont in Belgien in das Kloster ein, das eine schöne alte Kirche besitzt.

Gebetszeiten: Sonntagsmesse um 10.45 Uhr, an Werktagen um 6.30 Uhr hl. Messe.

Angebote für Gäste:
In einem kleinen Laden können von den Mönchen hergestellte kunsthandwerkliche Gegenstände erworben werden.
Es gibt kein Gästehaus.

Republik Irland und Nordirland

Athy – Bolton Abbey
Trappisten
Gründung: 1965
Anschrift: Bolton Abbey, Moone, Athy, Grafschaft Kildare
Telefon: 05 07/241 02
Unterkunft: Es gibt kein Gästehaus.
Das Kloster ist eine Neugründung von Mount St. Joseph.

Collon – Mellifont Abbey
Trappisten
Gründung: 1938
Anschrift: Mellifont Abbey, Collon, Grafschaft Louth
Telefon: 041/261 03
Unterkunft: Nicht vorgesehen.
Das Kloster liegt ca. 6 km nordwestlich von Drogheda, einer kleinen Stadt im Norden von Dublin. Es handelt sich um eine Neugründung von Mount Melleray, neben den Ruinen der alten Abtei von Mellifont, die 1142 vom hl. Malachias von Clairvaux aus als erstes Zisterzienserkloster in Irland gegründet wurde.

Glencairn – Glencairn Abbey
Trappistinnen
Gründung: 1932
Anschrift: Saint Mary's Abbey, Glencairn, Grafschaft Waterford, Irland
Telefon: 058/561 68
Unterkunft: Es gibt kein Gästehaus; Aufnahme finden nur Frauen auf Anfrage.
Einziges Frauenkloster in Irland. Es wurde an der Stelle eines früheren Klosters errichtet, das im Laufe der Jahrhunderte mehrmals zerstört und wiederaufgebaut worden war.

Portglenone – Portglenone Abbey
Trappisten
Gründung: 1948
Anschrift: Our Lady of Bethlehem Abbey, 11 Ballymena Road, Portglenone, Ballymena, Grafschaft Antrim, BT44 8BL (Nordirland)
Telefon: 012 66/82 12 11
Unterkunft: Für Einzelpersonen und Gruppen zu Besinnungstagen.
Diese Gründung von Mount Melleray ist das einzige Kloster in Nordirland.

Roscrea – Mount Saint Joseph
Trappisten
Gründung: 1878
Anschrift: Mount Saint Joseph Abbey, Roscrea, Grafschaft Tipperary, Irland
Telefon: 05 05/217 11
Unterkunft: Für Einzelpersonen und Gruppen zu Besinnungstagen.
Dem Kloster, einer Gründung von Mount Melleray, ist eine große Schule angeschlossen.

Großbritannien

Callow Ens – Stanbrook Abbey
Benediktinerinnen der Englischen Kongregation
Gründung: 1838
Anschrift: Stanbrook Abbey, Callow Ens, Worcester, WR2 4TD
Telefon: 019 05/83 02 09
Unterkunft: Im Gästehaus findet jeder Aufnahme, der Tage der Besinnung und der Sammlung verbringen will. Für junge Frauen besteht die Möglichkeit, nach einem Vorgespräch am klösterlichen Leben der Kommunität teilzunehmen.
Die große Kommunität ist Erbin einer unbeugsamen englischen monastischen Tradition, die auch im Exil in Flandern durchgehalten wurde; die Nonnen widmen sich dem Gebet und führen einen kleinen Verlag.

Colwich – Colwich Abbey
Benediktinerinnen der Englischen Kongregation
Gründung: 1836
Anschrift: Saint Mary's Abbey, Colwich, Stafford, ST18 0UF
Telefon: 018 89/88 12 82
Unterkunft: Nur für junge Frauen, die am Leben der Kommunität teilnehmen wollen.
Die Benediktinerschwestern von Colwich sind eine weitere Kommunität, die über Jahrhunderte im Exil gelebt hat; sie hat in Paris besonders die Verehrung des Altarsakraments gefördert. Rückkehr der Benediktinerinnen in die Heimat und Niederlassung in Colwich erfolgten im Jahre 1795, also noch vor der Französischen Revolution.

Curzon Park South – Curzon Park Abbey
Benediktinerinnen der Englischen Kongregation
Gründung: 1988
Anschrift: Benedictine Abbey, 10 Curzon Park South, Chester
Telefon: 012 44/67 13 23
Unterkunft: Es gibt kein Gästehaus.
Die kleine, ursprünglich anglikanische Kommunität hat sich nach langer Wanderschaft von einem Ort zum anderen hier niedergelassen.

Ealing – Saint Benedict's Abbey
Benediktiner der Englischen Kongregation
Gründung: 1897
Anschrift: Charlbury Grove, London W5 2DY
Telefon: 01 81/998 21 58
Ealing, eine Gründung von Downside (s. S. 296), liegt im gleichnamigen Vorort von London. Die Mönche von Ealing sind verantwortlich für die geistliche Betreuung der Frauenklöster der Hauptstadt.
Im großen Gästehaus finden Einzelpersonen und Gruppen zu Tagen der Besinnung und Orientierung Aufnahme.
Die Gebetszeiten: Messe an Wochentagen um 7.00, 9.15 und 18.00 Uhr, an Sonn- und Feiertagen um 8.00, 9.00, 10.30, 12.00 und 19.00 Uhr. Die übrigen Gebetszeiten wechseln.

Die moderne Abteikirche von Worth in der Grafschaft West Sussex (s. S. 305). Den hier lebenden Benediktinern ist die Ökumene ein großes Anliegen.

Farnborough – Farnborough Abbey
Benediktiner der Kongregation von Subiaco
Gründung: 1896
Anschrift: Farnborough, Hampshire GU14 7NQ
Telefon: 012 52/54 61 05
Unterkunft: Für Einzelpersonen und Gruppen zu Besinnungstagen.
Das in der Nähe von London gelegene Kloster wurde von Solesmes aus gegründet und im Stil des Mutterklosters erbaut. 1946 schloß sich die Kommunität der Kongregation von Subiaco an; das Kloster war zunächst Prinknash zugeordnet, seit 1980 ist es selbständige Abtei.

Fernham – Fernham Priory
Benediktinerinnen der Kongregation von Subiaco
Gründung: 1966
Anschrift: Saint Mary's Priory, Fernham Faringdon, Oxon SN7 7PP
Telefon: 013 67/24 01 33
Unterkunft: Nur für Frauen, die am Leben der Kommunität teilnehmen wollen.
Auch diese Kommunität wurde in Frankreich gegründet und ist erst später nach England übersiedelt. Das Kloster ist schön gelegen zwischen Oxford und Swindon.

Garvald – Nunraw Abbey
Trappisten
Gründung: 1946
Anschrift: Sancta Maria Abbey, Garvald, Haddington, East Lothian EH41 4LW, Scotland
Telefon: 016 20/83 02 23; Gästehaus: 016 20/83 02 28

Das Kloster Nunraw wurde von irischen Mönchen aus Mount St. Joseph gegründet; es liegt etwa 30 Kilometer westlich von Edinburgh bei der Stadt Haddington. Die Klosteranlage besteht aus einem älteren Teil, dem eigentlichen Nunraw House, das heute als Gästehaus eingerichtet ist (für Einzelpersonen und Gruppen zu Tagen der Besinnung und der Sammlung), und einem neueren Teil, der seit 1969 Sitz der Kommunität ist.

Hereford – Belmont Abbey
Benediktiner der Englischen Kongregation
Gründung: 1859
Anschrift: Belmont, Hereford HR2 9RZ
Telefon: 014 32/27 73 88
Unterkunft: Für Gäste, die Besinnungstage im Kloster verbringen wollen, wurde kürzlich ein ganzer Trakt eingerichtet (Tel. 27 74 57).
Die aus 41 Mönchen bestehende Kommunität ist vor allem in der Pfarrseelsorge ihrer Region tätig.

London – Tyburn Convents
Benediktinerinnen
Gründung: 1903
Anschrift: 8 Hyde Park Place, London W2 2LJ
Telefon: 01 71/723 72 62
Unterkunft: Für Einzelpersonen und Gruppen zu Besinnungstagen.
Eine Gründung des Klosters Montmartre in Paris.

Oulton – Oulton Abbey
Benediktinerinnen
Gründung: 1853
Anschrift: Saint Mary's Abbey, Oulton, Staffordshire, ST15 8UP
Telefon: 017 85/81 20 49
Unterkunft: Nicht vorgesehen. Das Gästehaus wird als Erholungsheim genutzt.
Die große neugotische Kirche ist ein Werk des Architekten Pugin.

Ramsgate – Minster Abbey
Benediktinerinnen
Gründung: 1937
Anschrift: Priory of Saint Mildred, Minster Abbey, Ramsgate, Kent CT12 4HF
Unterkunft: Für Frauen und Paare zu Besinnungstagen; junge Frauen können auch am kontemplativen Leben der Kommunität teilnehmen.
Das Kloster ist eine Gründung der Benediktinerinnenabtei St. Walburg in Eichstätt (s. S. 182).

Ramsgate – Ramsgate Abbey
Benediktiner der Kongregation von Subiaco
Gründung: 1861
Anschrift: Saint Augustine's Abbey, Saint Augustine's Road, Ramsgate, Kent CT11 9PA
Telefon: 018 43/59 30 45
Unterkunft: Für Einzelpersonen und Gruppen zu Besinnungstagen; man wende sich an den *guestmaster*.
Das Kloster wurde neben einer sehenswerten neugotischen Kirche nach Plänen des (hier begrabenen) Architekten Pugin auf einem Felsenriff von Westcliff erbaut.

Reading – Douai Abbey
Benediktiner der Englischen Kongregation
Gründung: 1903
Anschrift: Upper Woolhampton, Reading, Berkshire RG7 5TH
Telefon: 017 34/71 53 00
Unterkunft: Einzelpersonen und Gruppen können in Gebäuden außerhalb des Klosters aufgenommen werden (Tel. 71 53 19).
Douai ist der Name der kleinen Stadt in Flandern, wo die Kommunität fast 300 Jahre lang im Exil gelebt hat und zu einer wahren Schutzburg der Traditionen des englischen Katholizismus geworden ist.
Aus Dankbarkeit hat die Kommunität den Namen bei der Rückkehr in die Heimat mitgenommen.

Ryde – Quarr Abbey
Benediktiner der Kongregation von Solesmes
Gründung: 1901
Anschrift: Quarr Abbey, Ryde, Isle of Wight P033 4ES
Telefon: 019 83/88 24 20
Unterkunft: Es gibt kein Gästehaus, doch können Einzelpersonen auf Ansuchen Aufnahme finden.
Die 1132 gegründete altehrwürdige Zisterzienserabtei wird seit Anfang dieses Jahrhunderts von Mönchen aus Solesmes (s. S. 118) bewohnt, die von ihrem Sitz in Frankreich vertrieben worden waren.
Die Klostergebäude wurden von dem Mönch und Architekten Dom Paul Bellot in neugotischem Stil entworfen.
Nach der Rückkehr der Mönche von Solesmes nach Frankreich 1922 blieb die Kommunität, die jetzt in der Mehrheit aus Engländern besteht, Mitglied der Kongregation von Solesmes.

Ryde – Santa Cecilia's Abbey
Benediktinerinnen der Kongregation von Solesmes
Gründung: 1922
Anschrift: Ryde, Isle of Wight P033 1LH
Telefon: 019 83/56 26 02
Unterkunft: Für Frauen, die die benediktinische Spiritualität kennenlernen und am

monastischen Leben teilnehmen wollen. Für jedermann zugänglich ist das Gästehaus „The Garth Retreat".
Wie das Männerkloster Quarr ist auch diese Kommunität auf der Isle of Wight auf dem Kontinent entstanden und erst später auf die Insel übersiedelt. Die Nonnen widmen sich insbesondere der Feier des Gottesdienstes und pflegen den gregorianischen Gesang.

Southgate – Cockfoster Monastery
Olivetaner
Gründung: 1936
Anschrift: Monastery of Christ the King, Bramley Road, Southgate, London N14 4HE
Telefon: 01 81/440 77 69
Unterkunft: Im Gästehaus mit Selbstversorgung findet jeder Aufnahme, der Tage der Besinnung und der Sammlung verbringen will.
Mit Turvey (s. u.) verbundene junge Kommunität, die sich in besonderer Weise dem ökumenischen Gebet verpflichtet weiß.

Turvey – Turvey Monastery
Olivetaner
Gründung: 1980
Anschrift: Monastery of Christ Our Saviour, Turvey, Bedfordshire MK43 8DH
Telefon: 012 34/88 12 11
Unterkunft: Für Einzelpersonen und Gruppen zu Besinnungstagen.
Die kleine Kommunität pflegt das kontemplative Leben und engagiert sich in der Ökumene.

Turvey – Vita et Pax Priory
Olivetanerinnen
Gründung: 1981
Anschrift: Priory of Our Lady of Peace, Turvey, Bedfordshire MK43 8DE
Telefon: 012 34/88 14 32
Unterkunft: Für Einzelpersonen und Gruppen zu Besinnungstagen.

Worth – Abbey of Our Lady
Benediktiner der Englischen Kongregation
Gründung: 1933
Anschrift: Crawley, West Sussex, RH10 4SB
Telefon: 013 42/71 88 11
Das Kloster, südlich von London gelegen, nicht weit vom Flughafen Gatwick, wurde 1965 zur unabhängigen Abtei erhoben. Die moderne Anlage hat eine große Kirche und unterhält eine Schule. Die Kommunität fördert eine ökumenische Gemeinschaft und eine Gebetsgemeinschaft von Laien.

GLOSSAR

Abt: vom Konvent frei gewählter Vorsteher einer Abtei (lat. *abbas*: Vater); die Vorsteherin des Frauenklosters ist die Äbtissin.
Abtei: Kloster; Haus und Lebensbereich einer rechtlich selbständigen Gemeinschaft von Mönchen oder Nonnen.
Augustiner-Chorherren/Regular-Kanoniker (CanA, CRSA): Klerikergemeinschaft, die nach der sog. Regel des hl. Augustinus lebt.
Benediktiner/-innen (OSB): Bedeutendste Ordensfamilie des abendländischen Mönchtums, die nach der Benediktregel lebt. Sie ist in mehrere Kongregationen gegliedert.
Chor: Raum innerhalb einer Kirche, in dem das Chorgebet verrichtet wird; oft in der Apsis der Kirche, in manchen Kirchen aber auch im Zentrum des Mittelschiffes. Während des Chorgebetes nehmen Mönche und Nonnen ihren Platz im Chorgestühl ein.
Einsiedelei: Lebensort eines Eremiten.
Eremitentum: Leben in der Einsamkeit; galt immer wieder als die reinste Form monastischer Lebensweise.
Erzabtei: „Mutterkloster" einer Kongregation, „Haupt" der Abteien und Klöster, die der Kongregation angehören.
Gregorianischer Choral, Gesang: einstimmige Gesänge der römisch-lateinischen Liturgie mit eigenen Tonarten (sog. Kirchentonarten).
Habit: Ordensgewand.
Hore/Stundengebet: Vigil (am Vorabend); Matutin (am Morgen); Laudes (Morgenlob); Terz, Sext und Non (Sext und Non werden manchmal zum Mittagsgebet zusammengefaßt); Vesper (Abendob); Komplet (Gebet zur Nacht) (lat. *hora:* Stunde).
Josephinismus: Kirchenpolitik Kaiser Josephs II., die gekennzeichnet war durch massive Eingriffe in das innerklösterliche Leben, Verpflichtung der Klöster auf sozial nützliche Tätigkeiten, zahlreiche Klosteraufhebungen.
Kapitel: tägliche Versammlung der Kommunität im Kapitelsaal, bei der organisatorische und disziplinarische Fragen erörtert werden.
Kartäuser/-innen: Mönche und Nonnen, die nach den *Consuetudines Cartusiae* leben. Zentral für diese Lebensweise ist die Verbindung von Eremitentum und Gemeinschaftsleben. Charakteristisch die Anlage der um eine herausragende Kirche gruppierten Einzelhäuser mit den notwendigen Gemeinschaftsräumen.
Klausur: geschützter Lebensbereich innerhalb eines Klosters.
Kloster: Wohngebäude für eine Gemeinschaft von Mönchen bzw. Nonnen (lat. *claustrum*, abgeleitet von *claudere*: schließen, abschließen von der Außenwelt); ein selbständiges Kloster heißt Abtei.
Kommende, Kommendenwesen: Als Wirtschaftsbetrieb wirft eine Abtei einen Ertrag ab, der dem Unterhalt dient, die Pfründe; die Kommende ist eine Pfründe, deren Inhaber den Amtstitel trägt und die Einkünfte bezieht, ohne das damit verbundene Kirchenamt tatsächlich auszuüben. Kommendatar-Äbte konnten auch Laien sein; oft waren es kirchliche Würdenträger, führende Staatsmänner, Mitglieder und Günstlinge des Königshauses. Das Kommendenwesen führte zum Niedergang zahlreicher Klöster und verhinderte Reformen.
Kommunität: Ordensgemeinschaft.
Kongregation: Zusammenschluß mehrerer selbständiger Abteien und Klöster mit gemeinsamen Konstitutionen.
Konstitutionen/Deklarationen: Erläuterungen und Auslegungen der Benediktregel.
Konvent: Ordensgemeinschaft; die Klöster der Bettelorden (Franziskaner, Dominikaner) werden oft als Konvente bezeichnet.
Konversen: Laienmönche, Laienbrüder; als feste Institution in die Ordensverfassung eingeführt von den Zisterziensern; Konversen leiteten die um das Kloster angelegten Wirtschaftsbetriebe, die Grangien.
Kreuzgang: Offener oder überdeckter Gang um einen Garten, der die Gemeinschaftsräume eines Klosters miteinander verbindet und durch seine Anlage sowohl für Prozessionen wie für die Meditation genutzt werden kann. Der Name hat nichts mit der Form dieses Ganges zu tun, sondern bezieht sich auf das den Umzügen vorangetragene Prozessionskreuz. In den romanischen Sprachen (it. *chiostro*, frz. *cloître*) ist der Bezug zu *claustrum* (s. Kloster) erhalten geblieben.
Lectio divina: geistliche (Schrift-) Lesung.
Liturgie: Lebensmitte der Kommunität; Feier der Eucharistie und des gemeinsamen Chorgebetes.
Monastisch: auf das Mönchtum bezogen; Bezeichnung für alles, was der Regel, den Konstitutionen und Bräuchen eines Klosters entspricht; in den romanischen Sprachen leitet sich das Wort für Kloster (it. *monastero*; span. *monasterio*, frz. *monastère*) von diesem Wortstamm her.
Mönch: männliches Mitglied eines kontemplativen Ordens (griech. *monachos*).
Nonne/Moniale: weibliches Mitglied eines kontemplativen Ordens (lat. *nonna)*.
Prämonstratenser/Norbertiner (OPraem): Orden regulierter Chorherren, gegründet 1120 von Norbert von Xanten, benannt nach dem Kloster Prémontré bei Laon.
Prior/Priorin: Stellvertreter/Stellvertreterin des Abtes bzw. der Äbtissin.
Priorat: kleine Niederlassung von Mönchen oder Nonnen, die rechtlich von einer Abtei abhängig ist.
Refektorium: Speisesaal eines Klosters.
Säkularisation: Einziehung und Nutzung kirchlichen Eigentums durch weltliche Gewalten, insbesondere den Staat; als „die Säkularisation" wird oft die umfassendste Aufhebung geistlicher Hoheits- und Eigentumsrechte bezeichnet, die Anfang des 19. Jh. im Gefolge der Französischen Revolution stattfand; in den deutschen Ländern wurde durch den sog. Reichsdeputationshauptschluß von 1803 den Klöstern der Todesstoß versetzt. Zur Unterdrückung und Aufhebung von Klöstern kam es in den Ländern Europas auch noch im späteren 19. und im 20. Jh.
Stift: ein Kloster, das über das geistliche Wirken hinaus die Grundherrschaft über ein bestimmtes Gebiet ausübte (von „Stiftung"). In Österreich die übliche Bezeichnung für Abteien und Klöster der benediktinischen Ordensfamilie und der Chorherren.
Trappisten/Zisterzienser der strengen Observanz:/Reformierte Zisterzienser (OCR, OCSO): aus einer Reform des Zisterzienserordens hervorgegangener Ordenszweig, benannt nach dem Reformkloster La Trappe in Frankreich.
Zisterzienser/-innen (OCist): aus einer Reformbewegung des Mittelalters hervorgegangener Ordenszweig, benannt nach dem vom hl. Robert von Molesme im Jahr 1098 gegründeten Reformkloster von Cîteaux (südlich von Dijon), lat. *Cistercium*; zentrale Gestalt – aber nicht Gründer – des Ordens war der hl. Bernhard, Abt von Clairvaux.

ORTSREGISTER

BELGIEN

Achel-Hamont – Sint Benedictusabdij 234
Affligem – Abdij Sint Pieter en Paulus 234
Aubel – Abbaye de Notre-Dame-Val-Dieu 214
Averbode – Abdij van Averbode 217
Bocholt – Priorij Onze Liewe Vrouwe van Klaarland 234
Bois-Seigneur-Isaac – Abbaye de Bois-Seigneur-Isaac 228
Bonheiden – Abdij Bethlehem 234
Bouillon – Abbaye de Clairefontaine 234
Brügge – Sint Pieters Abdij 234
Brügge – Van Wijngaard Abdij 215
Brügge-Loppem – Sint Andries Abdij 234
Chevetogne – Monastère de l'Exaltation-de-la-Croix 216
Chimay – Abbaye Notre-Dame-de-la-Paix 234
Dendermonde – Abdij Sint Pieter en Paulus 235
Ermeton-sur-Biert – Monastère de Notre-Dame 235
Forges – Abbaye de Notre-Dame-de-Scourmont 235
Gistel – Sint Godelieveabdij „Ten Putte" 235
Grimbergen – Prämonstratenserabdij 229
Leuven – Abdij Keizersberg 235
Loppem-Zedelgem – Priorij Onze Liewe Vrouwe van Béthanie 235
Lüttich – Abbaye de Notre-Dame-de-la-Paix 235
Maredret – Abbaye de Saint-Jean-et-Sainte-Scholastique 218
Maredsous – Abbaye de Saint-Benoît 219
Namur – Prieuré Saint-Benoît 235
Orval – Abbaye de Notre-Dame 221
Ottignies – Monastère de Saint-André-de-Clerlande 235
Postel-Mol – Abdij der Norbertijnen 230
Quevy-le-Grand – Prieuré de Saint-Jean-l'Evangéliste 235
Rixensart – Monastère de l'Alliance 236
Rochefort – Abbaye de Saint-Remy 223
Saint-Hubert – Monastère de Notre-Dame-d'Hurtebise 236
Stavelot – Monastère de Saint-Remacle 236
Westerlo – Norbertijnenabdij Tongerlo 231
Westmalle – Onze Liewe Vrouwe 226
Westvleteren – Abdij Sint Sixtus 236

DEUTSCHLAND

Aachen – Abtei Kornelimünster 176
Alexanderdorf – Abtei St. Gertrud 206
Altenstadt – Abtei Engelthal 206
Andechs – Kloster Andechs 176
Augsburg – Abtei St. Stephan 206
Baden-Baden – Abtei Lichtenthal 177
Berg-Kellenried – Abtei St. Erentraud 206
Beuron – Erzabtei St. Martin 179
Beverungen-Herstelle – Abtei vom Hl. Kreuz 206
Billerbeck – Abtei Gerleve 206
Dinklage – Abtei St. Scholastika 207
Duisburg-Hamborn – Abtei St. Johann 207
Ebenhausen – Abtei Schäftlarn 207
Eibingen – Abtei St. Hildegard 181
Eichstätt – Abtei St. Walburg 182
Ettal – Benediktinerabtei 183
Frauenchiemsee – Abtei Frauenwörth 184
Freiburg – Kloster St. Lioba 207
Fulda – Abtei zur Hl. Maria 207
Gessertshausen – Abtei Oberschönenfeld 208
Großlittgen – Abtei Himmerod 186
Hachenburg – Abtei Marienstatt 187
Heidelberg – Abtei Neuburg 208
Heimbach – Abtei Mariawald 188
Hildesheim – Priorat Marienrode 208
Hunderdorf – Abtei Windberg 208
Kall-Steinfeld – Abtei Maria Heimsuchung 208
Kempen – Abtei Mariendonk 208
Köln-Raderberg – Kloster Herz Jesu 208
Landshut – Abtei Seligenthal 208
Maria Laach – Benediktinerabtei 189
Meschede – Abtei Königsmünster 208
Metten – Benediktinerabtei 209
Münsterschwarzach – Benediktinerabtei 209
Neresheim – Benediktinerabtei 191
Neuß – Kloster Kreitz 209
Niederaltaich – Benediktinerabtei 209
Ockenheim – Priorat Jakobsberg 209
Ortenburg – Kloster Neustift 209
Ostrach – Priorat U. L. Frau Habsthal 209
Ottobeuren – Benediktinerabtei 193
Plankstetten – Benediktinerabtei 194
Rietberg-Varensell – Abtei U. L. Frau 209
Roggenburg 210
Rohr – Abtei Braunau 195
Scheyern – Benediktinerabtei 210
Siegburg – Abtei St. Michael 198
Speinshart 210
St. Ottilien – Erzabtei 196
Tettenweis – Abtei St. Gertrud 210
Tholey – Abtei St. Mauritius 199
Thyrnau – Abtei St. Josef 210
Travenbrück-Nütschau – Priorat St. Ansgar 210
Trier – Abtei St. Matthias 210
Tutzing – Mutterhaus Tutzing 210
Uhldingen – Abtei Birnau 210
Vilshofen – Abtei Schweiklberg 211
Waldsassen – Zisterzienserinnenabtei 211
Weingarten – Abtei St. Martin 200
Weltenburg – Abtei St. Georg und Martin 202
Zapfendorf-Kirchschletten – Abtei Maria Frieden 211

FRANKREICH

Acey – Abbaye de Notre-Dame-d'Acey 86
Aiguebelle – Abbaye de Notre-Dame 88
Angers – Prieuré de Notre-Dame-du-Calvaire 123
Argentan – Abbaye de Notre-Dame 123
Auros – Abbaye de Sainte-Marie-du-Rivet 123

Bayeux – Monastère de la Sainte-Trinité 123
Bec-Hellouin – Abbaye de Notre-Dame 89
Bellefontaine – Abbaye de Bellefontaine 91
Belmont-Travet – Abbaye de Saint-Joseph-de-la-Rochette 123
Blauvac – Abbaye de Notre-Dame-de-Bon-Secours 123
Boulaur – Monastère de Sainte-Marie 124
Boyer – Abbaye de Notre-Dame-de-Veniere 124
Bréhan-Rohan – Abbaye de Notre-Dame-de-Timadeuc 124
Bricquebec – Abbaye de Notre-Dame-de-Grâce-Bricquebec 124
Cabanoule-Andouze – Monastère de Notre-Dame-de-la-Paix-Dieu 124
Cambrai – Monastère de Notre-Dame-de-Grâce 124
Campénéac – Abbaye de la Joie-de-Notre-Dame 124
Castagniers – Abbaye de Notre-Dame-de-la-Paix 124
Chantelle – Abbaye de Saint-Vincent 124
Charmes – Abbaye de Notre-Dame-de-Saint-Joseph-d'Ubexy 125
Chatillon-S.-J.-Romans – Monastère de Notre-Dame-de-Triors 125
Chaux-les-Passavants – Abbaye de Notre-Dame de-la-Grâce-Dieu 92
Cîteaux – Abbaye de Notre-Dame 96
Cotignac – Monastère de la-Font-de-Saint-Joseph-du-Bessilon 125
Craon – Monastère de l'Immaculée Conception 125
Dompierre-sur-Besbre – Abbaye de Sept-Fons 98
Dourgne – Abbaye de Saint-Benoît-en-Calcat 125
Dourgne – Abbaye de Sainte-Scholastique-en-Calcat 125
Échourgnac – Abbaye de Notre-Dame-de-Bonne-Espérance 125
Entrammes – Abbaye de Notre-Dame-du-Port-du-Salut 125
Erbalunga – Abbaye de Notre-Dame-de-Erbalunga 126
Ergersheim-Molsheim – Abbaye de Notre-Dame-d'Altbronn 126
Espalion – Abbaye de Notre-Dame-de-Bonneval 126
Eyres-Moncube-Laféourère – Abbaye de Notre-Dame-et-Saint-Eustase 126
Faremoutiers – Abbaye de Notre-Dame-et-Saint-Pierre 126
Flavigny-sur-Ozerain – Monastère de Saint-Joseph-de-Clairval 127
Flee – Abbaye de la Paix-Notre-Dame 127
Fontgombault – Abbaye de Fontgombault 99
Ganagobie – Abbaye de Notre-Dame 101
Godewaersvelde-Bailleul – Abbaye de Notre-Dame-du-Mont-des-Cats 127
Igny – Abbaye de Notre-Dame 103
Joignac-Montmoreau – Abbaye de Sainte-Marie-de-Maumont 127
Jouarre – Abbaye de Notre-Dame 127
Jouaye-Mondaye – Abbaye de Saint-Martin 128
Jousques – Abbaye de Notre-Dame-de-Fidélité 128
La Meilleraye-de-Bretagne – Abbaye de Notre-Dame 128
La-Seine-sur-Mer – Monastère du Clòs-Bethléem 128
Landévennec – Abbaye de Saint-Guénolè 104
Laval – Abbaye de Notre-Dame-de-la-Coudre 128
Laval-Roquecezière-Saint-Sernin-sur-Rance – Monastère de Notre-Dame-d'Orient 128
Le Plantay – Abbaye de Notre-Dame-des-Dombes 128
Lérins – Abbaye de Saint-Honorat 105
Ligugé – Abbaye de Saint-Martin 107
Limon-Vauhallan – Abbaye de Saint-Louis-de-Temple 128
Martigné-Briand – Monastère de Notre-Dame-de-Compassion 128
Mas Grenier – Abbaye de Saint-Pierre 129
Mesnil-Saint-Loup – Monastère de Notre-Dame-de-la-Sainte-Espérance 129
Mont-Saint-Michel – Communauté-de-l'Abbaye 109
Moustier-en-Fagne – Prieuré de Saint-Odilon 129
Mugron – Abbaye de Notre-Dame-de-Maylis 129
Oriocourt – Abbaye du Sacre-Cœur 129
Ottmarsheim – Monastère de Sainte-Anne-de-Ottmarsheim 129
Ozon – Abbaye de l'Immaculée Conception 129
Paris – Abbaye de Sainte-Marie 129
Pierre-qui-Vire – Abbaye de Sainte-Marie 110
Plancherine – Abbaye de Notre-Dame-de-Tamié 129
Plouharnel – Abbaye de Saint-Michel-de-Kergonnan 130
Plouharnel – Abbaye de Sainte-Anne-de-Kergonnan 130
Plouneventer – Monastère de Kerbeneat 130
Prades – Abbaye de Saint-Michel-de-Cuxa 112
Pradines – Abbaye de Saint-Joseph-et-de-Saint-Pierre 130
Reiningue – Abbaye de Notre-Dame-de-Oelenberg 130
Rosans – Monastère de Notre-Dame-de-Miséricord 130
Rosheim – Monastère de Notre-Dame-de-Rosheim 130
Rouen – Monastère de l'Immaculée Conception 130
Roybon – Abbaye de Notre-Dame-de-Chambaran 131
Saint-Amand-Tallende – Abbaye de Notre-Dame-de-Randol 131
Saint-André – Monastère de Notre-Dame-de-la-Plaine 131
Saint-Benoît – Abbaye de Sainte-Croix 131
Saint-Benoît-sur-Loire – Abbaye de Fleury 113
Saint-Bernard-du-Touvet – Monastère de Notre-Dame-des-Petites-Roches 131
Saint-Etienne-de-Lugdarès – Abbaye de Notre-Dame-des-Neiges 131
Saint-Georges-des-Gardes – Abbaye de Notre-Dame-des-Gardes 132
Saint-Jean-de-Braye – Abbaye de Saint-Jean-et-Saint-Benoît 132
Saint-Julien-l'Ars – Monastère de l'Annonciation-de-Notre-Dame 132
Saint-Pol-sur-Ternoise-Troisvaux – Abbaye de Notre-Dame-de-Belval 132
Saint-Thierry – Monastère de Saint-Thierry 132
Saint-Wandrille – Abbaye de Saint-Wandrille 115
Sénanque – Abbaye de Notre-Dame 117
Simiane-Collongue – Monastère de Sainte-Lioba 132
Solesmes – Abbaye de Saint-Pierre 118
Solesmes – Monastère de Saint-Cécile 121
Soligny-la-Trappe – Abbaye de Notre-Dame 121
Tarascon – Abbaye de Saint-Michel-de-Frigolet 122
Tourcoign – Monastère du Cœur-Tres-Pur-de-Marie 132
Tournay – Abbaye de Notre-Dame 132
Urt – Abbaye de Notre-Dame-de-Belloc 133
Urt – Monastère de Sainte-Scholastique 133

Valognes – Abbaye de Notre-Dame-de-Protection 133
Vanves – Prieuré de Sainte-Bathilde 133
Verneuil-sur-Avre – Abbaye de Saint-Nicolas 133
Wisques – Abbaye de Notre-Dame-de-Wisques 133
Wisques – Abbaye de Saint-Paul 133

GROSSBRITANNIEN

Ampleforth – Saint Laurence Abbey 292
Buckfast – Abbey of Our Lady 293
Callow Ens – Stanbrook Abbey 302
Coalville – Mount Saint Bernard Abbey 294
Colwich – Colwich Abbey 302
Cranham – Prinknash Abbey 295
Curzon Park South – Curzon Park Abbey 303
Downside – Saint Gregory Abbey 296
Ealing – Saint Benedict's Abbey 303
Farnborough – Farnborough Abbey 303
Fernham – Fernham Priory 303
Fort Augustus – Saint Benedict's Abbey 297
Garvald – Nunraw Abbey 303
Hereford – Belmont Abbey 304
London – Tyburn Convents 304
Oulton – Oulton Abbey 304
Pluscarden – Pluscarden Abbey 300
Ramsgate – Minster Abbey 304
Ramsgate – Ramsgate Abbey 304
Reading – Douai Abbey 304
Ryde – Quarr Abbey 304
Ryde – Santa Cecilia's Abbey 304
Southgate – Cockfoster Monastery 305
Tenby – Caldey Island Abbey 301
Turvey – Turvey Monastery 305
Turvey – Vita et Pax Priory 305
Worth – Abbey of Our Lady 305

IRLAND UND NORDIRLAND

Athy – Bolton Abbey 302
Cappoquin – Mount Melleray Abbey 290
Collon – Mellifont Abbey 302
Glencairn – Glencairn Abbey 302
Murroe – Glenstal Abbey 291
Portglenone – Portglenone Abbey 302
Roscrea – Mount Saint Joseph Abbey 302

ITALIEN

Abano Terme – Monastero di San Daniele 75
Abbadia San Salvatore – Abbazia di San Salvatore 75
Amandola – Monastero di San Lorenzo 75
Assisi – Monastero di San Giuseppe 75
Assisi – Monastero di San Pietro 75
Bardolino – Eremo della Rocca 75
Bassano Romano – Monastero di San Vincenzo Martire 75
Bastia Umbra – Monastero di Sant'Anna 75
Bevagna – Monastero di Santa Maria del Monte 75
Bitonto – Monastero di Santa Maria delle Vergini 76
Bologna – Monastero di Santo Stefano 76
Borutta – Abbazia di San Pietro a Sorres 76
Bozen – Abtei Muri-Gries 76
Burgeis-Mals – Abtei Marienberg 26
Cagli – Monastero di San Pietro 76
Camaldoli – Archicenobio di Camaldoli 27
Camaldoli – Sacro Eremo di Camaldoli 29
Camogli – Monastero di San Prospero 76
Casalbordino – Monastero-Santuario di Santa Maria dei Miracoli 76
Casamari – Abbazia di Casamari 30
Cassino – Abbazia di Montecassino 34
Castel Ritaldi – Monastero di Santa Caterina (Celestine) 76
Cava de' Tirreni – Abbazia della Trinità 36
Cesena – Abbazia di Santa Maria del Monte 76
Chiaravalle – Abbazia di Chiaravalle Milanese 38
Chiaravalle della Colomba – Abbazia di Santa Maria 76
Cingoli – Monastero di Santa Sperandia 77
Citerna – Monastero del SS Crocifisso e di Santa Maria 77
Cortona – Monastero della Santissima Trinità 77
Fabriano – Eremo di San Silvestro di Montefano 39
Fabriano – Monastero dei SS Biagio e Romualdo 77
Fabriano – Monastero di San Luca 77
Fabriano – Monastero di Santa Margherita 77
Faenza – Monastero di San Maglorio 77
Fano – Eremo di Monte Giove 77
Farfa – Abbazia di Santa Maria di Farfa 41
Fermo – Monastero di San Giuliano 77
Ferrara – Monastero di San Giorgio 78
Ferrara – Monastero di Sant'Antonio Abate 78
Finale Ligure – Abbazia di Santa Maria di Finalpia 78
Florenz – Abbazia di San Miniato al Monte 43
Florenz – Abbazia di Santa Trinità 78
Florenz – Monastero di Regina Pacis 78
Florenz – Monastero di Santa Marta 78
Fonte Avellana – Sacro Eremo di Fonte Avellana 45
Fossano – Monastero della SS Annunziata 78
Frascati – Sacro Eremo Tuscolano 78
Galluzzo – Certosa del Galluzzo 79
Genua – Abbazia di Santa Maria della Castagna 79
Geraci Siculo – Monastero di Santa Caterina 79
Giulianova – Monastero del Santo Volto 79
Grandate – Monastero del SS Salvatore 79
Guardistallo – Monastero di Valserena 79
Latiano – Monastero di Santa Maria di Cotrino 79
Laveno Mombello – Monastero di Nostra Signora dell'Annunciazione 79
Lendinara – Abbazia di Santa Maria del Pilastrello 79
Livorno – Abbazia di Montenero 79
Martano – Monastero di Santa Maria della Consolazione 79
Matelica – Monastero di Santa Teresa 80
Matera – Monastero della Madonna di Picciano 80
Mercogliano – Abbazia di Montevergine 80
Modena – Abbazia di San Pietro 80
Monte Sant'Angelo – Monastero-Santuario di San Michele 80

Montecatini – Monastero di Santa Maria a Ripa 80
Monteoliveto – Abbazia di Monte Oliveto Maggiore 47
Neapel – Eremo dei Camaldoli 80
Noci – Abbazia di Santa Maria della Scala 80
Norcia – Monastero di Sant'Antonio Abate 80
Novalesa – Abbazia di Novalesa 81
Offida – Monastero di San Marco 81
Orta – Monastero Mater Ecclesiae 50
Orte – Monastero di Santa Maria delle Grazie 81
Padua – Abbazia di Santa Giustina 51
Parma – Abbazia di San Giovanni Evangelista e Badia di Torrechiara 53
Pavia – Certosa di Pavia 55
Perugia – Monastero di San Pietro 81
Piacenza – Monastero di San Raimondo 81
Piedemonte Matese – Monastero di San Benedetto 81
Piona – Abbazia di Santa Maria e San Nicolò 57
Pontasserchio – Monastero di Santa Maria Madre della Chiesa e San Benedetto 81
Pontida – Abbazia di San Giacomo Apostolo 81
Poppi – Monastero della SS Annunziata 81
Praglia – Abbazia di Santa Maria 59
Ravenna – Monastero di Sant'Apollinare in Classe 81
Rodengo Saiano – Abbazia di San Nicola 82
Rom – Abbazia delle Tre Fontane 62
Rom – Abbazia di Nostra Signora del SS Sacramento 82
Rom – Abbazia di San Gregorio al Celio 63
Rom – Abbazia di San Paolo Fuori le Mura 63
Rom – Abbazia di Santa Croce in Gerusalemme 64
Rom – Sant'Anselmo – Collegio Pontificio 64
Ronco di Ghiffa – Monastero della SS Trinità 82
Rosano – Abbazia di Santa Maria 65
San Gimignano – Monastero di San Girolamo 82
San Martino delle Scale – Abbazia di San Martino 66
San Severino Marche – Monastero di Santa Caterina 82
San Severino Marche – Monastero di Santa Maria dei Lumi 82
Seregno – Abbazia di San Benedetto 82
Sermoneta – Abbazia di Valvisciolo 82
Sforzacosta – Monastero di Chiaravalle di Fiastra 82
Subiaco – Monasteri di Santa Scolastica e del Sacro Speco 68
Tagliacozzo – Monastero dei SS Cosma e Damiano 83
Tavarnelle Val di Pesa – Badia di Passignano 83
Triest – Monastero di San Cipriano 83
Trisulti – Certosa di Trisulti 83
Vahrn-Brixen/Varna di Bressanone – Kloster Neustift 73
Vallombrosa – Abbazia di Vallombrosa 71
Venedig – Abbazia di San Giorgio Maggiore 83
Vertemate – Abbazia di San Giovanni Battista 83
Verucchio – Monastero di Santa Chiara 83
Vitorchiano – Monastero di Nostra Signora di San Giuseppe 83

LUXEMBURG

Clervaux – Abbaye de Saint-Maurice 232

NIEDERLANDE

Berkel-Enschot – Abdij Onze Liewe Vrouwe van Koningshoeven 236
Diepenveen – Abdij Sion 236
Doetinchem – Abdij Sint Willibrod 236
Echt – Abdij Lilbosch 236
Egmond-Binnen – Sint Adelbertabdij 237
Egmond-Binnen – Sint Lioba Klooster 237
Heesch – Priorij Fons Vitae 237
Heeswijk-Dinther – Abdij Berne 237
Nieuwkuijk – Abdij Marienkroon 237
Oosterhout – Abdij Sankt Paulus 233
Tegelen – Abdij Onze Liewe Vrouwe 237
Tegelen – Priorij Nazareth 237
Vaals – Abdij Sint Benedictusberg 237
Valkenburg aan de Geul – Priorij Regina Pacis 237
Zundert – Abdij Maria Toevlucht 237

ÖSTERREICH

Admont – Benediktinerstift 254
Aigen – Prämonstratenserstift Schlägl 281
Altenburg – Benediktinerstift 256
Fiecht – St. Georgenberg – Benediktinerstift 286
Göttweig – Benediktinerstift 258
Heiligenkreuz – Zisterzienserstift 260
Herzogenburg – Augustiner-Chorherrenstift 281
Innsbruck – Prämonstratenserstift Wilten 281
Klosterneuburg – Augustiner-Chorherrenstift 281
Kremsmünster – Benediktinerstift 261
Lambach – Benediktinerstift 263
Lilienfeld – Zisterzienserstift 265
Mehrerau – Zisterzienserstift 267
Melk – Benediktinerstift 270
Michaelbeuern – Benediktinerstift 286
Reichersberg am Inn – Augustiner-Chorherrenstift 281
Rein – Zisterzienserstift Rein-Hohenfurth 272
Salzburg – Abtei Nonnberg 273
Salzburg – Erzabtei St. Peter 274
Schlierbach – Zisterzienserstift 276
Seckau – Benediktinerstift 286
Seitenstetten – Benediktinerstift 286
St. Florian – Augustiner-Chorherrenstift 282
St. Lambrecht – Benediktinerstift 286
St. Paul im Lavanttal – Benediktinerstift 275
Stams – Zisterzienserstift 277
Vorau – Augustiner-Chorherrenstift 282
Wien – Schottenstift 287
Wiener Neustadt – Zisterzienserpriorat Neukloster 287
Wilhering – Zisterzienserstift 278
Zwettl – Zisterzienserstift 279

POLEN

Krakau – Opactwo Tynieckie 283

SCHWEIZ

Claro 251
Collombey – Monastère de St-Joseph 251
Disentis – Abtei St. Martin 240
Einsiedeln – Benediktinerabtei 240
Engelberg – Benediktinerabtei 242
Eschenbach – Abtei St. Katharina 243
Fischingen – Benediktinerabtei 244
Frauenthal – Zisterzienserinnenabtei 245
Hermetschwil-Staffeln – Kloster St. Martin 251
Mariastein – Benediktinerabtei 246
Mariazell – Zisterzienserinnenabtei 247
Müstair – Kloster zum hl. Johannes dem Täufer 251
Posieux – Abbaye de Hautrive 248
Romont – Abbaye de la Fille-Dieu 251
Saint-Maurice-d'Agaune – Abbaye de Saint-Maurice 249
Sarnen – Abtei zum hl. Andreas 251
Seedorf – Abtei St. Lazarus 251
Uznach – Kloster St. Otmarsberg 250

SPANIEN

Alba de Tormes – Santa María de Las Dueñas 170
Alloz – Monasterio de San José 170
Aranzazu – Monasterio de San Lorenzo 170
Avila – Monasterio de Santa Aña 170
Barcelona – Monasterio de San Pere de les Puelles 170
Benaguasil – Monasterio de Santa María de Gratia Dei 170
Brena Alta – Monasterio de la Santissima Trinidad 170
Burgos – Monasterio de Santa María la Real de las Huelgas 136
Burgos – Monasterio de San Pedro de Cardeña 137
Cañas – Monasterio de Santa María la Real 139
Carcastillo – Monasterio de la Oliva 141
Carrizo de la Ribera – Monasterio de Santa María del Carrizo 170
Casbas de Huesca – Monasterio de Santa María 170
Cobreces – Monasterio de Viaceli 170
Cuesta de la Grama – Monasterio de la Santissima Trinidad 170
El Miracle – Santuario de Santa María 171
Elosegui – Monasterio de Santa Aña 171
Estella – Monasterio de San Benito 166
Estíbaliz – Monasterio de Santa María 171
Ferreira de Pantòn – Monasterio del Divino Salvador 171
Gradefes – Monasterio de Nuestra Señora 166
Hornacheulos – Monasterio de Santa María de las Escaloñias 171
Huerta – Monasterio de Santa María 142
Jaca – Monasterio de la Santa Cruz 166
L'Almella del Vallès – Santuario de Puiggracios 171
La Palma – Monasterio de Nuestra Señora de la Paz 171
Las Monjas – Monasterio de San Daniel 171
Lazkao – Monasterio de Santa Teresa 171
Leyre – Abadía de San Salvador 143
Lierganes – Monasterio de Lierganes 171
Madrid – Monasterio de Montserrat 171
Manacor – Monasterio de la Sagrada Familia 172
Miralbueno Alto – Monasterio de San Benito 172
Monistrol de Montserrat – Monasterio de San Benet 172
Montserrat – Abadía de Nuestra Señora de Montserrat 145
Oion – Monasterio de Santa María de Barria 172
Oseira – Abadía de Santa María la Real 148
Palacios de Benaver – Monasterio de San Salvador 166
Paular – Monasterio de Santa María 149
Poblet – Abadía de Santa María 151
Sahagún – Monasterio de Santa Cruz 166
Salamanca – Monasterio de Santa María del Jesus 172
Samos – Monasterio de Samos 166
San Andrés de Arroyo – Monasterio de San Andrés de Arroyo 172
San Miguel de las Dueñas – Monasterio de San Miguel 167
San Pedro de las Dueñas – Monasterio de San Pedro 167
San Vicente – Monasterio de San Pelayo 172
San Vicente de Trasmano – Monasterio del la Trasfiguración del Señor 172
Sant Medir – Monasterio de Santa María de Cadins 172
Sant Sadurní d'Anoia – Santuario de la Font Santa 172
Santa Cristina d'Ario – Monasterio de Santa María Solius 172
Santa Domingo de la Calzada – Hospedería de Santa Teresita e Monasterio de la Annonciación 167
Santiago de Compostela – Monasterio des San Pelayo 167
Segovia – Monasterio de Santa María del Parral 153
Silos – Abadía de Santo Domingo 155
Sobrado – Monasterio de Santa María 157
Teror – Monasterio de San Ildefonso 172
Tulebras – Monasterio de Nuestra Señora de la Caridad 172
Vallbona – Monasterio de Santa María 159
Valle de los Caídos – Monasterio de Santa Cruz 160
Valvanera – Abadía de Valvanera 162
Venta de Baños – Abadía de San Isidro de Dueñas 163
Vico Arnedo – Monasterio de Nuestra Señora de Vico 172
Yuste – Monasterio de San Jerónimo 164

TSCHECHISCHE REPUBLIK

Osek – Klaster Osek 287
Prag – Emmaus-Kloster 287
Prag – Klaster Sv Vojtech Brevnov 283
Rajhrad – Klaster Sv Petr a Pavel 287
Tisnov – Klaster Tisnov 287
Vyssi Brod – Klaster Vyssi Brod 287

UNGARN

Pannonhalma (Martinsberg) – Szent Márton 285

BILDQUELLENNACHWEIS

Alpine Luftbild: 279, 280, 282. M. Barbieri: 285. G. Barone: 43, 64. Graham Bell: 294. J.-C. Bord/Fortean Picture Library: 300, 301. Champollion Hervé: 122. Chirol, Paris: 94–95, 113, 114. R. Deldique/CIRIC: 215. DIA-Verlag, Fiedler GmbH: 15, 203. Editions Gaud: 117. B. Guillet, Lescuyer et Abbaye: 20. Index/A. Stone: 34, 35. Index/Cantarelli: 1, 12, 21, 22, 27, 28, 29, 30, 31, 38, 39, 40, 41, 42, 44, 45, 46, 47, 48, 49, 50, 51, 52, 53, 54, 57, 58a, 58b, 59, 60–61, 61, 65, 68, 70, 71, 72, 179, 180a, 180b, 182, 191, 193, 195, 197, 206, 207, 241, 242, 243, 244a, 244b, 245, 247, 248a, 249, 251, 256, 257, 260, 264, 265, 266, 267, 268–269, 271, 273, 274, 276, 278. Index, Florenz: 3, 16, 88, 89, 90, 91, 92, 93, 96, 97, 99, 100, 101, 102, 107, 108, 115, 116, 119, 120, 123, 127, 190, 194, 204–205, 221, 222, 227, 228, 232, 261, 263, 270, 290, 292, 293, 295. Index, Spanien: 136, 137, 138, 139, 141, 142, 143, 144, 145, 146, 147, 148, 149, 150, 151, 152, 153, 154, 155, 156, 157, 159, 162, 164, 165, 167, 168–169. Index/Pizzi: 55, 56, 63, 69, 109. Iranzo/Index: 164, 165. Judges Ltd.: 296. A. F. Kersting: 303. Les Editions de l'Est, Dole: 86, 87. Linster: 277. R. Lutz: 10, 229, 230. Marka/Bavaria: 185, 186. Gebr. Metz, Tübingen: 19, 200a. Gebr. Metz, Wannweil: 192. P. Orlandi: 73, 74. T. Ott: 211. Overseas/Udo Bernhart: 26. PAG-Verlag: 258, 259. L. Pedicini: 36, 37. A. Pinoges/CIRIC: 127. Publifoto: 66, 67. C. Romanò: 105, 140, 161, 163, 198, 214, 248b. Scala: 2, 13, 32–33. Schnell und Steiner/K. Gramer: 200b, 201. Scottish Tourist Board/Still moving: 297. D. B. Steinicke: 189. The Edinburgh Photographic Library/J. Watt: 298–299. D. M. Thierney. 291. Edit. THILL: 216–217, 218, 224–225. E. Tinie: 233. Vasari: 62. P. Verbecke/J. P. Thomas: 11, 20. O. Werner: 187. Zodiaque. 106, 110–111, 126.

Alle oben nicht aufgeführten Bilder wurden dem Autor freundlicherweise von den einzelnen Abteien und Klöstern überlassen. Der Autor entschuldigt sich für etwaige Fehler und Auslassungen, die ihm unterlaufen sein mögen.